思想之光

明清越地名人学术思想研讨会文集

汪俊昌 主编

越文化研究丛书

中国社会科学出版社

图书在版编目（CIP）数据

思想之光：明清越地名人学术思想研讨会文集／汪俊昌主编．—北京：中国社会科学出版社，2022.8

ISBN 978－7－5227－0765－5

Ⅰ.①思… Ⅱ.①汪… Ⅲ.①学术思想—思想史—浙江—明清时代—文集 Ⅳ.①B248.05－53

中国版本图书馆 CIP 数据核字（2022）第 142618 号

出 版 人 赵剑英
责任编辑 张 潜
责任校对 蓝大千
责任印制 王 超

出 版 中国社会科学出版社
社 址 北京鼓楼西大街甲 158 号
邮 编 100720
网 址 http://www.csspw.cn
发 行 部 010－84083685
门 市 部 010－84029450
经 销 新华书店及其他书店

印 刷 北京明恒达印务有限公司
装 订 廊坊市广阳区广增装订厂
版 次 2022 年 8 月第 1 版
印 次 2022 年 8 月第 1 次印刷

开 本 710×1000 1/16
印 张 28.5
字 数 465 千字
定 价 158.00 元

序

为进一步梳理明清越地名人学术思想成就，弘扬越地名人文化，体认越文化在当代中国“文化自信”建设中的重要地位，2021 年 10 月 23 日至 24 日，绍兴文理学院越文化研究院举办了“明清越地名人学术思想研讨会”。来自北京、上海、广东、天津、山东、浙江、湖北、贵州等地的 60 余位专家学者齐聚一堂，共同就明清越地名人学术思想及相关问题进行了探讨。

我们知道，越地自古以来就是人才辈出的名人之乡，素有“鉴湖越台名士乡”（毛泽东主席语）的美誉，而明清则是越地名人井喷的辉煌时期，涌现出了一大批以王守仁、徐渭、刘宗周、章学诚、李慈铭等为代表的杰出的思想家、文学艺术家、史学家和学者，构成了越地文化名人队伍的基干。王守仁的心学思想、徐渭的书画艺术、刘宗周的理学学说、章学诚的史学理论、李慈铭的文史著述，都在明清学术史上写下了光彩夺目的一页，至今仍熠熠生辉。这些丰富厚实的思想需要我们认真努力地去梳理，去挖掘，并推陈出新，为中国当代的“文化自信”建设提供不竭的助力。

正是基于上述理由，我们举办了这次学术研讨会。呈现在大家面前的这部《思想之光——明清越地名人学术思想研讨会撷萃》论文集，就是这次学术会议成果的集中展示。综观这部论文集，可以发现贯穿着一条阳明心学的主线。论文集中的多数论文是关于王阳明及其后学的，这是合乎越中在明清思想史上的定位的。阳明心学曾经是明清思想史的主流，但是由于众所周知的特殊原因，曾经一度衰歇。近年来，随着我国经济社会的长足发展，尤其是“文化自信”之成为时代主题，中国优秀文化传统之回归成为时代思潮，阳明心学的传播再次掀起热潮，阳明学的多维度研究转趋繁荣，各地阳明学的研究团体、机构纷纷涌现，且有方兴未艾之势。越地是阳明先生生于斯、长于斯、葬于斯的家乡，在历史上是阳明学向国内外传播、辐射的中心地，在今天，则理应承担起阳明学之传承、弘扬、研究、实践的现实使命。近年来，绍兴文理学院越文化研究院组织、联络校内科研人员和校外同道共同开展阳明学研究，取得了丰硕的成果。由该院牵头申报的“阳明后学年谱系列（第一辑）”获批 2021 年度浙江省文化工程重大项目，这是该院在阳明学研究方面的重大突破。该项目选择对后世颇具影响力的浙江籍阳明后学 15 位作为谱主，为他们各编一部翔实的年谱，若能顺利完成，可使我们对阳明后学之间错综复杂的互动网络和当时的学界情况一目了然，这就可为今后的阳明学研究提供直接的助力。

这部论文集中也有部分论文是关于浙东学派的。清代浙东学派在中国学术史上也占有重要地位。明代最后一位儒学大师，也是宋明理学殿军的蕺山先生刘宗周，以学问、气节高标一世。其思想学问直接启发了其弟子梨洲先生黄宗羲，奠定了浙东学派经史互证的学术传统。梨洲弟子万斯大、万斯同兄弟，一则会通诸经，折中群言；一则专意古学，博通诸史，都成为浙东学派经史之学的代表人物。此后章学诚更是大张“六经皆史”之帜，成为中国古典史学理论的终结者。总之，清代浙东学派的传承也有清晰的脉络可寻。这方面内容在论文集中都有一定程度的体现。明清两大显学均与越中名人直接相关，这充分彰显了越中在明清学术思想史上的重要地位。当然，论文集还涉及了不少相关题材，限于篇幅，恕不一一评述。

或许有人会这样认为，虽然越中名人在明清学术思想史上有辉煌的成就，但是新中国成立以来，此种盛况似有衰歇的趋向。其实这是一种误解。在经历明清学术思想的辉煌之后，越文化迎来了新中国诞生所带来的发展机遇，在为新中国七十年的文化学术事业和经济社会发展做出多方面贡献的同时，也不断焕发出蓬勃生机，涌现出了马寅初、马一浮、胡愈之、范文澜、马叙伦、陈建功、竺可桢、陈鹤琴、吴觉农、陈从周、斯霞、冯契、娄尔行、袁雪芬、陈桥驿、楼宇烈、郭松义、俞吾金、章培恒、谢晋、刘文西、俞可平等一大批文化名人和杰出学者，在经学、史学、哲学、文学、经济学、法学、教育学、艺术学以及自然科学、工程技术等领域各领风骚，成为世所景仰的翘楚。这些文化名人和杰出学者的学术思想或者说他们在新中国学科建设上的贡献都值得总结、继承和发展。这或许就是今后越文化研究所要着力的课题之一。是为序。

汪俊昌

2022 年 2 月 22 日

目　录

从陆九渊到王阳明

张学智

【摘　要】从陆九渊到王阳明，是心的内容从简单到丰富、天赋道德意识到精神活动的全幅展开。王阳明的惊心动魄的实践活动，逼出了心的各方面含蕴，并且使之互相依持，互相激发，构成一个精神活动的总体。他的良知之学的精义是道德为统领，理性、意志、情感、直觉等其他心的活动为辅翼，调动心的各方面功能，共同处理变化万端的当下事物。从思想方法上说，是客体的理与主体的理、物理与伦理并立，到心统合一切、包贯一切、涵摄一切。王阳明对陆九渊的全面超越，是心学发展历程中的重要关节点。

【关键词】心学　陆九渊　王阳明　良知含蕴

一　陆九渊

与朱熹同时的陆九渊是大人之学的另一种形态。他不特别彰显理的本体地位，而是以心融释理。他不像朱熹架构性的、慎思明辨的思维方法，而是更加重视浑括、圆转、象征类比方法。他认为理塞乎天地，也根乎人心："万物森然于方寸之间，满心而发，充塞宇宙，无非此理。"①森然于方寸者，是心中呈现的众物的境象，及其中蕴含的理。满心而发的，是心中本具的天赋道德意识，即"本心"；充塞宇宙的，是万物之理。在陆九渊这里，客体的理可以通过心的体悟、化约与转换，与心中本具的道德之理统为一个。这个统一的理，既是具体事物的物理，也是

---

① 《陆九渊集》，中华书局1980年版，第423页。

道德之理；既是一，也是多；既是万物的总法则，也是个体事物的原理和根据。他说："道塞宇宙，非有所隐遁，在天曰阴阳，在地曰柔刚，在人曰仁义。故仁义者，人之本心也。"① 宇宙根本法则，体现在一切处，天之阴阳，地之柔刚，人之仁义，三才之道，都是它的体现。这个宇宙根本法则，就是"皇极"，皇极即大中至正之理，它是个充满了价值意味的概念，是一切事物的最高标准和最后归趋。它是治国的最高法则，也是道德的终极原理。它存在于天地间，也存在于人心中，通过心的化约两者统为一体。这是中国哲学的化约、连通、体悟式思维方法的顺理成章的结果："皇极之建，彝伦之叙，反是则非，终古不易。是极是彝，根乎人心，而塞乎天地。"② 理在宇宙万物上，也在人心中。这个理不是实证地达到的，而是象征地、类比地达到的。理是统一的，但表现不同：在天为阴阳，在地为柔刚，在人为仁义。而在人之仁义，又表现为人心中本来就有的道德情感。道德情感与宇宙之理统一于心："盖心，一心也；理，一理也。至当归一，精义无二，此心此理实不容有二。"③ 至当、精义互文，都指理，心中的理是内在的、主体的，事物之理是外在的、客体的，但两者是一个，或者说是统一的原理的不同表现。在陆九渊这里，宇宙间一切事物上表现出的道理，经过人心的转换、化约，都可以视为道德之理。儒家经书中讲的，如孔子的"一贯"、孟子的"道一而已""四端之心""良知良能"，《易传》的"诚"，《周易》的"直方大"，皆不外乎此理。④ 天下人皆有此心，此心的内容天下人皆同，故"心即理"。此心此理是最高价值，是谓"至当"；也是最终极的道理，是谓"精义"。至当、精义，内容是一致的。理在朱熹这里既有物理，也有伦理，二者属不同领域，虽说可以通过积累、贯通看出二者的共同点，把科学性的理作为修德的辅助，但两者是不同的。而在陆九渊这里，伦理的与科学的是直接同一的。心的各种功能，皆归结为道德理性的呈现；儒家千经万典，讲的无非此心此理。故"'四端'者，即此心也；'天之

---

① 《陆九渊集》，中华书局 1980 年版，第 9 页。

② 《陆九渊集》，中华书局 1980 年版，第 269 页。

③ 《陆九渊集》，中华书局 1980 年版，第 4 页。

④ 《陆九渊集》，中华书局 1980 年版，第 5 页。下引只注书名页码。

所与我者'，即此心也。人皆有是心，心皆具是理，心即理也。……所贵乎学者，为其欲穷此理、尽此心也。"①

在人身上认取宇宙法则，认取本有的仁，无须"道在迩而求之远，事在易而求之难"，对本心顺承即是，无须其他工夫，陆九渊用《诗经》中文王"不识不知，顺帝之则"、《论语》中舜禹"巍巍乎有天下而不与焉"来说明："人能知与焉之过，无识知之病，则此心炯然，此理坦然，物各付物，会其有极，归其有极矣。所过者化，所存者神，上下与天地同流，岂曰小补之哉?"② 此心炯然，此理坦然，心与理一，简易直接。哲学活动的各个环节，都被归约、简化为显发心中之理。陆九渊认为给人指出了一条便捷的修养之途。

所以，被误解为虚骄自大的"宇宙便是吾心，吾心即是宇宙""宇宙内事是己分内事，己分内事是宇宙内事"，就是从伦理学着眼的普遍命题：宇宙根本法则即仁，它与人心中的仁是一致的，即以上"心即理"之意。但陆九渊又认为，心中固有之理虽是一个，但它反映事务，特别是伦理事务时，会自动地调整为与当下相适宜的分殊之理："苟此心之存，则此理自明，当恻隐处自恻隐，当羞恶、当辞逊、是非在前，自能辨之。"朱熹重视的是性，是本质；陆九渊重视的是心，是现象。朱熹是仁包四德，性中自有间架；陆九渊是情，是恻隐、羞恶、辞逊、是非当几而发。朱熹所谓心首先是认识器官，所以有认识活动发生与否的已发未发、认识内容或善或恶的道心人心；陆九渊的心是道德情感，所以只讲本心及其自然发露。这里的不同，可以说是着眼点的不同，是对知识与道德在成就人格中所扮演的角色认知不同。在陆九渊这里，既然作为"生命的学问"的儒学其最后目的在成就德性人格，则何不从人最切近、本来就有的道德情感入手，何必走繁难的格物致知、积累贯通的道路?他比其他思想家更明确地认识到本心在道德活动中的基础作用、本体作用。这与康德的义务论伦理学有相同的路向，不过康德是理论上的、逻辑地推证出的，而陆九渊则是实践地体证和直觉地发抒。

体现在为学之方上，陆九渊无待而兴，从读《孟子》自得，简易直

---

① 《与李宰》，《陆九渊集》，第149页。

② 《与赵监》，《陆九渊集》，第10页。

接。朱熹则集北宋诸家之大成，构成一个庞大严整的体系，头绪多端。鹅湖之会，朱熹教人先泛观博览，格物穷理，陆九渊教人先立其大，自识本心。朱熹作为经学、理学大家，遍注群经，陆九渊则自称要与学者“减担”，拒绝注书。朱熹主张学者须平心易气，笃实解经，陆九渊则主张收拾精神，自做主宰，六经皆我注脚。为学之方的不同，正是他们天人之学不同的体现。鹅湖之辩中不能折服对方，是必然的，因为他们各自强调了中国哲学中成就人格的两个主要方面中的一面：尊德性与道问学。这两面的争论是没有胜负的，不过因为性情趋向不同、救治学者偏弊中所开药方有异而已。这一点在朱陆当世即有人指出：朱门弟子多学者，陆门弟子则多践履之士；陆门道问学上不及朱门，朱门尊德性上不及陆门。而在陆九渊看来，尊德性是基础，是方向；不知尊德性，焉有道问学？他强调的是人格修养的基础与方向一面。

二 王阳明

朱熹思想以其体系庞大、结构严密、价值关怀和知识追求两者兼重的品格，自南宋末期至明中期一直占据思想界的独尊地位。此种状况到王阳明崛起而宣告打破。王阳明被认为是中国历史上少数在立德、立功、立言三方面都达到高度成就的思想家。

王阳明哲学是典型的天人之学，他的学术宗旨致良知和最高追求万物一体皆体现了强烈的天人情怀。王阳明与陆九渊并称为“陆王心学”，但他不是直承陆九渊，而是跟从当时的学术主流朱子学，在实践中发现与自己的志趣、追求不符合，通过特殊的人生际遇树立自己独特的学术宗旨的。对王阳明具有决定意义的事件是龙场悟道。龙场的艰苦环境和特殊遭际给了他重新反省心的诸种含蕴和它们之间相互影响、相互结合的机会。在龙场之前，他遵照朱子格物致知和涵养用敬的路径去做，两次格竹的失败说明，他青少年时代的各种实践所追求的思想开阔、精神自由、活泼无方和具体格物活动的专一、有规范、循序渐进方法是不相应的，特别是他发现了意志比理性在撑持他渡过难关中所起的作用更大。所以格物不是像朱熹所说，以心中的认知能力获取外界事物的理，而是去掉对于本心的遮蔽：“乃知天下事本无可格，其格物之功，只在己身心上做。”① 不是知识、理性，而是心的意志、情感、直觉这些非理性因素在整个精神活动中所占比重更大，地位更重要。这样，他对于格物的定义也大不同于朱熹：“格者，正也，正其不正以归于正之谓也。”② 由于强调在心上做功夫，所以物变成了意念所指向的“事”——“意之所在便是物”。事是主体见之于客体的行为，和主体的动机、意志、直觉、情感等多种精神要素密切相关，“皆从心上说”。朱熹所格之物是主体之外的客体，主与客的关系主要是平列的、知识论的。王阳明所格之物，是心中的欲望、意志、情感等项中不符合道德观念的部分，方式是伦理的、内省的、纵贯的。由于物是心中指向的“事”，而且王阳明所谓事，主要是伦理性活动，所以“心外无物”。伦理活动的基础是心中的善良动机，离开了它就没有所谓道德；一切有伦理价值的活动都出于其内在的根据——心，都是心中良知的自然贯彻，伦理价值就是符合人的价值理想的“理”，所以“心外无理”。

在确立了心学立场后，传统上视为平行的工夫项目，在王阳明这里都变成了手段和目的的关系、个别和一般的关系、知识与道德的关系：格物是诚意的工夫，穷理是尽性的工夫，道问学是尊德性的工夫，博文是约礼的工夫，唯精是唯一的工夫。如唯精与唯一，在“十六字心传”中是平列的，唯精指用功纯粹不杂，唯一指用功专一心不旁骛，但在王阳明这里，“一”指心中良知无私欲混杂，“精”指达到这一目的的工夫真切笃实。譬如米，“一”指米的纯然洁白，“精”指舂簸筛拣的工夫，两者是目的和手段的关系。王阳明的这一转换，意在使每一件事都有锤炼道德的功能，使它从单一的知识领域超拔出来，这就和朱熹有了很大不同。这一点曾使熟谙并遵循朱熹路向的人大为诧异。

王阳明与朱熹最大的不同，就在他的致良知的双向运动。致良知是王阳明的核心宗旨，是它的一切哲学范畴最后的归宿点。虽然此三字作为讲学口号是在平定宁王朱宸濠的反叛后正式提出的，但实际上王阳明一生的活动都是它的注脚，包括早年的辞章、骑射、佛老等各种探索活动。“致”字本有自内而外和自外而内两个方向，他的致良知一是将良知

① （明）周汝登辑《王门宗旨》卷一，明万历刻本。

② （明）王守仁《阳明先生则言》下，明嘉靖十六年薛侃刻本。

所知所现的正确价值推至于实际行为中，使行为在正确价值的范导之下，这就是王阳明说的："致良知者，致吾心良知之天理于事事物物，则事事物物皆得其理矣。"（《传习录》中）一是致良知的实际活动中得到的意志锻炼、理性增进、直觉更加敏锐、情感更加真挚诸因素都融入良知中，成为精神活动的内在成分，使它在此后的致良知的活动中起作用。人的实践活动不断深入，良知也愈加深厚广阔。所以致良知可以为任何修养程度、任何文化层次的人所奉行。此即王阳明所说："我这里言格物，自童子以至圣人，皆是此等工夫。虽卖柴人亦是做得，虽公卿大夫以至天子，皆是如此做。"（《传习录》下）

陆九渊曾说："夫子以仁发明斯道，其言浑无罅缝。孟子十字打开，更无隐遁，盖时不同也。"[①] 是说孔孟的学术宗旨皆仁，但因时代不同，其表现形式不一样。孟子的特点是"十字打开"。这个"十"字的纵轴是"尽心知性知天"，以心中的恻隐之情内通人之性体，以此性体之仁与天道的生生不息贯通，天心人心一体而下。横轴是将此仁的萌芽扩充推展，"涓滴积为沧溟水，拳石崇成泰华岑"[②]，微弱之势能累积为广大之境地。此即孟子的"十字打开"。陆九渊继承孟子，也以十字打开为学术宗旨。但陆九渊的横轴中，所推展扩充的主要是道德理性，知识方面未加措意。而王阳明的致良知的推致义和扩充义两者并重，他所扩充的不仅有道德理性，还有知识理性，甚至还有精神结构中的其他要素。这些是统一的良知的不同方面，这些不同方面在实践中互相影响，夹辅而行，使良知的含蕴大大超过陆九渊，这就是为什么王阳明批评陆九渊"不免于沿袭之累""细看有粗处"的原因。不免于沿袭之累者，在思想内涵、学术方向和所用范畴方面，逸出孟子者不多。特别是他片面强调先立其大，对知识活动在人格养成中的作用提揭不够，将广大深刻的精神内涵狭窄化、单面化。王阳明波澜壮阔的一生中许多惊心动魄、性命攸关的事件，以及他从百死千难中所得到的对情感的激荡、对灵魂的撞击、对世事人心的体悟，这些都沉淀、发酵为良知的蕴藏，成为他丰富的精神世界的有

① 《陆九渊集》，第 398 页。

② （宋）袁燮编《象山陆先生年谱》卷上"淳熙二年乙未先生三十七岁"条，明嘉靖三十八晋江张乔相刻本。

机成分。相较之下，陆九渊从实践的广度到精神活动的深度都逊于王阳明，所以王阳明对陆九渊有此评价。

从理论层面说，王阳明将一生所学、所历、所悟、所道，熔铸成“致良知”三字，他用此三字融释儒家几乎所有重要范畴，如《论语》的仁义礼智信、忠恕、一贯、博约，《孟子》的四端、四德、扩充、尽心知性知天，《大学》的三纲领八条目、《中庸》的性道教、已发未发、中和、诚明、尊德性与道问学，《周易》的保合太和、天地之大德曰生、穷理尽性以至于命，以及《诗》《书》《礼》中的许多重要概念。他的讲学语录的特点是义理通透，语词灵动，形式多样，不拘一格。对儒学做了凝练、提纯、通约、融贯的工作。儒家理论的互通、互融、互释，在他这里达到了高峰。与朱熹的定义严格、边界清楚、概念成对、层次分明是鲜明的对比。王阳明晚年曾对良知范畴的这种由高度融释能力而成就的灵动品格做了形容：“即如我良知二字，一讲便明，谁不知得；若欲的见良知，却谁能见得？……良知即是《易》，‘其为道也屡迁，变动不居，周流六虚，上下无常，刚柔相易，不可为典要，惟变所适。’此知如何捉摸得？见得透时便是圣人。”（《传习录》下）他同时和后来的人也曾说，阳明著作千言万语，都是为“致良知”三字做注脚。既然是灵动不可典要的，把握阳明思想就不能用概念分解、字析句释的方法，而应把握精神实质，运用比喻、象征、连类等非逻辑的方式得到。阳明讲学极其灵活多样，而他的文章，特别是他数次军事活动中所写奏疏、文告、与地方政府的往来公文，又具体、严密、明确，与他浑融的讲学风格截然相反。这与他作为军事家的战略上大开大合与战术措置上细入毫芒是一致的。

在思想方法上，朱熹注重分析，每个概念、范畴定义明确，边界清晰，作文和讲学中皆重概念分解，王阳明则重视综合，重视在浑融的概念中各个部分的动态整合。明末大儒刘宗周在讲到王阳明的思想特点时曾说道：“先生承绝学于辞章训诂之后，一反求诸心，而得其所性之觉，曰良知；因示人以求端用力之要，曰致良知。良知为知，见知不囿于闻见；致良知为行，见行不滞于方隅。即知即行，即心即物，即动即静，即体即用，即工夫即本体，即下即上，无之不一，以救学者支离眩骛，务华而绝根之病。"[①] 这段话十分中肯，它点出良知的根本特性为"所性之觉"，即对自己性体的自觉呈现，由此带出它的"无之不一"。性体即良知，是天道在人这一特殊物类上的体现。"性是心之体，天是性之原"（《传习录》上）。在朱熹，心是形而下的，属气的范畴；性是形而上的，属理的范畴。而在王阳明，心即性，性即理，心性理三者为一，形而上即是形而下。心性是在内的，但展现心性的实践活动是在外的；心性是本体，实践中对心性目的的实现是工夫，内外合一，工夫与本体合一。良知是知，致良知的活动是行，致良知即知行合一。"致良知"三字将一切概念融入自身，不仅简易直接，而且知识和道德时时相关，以救学者专在知识上用功，放弃人格修养的弊病。刘宗周认为王阳明扭转了一世学风，恢复了儒学的真面目，"可谓震霆启寐，烈耀破迷，自孔孟以来未有若此之真切著明者也"[②]。对照阳明一生学行，此语并非虚誉。

不仅如此，王阳明实际上有综合朱熹和陆九渊两家的意愿。在他看来，陆九渊之学先立其大，简易直截，给学者指出了立大本、求放心的用功方向，这是其优点。但陆九渊为了提扬修养方向的重要性，绝口不谈知识；有时为了强调道德性一面，甚至贬抑知识。他的思想学说只能做士人敦品立志的帮助，不能做实践中的全体大用之学。朱熹时时强调知识的获取是道德提高的基础，没有知识支撑的道德是单薄的、狭隘的，但朱熹将涵养用敬和进学致知作为平行的工夫，知识与道德不能时时打并为一，有可能造成知识和道德的断裂。王阳明要造就实践中的活智慧，所以他欲去朱、陆两家之短，合两家之长。他既批评陆学"不免于沿袭之累""学问有粗处"，又表扬他在心上用功之真切笃实；既批评朱熹心与理分而为二，学问"支离"，缺乏道德的直截统领，又表扬他知识广博，解经明晰，思想深刻，并告诫他的学生不能轻议朱熹。王阳明欲合两家之长的愿望很明显，但因中年以后事功繁忙，始终未能构造出显现此种综合的哲学系统，这大概是他临终痛惜"平生学问只做得数分，不能与吾党共成之"的一个原因。

从心的包容能力上说，陆九渊重视客观的理，强调主体的心呈现的

① 《明儒学案》，中华书局 1985 年版，第 7 页。

② 《明儒学案》，中华书局 1985 年版，第 7 页。

伦理与客体事物上具有的物理是可以通过人心化约成同一的。故常满心而发与充塞宇宙、心之理与物之理对言，而归着于心。他的核心命题是心即理。心即理既可以理解为心中的理与物上的理并存，但两者同一；也可理解为心中的理直截就是物上的理。前一种理解，心与理相对而在，主体、客体并存，两者的统一由心的化约、转换而成。后一种理解，心中所具的，直截就是伦理性的理，不用心的化约、转换，它只有分殊和理一即局部和整体之分。而王阳明之学有前后期之不同。前期多讲心，讲“心外无物”“心外无理”，客体的理是题中应有之义，不再强调，强调的是心的绝对性，它的包贯一切、总揽一切、涵摄一切的性质。强调的是，伦理的自然的事物，都离不开心的观照，心的解释，“皆从心上说”。而后期，自提出“致良知”三字为学术宗旨后，多提良知，心的诸多功能，都收摄在良知之中，心的理性、意志、情感、直觉诸功能，成了良知综合活动的诸要素，而且诸要素是整合为一个总体，“良知即是《易》，不可为典要，唯变所适。捉摸得透便是圣人”（《传习录》下）。主客体统合为一，客体成了境界体认中的境象，成了万物一体襟怀的体认对象，完全消融了它主客对列的认知意义。

陆九渊和王阳明并称“陆王心学”，但二人为学宗旨和修养工夫都有较大差异。陆九渊继承孟子的“养心莫善于寡欲”，以“剥落物欲”为工夫要领：“人心有病，须是剥落。剥落得一番，即一番清明。须是剥落得净尽方是。”[①] 认为人之本心具备众理，心中之理与天地间的理是一致的。但人有各种欲望，往往过分，蒙蔽心中之理的显现，故须剥落。剥落至无，心地清明，心中之理自然显现。陆九渊说自己的工夫简易直接，相对于朱熹的积累所穷之理，是“替人减担”。陆九渊称这种简易工夫为“先立乎其大”。

王阳明的工夫论可以归结为“致良知”三字。此三字既是他的学术宗旨，也是他的工夫要领。因为王阳明重现行动，他的哲学是一套实践中的活智慧，是知与行、本体与工夫的统一：良知是知，致良知的工夫是行；良知是本体，致良知的实践活动是工夫。致良知的工夫是即心即理，即内即外，即天即人的。良知是天赋的道德意识，但必须推之于实

---

① 《陆九渊集》，第458页。

践，在实践活动中明彻其理性，坚韧其意志，中和其情感，敏捷其直觉，将心的多种获得收归于内。良知是人的德性，也是天的生生不息在心中的贯彻，所以“良知是天理之昭明灵觉处”。王阳明的工夫即内在即超越，极平实，又极高远；极坦易，又极峭拔，所以“不离日用常行内，直造先天未画前”。这种工夫极具普遍性：“虽卖柴人亦是做得，虽公卿大夫以至天子，皆是如此做。”（《传习录》下）所以阳明学能推展至大半个中国，弟子遍天下；弟子中高者有状元，低者有一字不识之人。它重立志，也重勤学；重理智，也重直觉；重先天本体，也重后天工夫；重知识性的横摄，也重境界性的纵贯，是天人合一、知行合一，以至“无之不一”的。

（作者为北京大学哲学系教授、博士生导师）

陆象山的解经法

何　俊

【摘　要】陆象山解经的具体方法常常体现在具体的解经中。综而观之，象山高度自觉与自信的解经法，其把握主旨、还原语境、质疑拣择三个环节，构成自成一体的方法。其中细分，把握主旨又可谓是目标，还原语境与质疑拣择则是更具体的方法。总体而言，象山的解经法虽然也沿用汉唐经注的训诂章句，但是已完全跳出经学的窠臼，而进入了分析的批判的理学形态。

【关键词】陆象山　解经　主旨　语境

近年来，随着经学研究在宋明理学中的深入，被标签化为"六经注我"的陆象山，其"我注六经"的经学研究与经学思想受到学者关注。①我也就象山的"六经注我"与"我注六经"的关系，以及象山"我注六经"的原则与标准进行了分析，② 本文希望对象山的解经方法做进一步的讨论。

考虑到解经的具体方法常常体现在具体的解经中，因此对象山解经法的说明也试图结合他的经解来进行。由于象山的解经著述主要集中在《易》与《春秋》，而《易》学与《春秋》学是象山经学的重要成果，涉

---

① 最新的研究可参见向世陵《陆九渊〈春秋〉"讲义"的经学思辨》，《中国哲学史》2020 年第 1 期；许家星《吾之深信者〈书〉——从〈尚书〉之论管窥象山学的经学底色》，《中国哲学史》2021 年第 5 期；以及收入欧阳祯人主编《心学史上的一座丰碑——陆象山诞辰 880 周年纪念》（武汉大学出版社 2020 年版）中"陆象山心学与周易研究""陆象山的认识论研究"两栏目内的诸篇相关论文。

② 参见拙稿《陆象山的"六经注我"与"我注六经"》，《中国哲学史》2021 年第 5 期。

及思想内容，为了不枝蔓开去，故本文主要结合象山对其他经典的解释，尤以《论语》《孟子》为主。当然，这些经典的解释同样反映了象山的思想，尤其是《孟子》的诠释几乎融入到象山的全部思想之中，故本文举例聚焦于方法的说明，其中的思想则点到为止。

一　高度自觉与自信

通常说，方法与结果总是绾合为一体的。方法表征为路径，同时又决定路径，结果呈现在沿路与终点，而方法往往也是结果的重要组成部分。只是，并非所有的人都对自己选择的路径与方法有高度自觉，或者自始至终绝无疑虑与修正，相反，往往是确信与质疑共生共长；相应地，沿路与终点的结果也不是都能预见，或者都能达到的，因此，多不免得之则喜，失之则悲。但是，对于象山而言，方法与路径不仅是高度自觉的，而且对于自己的创新是充满自信，从无疑虑与修正的，因此象山的方法与路径其实已构成他的思想的重要部分；至于他的方法与路径所带来的结果，无论是沿路，还是终点，他都明确设定，并且从不动摇。具体到经学，象山坚信自己对经典的理解是确信无疑的，他的“六经注我”与“我注六经”只是“自明而后明人”“先觉觉后觉”的不同而已。在这点上，他甚至认为《论语》也是存有问题的。所谓“《论语》中多有无头柄的说话”[①] 即是一例，他对《论语》中所录有子的话语基本否定也是具体的例子，象山更讲：

> 观《春秋》《易》《诗》《书》经圣人手，则知编《论语》者亦有病。[②]

《论语》虽然不是直接的注经著述，但却是孔子与弟子们围绕《六经》展开的对话，因此《论语》可以被视为注经的著述，至少在宋儒这里是毫无疑义的。《四书》为《六经》之阶梯，就是佐证。但在象山看

---

① 《陆九渊集》卷34《语录上》，中华书局1980年版，第395页。下引只注卷次页码。

② 卷35《语录下》，第434页。

来，“编《论语》者亦有病”，后世的注经著述自然更在其次。比较而言，象山对《孝经》的评价似乎更高些。象山曰：

《孝经》十八章，孔子于践履实地上说出，非虚言也。①

联系到象山对《论语》中所记颜回言行的高度认同，大致也可以确认，以践履为指向的实学正是象山发明本心的基本维度，而《六经》的注释解说，无论是口头，还是书面，都是次要的，甚至是舍本求末的。

当然，象山完全清楚，《六经》既成，注经便成为不可逆转的事实性存在，必须面对。象山曰：

书契既造，文字日多，六经既作，传注日繁，其势然也。苟得其实，本末始终，较然甚明。知所先后，则是非邪正知所择矣。虽多且繁，非以为病，只以为益。不得其实而蔽于其末，则非以为益，只以为病。②

因此，关键在于“得其实”“知先后”。象山之学以本心确立为本；本心既立，则不废传注，传注“虽多且繁，非以为病，只以为益”。

然而，要做到这点很难。这个难，来自两个层面。表层上，科举对士人的负面影响已成为严重的弊病，即象山所谓“取士之科，久渝古制，驯致其弊，于今已剧”③。深层上，人们对科举带来的弊病有所警惕与反省，追慕“前辈议论”，激发起“为学之志”，但却又陷溺于“乡学”的忽悠之中。两者相较，后者的危害更具隐蔽性。象山曰：

---

① 卷34《语录上》，第415页。按朱熹对《孝经》的看法大不同，他在《孝经刊误》中指出：“窃尝考之，传文固多傅会，而经文亦不免有离析增加之失。顾自汉以来，诸儒传诵，莫觉其非，至或以为孔子之所自著，则又可笑之尤者。”（《朱文公文集》卷66，《朱子全书》第23册，第3205页，上海古籍出版社、安徽教育出版社2002年版。）这里的“或以为”未必是专指象山，但可窥知象山在对待经典的方式上，与朱熹有很大的不同。

② 卷20《赠二赵》，第245页。

③ 卷19《贵溪重修县学记》，第237页。

今时士人读书，其志在于学场屋之文以取科第，安能有大志？其间好事者，因书册见前辈议论，起为学之志者，亦岂能专纯？不专心致志，则所谓乡学者未免悠悠一出一入。

面对这样的现状，象山不愿有丝毫妥协，故标示“先立乎其大者”。象山曰：

私意是举世所溺，平生所习岂容以悠悠一出一入之学而知之哉？必有大疑大惧，深思痛省，决去世俗之习，如弃秽恶，如避寇仇，则此心之灵自有其仁，自有其智，自有其勇，私意俗习，如见晛之雪，虽欲存之而不可得，此乃谓之知至，乃谓之先立乎其大者。①

由于用猛药治重症，致使象山着意于与时流反向而行，如他所讲，“今之论学者只务添人底，自家只是减他底，此所以不同”②。因此，象山的解经法遂不为人所关注。

二　把握主旨

象山解经首重把握主旨。这一方法既适用于整部经典的解读，也适用于一段经文的理解。象山曰：

三百篇之诗《周南》为首，《周南》之诗《关雎》为首。《关雎》之诗好善而已。③

这是对整部《诗》的主旨把握。象山从最显见的结构入手，落脚却是主旨。《诗》以《关雎》为首，而《关雎》的诗义在“好善”，这便意味着读《诗》都宜在这一主旨的引导下来进行体会。再看象山对一段经

① 卷15《与傅克明》，第196页。
② 卷34《语录上》，第401页。
③ 卷34《语录上》，第407页。

文主旨的把握：

> 所谓“诚其意者，无自欺也”一段，总是修身、齐家、治国、平天下之要，故反覆言之。如恶恶臭，如好好色，乃是性所好恶，非出于勉强也。自欺是欺其心，慎独即不自欺。诚者自成，而道自道也，自欺不可谓无人知。十目所视，十手所指，其严若此。[①]

“诚意”一段是否就是修身、齐家、治国、平天下之要，以及三百篇《诗》的主旨是否就是“好善”，这无疑是可以争论的，但象山以此来主导自己对经典的注释，却是他在意的方法。在象山看来，把握主旨，乃是解经的根本，如果忽视根本，解经再精细，都不外舍本逐末。象山曰：

> 凡物必有本末。且如就树木观之，则其根本必差大。吾之教人，大概使其本常重，不为末所累。然今世论学者却不悦此。[②]

这虽是讲“教人”，其实也适用于解经，因为解经原本就是自明而明人的教人工作，只是具体落在注解经典的工作而已。

把握主旨，“使其本常重，不为末所累”，当然并不是一件非常容易的事情，所谓“《尚书》一部，只是说德，而知德者实难”。[③] 从技术的层面讲，把握主旨需要注意正、反两方面的问题。正面的问题是要准确把握文本中的一些有思想意涵而后人不易理解的关键用语。象山举例曰：

> “天下之言性也，则故而已矣。”此段人多不明首尾文义。中间“所恶于智者”至“智亦大矣”，文义亦自明，不失《孟子》本旨。据某所见，当以《庄子》“去故与智”解之。观《庄子》中有此“故”字，则知古人言语文字必常有此字。[④]

---

① 卷34《语录上》，第418页。
② 卷34《语录上》，第407页。
③ 卷35《语录下》，第431页。
④ 卷34《语录上》，第415页。

孟子以为天下言性，“故而已矣”，这一“故”字的准确理解，涉及对孟子整段文义的把握，象山引《庄子》“去故与智”，便是对此关键文字做出了合理性的思想诠释。

反面的问题则主要是在经文的理解与阐扬上，能克制炫耀博学的欲望与诊治好论辞语的毛病。象山《与项平甫》曰：

> 《孟子》揠苗一段，大概治助长之病，真能不忘，亦不必引用耘苗。凡此皆好论辞语之病，然此等不讲明，终是为心之累。①

《孟子·公孙丑上》此段，乃以一则寓言来反向说明孟子养气之道的一个关键点“勿助长”。什么是“勿助长”？为什么必须“勿助长”？如何“治助长之病”？这些既是颇费思量的理论问题，也是行之不易的践履问题。孟子善喻，他以一则拔苗助长的寓言非常形象真切地将上述问题讲清楚了，这则寓言只有四十余字，可谓精练而精彩。但在象山看来，如真知“治助长之病”，“亦不必引用耘苗”，否则反而染上“好论辞语之病”。这当然不全是针对孟子讲，更是针对宋人的经解讲学。然而，何以要如此干净简洁，以至于如此妙喻也要归入“好论辞语之病”呢？象山接着讲：

> 一处不稳当，他时引起无限疑惑。凡此皆是英爽、能作文、好议论者，多有此病。若是朴拙之人，此病自少。所以刚毅木讷近仁，而曾子之鲁乃能传夫子之道。

可知症结不在妙喻本身，而是在因为妙喻而容易转入好论辞语，从而忘了“勿助长”的主旨。这种毛病尤其容易发生在“英爽、能作文、好议论者”身上，孟子自然就是这样的英才。在孟子，尚已不能完全避免“好议论”之讥，更何况不能望其项背的寻常书生。故象山一则就经验的层面讲，“若是朴拙之人，此病自少”；再则就经文做出阐扬，“所以刚毅木讷近仁，而曾子之鲁乃能传夫子之道”。

---

① 卷5《书》，第66页。

象山当然不反对辨明主旨，他是把对主旨的辨明作为“知”看待，而“知”又是前置性的前提。所以象山在此信的最后指出：

> 凡人之病，患不能知，若真知之，病自去矣，亦不待费力驱除。真知之，却只说得“勿忘”两字。所以要讲论者，乃是辨明其未知处耳。

毫无疑问，象山所谓“真知”，便是与本心的契合；而本心契合，自然也就明理，通体皆是道义。如此，“病自去矣，亦不待费力驱除”。

由此亦可知，解经的把握主旨固然是属于“知”的范畴，但其实在象山是涵摄“行”的。只是后来王阳明倡明的“知行合一”，在象山那里并不作为一个哲学概念专门提出，象山的这一思想有所遮蔽罢了。指出这一点，一方面自然表明阳明思想在此问题上的更进一层，或更具理论的自觉，另一方面也须看到象山思想中内含着知行合一的观念，而且，在象山这里，这也许根本不属于需要专门加以疏证的问题，因为在象山的论述中，无处不内含着这一观念的精神。尤需指出的是，象山为了强调知对于行的涵摄，在经文有所冲突时，甚至完全以此立场来进行解释。下引一例以见之。《语录》载：

> 夫子曰：“由！知德者鲜矣。”要知德。皋陶言：“亦行有九德”，然后乃言曰：“载采采。”事固不可不观，然毕竟是末。自养者亦须养德，养人亦然。自知者亦须知德，知人亦然。不于其德而徒绳检于其行，行与事之间，将使人作伪。①

象山解《论语·卫灵公》中的孔子论断，以申明“知德”为主旨。但这一解释与《尚书·皋陶谟》皋陶所强调的“行有九德”“载采采”似有所冲突，后者强调的是德不在知，而见之于行，应该以所行之事为九德之验。象山依其对“知德”为主旨的确认，以为“事固不可不观，

---

① 卷35《语录下》，第466页。相近解读，《语录》别有记载，见卷34《语录上》，第403页。

然毕竟是末"，因为象山以为，"不于其德而徒绳检于其行，行与事之间，将使人作伪"，即如果拘执于行事以验德，作伪的情况是很多的，也是很容易发生的，甚至于连当事人本人也自以为真诚而不以为是作伪。因此，"知德"是根本。

把握主旨，可以说是象山解经的切入口，仅此自然不能算是解经的完工，甚至也不能说是已完成了主旨的把握，因为主旨固然如"诗眼"之于诗，尽显一诗之精神，但终须贯通于全部，才足以真正为主旨。象山曰：

> 大纲提掇来，细细理会去，如鱼龙游于江海之中，沛然无碍。①

因此，在主旨把握以后，"细细理会去"，便是把握主旨的具体化。只有做到了"细细理会去"，才可能"如鱼龙游于江海之中，沛然无碍"，否则把握主旨便只能说是空话。

大纲与细目之间的关系，有时并不可一概而论，固执于纲目的固定体例。且以象山对《诗》《书》的解读为例。前文讨论本心部分时，曾反复论及，在象山看来，经典记录与呈现的是古人实际活动的历史展开，而道理隐含于其中。就此而论，《诗》《书》堪称《六经》中的基础性经典。事实上，象山对这两种经典都非常重视，前引论《诗》是一佐证；对《书》则更甚，可以说是有过之而无不及，曾言"吾之深信者《书》"②。

象山对《诗》《书》的纲目关系有全然不同的判识，他讲：

> 《大雅》是纲，《小雅》是目，《尚书》纲目皆具。③

为什么《诗》有纲目之别，而《书》纲目具于一篇之中？纲与目在象山这里，是否有内涵上的区别？象山曰：

---

① 卷35《语录下》，第434页。

② 卷34《语录上》，第403页。

③ 卷35《语录下》，第434页。

《诗·大雅》多是言道，《小雅》多是言事。《大雅》虽是言小事，亦主于道，《小雅》虽是言大事，亦主于事。此所以为《大雅》《小雅》之辨。①

据此可知，纲与目的区别在“言道”与“言事”。言道自然是简明直截，可以为纲；言事需要交代原委，宜置于目。只是，《诗》原本是形象性的艺术表达，无疑都与事相有关，但象山着意于指出仍有“言道”与“言事”的重心不同。作为主旨的把握，自然是针对主旨，故做此区分与点示，对于解经无疑是关键性的方法。

与《大雅》《小雅》的“言道”与“言事”相分有别，“《尚书》纲目皆具”，这便意味着，《书》虽然全是史事记录，但事与理合一，解读便不可只作故事看，而须由事见其理。象山尝曰：

韩文有作文蹊径，《尚书》亦成篇，不如此。②

这一比较耐人寻味，象山所指是什么？韩文是宋学之前导，其关键在文以载道。只是韩文为道而作文，其中便有所谓的作文方法，亦即“蹊径”。《尚书》并非有意要为道，而是本心所发的活动，同时，虽是活动，却通体皆是道义，故它各篇自成篇章，不需什么雕琢，自然也无所谓“作文蹊径”。对经典的纲目有此判明，根本的方法有了保障，“细细理会去”，就只是一个时间问题了。

三　体会语境

象山解经的第二个基本方法，用他解读《孟子》的话，就是“须当理会他所以立言之意”③。粗看，理会立言之意与前述的把握主旨，似乎

---

① 卷 34《语录上》，第 404 页。
② 卷 35《语录下》，第 466 页。
③ 卷 35《语录下》，第 445 页。

所同胜过所异。然而细加体会，两者虽然目标是一致的，但就解经的方法而论，实有不可忽视的区别。这个区别有二：一是把握主旨可以认为是普遍意义上的解经方法，举凡解经都须秉持这一方法，理会立言之意，更在于具体语境中的体会；二是经典所记并非全是立言，许多是记事，对事的分析与对言的理解不完全相同，事的背后是道理，故把握主旨是由事而见理，言则更多涉及语境，理会立言之意在方法上须重在体会语境。

在《语录》中，象山尝因答门人李伯敏问论如何践行孟子所讲的“尽其心者知其性，知其性则知天矣”，而延伸到如何读《孟子》与解《孟子》。前者在第一章中曾引及，后者在上一章中亦引及，但象山与李伯敏后续的答问，对《孟子》解释非常细致，而且最后也据此得出“须当理会他所以立言之意”的方法，故下文便以此为例，来体会象山此一解经方法的运用。① 此外，需要先做说明的是，象山对《孟子》的解释同样也是在示门人以读书法，但此处重在解经的角度去看，因为他这里示门生的读书法是通过对经典的解释来呈现的，只不过象山的解经不是书之以笔，而是说之以言。

李伯敏问象山，孟子所谓“尽心”究竟如何践行？孟子讲的性、才、心、情如何分别？象山回答四者“都只是一般物事，言偶不同耳”，如强做分别，便“只是解字”了。接着便有连续三个问答，涉及如何具体地解释《孟子》。

第一个问答，李伯敏问性、才、心、情“莫是同出而异名”？这一提问显然是对象山前面所答的四者“都只是一般物事，言偶不同耳”，有所不满，故做此进一步追问。所谓“同出而异名”，无疑涉及“解字”，象山虽不满解字，但伯敏的追问表明，即便在象山门下，解字亦是解经不可回避的。象山的回答很详，先是答以理会立言之意的基本方法，然后更以具体文本的解释为例做示范。其基本方法是：

> （1）不须得说，说着便不是，将来只是腾口说，为人不为己。（2）若理会得自家实处，他日自明。（3）若必欲说时，则在天者为

① 详见卷35《语录下》，第444—445页，下文随引分析，不另细注。

性，在人者为心。(4) 此盖随吾友而言，其实不须如此。(5) 只是要尽去为心之累者，如吾友适意时，即今便是。

从伯敏的追问而言，象山第（3）句话做了明确的回答。但是，象山紧跟着做了（4）的补充，强调（3）的回答是随伯敏的追问而言，只是特定语境中的回应，不能作为标准的解释。换言之，基本方法就是不落于文字，要体会具体语境。不过，象山并不是直接说“在天者为性，在人者为心”不能作为标准解释，而是说“其实不须如此”，也就是（1）开头就申明了的“不须得说”。然而，为什么“不须得说”？象山的理由有二：其一是（1）所讲的“说着便不是”，这便等于间接讲，凡说着，便落具体文字了，便限定了，便不能作为标准的解释；其二就是这样的解释属于“为人不为己”，以及（2）所表达的“他日自明”。至于（5）则转落在尽心工夫了，已溢出单纯的解经方法。

再看象山的具体文本解释示范。象山以“牛山之木”章为例，曰：

“牛山之木”一段，血脉只在仁义上。“以为未尝有材焉”，“此岂山之性也哉?”“此岂人之情也哉?”是偶然说及，初不须分别。所以令吾友读此者，盖欲吾友知斧斤之害其材，有以警戒其心。

此章孟子言及“山之性”与“人之情”，但象山以为这并非孟子在对性、情做界定，而只是“偶然说及”，也就是特定语境中的表达，因此解释经典时，对于这样的言语，就不宜纠缠，“初不须分别”。象山接着讲：

“日夜之所息”，息者，歇也，又曰生息。盖人之良心为斧斤所害，夜间方得歇息。若夜间得息时，则平旦好恶与常人甚相远。惟旦昼所为，梏亡不止，到后来夜间亦不能得息，梦寐颠倒，思虑纷乱，以致沦为禽兽。人见其如此，以为未尝有才焉，此岂人之情也哉? 只与理会实处，就心上理会。……圣贤急于教人，故以情、以性、以心、以才说与人，如何泥得? 若老兄与别人说，定是说如何样是心，如何样是性、情与才。如此分明说得好，刬地不干我事，须是血脉骨髓理会实处始得。凡读书皆如此。

此段是对性、情的“偶然说及”做进一步的论证。象山通过“日夜之所息”的解释，说明孟子因“牛山之木尝美”而引发议论，才牵出了人之情、有才无才的问题，孟子此章的主旨在仁义，情、性、心、才都只是孟子阐扬仁义主旨时，因其语境而“偶然说及”。如果注释此章，“定是说如何样是心，如何样是性、情与才”，当然也是可以的，但“如此分明说得好，划地不干我事”。虽然这个“不干我事”也是溢出了解经方法，而进入尽心的践履问题，但是象山此一结论，终究是建立在此一大段的论证上，也就是基于他对孟子此章的语境分析上的。

如果说，上一解答对语境的体会是指出孟子的论述风格与语气，那么接着的第二个问答，语境则转为对话。李伯敏“又问养气一段”，象山曰：

> 此尤当求血脉，只要理会“我善养吾浩然之气”。当吾友适意时，别事不理会时，便是“浩然”。“养而无害，则塞乎天地之间。”“是集义所生者，非义袭而取之也。”盖孟子当时与告子说。告子之意：“不得于言，勿求于心”，是外面硬把捉的。要之亦是孔门别派，将来也会成，只是终不自然。孟子出于子思，则是涵养成就者，故曰“是集义所生者”，集义只是积善。“行有不慊于心则馁矣”，若行事不当于心，如何得浩然？此言皆所以辟告子。

象山指出孟子论养气一段，全是针对着告子而发。孟子讲“浩然”、讲“集义所生”、讲“行有不慊于心则馁矣”，“皆所以辟告子”，而告子的问题“是外面硬把捉的”，这样的路径虽然“将来也会成，只是终不自然”，故孟子所谓“养气”是要从心里内生出来，此亦前引对李伯敏讲的自家适意时便是尽心。象山的解释是否正确，另当别论，此处重在由此指出象山的解经方法，即语境还原的第二种类型。

第三个问答，“又问养勇异同”。象山曰：

> 此只是比并。北宫用心在外，正如告子“不得于言勿求于心”；施舍用心在内，正如孟子“行有不慊于心则馁矣”。而施舍又似曾

子，北宫又似子夏。谓之似者，盖用心内外相似，非真可及也。

在这一问答中，象山对于孟子的语境还原，则是指出孟子论述中所运用的比较法。象山对比较方法的体会与运用，可谓非常得心应手。他先是指出北宫与施舍是一对比，以此标示用心之内外的不同；续而又引入曾子与子夏，分别对应施舍与北宫。这样的解释显然更贴近一层，因为只是指出北宫与施舍的比较，由于北宫与施舍的材料甚少，以此说明用心之内外，并不一定非常有效；但是引入曾子与子夏，对于熟读《论语》的士子，形象无疑更为亲近，从而由此及彼，对北宫与施舍的理解获得增强。象山充分意识到这样的引入对比，只是一个点示，如果拘泥于此，真的把施舍与北宫看作曾子与子夏，则又是犯了语障，故紧跟着说明，“谓之似者，盖用心内外相似，非真可及也”。

经此三个问答，象子最后总结：

孟子之言，大抵皆因当时之人处已太卑，而视圣人太高。不惟处己太卑，而亦以此处人，如“是何足与言仁义也”之语可见。不知天之予我者，其初未尝不同。如“未尝有才焉”之类，皆以谓才乃圣贤所有，我之所无，不敢承当着。故孟子说此乃人人都有，自为斧斤所害，所以沦胥为禽兽。若能涵养此心，便是圣贤。读《孟子》须当理会他所以立言之意，血脉不明，沉溺章句何益？

非常清楚，如果不能还原语境，只在文字表面上求解释，对于经典的解释是不可能把握到“立言之意”的，而立言之意不能真正理会，所谓的注释经典只是无益地沉溺章句。

四 质疑拣择

象山解经的第三个基本方法，可以概之为质疑拣择法。把握主旨、语境还原，预设的前提是对经典的确信无疑，总体上可以视为经典的诠释。质疑拣择法在广义上，当然也是经典的诠释，但对经典确信无疑的预设前提显然是放弃了。且看《语录》一段记载：

伯敏尝有诗云："纷纷枝叶谩推寻，到底根株只此心。莫笑无弦陶靖节，个中三叹有遗音。"先生肯之。呈所编《语录》先生云："编得也是，但言语微有病，不可以示人，自存之可也。兼一时说话有不必录者，盖急于晓人，或未能一一无病。"时朱季绎、杨子直、程敦蒙先在坐，先生问子直学问何所据？云："信圣人之言。"先生云："且如一部《礼记》，凡'子曰'皆圣人言也。子直将尽信乎？抑其间有拣择。"子直无语。先生云："若使其都信，如何都信得？若使其拣择，却非信圣人之言也。"①

这则语录可以做两截看，后半截是提出质疑拣择法，前半截则可以视作质疑拣择法的理据性伏笔。后半截针对杨子直的"信圣人之言"，象山虽然以商量的语气进行讨论，并以质疑的语句进行表达，"若使其都信，如何都信得?"，但结论显然是明确的，即圣人之言都相信是不可能的，只能"间有拣择"。"间有拣择"是最终的取舍，前提则是经过了"如何都信得"的质疑。因此，质疑与拣择实是象山合二为一的过程。

前半截所以视为后半截的理据性伏笔，不仅是因为质疑拣择法是由李伯敏呈所编《语录》事而引起的话题，而且是因为象山对《语录》的看法内含着他对经典解释采取质疑拣择法的理据。象山虽然肯定李伯敏《语录》编得也是好的，但又强调"言语微有病，不可以示人，自存之可也"。"言语微有病"，是因为"兼一时说话有不必录者，盖急于晓人，或未能一一无病"。这样的文本，由于记录者是语境中人，自存自然毫无问题，甚至会有极大的亲切感。但是对于非语境中人，尤其是后人，时过境迁，言语形式也发生变化，那么言语中的毛病就可能成为语障，甚至产生误导。象山对于语录的警惕是一贯的，他强调书写较之语录更可靠。然而，即便是书写文本，同样也属于特定语境，"言语微有病"的问题是无法彻底避免的。概言之，圣人之言不可尽信，实是具有充分理据的。象山更强调：

① 卷35《语录下》，第445—446页。

> 自古圣人亦因往之言，师友之言，乃能有进。况非圣人，岂有自任私知而能进学者？然往哲之言，因时乘理，其指不一。方册所载，又有正伪、纯疵，若不能择，则是泛观。欲取决于师友，师友之言亦不一，又有是非，当否，若不能择，则是泛从。泛观泛从，何所至止？如彼作室于道，是用不溃于成。欲取其一而从之，则又安知非私意偏说。子莫执中，孟子尚以为执一废百。执一废百，岂为善学？后之学者顾何以处此。①

既然如此，那么，问题也就随之而来，即所谓的“后之学者顾何以处此”，简明地讲，就是质疑拣择法又应当如何具体操作呢？

象山解释经典的质疑拣择法，就其实际运用而言，不可一概而论。比如，象山曰：

> 《系辞》首篇二句可疑，盖近于推测之辞。
>
> 吾之深信者《书》，然《易系》言：“默而成之，不言而信，存乎德行。”此等处深可信。②

对《书》，象山深信之；对《易系辞》，有可疑处，也有可深信处。其间，象山自然是有他或深信或质疑、或取或舍的理据，比如他讲《系辞》首篇二句“盖近于推测之辞”是理据；但是有些理据于当下的判断中并没有明确指明，如上引对“默而成之”语的深信。

如何进一步来确认象山对此方法的运用？窃以为或宜二径并进。其一，从象山心学的基本宗旨与方法来确认。象山立学宗旨在自立本心，本心既立，无论临事与论学，本心自然就能洞见道理，或信或疑，或取或舍，当下即是。象山曰：

> 古者十五入大学，《大学》曰：“大学之道，在明明德，在亲民，

---

① 卷21《杂著·学说》，第263页。此段文字，卷34《语录上》亦录，基本一致，见第411—412页。

② 卷34《语录上》，第403页。

在止于至善。"此言大学指归。欲明明德于天下是入大学标的。格物致知是下手处。《中庸》言博学、审问、慎思、明辨，是格物之方。读书亲师友是学，思则在己，问与辨皆须在人。①

象山对《大学》三纲领八条目的阐明扣其主旨，"欲明明德于天下是入大学标的。格物致知是下手处"；而格物之方则援引《中庸》的"博学、审问、慎思、明辨"。但是，象山的结论是，"读书亲师友是学，思则在己，问与辨皆须在人"。思的具体形式，可以是自己内在的思考，也可以呈现为外在的问与辨。问与辨，就是质疑与拣择。故其所谓"皆须在人"，亦即"在己"。因此，自立本心是贯彻质疑拣择法的根本，这是可以确认的。但是，仅此终究不够具体。故在明确此一路径的同时，宜细观象山具体的经说，作为掌握象山解经质疑拣择法的另一路径。上引《学说》其实已是一例，请更举象山的《论语说》《孟子说》，以见具体。

先看象山的《论语说》。② 象山的《论语说》主要解释了"志于道，据于德，依于仁，游于艺"，而以前三句为重。释"志于道"。象山以"道者，天下万世之公理，而斯人之所共由也"破题。接着，象山指出，君臣父子各有其道，"惟圣人惟能备道"；常人固然不能备道，但也不能尽亡其道。然后，象山转出他的立论：

民之于道，系乎上之教；士之于道，由乎己之学。然无志则不能学，不学则不知道。故所以致道者在乎学，所以为学者在乎志。

在得出这个结论后，象山又拣择孔子的两句话与孟子的一句话，佐证他的结论。

释"据于德"。象山先标示"圣人之全德"，然后引《皋陶谟》之九德说，指出德之在人不可求全责备，虽一德亦不必求全，即便"有微善小美之可取而近于一者，亦其德也"，所谓"据于德"，便是据微善小美，

---

① 卷 21《杂著 · 学说》，第 262—263 页。此段引文前引之论读书法，见卷 34《语录上》，第 411 页。

② 卷 21《杂著 · 论语说》，第 263—265 页。

“日积日进，日著日盛，日广日大矣”。

释“依于仁”。象山开宗明义，“仁，人心也”。然后引孔门弟子进行分析，指出圣人能“尽仁”，“常人固未可望之以仁，然亦岂皆顽然而不仁?”。圣人与常人在人心上的差别，不在仁之有无，而仅在完备与不足。仁之在人，“皆受天地之中，根一心之灵，而不能泯灭者也”。故当“依于仁”。

释“游于艺”。象山解得很简单，以为“艺者，天下之所用，人之所不能不习者也”。游于艺，固无害于道、德、仁，相反，三者于艺中而有可见者。

整篇解说，除了“游于艺”外，其余三句，象山都拣择相关经典文句或人物事迹，予以佐证自己的立论。象山的立论全由自己的本心所发，并不玄远高妙，而是平易亲切，虽常人亦足以接受。象山曰：

> 古人皆是明实理，做实事。①
>
> 因叹学者之难得云：“我与学者说话，精神稍高者，或走了，低者于塌了，吾只是如此。吾初不知手势如此之甚，然吾亦只有此一路。”②

这其实也正是象山质疑拣择的解经方法的具体运用。

再看《孟子说》。这里仅取开篇释“志壹动气”以例见之。象山曰：

> “志壹动气”，此不待论，独“气壹动志”，未能使人无疑。孟子复以蹶趋动心明之，则可以无疑矣。壹者，专一也。志固为气之帅，然至于气之专壹，则亦能动志。故不但言“持其志”，又戒之以“无暴其气”也。居处饮食，适节宣之宜，视听言动，严邪正之辨，皆无暴其气之工也。③

---

① 卷34《语录上》，第396页。

② 卷34《语录上》，第404页。

③ 卷21《杂著·孟子说》，第265页。

“志壹动气”与“气壹动志”出自《孟子·公孙丑上》“公孙丑问曰夫子加齐之卿相”章。象山指出，“志固为气之帅”，因此“志壹动气，此不待论”；但孟子同时强调“气壹动志”，如果不加说明，则“未能使人无疑”，因为气原本就是流动不居的，它的专壹与否，又如何能够摇动志的坚固呢？象山指出，“孟子复以蹶趋动心明之，则可以无疑矣”。孟子在并言“志壹则动气，气壹则动志也”之后，紧跟着追加了一句说明：“今夫蹶者趋者，是气也，而反动其心。”指出了蹶趋虽是气的流变，但足以摇动其心，故而摇动心志。因此，“气壹动志”便“可以无疑矣”。由此而知，象山的质疑拣择法，其质疑绝非为疑而疑，其拣择也绝非为信而信，疑与信皆依本心而见得实理为准。象山曰：

> 人心有消杀不得处，便是私意，便去引文牵义，牵枝引蔓，牵今引古，为证为靠。①

换言之，依循本心，正是去除私意。凡人心私意消杀不了，一切引经据典，都只是“牵枝引蔓”，以今人古人之言语做外在的证据与依靠，而这正是解经之弊病。

综合观之，象山高度自觉与自信的解经法，其把握主旨、还原语境、质疑拣择三个环节，构成自成一体的方法。其中细分，把握主旨又可谓是目标，还原语境与质疑拣择则是更具体的方法。总体而言，象山的解经法虽然也沿用汉唐经注的训诂章句，但完全已只是作为初级手段，他的解经根本上是做义理的阐明，这也是他以把握主旨为目标的根本原因。在这个意义上说，象山的解经法已完全跳出经学的窠臼，而进入了分析的批判的理学形态。就此而论，由于象山的解经法与他的读书法一样，②完全是从接受者的角度来展开的，因此，更进一步地分析，象山的还原语境与质疑拣择作为理学的解释学，颇可以借镜于西方以伽达默尔为代

① 卷35《语录下》，第458页。

② 象山的读书法另稿专论。

表的哲学诠释学与哈贝马斯为代表的批判诠释学之间的思想转移，[①] 从而彰显象山解经法的思想意义。一方面，伽达默尔的哲学诠释学是用历史主义对抗客观主义，就此而论，象山解经法的还原语境可谓相似，象山所要挑战的也正是汉唐经学，乃至朱熹的经典注释学，因为朱熹的经典注释学正是在充分吸收汉唐经学基础上，以追求客观主义为表征的。另一方面，伽达默尔在以历史主义对抗客观主义的同时，又过度张扬了传统、权威、成见的影响力和合法性，从而为哈贝马斯所不满，进而提出交往批判理论。哈贝马斯的交往批判理论采用重建而非历史的方法，批判性地借用各种竞争的理论和历史先例，而这种借用的基础自然是从主体出发，进而在主体与各种理论与史实之间建构起主体间性。[②] 不能否认，象山解经法中的质疑拣择多少是具有相似的思想倾向的。

（作者为复旦大学哲学学院特聘教授、博士生导师）

① 参见傅永军《从哲学诠释学到批判诠释学》，收入杨乃乔主编《比较经学：中国经学诠释学传统与西方诠释学传统的对话》，上海人民出版社 2018 年版，第 731—743 页。

② 除了前注以外，哈贝马斯提出交往批判理论及其性质的简约介绍，可参见［英］詹姆斯·戈登·芬利森《哈贝马斯》第二章（译林出版社 2015 年版）。

阳明学的政治取向、困境和分析

彭国翔

【摘　要】中晚明的阳明学具有很多不同的面向，本文从政治取向这一角度，将中晚明的阳明学作为一个整体加以观察，深入分析“得君行道”与“觉民行道”这两种不同政治取向的各自含义及其关系，进而对于阳明学所蕴含的“民众政治主体”观念以及儒家传统的政治理想，从一个现代的角度予以分析和评价。具体讨论以下几个问题。首先，如何理解阳明学者在“得君行道”之外所另行开辟的“觉民行道”这一路线？其次，如何理解“觉民行道”和“得君行道”在阳明学中作为两种不同政治取向之间的关系？再次，如何理解阳明学中所隐含的“民众政治主体”这一观念及其所面临的困难？最后，如何才能建立儒家的政治主体并实现儒家的政治社会理想？

【关键词】阳明学　政治取向　“得君行道”与“觉民行道”　君主制与民主制

一　引言

本文将选择“政治取向”这个特定的视角，对中晚明的阳明学作为一个整体提出一些观察和判断。虽然我的讨论不限于王龙溪（1498—1583），而是涉及整个中晚明阳明学的许多人物，但是，从“政治取向”来观察中晚明的阳明学，王龙溪仍然是一个非常关键的人物。在我看来，他的案例尤其能够突显阳明学乃至整个儒学传统中政治理想与实践所面临的复杂境况。当然，我之所以特别想从政治取向的角度来谈一下中晚明的阳明学，也是因为在我的旧作《良知学的展开——王龙溪与中晚明的阳明学》中，[①] 限于论述的取径和架构，无法对这一方面的内容进行专门的探讨。在这个意义上，我在本文所要探究的内容，也希望是对自己既有研究的一个补充。

另外我想说的是，阳明学传入日本后，得到了充分和丰富的发展。所以，所谓“阳明学”这一概念，其实应该从整个东亚的视域来理解，不能仅仅局限于中国的阳明学。例如，我20世纪90年代在北京大学发现的万历四年（1576）泾县查氏刻本《龙溪会语》，[②] 当初一度传入日本，并曾为现代日本学者在研究时所引用，这一点即表明日本不仅有阳明学的传统，也有研究阳明学的传统。事实上，除了日本之外，在韩国也有阳明学的传统。韩国的阳明学虽然一直处在朱子学的压制之下，不像日本那样可以与朱子学并驾齐驱，但晚近也有进一步的发展。例如，我自己也曾应邀参加过关于韩国阳明学的会议，发表过比较王龙溪与韩国阳明学者郑霞谷的论文。[③] 但是，我对日本和韩国的阳明学所知毕竟有限，本文所论的阳明学，只能仍然以中国中晚明的阳明学为限。关于日本和韩国的阳明学传统，希望今后有机会向专治日、韩阳明学的朋友请教。这也是我要首先加以说明的。

关于中晚明阳明学的政治取向及其困境和评价，我的讨论包括以下几个问题。首先，如何理解阳明学者在“得君行道”之外所另行开辟的“觉民行道”这一路线？其次，如何理解“觉民行道”和“得君行道”在阳明学中作为两种不同政治取向之间的关系？再次，如何理解阳明学

---

① ★本文原为2019年3月8日应日本二松学舍大学之邀所做主题演讲的文稿，现略有修订。日文版《陽明學の政治的方向性、苦境および分析》刊于东京《陽明学》第30号（2020年3月），第1—28页；中文版《阳明学的政治取向、困境和分析》刊于《深圳社会科学》2019年第3期。参见彭国翔《良知学的展开——王龙溪与中晚明的阳明学》，台湾：学生书局2003年繁体字版；生活·读书·新知三联书店2005年简体字版；生活·读书·新知三联书店2015年增订简体字版。

② 关于该刻本的研究，参见我的“明刊《龙溪会语》及王龙溪文集佚文——王龙溪文集明刊本略考”，见《良知学的展开》增订版，第585—637页。

③ 彭国翔：《本体与工夫：郑霞谷与王龙溪合论》，《国学研究》（北京）第21卷，2008年第1期，第101—126页。也收入我的《儒家传统的诠释与思辨——从先秦儒学、宋明理学到现代新儒学》，武汉大学出版社2012年版，第140—168页。

中所隐含的政治主体观念及其困难？最后，如何才能建立儒家的政治主体并实现儒家的政治社会理想？

二 如何理解“觉民行道”？

在余英时先生讨论晚明士商互动与明清思想基调转换的文字中，对中晚明以阳明学为代表的儒学提出了一个颇有启发的观察。他认为，和宋代儒家士大夫的政治取向相较，中晚明阳明学者所代表的儒学，其政治取向在明代已经从以往的“得君行道”转变为“觉民行道”。① 换言之，余先生认为，在明代的政治高压之下，从王阳明开始，以阳明学为代表的儒学，其政治诉求已经从“庙堂”转向“民间”。这一论述，后来在其《宋明理学与政治文化》一书中再次得到了表述。②

余先生的这一论断具有充分的史料依据，我认为无疑是一个正确的观察。不过，如果说“得君行道”是希望获得君主充分的信任，就像历史上的王安石一样，由君主的授权或支持而推行儒家的政治理想，那么，又应当如何理解阳明学者在“得君行道”之外所另外开辟的作为一种政治取向的“觉民行道”呢？这一问题，迄今为止似乎还缺乏应有的思考。

分析来说，“觉”如果是启蒙，即意味着使“民”获得一种意识上的自觉。那么，这种自觉是什么样的意识？是使得“民”自觉获得一种政治主体的自我意识，还是只是伦理和道德意义上的自觉？此外，“觉民行道”中“觉民”的主体固然是阳明学者所代表的儒家士大夫，但“行道”的主体是谁呢？仍然是使“民”由“不觉”而“觉”的那些信奉阳明学的儒家士大夫呢，还是除此之外也包括“民”甚至主要以“民”为行道的主体呢？此外，“觉民行道”所要推行的“道”，与“得君行道”中的“道”，是不是同一个“道”呢？这些问题，都属于如何理解“觉民行道”的范畴。下面，就让我们一一加以探讨。

---

① 参见余先生的两篇论文：《现代儒学的回顾与展望——从明清思想基调的转换看儒学的现代发展》和《士商互动与儒学转向——明清社会史与思想之表现》。两文俱收入其《现代儒学的回顾与展望》（生活·读书·新知三联书店2004年版）。

② 余英时：《宋明理学与政治文化》，台北：允晨出版公司2004年版。

阳明学者“觉民行道”最为充分的体现，恐怕莫过于各种各样的社会讲学或者说“讲会”活动了。“讲会”活动的一部分内容，固然有些是阳明学者之间的理论探讨，例如罗念庵（1504—1564）的《冬游记》所反映的内容。但是，更多内容却是面向社会大众的宣教。而从各种讲会宣教的内容来看，阳明学者希望社会大众所获得的那种自觉，主要仍然是一种伦理和道德意义上的意识。换言之，阳明学者“觉民”的主要内容，还不是要使广大民众自觉产生一种政治主体的意识，而仍是和传统的儒家士大夫一样，希望民众在伦理和道德的意义上获得充分的自觉，以便在社会的层面形成一种“为善去恶”的风气。这一点，结合当时不少阳明学者积极参与而在社会上普遍流行的“功过格”运动来看，[①] 也可以得到说明。

不过，由于儒家传统在伦理道德和政治领域之间并未有明确的自觉区分，在这种“觉民”的过程中，无论是社会大众还是以阳明学者为代表的儒家知识人，尤其是后者，几乎不可避免地同时也会导致一种政治主体意识的觉醒。同样被黄宗羲作为阳明后学的管志道（1536—1608），曾经批评王心斋（1483—1541）思想的流传所导致的儒学民间化会对“君道”构成威胁，所谓“王氏则兴道统自庶人出，无奈以师道蔽臣道，而启天下卑君之心乎？”[②]，这固然反映了管志道本人推崇“君道”的一面，无形中恰恰却也说明，其他阳明学者“觉民行道”的实践可能造成广大民众政治主体身份的自觉。

“得君行道”中“得君”的主体当然是儒家知识人，至于“行道”的主体，固然看似仍然是儒家知识人，但是，“君”显然也是“行道”主体中不可或缺的一员，甚至是至关重要的一员。当我们把“行道”的主体理所当然地理解为儒家知识人时，其实是从儒家知识人的角度来看的。所谓“以天下为己任”，正是儒家知识人自我意识的反映。但是，从“君”的角度来看，不同的君主显然会有不同的理解。只有像宋代大部分

---

① 关于晚明社会的“功过格”运动，参见 Cynthia Brokaw，*The Ledgers of Merit and Demerit*: *Social Change and Moral Order in Late Imperial China*, Princeton University Press, 1991。该书有中译本《功过格：明清社会的道德秩序》（浙江人民出版社 1999 年版）。

② （明）管志道：《师门求证牍》卷中，杜正贞、张林译，第 23 页。转引自［日］荒木见悟《明末宗教思想研究：管东溟の生涯とその思想》，日本创文社 1979 年版，第 137 页。

的君主那样，儒家士大夫与君主“共治天下”的主体意识才会形成并且在一定程度上得以实现。这一点，在余英时先生的《朱熹的历史世界》一书中有很好的探讨。[①] 但是，对于像明太祖以及后来清代雍正那样的君主来说，“行道”的主体只能是君主自己，儒家士大夫一旦产生“行道”主体的自觉，就只能是对君权的一种威胁和僭越了。那么，与此相较，“觉民行道”中的主体又应该是谁呢？

当然，和“得君”一样，“觉民”的主体也是儒家知识人。这一点比较容易理解。但是，“行道”的主体又该如何理解呢？显然，在阳明学“觉民行道”的语境中，“觉民行道”中“行道”的主体似乎与“君”无关，而只涉及以阳明学者为代表的儒家知识人与社会大众，也就是“士”与“民”。换言之，“觉民行道”中“行道”的主体是谁？需要在“士”和“民”之间进行分辨和考虑。在我看来，“觉民行道”中“行道”的主体应该首先包括儒家知识人。其实，在一定意义上，“觉民”本身即可视为一个“行道”的过程，因为“教化”民众从来都是儒家知识人自觉承担的义务。这一点，是从孔子“吾非斯人之徒与而谁与”的话开始，已经在儒家传统中确定了的一个基调。如此说来，“觉民”和“行道”作为一体两面的过程，其主体自然正是儒家知识人。不过，现在我们必须思考“民”的问题。“行道”的主体少不了儒家知识人，但是，一旦为儒家知识人所“觉”，“民”是否也能成为“行道”的主体呢？

在我看来，儒家知识人之外，“民”同样足以成为“行道”的主体，至少从阳明学的立场来看，是确定无疑的。“人人心中有仲尼”和“满街都是圣人”这种阳明学尤为强调的观念，决定了“民”必然要成为“行道”的主体。在这一点上，儒家知识人和社会大众只是先知先觉与后知后觉的关系，从良知、本心的角度来看，儒家知识人和社会大众并无不同。因此，一旦获得觉悟，社会大众同样可以承担“行道”的使命。事实上，阳明后学尤其王心斋的泰州学派所开启的儒学民间化的运动，以及在这一民间化过程中涌现的诸如颜山农、何心隐（1517—1579）、韩贞（1509—1585）、朱恕（1501—1583）以及大量史料未有详细记载的作为

---

① 余英时：《朱熹的历史世界——宋代士大夫政治文化的研究》，生活·读书·新知三联书店 2011 年版。

阳明后学的社会大众，都正是“行道”主体的体现。前面提到管志道对王心斋开启的儒学民间化的批评清楚地表明，在管志道这样的人士看来，阳明学民间化使得民众普遍获得自觉的后果，就是政治主体意识的觉醒。而这无疑会对君主制之下君主的权威构成挑战。所谓“启天下卑君之心”，正是说的这一点。当然，如果从儒家传统自先秦以来一贯就有的“人皆可以为尧舜”的观念来看，“民”可以成为“行道”的主体，原本就是不成问题的。

然而，像管志道这样的阳明学者竟然担心儒学的民间化会“启天下卑君之心”，同时也表明了他“尊君”的立场。这一点，也恰恰说明“得君行道”的取向并未在中晚明的阳明学中随着“觉民行道”的兴起而销声匿迹。那么，如何看待“得君行道”和“觉民行道”这两条不同路线在阳明学中的关系，就是我们在接下来的一节中所要专门考察的问题了。

不过，在进入下一节之前，还有一个与如何理解“觉民行道”直接相关的问题需要澄清，即“觉民行道”中的“道”与“得君行道”中的“道”是否是一个“道”？在我看来，用我们今天的语言大体来说，“得君行道”中的“道”，应该更侧重于儒家的政治理想，“觉民行道”中的“道”，则更多与儒家伦理道德的准则相关。当然，这只是站在今天的角度分析而言。如果我们充分顾及政治领域与伦理道德领域之间的区分原本在包括阳明学在内的儒家传统中并不明确这一历史事实，那么，我们也必须充分意识到，“得君行道”中的“道”并非只有政治的内容，而是同样也包含伦理道德的成分。同样，“觉民行道”中的“道”也并非只有伦理道德的内容，儒家的政治理想同样包含其中。例如，《礼记·礼运》“大同”篇所描述的蓝图，就很难在政治与伦理道德两分的架构中去进行非此即彼的判断。因此，在这个意义上，我们也可以说，“得君行道”和“觉民行道”这两种不同路线中的“道”，都可以视为对儒家政治理想的指示，只不过，这种政治理想同时也是一种包含伦理与道德内涵的社会蓝图。

总而言之，“觉民行道”与“得君行道”的不同在于：儒家知识人政治诉求的对象由“君”转换为“民”，与此相应，“行道”的主体便不再是儒家知识人和君主的结合体，而是无形中转换成了儒家知识人和广大民众的结合体。这一点，或许是“觉民行道”这一政治取向最大的意义所在。

二　如何理解“觉民行道”和“得君行道”的关系

我早在“王龙溪的《中鉴录》及其思想史意义”这篇论文中就已经指出,[①] 对余英时先生从“得君行道”到“觉民行道”的这一论断，我们应该善会。在我看来，从“得君行道”到“觉民行道”应该理解为一种重点的转换，而不是二者之间非此即彼的截然取舍。不过，当时那篇文章并不是专门讨论阳明学的政治取向，所以，我的相关看法虽然论点已出，但并未完全展开。这里，我将专门对此予以进一步的讨论。

在《王龙溪的〈中鉴录〉及其思想史意义》这篇论文以及后来专门考察《中鉴录》这部书的论文中,[②] 我曾指出，王龙溪在万历登基之际编纂《中鉴录》，不仅汇集了中国有史以来到他那个时代众多太监的传记资料，并且在分门别类的基础上予以评判，其意图在于通过太监而影响皇帝，这正是“得君行道”这一观念和实践的鲜明体现。该事件的一个重要思想史意义，即在于向我们显示，即使在像王龙溪这样几乎毕生以社会讲学为志业的儒家知识人那里，“得君行道”的这一政治取向无论是作为理念还是实践，都未尝消失；一旦时机具备，便会立刻表现出来。

我还指出，在中晚明的阳明学中，具有“得君行道”这种政治取向的儒家知识人，并不在少数，他们甚至是最优秀的人物。例如，罗近溪（1515—1588）和王龙溪一样，也是晚明致力于社会讲学的一位代表性人物。并且，和王龙溪相较，如果说龙溪讲学的对象仍以儒家知识人或至少是生员为主要听众，那么，罗近溪讲学的对象则包括更多的社会大众。然而，正是罗近溪这样一位人物，在其讲学中格外宣扬明太祖的《圣谕六言》，甚至著有《太祖圣谕演训》。在他目前留存的文字记载中，我们

---

① 彭国翔：《王龙溪的〈中鉴录〉及其思想史意义》，《汉学研究》（台北）2001 年第 19 卷第 2 期。收入我的《近世儒学史的辨正与钩沉》（台湾：允晨出版公司 2013 年繁体字版，第 199—231 页；中华书局 2015 年简体字版，第 153—183 页）。

② 彭国翔：《日本内阁文库藏善本明刊〈中鉴录〉及其价值和意义》，载《儒家典籍与思想研究》第 6 辑，北京大学出版社 2014 年版，第 318—328 页。收入我的《近世儒学史的辨正与钩沉》。

可以看到，无论是面向社会大众的讲学，还是在私下对自己儿孙的教育甚至遗言，对罗近溪来说，明太祖简直就是一位继承了尧舜之道的圣君。人们只要奉行《圣谕六言》，似乎就可以超凡入圣，成为儒家的君子。[①]在这样的话语中，我们也不能不感到，在罗近溪看来，儒家的政治理想似乎在明太祖这样的君主那里已经几乎获得了实现。另一个例子是周海门（1547—1629）。他在《天真讲学图序赠紫亭甘公》这篇文字中，再清楚不过地流露出，在他看来，"得君行道"对儒家知识人是多么的重要。由于甘紫亭具有和王阳明十分类似的经历，当甘紫亭受到皇帝的召见，面临进京被委以重任的机会时，周海门感到十分鼓舞。同时，对王阳明未曾有过类似的机遇，周海门也流露出了十分的惋惜之情。所谓"阳明寄居闲外，未获一日立朝。相业未彰，人用为恨"，这里用"相业未彰，人用为恨"的话，便充分反映了周海门的这种心态。在他看来，王阳明未能得到皇帝的任用，在中央政府担当类似"宰相"这样的职务，是一件十分遗憾的事。显然，"得君行道"这一政治取向，在周海门的观念中依然牢不可破。是否能够"得君"，在他看来仍然是儒家知识人能否"行道"的一个至关重要的条件和保障。事实上，像王龙溪、罗近溪和周海门等这些一流的阳明学者仍未放弃"得君行道"的理想，其政治取向中仍然将"得君行道"置于非常重要的位置，是完全可以理解的。为什么会这样呢？后文我会特别予以分析。

既然像王龙溪、罗近溪和周海门等人都并未放弃"得君行道"的理念，那么，对于像王心斋这样的人所倡导的儒学民间化趋势，尤其是其中隐含的人人都可以成为政治主体这种观念，像管志道这样推崇"君道"的人物立刻敏感地嗅出了其中挑战君权的气息，认为这种自我意识足以"启天下卑君之心"，就是完全不难理解的了。事实上，像耿定向

---

① 程开祜在《镌盱坛直诠序》中称罗近溪"所纪会语、会录无虑数十百种，每以太祖高皇帝圣谕六言为诸人士敷宣阐绎"。见罗汝芳《盱坛直诠》（台北：广文书局印行 1967 年版），首页。罗近溪临终前给诸孙的遗言中说"圣谕六言直接尧舜之统，发明孔孟之蕴，汝辈能合之《论》、《孟》，以奉行于时时，则是熙熙同游尧舜世矣"。见罗汝芳《近溪子集》（《四库全书存目丛书》，台南：庄严文化事业有限公司 1997 年版，集 130），第 228 页上。罗近溪的高足杨启元也认为"千百年道统，集于高皇"。见杨起元《续刻杨复所先生家藏文集》之《与周海门》（《四库全书存目丛书》，台南：庄严文化事业有限公司 1997 年版，集 167）卷 7，第 327 页下。

（1524—1597）和李贽（1527—1602）之间的冲突、正统儒家士大夫与何心隐之间的冲突，以往大都是从社会伦理与个人道德修养的角度加以理解。但是，除此之外，政治取向的差异，特别是在对政治主体应当由何种人来承担这一问题的不同理解，恐怕也是一个重要的因素。显然，对于像耿定向这样的正统儒家士大夫以及像管志道这样崇尚“君道”的儒家知识人来说，社会民众似乎不太应当具有政治主体的身份，“行道”的主体应该是君主与儒家知识人的结合体，而不是儒家知识人和社会大众的结合体。

如此一来，从政治取向的角度来观察，中晚明的阳明学中就出现了一个非常有趣的现象。一方面，从王阳明开始，阳明学者在“得君行道”之外，开辟出了一条“觉民行道”的路线。对于王阳明个人来说，这或许是出于他政治生涯的无奈，但我相信，即便是发生学上无奈，这种取向后来也成了王阳明的一种自觉。换句话说，即便是仕途上始终无法“得君行道”的经验使得阳明最终绝望，从而被迫另辟“觉民行道”的蹊径，“觉民行道”也逐渐成为阳明的一种高度自觉，不再是一种不得不如此和退而求其次的选择了。也只有如此，在阳明之后，大规模社会讲学活动的发生和发展，才是可以理解的。像王心斋那样不仅自己一再拒绝仕途，也不许自己的子孙后代进入仕途，正是这样一种高度自觉的表现。

但是，另一方面，正如我之前和刚才再次指出的，在“觉民行道”这一路线成为中晚明阳明学与众不同的一个重要取向的同时，至少对王龙溪、罗近溪和周海门等这样的阳明学者来说，“得君行道”也依然并未被彻底放弃。就像休眠的火山再次喷发一样，在特定的时机之下，“得君行道”也依然成为他们政治取向的直接反映。并且，所谓有趣而值得思考的问题是：并不是说一部分阳明学者信奉“觉民行道”，另外一部分阳明学者不能忘情于“得君行道”，而是这两种不同的政治取向同时为那些阳明学者所兼具。我相信，在这两种取向之间非此即彼的极端单一的个案或许不是没有。但是，两种取向兼具一身的情况，在阳明学者的群体中，一定占据着绝对的多数。就此而言，正如我在本文开头所说，王龙溪仍然是一个分析和理解的最佳案例。

王龙溪没有王阳明那样丰富的仕宦经验，他的官位远不如王阳明之高，更没有取得像王阳明那样的赫赫事功。但是，有一点相同的是，他也经历了仕途的挫折，甚至比王阳明更为严重。王龙溪是被罢官的。他为什么被罢官？整个事件过程如何？迄今尚不十分清楚，我一直也想做一个专门的研究。这个问题姑且不论，有一点是很清楚的。那就是：正是在罢官之后，王龙溪才将几乎全副身心投入到了足迹遍布大江南北的社会讲学活动之中，所谓“八十犹不废出游”。这样看来，王龙溪更应该是彻底放弃了“得君行道”的念头才对。但是，围绕《中鉴录》所发生的一切，再清楚不过地表明，王龙溪也终究没有放弃“得君行道”的取向。

当然，对于王龙溪来说，“得君行道”并不意味着儒家知识人自己获得君主的恩遇而被委以重任，从而像北宋的王安石那样一展宏图，推行心目中的儒家理想；而是通过影响君主的观念和实践，塑造一位真正信奉儒家思想的明君，从而使得儒家的理想通过这位贤明的君主获得最终的实现。如果说宋代儒家知识人的“得君行道”仍然是以君主和儒家知识人共同作为政治主体来“行道”，那么，在王龙溪的“得君行道”中，政治主体实际上已经不再是儒家知识人和君主的结合，而是由君主来独自承担了。在这种情况下，儒家知识人只能退居幕后，通过先影响太监再进而影响君主这一类非常间接的方式来发挥作用。

可是，即便在从政的经历中遭受重创，即便以几乎毕生的社会讲学活动而被载入史册，王龙溪为什么在致力于“觉民行道”的同时，却始终不愿或不能放弃“得君行道”的政治取向呢？我之前已经指出，在一个君主制的机制之下，君主是一切权力的最终来源。没有君权的保障，任何“道”的推行，都是十分困难的。这里，我要进一步指出，王龙溪的案例以及罗近溪、周海门等阳明学者兼具“觉民行道”和“得君行道”这两种不同政治取向所反映的那种纠结，更深一层来看，其实揭露了这样一个无从闪避而必须认真思考的问题，那就是：在君主制的整体结构之中和君权的绝对笼罩之下，是否能够由儒家知识人和社会大众的结合体来承担并发挥政治主体的角色？可以说，中晚明阳明学者在政治取向问题上所表现出的纠结，其意义正在于揭示了政治主体应该由谁来承担这样一个问题以及该问题在中晚明所面临的困境。

三　阳明学蕴含的“民众政治主体”观念及其困境

阳明学所开辟的“觉民行道”这一路线，关键就在于无形中使政治主体的构成发生了变化，由儒家知识人和君主的结合体转换成为儒家知识人和社会大众的结合体。这种转换的后果，还不只是像管志道所说的“启天下卑君之心”，其逻辑的终点，恐怕不能不指向君主制和君权的合法性这一问题。那么，为什么阳明学“觉民行道”的路线会导致政治主体的构成发生如此的变化呢？这一点，与阳明学最为核心的观念有关。

如所周知，王阳明说过这样的话：“夫学贵得之心，求之于心而非也，虽其言出于孔子，不敢以为是也。”（《答罗整庵少宰书》）这里作为诉求对象的“心”，是心学传统中的“本心”，也就是阳明学最为核心的“良知”。显然，这句话所表达的意思就是，在王阳明看来，即便是作为大成至圣先师的儒家圣人孔子所说的话，如果经不起本心的检验，过不了良知这一关，也不能被认为是正确的准则。同时，这句话也表明，对于王阳明来说，一切是非判断的终极标准只有人人自有的本心和良知，而不是任何外在的权威。

既然孔子的言说都不能作为是非善恶的最后判准，那么，君主的“金口玉言”所说又当如何呢？显然，根据王阳明的这句话，君主也不能成为是非善恶的判断准则。并且，对于阳明这句话的理解，我们并不能仅仅局限于伦理道德的领域，而应当将政治社会的方面同样包括在内。如果从一个政治社会的视角来看的话，阳明的这一主张无疑会导向一种对外在政治权威的挑战。而外在的政治权威，在当时而言自然是君主政体之下的君权。

当然，这种看法并不是王阳明的独创，而可以说是整个儒家传统一贯的原则，所谓“从道不从君”。王阳明的这句话，只不过是将这一儒家传统的普遍原则更为鲜明地凸显了出来。中国历史上固然不乏“曲学阿世”的公孙弘（公元前200—121）之流，但“以德抗位”的儒家知识人也是不胜枚举。明太祖时的李仕鲁（？—1381）为了维护孟子所代表的这一“从道不从君”的儒学原则和信守，不惜付出生命，正是其中一例。

余英时先生在其《朱熹的历史世界》中极为精彩细致地向我们展示的宋代儒家士大夫与君主“共治天下”的那种高度自觉，正是儒家知识人政治主体意识的反映。而到了阳明学自觉开辟出“觉民行道”的又一路线，则进一步将政治主体的范围从儒家知识人扩展到了整个社会大众。这一变化，也就是我前面指出的，政治主体的构成由儒家知识人和君主的结合体转换成为儒家知识人和社会大众的结合体。换言之，从阳明学的这一主张出发，政治主体非但不能为君主所独揽，甚至也不能仅由儒家知识人来承担，包括社会大众在内的每一个个体，都可以而且应当作为一个政治主体来发挥作用。这一点，在我看来，可以说是从政治取向来观察阳明学所能看到的一个最为突出的特点。在这个意义上，阳明学视域下的政治主体，可以称之为“民众政治主体”。

阳明学的这种“民众政治主体”的观念，可以在王心斋的案例中获得很好的说明。王心斋的文献中曾记载了他有一回梦见“天堕压身，万人奔号求救”，而他自己“举臂起之”，不仅将已堕之天举起，更重整“失次”的日月星辰，使其恢复秩序。对于这一故事的解读，以往的思想史家往往视之为一种“自大”甚至“自恋”的反映。如侯外庐即认为，“这是一种宗教性悟道神话，完全以教主身份自居”①。不过，心斋文献中如此郑重其事地记录了这一梦境，并不能仅仅从这一角度去理解。在我看来，这恰恰可以视为心斋主体意识觉醒的鲜明反映。并且，这种主体并不仅仅是伦理道德教化意义上的主体，同时也是政治社会意义上的主体。如果王心斋自己及其所推动的阳明学民间化所唤醒的不仅仅是一般意义上的政治主体，而且更是一种民众政治主体，那么，管志道所谓的“启天下卑君之心”，就不难理解而正是一种准确的观察了。

不过，对于阳明学的这种“民众政治主体”，在我看来有两点需要说明。

首先，这种主体意识与伦理道德意义上的主体意识，往往并未获得清楚的区分。不但社会大众对政治社会意义上的主体与伦理道德意义上的主体常常不能够有所区分，即便是以阳明学者为代表的儒家知识人，也未见得能有这种自觉的区别意识。因此，伦理道德的教化和政治社会

① 侯外庐主编：《中国思想通史》第4卷下册，人民出版社1959年版，第961页。

的实践，常常是彼此交织在一起的。

其次，即便阳明学“觉民行道”的思想与实践必然导向一种“民众政治主体”意识的觉醒，在实际的层面，由于这种主体常常和伦理道德意义上的主体混合在一起，作为“政治主体”的那种意识在社会大众之中恐怕尚未达到非常自觉的程度。对儒家知识人来说，即便这种政治主体的意识可以具备相当的自觉，但是，在高度集权的君主制这一现实政治之下，如何理解自己“政治主体”的身份以及如何发挥自己“政治主体”的角色，都无法不陷入纠结与困境。

吕坤（1536—1618）关于“理”与“势”的言论，常为思想史家所引用。其实，对于晚明儒家知识人作为政治主体在高度集权的君主制下所面临的纠结和困境，吕坤的表述正可以作为一个分析和理解的极佳案例。仔细阅读的话，我们会发现，虽然吕坤认为“理”比“势”更为尊贵，所谓“理又尊之尊也”，“庙堂之上，言理，则天子不得以势相夺；即相夺焉，而理则常伸于天下万世”（《呻吟语》卷1）。但是，他在这番话之前，首先予以肯定的，却仍然是“天地间惟理与势为最尊”。之所以如此，正是因为君主制和君权所代表的“势”，终究是一个无从闪避的现实政治结构。并且，“理”为“势”所夺，不仅是中国历史上一再上演的实际，更在晚明空前集权的君主制中得到了极大的凸显。所以，对吕坤来说，“天子不得以势相夺”只是一种“应然”的虚说，而“相夺”才是历史长河中不断出现的实指。至于“而理则常伸于天下万世”，则只能说是吕坤作为一名儒家知识人对其信念的自我表达吧。

对于中国传统政治，牟宗三（1909—1995）先生曾经提出过“君、士、民”的观察架构，[①] 我认为是非常准确和具有启发意义的。如果从“君、士、民”的关系来看政治主体的问题，我们可以看到，如前所说，在“得君行道”的政治取向下，政治主体由“君”和“士”共同承担；在“觉民行道”的政治取向之下，政治主体则无形中转趋于“士”和“民”的结合。不过，中国政治的现实演化告诉我们，由唐宋而明清，是一个君主集权不断强化的过程。在“士”与“君”的“共治天下”已经

---

① 牟宗三：《道德的理想主义》，载《牟宗三先生全集》第9册，台北：联经出版公司2003年版，第9册。

日益转为“君”的“乾纲独断”这种情况下，“士”与“民”共同作为政治主体而将“君”排除在外，或者说让“君”成为和“士”与“民”一道的政治主体的因素之一，非但不能在现实政治中得到落实，而且这种意识本身即与“君权”构成直接的冲突。就连推尊“君道”的儒家知识人都会觉得这种政治主体意识会“启天下卑君之心”，君主自身会作何感想，就是可想而知的了。

事实上，王龙溪、罗近溪等人一方面身体力行“觉民行道”的路线，另一方面又无法放弃“得君行道”的努力，甚至以太祖六谕作为宣教的典范，都反映了这样一种纠结和困境：在君权绝对笼罩的现实政治结构之下，为了尽可能使儒家的政治社会理想得到些许的落实，这些阳明学者不得不在“君”和“民”之间不断往复。这一现象，正是儒家知识人作为“士”的政治主体身份无从真正安立的表现。既然儒家知识人作为“士”的政治主体都难以真正确立，“民众政治主体”无法从“觉民行道”的思想和实践中真正得以实现出来，只能作为阳明学的一个“逻辑蕴涵”“隐而未发”，恐怕就更不得不是一种历史的宿命了。

四 儒家政治主体为何无法建立以及如何才能实现

那么，无论是“得君行道”所预设的儒家知识人与君主共治天下的政治主体，还是阳明学“觉民行道”所可能发展出的“民众政治主体”，为什么在中国历史上都终究无法真正建立和实现呢？

在我看来，这其中的症结就在于君主制这一政治制度。事实上，正如余英时先生在《宋明理学与政治文化》中指出的，阳明学“觉民行道”这一路线的产生，极为重要的一个原因正是“得君行道”这一路线日益难以实现。随着宰相制度的废除以及君主专制在明代的日益强化，“得君行道”对儒家知识人来说已经完全成为一种可遇不可求的东西。然而，正如以上我的分析所显示的，在专制君权的绝对笼罩之下，“觉民行道”充其量只能在伦理道德的领域推行。由于这一路线所蕴含的“民众政治主体”直接对君权构成威胁，在专制的君主制之下，较之“得君行道”，“觉民行道”作为一种政治取向可以说更难获得发展。

就历史的实际来看，在集权君主制下，儒家知识人作为政治主体发挥作用已经举步维艰，屡遭整肃，明末东林党人的境遇就是一例。至于社会大众的政治主体意识觉醒而在社会上稍有举动，就更加会被君主视为政治不安定的因素而必须铲除。可以说，“得君行道”和“觉民行道”之所以最终都无法行得通，关键就是君主制既不容许儒家知识人与其“共治天下”，只允许其作为“治世”的工具，更不允许广大民众作为政治主体而试图自己“当家做主”，或至少是不再盲目地做顺民、当奴才。一句话，正是君主制的独裁本性，致使“士”与“民”都不会被允许成为真正的政治主体。

无论是“得君行道”还是“觉民行道”，都以实现儒家的政治社会理想为共同目标。然而，君主制不仅是儒家的政治主体无法建立和实现的根源，同时也与儒家的政治社会理想在本质上存在着“家天下”和“公天下”的根本对立。有一种世俗的看法，即认为儒家的政治社会理想为中国历史上的君主专制提供了思想观念上的支持，其实恰恰相反。

中国历史上第一个布衣皇帝刘邦在以武力夺取了政权之后向他父亲所说的话，将其“家天下”的心态表露无遗。而如果说君主制的本质就在于“家天下”，那么，儒家的政治理想却是《礼记·礼运》“大同”篇所反映的“公天下”。这种“公天下”的政治社会理想，用孟子的名言来说，就是“民为贵，社稷次之，君为轻”。朱元璋下令罢除孟子在孔庙的陪享，命刘三吾（1313—1400）编定《孟子节文》，特意删除了孟子这段话，正是“家天下”与“公天下”冲突的突出表现。在君主制确立之后的中国历史上，历代真正的儒家知识人无论是通过灾异的告谴，如董仲舒；还是通过正心诚意的道德劝诫，如大批理学人物，都是要想方设法限制君主的权力。而历代大儒在实际政治中几乎无一例外地被边缘化甚至被扣上“伪学”的帽子，都表明了“公天下”的理念被“家天下”的君主制一再击碎的现实。至于孔子一生在政治上的失意，正可以视为儒家政治社会理想现实际遇的一个缩影。不久之前过世的狄培理（W. T. de Bary）教授，在其《儒学的困境》（*The Trouble with Confucianism*）中曾经指出：“这些儒家经常不得不单枪匹马面对大权在握的统治者，独自应对帝国官僚体系的复杂、僵化或派系内讧。他们越是有良知，就越容易成为烈士，或者更多的时候成为政治空想家。”①

总之，只要“家天下”的君主制不消除，儒家“公天下”的政治社会理想永无实现的可能，儒家知识人和社会大众的政治主体身份，自然也终究无法建立。那么，接下来的问题是，儒家的政治主体如何才能建立呢？儒家的政治理想又如何才能实现呢？在我看来，只有在一个民主政治的架构之下，儒家的政治主体才能真正建立，“公天下”的政治与社会理想也才能实现。

如前所述，历史上中国的儒家知识人一直试图限制君权，但苦无良策，并未对君主制本身提出质疑。但是，这种情况在晚清发生了变化。我们知道，近代中国最先接触到西方代议制度的一批儒家知识人，如王韬（1828—1898）、薛福成（1838—1894）、郑观应（1842—1922）等，不约而同地对其表示欣赏，认为这种制度有助于儒家政治社会理想的实现。被称为保守主义者的钱穆（1895—1990）先生，访问美国之后曾经在给余英时先生的信中称赞美国的政治制度。所有这一类的例子，都表明了民主政治构成儒家政治社会理想的内在要求，儒家知识人接受民主政治可以说是顺理成章的。

当然，民主政治并不能保证阳明学所蕴含的那种“民众政治主体”立刻能够建立，也不能保证儒家“公天下”的政治与社会理想能够立刻实现。但是，这里的关键在于，虽然民主政治并不能使得像中国这样具有数千年君主制传统的国家的各种问题立刻迎刃而解，甚至在民主政治建立之初，还会一度出现更大的乱局，各个方面的问题甚至会一度恶化而不是改善。但是，可以肯定的是，不建立真正的民主政治，对一个具有漫长君主集权传统的国家以及根深蒂固“子民”而非“公民”意识的民族来说，很多问题就永远无法解决，“民众政治主体”和“公天下”的建立与实现，就将永远是遥遥无期的。辛亥革命迄今中国百年以来的发展历史，似乎已经论证了这一点。

最后我想说的是，民主政治包括形式和内容两个方面。作为具体的

---

① W. T. de Bary, *The Trouble with Confucianism*, Harvard University Press Cambridge, Massachusetts London, England, 1996, p. 99. 中译本参见黄水婴译《儒家的困境》，北京大学出版社 2009 年版，第 117 页。

形式架构，民主政治可以而且理当结合各个民族和国家的历史传统，发展出各自不同的模式。但作为一种理念和精神，民主政治又必然是以人民自己当家做主以及权力的分割与制衡为其内容，不必是西方的专属。[①]对于世界上民主政治的各种具体模式来说，这一内容是“人同此心”“心同此理”的。我相信，在一个民主的政治架构之下，无论是儒家的君子人格，还是儒家“民众政治主体”在阳明学中的蕴涵，以及“以民为本”“天下为公”的政治社会理想，都会更容易实现。

（作者为浙江大学求是特聘教授、博士生导师）

① 例如，阿玛蒂亚·森（Amartya Sen）即曾发掘印度传统中民主的思想与实践，并从“公议”（public reasoning）的角度来界定民主之为民主。参见其 *The Argumentative Indian*：*Writings on Indian History*，*Culture and Identity*，Picador，2006。

李宣《东皋诗史》考论

何诗海　曾赖碧

【摘　要】浙江余杭李宣编刊于康熙二十三年（1684）的《东皋诗史》60卷，是明清之际以诗体形式演绎历史的史学著作。其"诗史"含义，既非一般的咏史诗，又不同于世人赞誉杜诗所蕴含的诗学观念，体现了李宣对经史关系、程朱理学的独特认识。其史学性质，主要体现在所录诗歌的题材、内容、命题方式和平实叙事的表现手法等方面。

【关键词】李宣　《东皋诗史》　史学　叙事

明清时期，涌现了一批以诗歌韵语形式记载历史人物、演绎历史事件，甚至直接以"诗史"命名的著作，如杨慎《廿一史弹词》，唐汝询《顾氏诗史》，李宣《东皋诗史》，赵南星撰、仲宏道增续《增定二十一史韵》，葛震《诗史》等。这些著作，虽采用诗体形式，但"诗史"的内涵，既迥异于宋代以来誉杜诗为"诗史"的诗学理念，其创作宗旨、内容、体例等，也不同于传统的借古讽今、抒情言志的"咏史"诗，具有独特的文学史和史学史意义。其中，李宣《东皋诗史》60卷，规模之宏大，内容之丰富，在这类著作中特别引人注目。然而，学界对李宣生平和《东皋诗史》的版本、内容、体例、写作特色等，关注较少，有一些常识错误。本文拟围绕以上问题略陈浅见。

一　《东皋诗史》著录的若干疏误

关于李宣生平、籍贯以及《东皋诗史》的编刊时间，当代一些目录学著作所著录的信息，既过于简略，又有一些疏误。如柯愈春《清人诗文集总目提要》曰：

> 宣生于康熙十五年（1676），卒年不详。字禹航，号东皋，浙江余姚人。康熙三十八年举人。所撰《东皋诗史》六十卷，又名《咏史诗集》，亦名《诗史》。乾隆间刻，吉林师范大学图书馆藏。中山大学图书馆藏卷十六至四十六。前有康熙二十三年自序，又雍正元年同邑孙应龙序。乾隆九年作者六十九岁。①

可见，《东皋诗史》又有《咏史诗集》《诗史》等名称（下文亦称《诗史》）。然而，这条记载，至少有三个问题。首先，是李宣“字禹航”。《东皋诗史》卷首有《尚友堂诗史自序》，落款署名为“禹航李宣东皋氏识”；每卷卷首又有“禹航李宣东皋父著”的落款，言李宣字禹航当源于此。然而，古人介绍姓名字号时，未有将字置于姓名之前者。姓名之前，通常是介绍籍贯。“禹航”为浙江余杭县的古称，标识的正是李宣的籍贯。查《（康熙）余杭县志》卷5《选举志·进士》：“李宣，顺治九年中式，因磨勘不与殿试。任河南商城知县。”②《（嘉庆）余杭县志》卷23“选举表”之“李宣”条载：“崇祯己卯举人，官商城知县，不与殿试，故题名碑无。”③ 据以上材料可知，李宣乃浙江余杭人，崇祯己卯（1639）年中举，清顺治九年（1652）春闱中式，但因磨勘未参与殿试，故进士题名碑未录其名；曾任河南商城知县。《清人诗文集总目提要》作者不察，误以“禹航”为李宣之字，又言李宣是“浙江余姚人”。据《（康熙）商城县志》载：“李宣，余姚人，进士，康熙三年六月二十九日到任，五年离任。”④ 而遍查清代余姚县志，未见名李宣，中过进士，

---

① 柯愈春：《清人诗文集总目提要》卷18上册，北京古籍出版社2001年版，第459页。

② （清）张吉安修，（清）朱文藻纂：《（康熙）余杭县志》卷5《选举志·进士》，载《故宫珍本丛刊·浙江州县志》第1册，海南出版社2000年版，第130页。

③ （清）张吉安修，（清）朱文藻纂，（清）崔应榴、董作栋续纂：《（嘉庆）余杭县志》卷23《选举表一》，载《中国地方志集成·浙江府县志辑》第5册，上海书店1993年版，第894页。

④ （清）许全学纂修：《（康熙）商城县志》卷5《职官》，载《河南历代地方志集成·信阳卷》，中州古籍出版社1999年版，第269页。

且于康熙初年知商城县的士人。可见，《商城县志》记载的李宣，只能是余杭李宣，编者不察，将其籍贯讹为“余姚”，与“余杭”一字之差。《清人诗文集总目提要》之误载，大概即源于此，这是第二个问题。第三个，也是更严重的问题，即李宣生年问题。据柯氏提要，李宣生于康熙十五年（1676），而《东皋诗史》自序的落款时间是“康熙甲子（1684）仲冬长至前三日”。如柯说成立，则李宣八九岁即已完成60卷本的《诗史》创作且付之剞劂，这显然是不可能的。或许意识到其中的疏漏，柯氏提要又称李宣于乾隆九年（1744）六十九岁时完成《诗史》。这一说法，大概源于蒋寅《东瀛读书记》所载日本内阁文库藏《诗史》：

> 李宣撰《东皋诗史》六十卷。乾隆刊本，日本内阁文库藏。李宣（1676—?）字禹航，号东皋。康熙三十八年（1699）举人，乾隆九年（1744）六十九岁撰成《诗史》。书前有康熙二十三年（1684）仲冬长至前三日自序，雍正元年（1723）癸卯三月上浣日同邑孙应龙序。①

此条材料著录李宣字号、生年、中举年、《诗史》撰成时间等信息，俱为柯氏《清人诗文集总目提要》所沿袭。除了误“禹航”为李宣之字，两家都无视李宣康熙二十三年（1684）自序所载：“集共六十卷，至宋元止，自伏羲始，其或相沿已久，每多不识谁因，特语旨而事奇，辄镕意而成调，用克备采之列，爰入附集之条。”② 可见，《诗史》完成时间的下限非常明确，即康熙二十三年。据此，不仅李宣生于康熙十五年（1676）之说难以成立，“康熙三十八年举人”“乾隆九年六十九岁撰成《诗史》”云云，也不知所据，完全站不住脚。

那么，李宣生年究竟何时？此问题其实不难解决。《东皋诗史》卷60有《东皋年谱》一篇，以六言诗形式记载平生履历。全诗218句，1300多字，可谓诗歌形式的作者自传。《年谱》开篇曰：“欲识东皋平昔，按

---

① 蒋寅：《东瀛读书记》，《文献》1999年第1期。

② （清）李宣：《东皋诗史》卷首《尚友堂诗史自序》，载《中国古籍珍本丛刊·东北师范大学图书馆卷》第61册，国家图书馆出版社2017年版，第282—283页。

其年谱方知。"[①] 如此郑重其事的开场白，意在提示后人，此《年谱》是李宣自撰，了解其生平事迹最全面、最重要、最可靠的文献。《年谱》随后即介绍自己的出生："丙辰二月初度，是在古城祖基。"[②] 那么，此"丙辰"到底是哪一年呢？查康熙十五年（1676）正是丙辰年。这大概是柯著、蒋文判断李宣生于1676年的依据。然而，如前所论，这个说法是靠不住的，因为李宣不可能在八九岁时即完成《诗史》。另，年谱又记述自己亲历鼎革之变曰："乙酉遂值鼎革，各乡祸起潢池。借名举义肆虐，焚劫扫荡无遗。"[③] 所谓"乙酉鼎革"，指顺治二年（1645），正是明清易代的重大历史关头。若李宣生于康熙丙辰，绝无可能亲历鼎革之变。《年谱》中的"丙辰"，当往前推一甲子，即万历丙辰，公元1616年。《年谱》叙事，时间线索非常清晰，除前引"丙辰二月初度""乙酉遂值鼎革"外，又有"六岁离襁就学""八岁曾祖在任""十二岁迁树下""十八岁乃成婚，丁丑生女堪悲"等，[④] 缕述生平，丝毫不爽。值得注意的是，《年谱》的最后时间节点："六十九陶儿生，何能遥望成器。得幸顺时长育，应念先德可歧。"[⑤] 李宣育有子女八人，其中三子、六子先后夭亡，至六十岁才生子云际，六十九岁又生子陶儿。暮年得子，喜不自胜，作《中秋后五日生陶儿》，中有"华发萧疏榆景臻，忽萌桂茁正逢辰"[⑥]句，可见其欣喜感慨。《东皋年谱》纪事，截止于这一年，以示珍重和纪念。又据古人虚岁纪年的通例，李宣生于万历丙辰（1616），六十九岁正是康熙二十三年（1684）。可见，《东皋年谱》的撰写必然完成于这一年，而不会更早或更晚。因为根据李宣自序，《东皋诗史》正是在这一年"汇

---

① 《东皋诗史》卷60《东皋年谱》，《中国古籍珍本丛刊·东北师范大学图书馆卷》第64册，第626页。

② 《东皋诗史》卷60《东皋年谱》，《中国古籍珍本丛刊·东北师范大学图书馆卷》第64册，第626页。

③ 《东皋诗史》卷60《东皋年谱》，《中国古籍珍本丛刊·东北师范大学图书馆卷》第64册，第627页。

④ 《东皋诗史》卷60《东皋年谱》，《中国古籍珍本丛刊·东北师范大学图书馆卷》第64册，第626—627页。

⑤ 《东皋诗史》卷60《东皋年谱》，《中国古籍珍本丛刊·东北师范大学图书馆卷》第64册，第632页。

⑥ 《东皋诗史》卷60，《中国古籍珍本丛刊·东北师范大学图书馆卷》第64册，第620页。

成全书，剖劂就正”的。[1] 蒋寅和柯愈春的论著因误“丙辰”为“康熙丙辰”（1676），遂据“六十九岁”这个时间节点，推断《东皋诗史》的成书时间为“乾隆九年”（1744）。明白个中缘由，则柯、蒋著录的另一错误，“康熙三十八年举人”说的产生，也涣然冰释。盖《东皋年谱》自称“二十四列贤书”，即乡试中举。按康熙丙辰（1676）出生计，二十四岁正当康熙三十八年（1699），是年为己卯年。而李宣中举的实际时间，如前所述，是崇祯己卯（1639），同样误推了一个甲子。

关于《东皋诗史》的版本，据当代书志目录，主要有康熙本、乾隆本两个系统。康熙本又有二十一年（1682）、二十三年（1684）两种刻本。笔者所见有《中国古籍珍本丛刊·东北师范大学图书馆卷》所收《诗史》60卷，卷首有三篇序，分别为蔡启僔康熙壬戌序、孙应龙康熙癸亥序、李宣康熙甲子自序。据李宣自序，知为康熙二十三年刻本，每页九行，行二十三字；白口，左右双边。日本国立公文书馆内阁文库、哈佛大学汉和图书馆藏《诗史》60卷，皆二十三年刻本。其中汉和图书馆藏本序文位置稍有不同，蔡启僔序位于卷末，其他内容一致。康熙二十一年刻本，据李灵年、杨忠《清人别集总目》载，有南京图书馆、吉林白求恩医科大学图书馆、日本静嘉堂藏本。然而，据李宣自序，《东皋诗史》完成且刊刻于康熙二十三年，此前两年，是否已有刊本问世？笔者对此深表怀疑，猜测是著录者据蔡启僔序而误记。盖蔡序落款署“康熙壬戌桂秋清溪蔡启僔题”，正是康熙二十一年。至于乾隆本系统，据《中国古籍总目》，有吉林师范大学图书馆藏本，笔者未见。柯愈春《清人诗文集总目提要》、蒋寅《东瀛读书记》皆著录《东皋诗史》60卷为乾隆刊本，笔者同样怀疑有误。如前所述，两家皆误认为李宣于乾隆九年（1744）六十九岁时完成《诗史》编纂，从而误推此书的刊刻时间为乾隆年间。总之，关于《东皋诗史》的版本，还有不少亟待廓清的疑点。

---

① 《东皋诗史》卷首《尚友堂诗史自序》，《中国古籍珍本丛刊·东北师范大学图书馆卷》第61册，第284页。

二　李宣身世及交游

综上所述，李宣，浙江余杭人，生于万历丙辰（1616），崇祯己卯（1639）科举人，时年二十四岁。鼎革之后，重入科场，于顺治九年（1652）进士中式，因磨勘未得殿试。十二年后，即康熙三年（1664），任河南商城知县。未久去职还乡，闭门读书著述，康熙二十三年（1684）六十九岁时撰成并刊刻《东皋诗史》。以上是关于李宣生平和著述极粗略却又最基本的事实。在此基础上，结合方志和《东皋年谱》，可以考得李宣家世、生平、交游等方面更为具体、丰富的信息。

余杭李氏为书香门第，地方望族。李宣祖、父皆任教谕。祖父李能荣，"号心庵，醇瑾好学，自其饩于邑庠时，同人已严事之；及司训秀水，诱掖士类，恪其乃职，士乐推焉；捐俸以周贫乏者，不以衣食累其心，士益以廉耻自厉"①。可见其祖身为教谕，恪守其职，训导有方，乐善好施，不为物累，故深得士子推戴。李能荣生子三人，分别是国选、国聘、国表，皆有声黉序，乡里称羡。次子李国聘，即李宣生父。《（康熙）余杭县志》卷6《人物志·孝义传》载：

> 李国聘，字尹甫，龙泉教谕，能荣次子也。兄弟守家学，以文雅称，聘独豪爽激烈，能先意承父志，父有所欲为，尝断于次子，辄有效，以是兄弟交重之。始与弟国表同居，及毁于火，聘独力重构，比旧为壮，与弟共处如初。邑中高其义，凡里党有以财利开募者，动引聘之风相诫让。明庚辰辛巳间，岁屡饥，道殣相望，聘慨然赈施，远迩就食，赖以生者甚众。生四子，长为河南商城令，名宣，次邃，次完，次骞，皆补邑庠生，有才名。②

可见，李氏数代皆能诗书传家，恪守家学，文雅通达。而李国聘豪爽果锐，干练能任事；每逢灾年，慷慨赈施，赖以存活者甚众。这既体

① 《（康熙）余杭县志》卷6《人物志·文学传》，第177页。
② 《（康熙）余杭县志》卷6《人物志·孝义》，第167页。

现了李氏家境的殷富，也体现了忠厚慈悲的家风，是李氏一族在地方上享有盛誉的重要原因。李宣生长于这样的家族背景下，又是长子，其学养、性格、人品等，必然深深打上家族门风的烙印。据《东皋年谱》载，李宣“六岁离襁就学，师称天授英姿；四书五经子史，过目成诵非迟”，“遇考每列前矛，未尝后人见嗤；研穷诸子百家，下笔千言立麾”，可见从小天资过人，读书作文，迥超侪辈。十六岁中秀才，成为生员。同窗中有两位同籍生员，“皆系髫年同进，后俱飞鸣见奇”①，在李宣未来的人生道路中留下较深痕迹。一是赵最，字我唯，“崇祯癸未进士，司理汀州”，“最文雅，能辨疑狱”，② 颇有善政；二是严沆，字子餐，号颢亭，“幼读书以孝闻；为诗古文，浸沉《六经》《史》《汉》，为西泠十子之冠；善射，命中无虚发；顺治十二年进士，改庶吉士，御试第一”③，官至户部侍郎，有《颢亭诗选》传世。李宣与严沆同窗进学，交情最深。《东皋诗史》卷59录《赠严颢亭六衮三十韵》，忆及二人交谊：“念予方总角，泮游即胶漆。迄乎歌鹿鸣，追随荷相率。始终赖切磋，交修励罔逸。”④ 总角订交，志趣相投；砥砺切磋，同年中举，成为李宣青年时代最美好的记忆。

崇祯六年（1633），李宣十八岁，结婚成家；崇祯十年（1637）长女出生，后适同邑吴山涛之子，年谱所谓“十八岁乃成婚，丁丑生女堪悲；适诸生吴兆鲁，同年吴岱观儿”⑤。吴山涛，字岱观，晚号塞翁，浙江钱塘人，与李宣不仅是儿女亲家，也是科举同年，“三任广文，授陕西巩昌府成县令”。任职期间，革除弊政，纾缓民累，“邑人至今犹建祠祀之”。然无心进取，两年后即致仕，“终老吴山越水间，啸歌自得；书法飘逸，能自成家；画不入蹊径，残山剩水，挥毫自如，然往往为世所重；出关

① 《东皋诗史》卷60《东皋年谱》，《中国古籍珍本丛刊·东北师范大学图书馆卷》第64册，第626页。

② 《（康熙）余杭县志》卷6《人物志·政绩》，第162—163页。

③ （清）阮元：《严侍郎沆传》，载钱仪吉编《碑传集》卷18《康熙朝部院大臣》上册，上海书店1988年版，第289页。

④ 《东皋诗史》卷59，《中国古籍珍本丛刊·东北师范大学图书馆卷》第64册，第570页。

⑤ 《东皋诗史》卷60《东皋年谱》，《中国古籍珍本丛刊·东北师范大学图书馆卷》第64册，第627页。

日，赋《西塞诗》三十篇，词人学士多能诵之”。[1] 可见，吴山涛多才多艺，淡泊洒脱，为明清之际吴越名士，与李宣性情契合，多有诗赋酬唱。

崇祯己卯（1639），二十四岁的李宣乡试中式，同年有严沆、吴山涛等，已如前述。是科主考卫允文，字紫庵，陕西韩城人，历官编修、中允、谕德等，明末死节；同考顾国宝，字符善，号珠岩，南直通州人，累官吏科给事中；房师王世琮，字六瑞，一字仲发，达州人，累官至汝南兵备佥事、巡抚。李宣虽秋闱得诸师赏识，次年春闱落第，失意还乡。四年后，清兵入关，明室丘墟。浙江作为江南抗清重镇，罹祸极为惨烈。当然，《东皋年谱》不敢载清兵屠城之酷，而是以较多篇幅描写各地绿林借乱起兵，烧杀抢劫，祸害乡里。顺治五年（1648），李宣父亲被劫，命悬一线。李宣奔走求救于邻镇统兵，捣毁匪营，救出老父。此番历劫，在李宣心中留下惨痛记忆，所谓“此事不堪缕述，再陈痛切难持”。不久之后，李宣又因留发而被执受审：“曾经留发被讯，到台慷慨陈词。非惟蒙恩不杀，反劝就官为宜。”[2] 可见，官府并未为难李宣，反因欣赏其才学胆识，劝其入仕。然李宣无意仕清，立志归隐。孰料返乡途中，饱经磨难。盖当时四郊多垒，盗匪纷起，“身既被擒数番，羁困何论日时；多行杀戮示威，无限迫胁取赀”，数番陷入贼营，无赀赎身，危如累卵。幸得乘隙逃脱，昼伏夜出，忍饥挨饿，“孤踪潜逸重围，虎穴龙潭堪惴”，历尽千难万险，终得返回乡里。九死一生，“言之至今心悸”。然而，好景不长，灾祸荐臻。四弟李骞书房夜读，忽被强人劫持，倾尽家赀而不得赎；遂求救于邻邑守令，“年余始得生回，相抱悲感泪渍”。[3] 父子三人连遭劫匪，促使李宣向官府陈情献计，遣兵驻守各市镇，断绝盗匪生活物资，从而瓦解其后勤保障。百姓以此稍得安宁，而盗贼恨之入骨，遂大肆劫掠，甚至袭杀防兵十余人。守将为推卸责任，污蔑李宣族人暗通盗贼，拟拘执李氏全族。族人惊惶不安，四处逃窜。李宣又挺身而出，

---

① （清）魏山原修，（清）裘琏等纂：《（康熙）钱塘县志》卷22《文苑》，载《中国地方志集成·浙江府县志辑》第4册，上海书店1993年版，第418页。

② 《东皋诗史》卷60《东皋年谱》，《中国古籍珍本丛刊·东北师范大学图书馆卷》第64册，第628页。

③ 《东皋诗史》卷60《东皋年谱》，《中国古籍珍本丛刊·东北师范大学图书馆卷》第64册，第629页。

向当道陈情诉冤。当道洞悉情伪，明其无罪，温言抚慰，赏赐有加，且劝李宣赴科场试。经此巨变，李宣携家眷徙居离乡六十多里的余杭县城，而田园荒芜，生计艰难，狼狈仓皇间，遂有赴试之心。

顺治九年（1652），三十七岁的李宣春闱中式。是科主考胡统虞，字孝绪，武陵人，累官礼部尚书、内秘书院大学士；同考成克巩，字子固，号清坛，直隶大名人，累官保和殿大学士兼户部尚书；房师刘子壮，字克猷，号稚川，黄冈人，顺治己丑（1649）状元，授翰林院修撰。《诗史》卷58有《春暮感怀时刘稚川老师有诗见遗步韵二首》，可以看出李宣对知遇之恩铭志不忘。孰料科场之事，风云诡谲。李宣因小人“挟私含恚”，流言诬陷，遭遇磨勘之变，未能参加殿试，最后“飘然出都”，含恨归里。直到康熙二年（1663），挨选河南商城令，次年夏天到任。《年谱》所谓“癸卯挨選商城，甲辰夏月往莅”①，与前引《（康熙）商城县志》记载吻合。《东皋诗史》卷59有多首诗记载其赴任途中及任职商城的情况，如《之任新鄚忆孙叔敖》、《将赴新鄚答俞矢千次原韵》、《商城系孙叔敖所封寝丘》、《在任有火灾祝本邑城隍》一首、《商城十景》十首②等。从中可以看出李宣勤于政务，抚爱百姓的循吏形象。惜任职不久，又因楚省逃犯一案免官。

关于楚省逃犯事，《东皋年谱》虽有涉及，然语焉不详。同卷《咨查事始末》一诗则有详细记载。康熙五年（1666），楚省徙犯朱公素，本拟押送至麻城，孰料中途逃逸。衙吏大事搜捕而不得，遂污蔑商城刘贞宇窝藏逃犯。负责此事的楚省抚军相信窝藏一事，并认为押送徙犯的商城吏役都受了贿赂，共同窝藏逃犯。李宣也被指控贪污而遭革职。后虽澄清，但难复原职，慨然赋归。③ 自此闭门洒扫，读书课子，吟咏著述，历十余年而成《东皋诗史》60卷，并付之手民，刊刻传世。是年为康熙二十三年（1684），李宣以六十九岁高龄，值弄璋之喜。《东皋年谱》的叙

① 《东皋诗史》卷60《东皋年谱》，《中国古籍珍本丛刊·东北师范大学图书馆卷》第64册，第631页。

② 《东皋诗史》卷59，《中国古籍珍本丛刊·东北师范大学图书馆卷》第64册，第580—590页。

③ 《东皋诗史》卷60，《中国古籍珍本丛刊·东北师范大学图书馆卷》第64册，第623—626页。

事截止于此，此后事迹，遂无可考。

纵观李宣身世，虽才学出众，而命途多舛。生逢鼎革，屡遭家难；科场蹭蹬，仕途短暂，“大抵命遭偃蹇，一往俱无得志”①，正是李宣对自己身世遭遇的评价。其生活轨迹，较为单纯，主要集中在以浙江余杭为中心的江南地区；中年因任职商城而北上，“舟行则江、淮、河、汴，陆走则齐、鲁、燕、赵、楚、魏、陈、郑、宋、卫、中山之墟，咸有车辙马迹焉”②，扩大了生活范围，但仅为短期游历，未对其生活方式产生重要影响。职此之故，其主要交游对象，也是以余杭为中心的江浙士人，以及科场师友同年。较重要的，除前文已有介绍的严沆、赵最、吴山涛等，还有为《东皋诗史》作序的蔡启僔、孙应龙。蔡启僔，字硕公，号昆旸，浙江德清人，清吏部侍郎、东阁大学士蔡奕琛子；康熙九年（1670）状元，十一年（1672）充顺天乡试主考，号称知人；历任右春坊、右赞善、翰林院检讨等。《东皋诗史》卷60有《蔡昆旸叙〈诗史〉志感》，称“自怜癖性喜清幽，舍论文交勿妄求”③，可见二人商榷艺文，性情投合。孙应龙，字海门，浙江余杭人，顺治丁亥（1647）进士，官德州知州，“淹贯经史，尤邃于《易》，诗格浑灏奔放，多生造之句”④。其《诗史序》称“我友东皋先生”，《东皋诗史》卷59有《孙海门年逾五旬得麟志喜二首》，卷60有《孙海门叙〈诗史〉赋赠》等诗作，可见二人交谊深厚。此外，《东皋诗史》自序还提到四川南充罗为赓、钱塘陈戬以及余杭王绍贞、王文韩、俞寅诸文士，都对《东皋诗史》赞赏有加，可见这些文士都读过手稿，与晚年李宣关系密切。

三 《东皋诗史》的创作宗旨

《东皋诗史》是李宣唯一一部刊刻传世的著作，凝聚着作者一身的心

---

① 《东皋诗史》卷60《东皋年谱》，《中国古籍珍本丛刊·东北师范大学图书馆卷》第64册，第631页。

② 《东皋诗史》卷首《尚友堂诗史自序》，《中国古籍珍本丛刊·东北师范大学图书馆卷》第61册，第272—273页。

③ 《东皋诗史》卷60，《中国古籍珍本丛刊·东北师范大学图书馆卷》第64册，第616页。

④ 《（嘉庆）余杭县志》卷27《文艺传》，第965页。

血和对名山事业的追求。在《尚友堂诗史自序》这篇两千三百字的长文中，李宣系统阐发了自己的文化理想、学术理念和《诗史》的创作宗旨。从序文可以看出，其创作《诗史》，固然受了世人称杜诗为“诗史”的影响，但更主要的，是基于作者对经史关系和理学家格物致知的深邃思考。其论曰：

> 及筮仕新郪，又任事日浅，投簪归里，朝乾夕惕，惧罹过愆，目涉手披，罔离典籍，而知经、史非二道也。《易》道阴阳、四时、五行，此经、史源流所从出。《春秋》继鲁史而修，从后尊称，始以经言耳。《诗》则二南、国风、大小雅、商周鲁颂，何莫非史意哉？《仪礼》《周礼》、大小《戴记》，悉载人伦日用之事。《书》之典谟、训诰，始自陶唐，终于秦誓，传心之效既彰，致治之纲俱备，《乐》自和生，非难知也。声容度数，成格具存，进反周旋，遗规堪核，可思六经俱属史笔，后之以史名者，谁能违经以立义哉。凡经多据史事以垂训，经即史也。凡史必遵经旨以摛词，史即经也。读经每作史观，玩史亦禀经教，合经与史，而遍加探索。①

汉代以来，儒家经典在士人心目中占有至高无上的地位。明清之际，这种地位逐渐削弱，许多论者开始强调诗、史同源甚至同质关系。明顾应祥曰：“唐虞有《典》，三代有《书》。以其载道而谓之经，以其纪事而谓之史，其实一也。”② 何良俊曰：“史之与经，上古元无所分。”③ 钱谦益曰：“六经，史之宗统也。六经之中皆有史，不独《春秋》三传也。”④ 可见一时风气。李宣深受这些观念的影响，认为经、史本出一道，原无所分。如《易》道阴阳、四时、五行，探讨万物起源，是经、史渊

---

① 《东皋诗史》卷首《尚友堂诗史自序》，《中国古籍珍本丛刊·东北师范大学图书馆卷》第61册，第273—274页。

② （明）顾应祥：《人代纪要》卷首《人代纪要序》，载《四库全书存目丛书·史部》第6册，齐鲁书社1996年版，第696页。

③ （明）何良俊：《四友斋丛说》卷5《史一》，载《四库全书存目丛书·子部》第103册，齐鲁书社1996年版，第319页。

④ （清）钱谦益著，（清）钱曾笺注，钱仲联标校：《牧斋有学集》卷38《再答苍略书》下册，上海古籍出版社1996年版，第1310页。

源所自；《春秋》本为鲁史，经孔圣修订，后世尊之而称经；《诗》反映了商、周、春秋时期的历史；《礼》载人伦日用之事，《书》载历代政教典章，都是特定时代历史发展、朝政兴废、人事消长的记载和表现。这段论述，已暗含了“五经皆史”甚至“六经皆史”的观念。在《经史合一》诗中，李宣又以韵语形式阐发了类似观念：

> 经固为史史即经，《春秋》笔削鲁史铭。《书》记帝王列国事，《礼》探仪典著先型。《诗》采二南风雅颂，歌谣悉本史意形。《易》道阴阳包万象，大抵经史源流停。史则善恶皆直笔，必遵经旨始垂青。爰将韵语咏往迹，残简理堪炳日星①。

在李宣看来，“六经俱属史笔”，儒家之道、孔孟之理并非抽象、玄虚的绝对理念，而是从历史事实中总结、归纳出来的教训、规律；历史著述，只要裁以儒学义理、孔孟之道，必可垂训作则，功同儒家经典。基于这种理念，李宣“爰将韵语咏往迹”，撰成《东皋诗史》，虽名同老杜，而宗旨迥异，诚如蔡启僔所论：“少陵诗而史者也，东皋先生史而诗者也。”② 意谓杜甫的“诗史”，其本质是抒情言志的诗，是当代人写当代事，因真实反映了唐王朝的历史命运而具有“史意”。李宣的“诗史”，以已消失在历史时空中的古人和往事为对象，其本质是历史著述，只因采取了诗歌韵语形式而称“诗史”。这一论断，简练而深契作者的本旨。蔡启僔、孙海门等称赞《诗史》“志在《春秋》，行在《孝经》，尼父作圣，攸赖后人师法，谁禁风雅道存”③，李宣居然受之无怍，书之卷端，真有狂妄悖乱之嫌。不过，从这种狂悖，不难看出，李宣更愿《诗史》比肩进入儒家经典的历史著作《春秋》，而非文人膜拜的“诗圣”。《诗史》的本质是“史”而非“诗”，是一种精神上更接近儒家经典的著述

① 《东皋诗史》卷60，《中国古籍珍本丛刊·东北师范大学图书馆卷》第64册，第635页。

② （清）蔡启僔：《诗史序》，《东皋诗史》卷首，《中国古籍珍本丛刊·东北师范大学图书馆卷》第61册，第251页。

③ 《东皋诗史》卷首《尚友堂诗史自序》，《中国古籍珍本丛刊·东北师范大学图书馆卷》第61册，第281页。

形式。

以《诗史》为历史著作而非文人辞章，还与李宣的理学思想息息相关。作为程朱理学的信奉者和践行者，李宣反对空谈性理，坚持日格一物，通过格物而致知、明理。儒家之道，并非冥思玄想的产物，而是从历史兴亡、政教典章、人伦日用中总结和提炼出来的，又在历史进程和社会实践中得到检验和发展，正如其《格物》（其四）诗所论："多闻多见择识精，大圣原从格物成。经济危微皆道妙，史编何一不详明。"① 不论是经邦济世之道，还是人心性理之微，都蕴含在历史发展进程和人事更迭兴替中。李宣撰写《诗史》，是格物、致知的手段，旨在通过考察历史、表现历史，悟儒学义理，明圣人之道。《尚友堂诗史自序》曰：

> 夫世事变易，古犹今也；人情好恶，古犹今也。故凡今人有言，皆前人所已言；今人有行，皆前人所已行者耳。取前人已言已行之效，而为后日将言将行之谋，学力既纯，变化自裕，语默作止，明慎周详，上可知化穷神，次亦超凡轶俗，此尧舜，人皆可为，而归求各有余师也。②

正因古今事理一致，人情好恶相通，故可通过研究、著述历史，考察前言往行，明理体道，知化穷神，从而臻圣人之境。只是，从先秦开始，至于近代，历史著作汗牛充栋，为什么还要著述《诗史》呢？这是因为，此前的历史记载，除《诗经》外，都是散体著述，"语多参差，句殊散错，展阅曾熟，掩卷易忘"，阅读效果、教化效果不理想。而《诗经》只反映了春秋及春秋之前的人事，春秋之后的漫长历史付之阙如，"爰是按律审音，旋用敷文约义，析谐声而便讽，须缀韵而成谣"③，撰成《诗史》60卷，期以音韵和谐、易于记诵的诗体形式，更有成效地即事穷

---

① 《东皋诗史》卷60，《中国古籍珍本丛刊·东北师范大学图书馆卷》第64册，第633页。

② 《东皋诗史》卷首，《中国古籍珍本丛刊·东北师范大学图书馆卷》第61册，第270—271页。

③ 《东皋诗史》卷首《尚友堂诗史自序》，《中国古籍珍本丛刊·东北师范大学图书馆卷》第61册，第275页。

理、知往鉴来，所谓“诗不徒作，因史作诗，史非泛述，用诗述史；览诗既堪悟美刺之旨，阅史更可考费兴之由”①。这是作者用诗体韵文形式来演绎历史事件、记载历史人物的动因。

四 《东皋诗史》的内容和表现特征

《东皋诗史》的史学宗旨，已如上所论。那么，在具体创作和编纂体例上，李宣又是如何实现这一宗旨的呢？这首先体现在《诗史》内容的取舍上。全书60卷，收诗3616首。其中前55卷是主体，敷陈演绎历史事件和人物，从传说中的伏羲开始，一直到元代的君臣和文人学士，如元英宗、顺帝、阿沙不花、脱脱、刘因、许衡等。后5卷是关于作者生平履历、见闻、交游、应酬唱和及表达学术思想的作品，可谓作者一人之史，亦可视为《诗史》主体之外的附录部分。55卷的主体内容，以世代为经，以人物和事件为纬，经纬交织，贯通古今，构成一个规模浩大、体系俨然的历史叙事网络，以长篇卷轴呈现了中华民族从遥远的传说时代走向夏、商、周、春秋、战国，经秦汉、魏晋南北朝、隋唐五代，直至宋元的漫长、曲折的发展历程，是一部用诗体撰写的名副其实的历史著作，故称“诗史”。这种“诗史”的表现对象和旨趣，迥异于杜甫那种基于诗人立场，以文学手法描写作者所经历的历史场景、社会生活以及由此产生的喜怒哀乐等情感波动的“诗史”，也不同于通过吟咏某个历史片段或细节来讽喻现实，抒发怀才不遇或兴亡感慨的“咏史诗”。其根本任务和主要内容，是尽量客观、理性地呈现历史事实和进程，即使有知往鉴来的教育功能和借古讽今的抒情功能，也往往是通过大规模、有体系地记人叙事自然而然地，整体表现出来，而未必在每一篇作品中揭示或凸显出来。这正体现了《诗史》是富有体系的著作，而非内容互不相干的单篇诗作的汇聚成集。

《东皋诗史》的史学特征，还可从每篇作品的命题方式中看出来。一般的诗作，其命题往往根据内容而千变万化，没有固定的程式。即以杜

① 《东皋诗史》卷首《尚友堂诗史自序》，《中国古籍珍本丛刊·东北师范大学图书馆卷》第61册，第281页。

甫被称为“诗史”的代表性作品论，《自京赴奉先咏怀五百字》《北征》《羌村》《新安吏》《石壕吏》《潼关吏》《无家别》《垂老别》《新婚别》《发秦州》《丽人行》《哀王孙》《悲陈陶》《悲青坂》《哀江头》《兵车行》等，除了组诗如“三吏”“三别”外，一般没有统一的命名模式。有些作品，以“悲”“哀”“咏怀”等命名，暗示了强烈的抒情特征，但仍不妨被誉为“诗史”。事实上，这些作品尽管有“诗史”之誉，其实都是诗人抒情感怀之作，与史学意义上的“史”没有多大关系。而李宣《诗史》中的作品，命题有显著规律。有的以人物命题，如卷1《旱魃》《杜宇》《夜郎王》《高辛氏蚕女》《帝尧兄挚》《许由巢父》《虞时五老》，卷2《太上老君》《释迦摩尼佛》《周厉王宣王》《周大夫婢》。更多、更常见的是以“某人某事”命题，如卷1《炎帝女化精卫》《巨灵擘山》《黄帝占梦》《小乙教太子》《太史争立纣》《太伯以弟》《文王举鬻熊》《武王梦生叔虞》《商容辞三公》《吕尚傅太子》，卷3《鲁公梦祖道》《季文子求丧礼》《臧文仲赏重馆》《鲁隐公被弑》《颜叔执烛》《曹刿谏观社》《田饶辞鲁哀公》《宁庄子伐邢》《卫侯朝周更名》《宣姜生卫文公》《卫灵公听谏》等。这种命名方式，体现了《诗史》以人物为中心，以写人纪事为主要内容的基本特征，故不会在题目中出现写景、抒情、议论性语词，而是继承纪传体史书人物传记的命篇方法，以人物为中心，又加上具体事件，使叙事特征更为突出。值得注意的是，《诗史》还有一类比较特殊的制题方式，即以“人物始末”命篇，如卷16《司马相如始末》《张汤张安世始末》，卷17《陈汤始末》《翟方进始末》，卷19《陈寔始末》，卷20《蔡邕始末》，卷23《羊祜始末》，卷40《李德裕始末》，卷46《寇准始末》，卷47《王曾始末》，卷52《张载始末》，卷54《朱熹始末》等。这种命题方式，显然受宋代以后兴起的史书新体裁“纪事本末体”的影响，只是由“具一事之本末”变为“具一人之始末”，克服了编年体、纪传体写人纪事割裂、重复的弊端，能较为连续、完整地呈现事件过程和人物命运，因而对史家载纪来说，具有无可替代的优势。而对一般诗人创作来说，很少用这类方式命题。因为在中国抒情文学传统下，哪怕是叙事诗，也有抒情功能，叙事往往是抒情的铺垫，而非目的；故作者一般不会刻意追求人物命运或事件的完整过程，而只是截取若干最精彩、最能打动人心的片段或细节来铺陈叙事。而《诗史》

既以史著自任，追求史学品格，采用纪事本末体来写人叙事命篇，自是顺理成章。值得注意的是，这类人物始末体作品，往往篇幅较长，较为集中、完整地叙述人物生平和事迹，其性质最接近史传中的人物传记。

当然，如果就纪传体通史的写作要求言，《东皋诗史》对影响历史进程的重要历史事件和宏大历史场面缺少关注和驾驭能力，如秦始皇统一六国、楚汉相争、巨鹿之战、鸿门宴等重要题材，都付之阙如。与之形成对比的是，对一些日常琐碎、无关历史进程或人物命运的题材，却津津乐道，如卷6《丁氏穿井》《曹人梦》《韩娥善歌》《专诸畏妻》，卷8《分试吹竽》《齐人诟食》《徐吾分烛余光》《纳无盐女》《齐孤逐女》，卷9《美人绝缨》《夫人没渐台》《越姬从死》《美人掩鼻》《屈原姊》，卷28《多负绢布》《蔡亮傭书》《熊安生认古冢》《诵诗不误一字》，卷42《温庭筠悔读》《白敏中还带》《张祐苦吟》等。这些题材，对于宏大历史叙事来说，不是必需，但对文学写作言，却富有别样的意趣和魅力。李宣之所以把这些题材纳入《诗史》，是因为“其间明良遇合，忠孝节廉，礼乐兵农，刑名财赋，嘉言懿行，凡善足以感，恶足以创，雅谑可佐笑资，轶事可供谈助，或堪喜而堪骇，复堪啸而堪悲，每举纲以析支，兼挈要而取节，因视往昔，得悟来兹，盖望古兴遥集之怀，而彼美动西方之思也”①。其中政教人伦、经世致用等，是冠冕堂皇的场面话；最值得注意的是，李宣认为，这些题材有娱乐、抒情功能，不妨纳入《诗史》，增加了此书的文学趣味，体现了李宣文化思想比较开通的一面。

《东皋诗史》所用诗体，有四言、五言、六言、七言，其中六言较少，其次是四言，再次是五言和七言。这和古代诗体发展与运用的大趋势是吻合的。若按古、近体分，则古体较多，近体较少，平仄拈救等格律不甚讲求。就表现手法看，《诗史》既以史著自任，多赋体直陈，平实叙事，很少比兴寄托，穿插点染。如卷1《杜宇》：“蜀王杜宇号望帝，厥相鳖灵才克济。不惜禅位身已亡，化为子规声哀厉。其声每入蜀人耳，叹我望帝魂攸系。”② 传说杜宇为古代蜀国国王，擅长农耕，深受百姓爱

① 《东皋诗史》卷首《尚友堂诗史自序》，《中国古籍珍本丛刊·东北师范大学图书馆卷》第61册，第274—275页。

② 《东皋诗史》卷1，《中国古籍珍本丛刊·东北师范大学图书馆卷》第61册，第421页。

戴。后遭洪水，其相鳖灵治水有功，遂禅让王位。死后灵魂不灭，化为杜鹃，啼声哀切。这一传说，在流传过程中，染上越来越浓郁的悲剧色彩，后世文人墨客，每喜采撷为典故。如李商隐《无题》“庄生晓梦迷蝴蝶，望帝春心托杜鹃”，崔涂《旅怀》“蝴蝶梦中家万里，杜鹃枝上月三更”，李重元《忆王孙》“萋萋芳草忆王孙，柳外楼高空断魂，杜宇声声不忍闻；欲黄昏，雨打梨花深闭门”等，或感慨英雄失路，韶华已逝，或咏叹去国怀乡，知己暌隔，皆随手点染，不费笔墨，而动人心弦。李宣此诗，则平实叙事，将扬雄《蜀王本纪》、常璩《华阳国志》中的相关传说以韵语形式平实敷演，虽然叙事的各种要素，如人物、身份、事情的起因、经过、结果等已具备，线索也很清晰，但既无诗歌比兴抒情的感染力，也无小说布局谋篇的吸引力。这是《诗史》写作艺术上的普遍问题。如卷 1《小乙教太子》：“高宗初时为太子，父小乙使居闾里。与小民出入同事，疾苦情伪悉能揣。”① 卷 4《弘演纳肝》：“狄兵入卫人悉奔，谓鹤陈轩宜翊尊。懿公被杀肉食尽，独遗一肝置平原。演视哀号无如何，惜肝不异公生存。自剖己腹抉肝出，腹纳公肝为报恩。君亡殉节犹如此，宁让龙比作忠魂。”② 卷 13《指鹿为马》：“赵高持鹿献云马，二世笑误乃鹿也。问于左右或缄口，或言是鹿非可假。恨言鹿者中以法，群臣畏高悉如哑。后子婴立刺杀高，三族诛戮祸谁惹。”③ 这些题目，都是传统咏史诗借古讽今、抒发感慨的绝好题材。尤其后两例，事件本身就具有传奇色彩和动人心魄的力量。但在李宣平铺直叙的笔触下，读者只能了解涉事人物的姓名、身份和事件梗概，既无具体生动的细节，又未呈现人物的性格、风神。就语言艺术论，因受诗歌句式、押韵等限制，叙事常常不够自然流畅。如上引作品中，“与小民出入同事”“后子婴立刺杀高”等句子，无论语意还是音节，都颇为拗折、生涩。不但李宣《诗史》如此，明清时期其他“诗史”类著作，如唐汝询《顾氏诗史》、赵南星《二十一史韵》、葛震《诗史》等，都存在类似问题。换言之，不

① 《东皋诗史》卷 1，《中国古籍珍本丛刊·东北师范大学图书馆卷》第 61 册，第 431 页。

② 《东皋诗史》卷 3，《中国古籍珍本丛刊·东北师范大学图书馆卷》第 61 册，第 503 页。

③ 《东皋诗史》卷 13，《中国古籍珍本丛刊·东北师范大学图书馆卷》第 62 册，第 281 页。

管从诗歌艺术还是史家叙事成就看，这类著述都乏善可陈，很难真正达到诗、史合一的境界。时人之所以热衷于这类撰述，更现实的原因，很可能是提供历史知识教育的童蒙读物。当然，这已是另一问题，需另撰文章做专门探讨。

（作者何诗海为中山大学中文系教授、博士生导师；
曾赖碧为中山大学中文系博士生）

阳明学良知说与朱熹之“虚灵不昧”明德论

翟奎凤

【摘　要】 朱子的“虚灵不昧”说将虚灵不昧与生生之仁浑融一体，展现了晚年朱子思想世界的活泼气象。在逻辑上，阳明接续了朱子晚年的思想，其“虚灵不昧，众理具，万事出，心外无理，心外无事”之说是对朱子的刻意翻转和出新。从阳明弟子开始，不少学者通过虚灵不昧与致良知把阳明学与朱子学融合起来。透过“虚灵不昧”说的历史诠释，可以发现朱子阳明融合论的一个有趣视角。

【关键词】 阳明　良知　明德　虚灵不昧

一

《大学》为四书之首，“明明德”为《大学》首义。朱子特别重视《大学》，穷其一生都在研究注解《大学》，他晚年修订《大学章句》，把“明明德”诠释为：“明，明之也。明德者，人之所得乎天，而虚灵不昧，以具众理而应万事者也。但为气禀所拘，人欲所蔽，则有时而昏；然其本体之明，则有未尝息者。故学者当因其所发而遂明之，以复其初也。”① 这个诠释后来影响很大，也引起一些争论。陈来认为“朱子的解释是把‘明明德’解说为复其本心之明，这一把‘明明德’加以心性化的诠释，构成了他的整个《大学》解释的基础，也是理学的《大学》诠释的基本

① 朱杰人、严佐之、刘永翔主编：《朱子全书》第6册《四书章句集注》，上海古籍出版社2002年版，第16页。

特点”①。不少学者认为“虚灵不昧”有佛禅背景，但多泛泛而论，甚至以讹传讹。朱子晚年也喜用明珠、宝珠比喻性理和明德。实际上，这受到晚唐禅师宗密《圆觉经道场修证仪》中所说“虚灵不昧似明珠”的影响。朱子认为，禅家只讲“虚灵不昧”，不讲“具众理”，不能“应万事”。晚年朱子强调心体、明德、性理一体，本体之明如明珠，如火光，有灵动性、跃动性，“明德未尝息”，私欲不能完全障蔽至善之光。心体虚灵不昧，同时众理粲然于其中，至无而动有。朱子的“虚灵不昧”说影响了明清时期佛教、道教乃至中医理论的发展，体现了儒佛道医思想的融合。仁德即明德，朱子的虚灵不昧与生生之仁浑融一体，展现了晚年朱子思想世界的活泼气象。在逻辑上，阳明接续了朱子晚年的思想，他所说“虚灵不昧，众理具，万事出。心外无理，心外无事”是对朱子的刻意翻转和出新。从阳明弟子开始，不少学者通过虚灵不昧与致良知把阳明学与朱子学融合起来。

牟宗三曾认为朱子的性理是只存有不活动的“但理”，从上面的论述来看，显然不是这样。在朱子晚年的论说中，心体、性理、天命贯通一体，其光明，如珠如火，永不熄灭，私欲不能完全阻隔障蔽本体之光，可见本体之明生生不息，有自我发见的能动性，其跃动性强劲而永恒。性理明德从体上说是光明的“虚灵不昧”，从用上说含有至善法则，具众理而应万事，是湛然虚明，又是万理具足，是“寂然不动，感而遂通”“至无而动有”。就此而言，阳明学是接续朱子晚年的思想逻辑，做了进一步翻转出新。如在“虚灵不昧”问题上，阳明说“虚灵不昧，众理具而万事出。心外无理，心外无事”②，此条为陆澄所记。陆澄是 1514 年在南京拜阳明为师，阳明时年 43 岁，这条语录当是他在从学阳明不久所记。从“具众理”到“众理具”，从“应万事”到“万事出”，虽一字之差，但可以看到这是阳明刻意对朱子的翻转。佐藤一斋云：“心外无理，故众理具。心外无事，故万事出。晦庵（朱子）旧语，点铁成金。”③ 此

① 陈来：《论朱熹〈大学章句〉的解释特点》，《文史哲》2007 年第 2 期。

② 吴光、钱明、董平等编校：《王阳明全集新编》第 1 册，卷 1《语录一》，浙江古籍出版社 2010 年版，第 16 页。

③ 参见陈荣捷《王阳明〈传习录〉详注集评》，华东师范大学出版社 2009 年版，第 41 页。

“点铁成金”判语，不敢苟同，只能说是致思路向不同，各有各的道理，全面来看，朱子之论可谓更为平稳。冈田武彦说“朱熹的‘心’与‘理’是二分的，而且‘心’与‘事’也是二分的，但王阳明的‘心’与‘理’是一体的，而且‘心’与‘事’也是一体的”①。朱子曾批评佛教说“吾以心与理为一，彼以心与理为二”②，由此“心与理为一”也是朱子哲学的基础，我们不能简单说在朱子心与理是二分的。“心即理”强调心之本体即性即理，就此而言，朱子也可以说是心即理。朱子承认事理的客观性，而阳明更加强调事理与主体的关联性，事理的生成显现离不开主体，离开主体的事理是虚孤无意义的。

二

朱子以“虚灵”“虚明”论本心，阳明类似也常以虚灵、明觉、灵明论本心和良知。阳明说：

> 心者身之主也，而心之虚灵明觉，即所谓本然之良知也。其虚灵明觉之良知，应感而动者谓之意；有知而后有意，无知则无意矣。知非意之体乎？意之所用，必有其物，物即事也。③
>
> 知之真切笃实处，即是行；行之明觉精察处，即是知：知行工夫本不可离。④
>
> 照心非动者，以其发于本体明觉之自然，而未尝有所动也。有所动即妄矣。妄心亦照者，以其本体明觉之自然者，未尝不在于其中，但有所动耳。⑤
>
> 盖良知只是一个天理自然明觉发见处，只是一个真诚恻怛，便

① ［日］冈田武彦：《王阳明大传：知行合一的心学智慧》上，钱明审校，杨田、冯莹莹译，重庆出版社2015年版，第356页。

② 《朱子全书》第1册《语类》卷126，第3934页。

③ 吴光、钱明、董平等编校：《王阳明全集新编》第1册，卷2《语录二》，第52页。

④ 吴光、钱明、董平等编校：《王阳明全集新编》第1册，卷2《语录二》，第46页。

⑤ 吴光、钱明、董平等编校：《王阳明全集新编》第1册，卷2《语录二》，第71页。

是他本体。[①]

就“虚灵明觉”“明觉精察”而言，多是就主体之心上来说，但后两条又说“本体明觉之自然”“天理自然明觉发见”，那么，“明觉发见”也可以从天理本体来说。这与朱子话语下的“虚灵不昧”既可以从主体心性上说，也可以从天理、天命本体上说，有些类似。牟宗三说：“‘天理之自然明觉’一语颇不好讲，意即‘天理之自然地而非造作地，昭昭明明而即在本心灵觉中之具体地而非抽象地呈现’。天理之这样的呈现无处可以发见，只有在良知处可以发见。凡阳明说‘明觉’皆是就本心之虚灵不昧而说。其直指当然就是良知本身，惟良知才可以说‘明觉’。但关联着别的说，如关联着‘天理’说，关联着心之发动之意说，关联着‘行’说，亦可以将明觉移于天理，心之发动之意，或行而说。如此处说‘天理之自然明觉’，天理本身本无所谓‘明觉’，然天理不是外在的抽象之理，而是即内在于本心之真诚恻怛，而即由此真诚恻怛之本心而昭明地具体地而且自然地呈现出来，故亦可说‘天理之自然明觉’矣。”[②] 牟先生此论大体上说得通，但也不免主体性提摄过重，“虚灵不昧”“本体明觉”“天理自然明觉”可以就着主体心性来说，也可以从天之明命超越者角度来说。

关于灵明与良知的关系，阳明说得更多，如说：

> 但指其充塞处言之谓之身，指其主宰处言之谓之心，指心之发动处谓之意，指意之灵明处谓之知，指意之涉着处谓之物：只是一件。[③]
>
> 人的良知，就是草、木、瓦、石的良知。若草、木、瓦、石无人的良知，不可以为草、木、瓦、石矣。岂惟草、木、瓦、石为然，天地无人的良知，亦不可为天地矣。盖天地万物与人原是一体，其发窍之最精处，是人心一点灵明。风、雨、露、雷、日、月、星、

---

① 吴光、钱明、董平等编校：《王阳明全集新编》第1册，卷2《语录二》，第92页。

② 牟宗三：《从陆象山到刘蕺山》，吉林出版集团2010年版，第180页。

③ 《王阳明全集新编》第1册，卷3《语录三》，第100页。

> 辰、禽、兽、草、木、山、川、土、石，与人原只一体。故五谷禽兽之类，皆可以养人；药石之类，皆可以疗疾：只为同此一气，故能相通耳。①
>
> 可知充天塞地中间，只有这个灵明，人只为形体自间隔了。我的灵明，便是天地鬼神的主宰。天没有我的灵明，谁去仰他高？地没有我的灵明，谁去俯他深？鬼神没有我的灵明，谁去辨他吉凶灾祥？天地鬼神万物离却我的灵明，便没有天地鬼神万物了。我的灵明离却天地鬼神万物，亦没有我的灵明。如此，便是一气流通的，如何与他间隔得！②

从这里来看，一定意义上可以说，灵明即良知，灵明、良知关联着万物一体、一气流通，但是灵明又不能等同一气，而是其一体之气发窍“最精处”，同时又有主宰性。

阳明还多用“灵昭不昧”一词论“明德”“良知”，他在《亲民堂记》（乙酉）中说：“明德者，天命之性，灵昭不昧，而万理之所从出也。……是其灵昭之在人心，亘万古而无不同，无或昧者也，是故谓之明德。其或蔽焉，物欲也。明之者，去其物欲之蔽，以全其本体之明焉耳，非能有以增益之也。”③ 又说“天命之性，粹然至善。其灵昭不昧者，皆其至善之发见，是皆明德之本体，而所谓良知者也”④。其后，《大学问》也有类似表述。就这些话而言，如果系为朱子所说，似乎也没什么大的突兀。“本体之明”也是朱子在《大学章句》中所强调的。朱子、阳明也都常用“发见”一词来说本体至善的自我展现，如朱子说“明德未尝息，时时发见于日用之间”⑤。

阳明还常以“昭明”与“灵觉”并用来形容良知，如说：

---

① 《王阳明全集新编》第 1 册，卷 3《语录三》，第 118 页。
② 《王阳明全集新编》第 1 册，卷 3《语录三》，第 136 页。
③ 《王阳明全集新编》第 1 册，卷 7《文录四》，第 267 页。
④ 《王阳明全集新编》第 1 册，卷 7《文录四》，第 268 页。
⑤ 《朱子全书》第 14 册《语类》卷 14，第 434 页。

> 良知是天理之昭明灵觉处，故良知即是天理。[①]
>
> 夫心之本体，即天理也。天理之昭明灵觉，所谓良知也。君子之戒慎恐惧，惟恐其昭明灵觉者或有所昏昧放逸，流于非僻邪妄而失其本体之正耳。戒慎恐惧之功无时或间，则天理常存，而其昭明灵觉之本体，无所亏蔽，无所牵扰。[②]
>
> 夫惟有道之士，真有以见其良知之昭明灵觉，圆融洞澈，廓然与太虚而同体。[③]

与朱子相比，阳明更强调本体虚灵与主体灵觉的一体性，这个一体性在阳明更多地落实在良知本体。也许是刻意回避朱子的影响，阳明很少以“虚灵不昧”论良知，但是其所用“明觉”“灵昭不昧”“昭明灵觉”实际上也是禅学的常用语，这些用语与“虚灵不昧”并无本质区别。

三

从王门弟子聂豹开始，后世学者多以“虚灵不昧”来说明“良知”，把二者关联贯通起来。聂豹[④]在《答亢子益》信中说“知者，心之体，虚灵不昧，即明德也。致者，充满其虚灵之本体，江汉濯之，秋阳暴之，可以合德天地，并明日月，而斯谓之致。致知即致中也”[⑤]。类似，以虚灵不昧来说明良知，晚明刘宗周在《重刻王阳明先生〈传习录〉序》中也说：

> 良知之教，如日中天。昔人谓“天不生仲尼，万古如长夜”。然使三千年而后，不复生先生，又谁与取日虞渊，洗光咸池乎？盖人

---

① 《王阳明全集新编》第 1 册，卷 2《语录二》，第 78 页。

② 《王阳明全集新编》第 1 册，卷 5《文录二》，第 203 页。

③ 《王阳明全集新编》第 1 册，卷 6《文录三》，第 224 页。

④ 聂豹（1487—1563），字文蔚，号双江。江西永丰人。正德十二年（1517）进士，为华亭知县。官至太子太保。曾拜会王守仁，王守仁卒后，由钱德洪做证拜称为王门弟子。其学以归寂为宗。

⑤ 《聂豹集》卷 8，吴可为编校，凤凰出版社 2007 年版，第 256 页。

> 皆有是心也，天之所以与我者本如是。其虚灵不昧，以具众理而应万事，而不能不蔽于物欲之私，学则所以去蔽而已矣。故《大学》首揭“明明德”为复性之本，而其功要之“知止”。又曰：“致知在格物。”致知之知，不离本明；格物之至，抵是知止。即本体即工夫。故孟子遂言“良知”云。①

刘宗周总体上来说也是宗阳明心学。如果说聂豹所说“虚灵不昧”还是泛泛而论，未必与朱子有明确必然的关系。那么，刘宗周这里所说“虚灵不昧，以具众理而应万事”，则是直接引用朱子的原话。

在晚明有些学者直接把朱子的“虚灵不昧”与阳明的良知学说贯通甚至等同起来。倾向于朱子学的高攀龙曾说“阳明致良知，即是明明德”，顾宪成对此表示肯定，并进一步认为朱子《大学章句》对“明明德”的解释“即是致良知，一部《传习录》只恁地看”②。高攀龙、顾宪成都倾向朱子学，他们试图把阳明学的问题纳入朱子学的视域来理解。明代文学公安派代表人物袁宗道③说“明德，考亭释为虚灵不昧，甚妙；即伯安先生所拈良知者是矣”④，袁宗道有心学倾向，但这里他也是汇通朱、王，把虚灵不昧之明德与良知等同起来。明末金铉⑤说朱子“明德注提出‘虚灵不昧’四字，已明示良知之宗”⑥，从这句话来看，金铉应该是倾向于朱子学，他认为朱子所说“虚灵不昧”已道出阳明良知学的旨趣。清代康熙时王澍⑦直接说“以人心言，则虚灵不昧，无一理之不具，

---

① 《刘宗周全集》第5册《文编中》，浙江古籍出版社2012年版，第520页。

② （明）顾宪成：《顾端文公遗书》之《小心斋札记》卷10，清康熙刻本。

③ （明）袁宗道（1560—1600），字伯修，号玉蟠、又号石浦，湖北公安人，明代文学家、官员。万历十四年（1586）进士，选庶吉士，授编修，官至太子右庶子。“公安派”的发起者和领导者之一，与弟袁宏道、袁中道并称“公安三袁”，反对复古拟古。

④ 袁宗道：《白苏斋类集》卷17《读大学》，明刻本。

⑤ （清）金铉（1610—1644），明末学者、诗文家。字伯玉。武进（今常州市区）人，寄籍大兴（今属北京）。崇祯元年（1628）进士。历国子博士、工部主事、兵部主事。李自成攻入北京，与母作别，率禁军御之，后投御河死。明福王时赠太仆寺少卿，谥忠节，清顺治时谥忠洁。

⑥ （清）金铉：《金忠节公文集》卷6，清初刻本。

⑦ （清）王澍（1668—1743），字蒻林，号虚舟，江南金坛人。官至吏部员外郎。康熙时以善书，特命充五经篆文馆总裁官。

是吾所固有之良知也"[1]，"虚灵不昧""具众理"之本心即是固有良知。在清代乾隆时期理学名臣纪大奎[2]看来，"周子之'最灵'[3]、程子之'明觉'[4]、朱子之'所得乎天而虚灵不昧，以具众理应万事'、'本体之明未尝息者'、'人心之灵，莫不有知'（《大学章句》），凡此云云，又何尝非良知乎？"他又说"阳明致良知，致字内原有穷理工夫，有扩充功用，并不是空任此心，一切事物之理都不讲贯。看他处变定乱，详慎周密，都是从学问中来"[5]。纪大奎在程朱理学方面很有造诣，但从这里看出他对阳明学也有深刻理解，他也试图把阳明学与理学传统贯通起来，显然，这是针对当时反阳明学思潮而发，努力为阳明学正名。

明代书画家董其昌[6]对宗阳明良知学、批评朱子学的观点予以驳斥，他认为：

> 若朱子之虚灵不昧，则谓其仁义礼智之所自出，如见孺子入井即起恻隐，闻呼嘁声即起羞恶，动于善者机也。阳明之良知则曰："无善无恶者，心之体。有善有恶者，情之动。知善知恶是良知。为善去恶是致良知。"夫无善无恶者心之体，近于禅矣，而知善知恶是良知，与晦翁虚灵不昧何尝相悖？世有宗良知而诋晦翁者舛矣。[7]

在董其昌看来，朱子所言虚灵不昧，不昧天理，不昧良知，良心不昧，这与阳明所言"知善知恶是良知"是一致的。对于朱子与阳明，我们不应该简单地肯定一方、否定一方，我们要更多地看到他们思想相通

---

① （清）王澍：《大学困学录》，清乾隆二年（1737）刻积书岩六种本。

② 纪大奎（1756—1825），字向辰，号慎斋，江西临川龙溪人，清代史学家、文学家、理学名家。

③ 周敦颐《太极图说》"唯人也得其秀而最灵"。

④ 程颢《定性书》："人之情各有所蔽，故不能适道，大率患在于自私而用智。自私则不能以有为为应迹，用智则不能以明觉为自然。"（原名《答横渠张子厚先生书》，载《二程集》上册，王孝鱼点校，中华书局2004年版，第460、461页。）

⑤ （清）纪大奎：《双桂堂稿》卷7，清嘉庆十三年（1808）刻。

⑥ 董其昌（1555—1636），明代诗文作家、书画家。字玄宰，号思白、香光居士。华亭（上海松江）人。万历十七年（1589）进士，选为翰林庶吉士，授编修。出为湖广副使，乞归。起山东副使、河南参政，不赴。后召为太常少卿，累官至礼部尚书。

⑦ （明）董其昌：《容台集·别集》卷1，明崇祯三年（1630）董庭刻本。

的一面。

同样以阳明晚年四句教与朱子“虚灵不昧”之说比较，与董其昌选取其中“知善知恶是良知”不同，明末清初的朱鹤龄[1]则以四句教“无善无恶，心之体”与朱子“虚灵不昧”说相互印证，他在《书阳明先生〈传习录〉后》中说：

> 阳明之学源于孟子，即致良知亦大全吴季子之说，非创论也。天泉桥四语，惟“为善去恶是格物”，与朱子解异。若“无善无恶者心之体”，此即正心章传文之旨，后儒高忠献、顾端文、陈几亭诸公皆力辨其非，惟邹忠介深信之。余尝平心参勘，知此言与朱子所云“虚灵不昧”者无以异也。人心惟虚故灵，虚则安，容着一物，尘土固能眯目，即金玉屑，亦岂不为目之障耶？[2]

这里“高忠献”应作“高忠宪”，指高攀龙，“忠宪”为其谥号。“顾端文”即顾宪成，“端文”为其谥号。“陈几亭”为陈龙正（1585—1645），初名龙致，字惕龙，号几亭，嘉善人，明末著名理学家，高攀龙弟子。这三位学者都是宗程朱，反阳明，极力批判阳明“无善无恶”之说。“邹忠介”为邹元标（1551—1624），字尔瞻，号南皋，江西吉水人，明代东林党首领之一，与赵南星、顾宪成号为“三君”。邹元标在学术思想上为阳明心学一系传人，故深信阳明“无善无恶心之体”之说。从上面这段话来看，朱鹤龄大体上应该是站在阳明学的立场上为其辩护，借用朱子“虚灵不昧”之说来支持阳明“无善无恶心之体”的观点。

清初理学名臣汤斌[3]也论及阳明四句教与朱子“虚灵不昧”之说，他

---

① 朱鹤龄（1606—1683），明末清初江南吴江人，字长孺，号愚庵。明诸生。入清，弃科举。学问长于说经，与钱谦益、吴伟业、朱彝尊、毛奇龄、万斯同等都有交往。

② （清）朱鹤龄：《愚庵小集》卷13，台湾：商务印书馆影印文渊阁《四库全书》本，第1319册，第163页d。

③ 汤斌（1627—1687），字孔伯，号荆岘，晚号潜庵。河南睢县人，清朝政治家、理学家暨书法家，官至工部尚书，卒谥文正。汤斌一生清正廉明，是实践朱学理论的倡导者，所到之处体恤民艰，弊绝风清，政绩斐然，被尊为“理学名臣”。

在回应“孟子言性善，阳明言无善无恶心之体，何也”的问题时说：

> 此是对有善有恶意之动而言，心之体不但恶非所有，即善亦不得而名也，善亦不得而名，乃为至善。孟子言性善，究竟是于情上看出性之善，如何可说。下言“知善知恶是良知”，这良知便是性之虚灵不昧处，恻隐、羞恶、辞让、是非皆从此出，是即孟子所谓性善。宋儒言主敬，阳明恐学者过于执着，反于心体上多一敬字，故教人只提醒良知便是，其言无善无恶，只是教人涵养未发，勿过执着而已。①

我们知道汤斌是理学名臣，推崇程朱学。但是从这里看，他对阳明四句教特别是争议很大的“无善无恶心之体”的说法仍予以积极肯定和认同性阐释。所言“良知便是性之虚灵不昧处，恻隐、羞恶、辞让、是非皆从此出”，与董其昌的说法有些相似。对“无善无恶”的解说，与朱鹤龄的说法也颇接近。

上面论及的这些学者有的是明确倾向朱子学，有的是倾向阳明学，但无论其学术立场倾向如何，“虚灵不昧”“良知”无疑是沟通朱子学与阳明学的一个桥梁。清代乾隆年间状元石韫玉②在《余姚县重修学宫记》一文中说：

> 昔王文成倡良知之学，其说也本自孟子，而文成阐发之，所谓良知者，根于性之本善，而发见于爱亲敬长，古今圣贤所垂教以诲人者不外乎此。朱子曰：“明德者，人之所得乎天，虚灵不昧，具众理而应万事”，以是证良知之说，何以异哉？后生小子，因于朱陆异同之说，强生分别，遂以尊德性、道问学为两事，宗朱者攻陆，并攻文成，曾不思德性禀乎天而学问起于人，舍德性而言学问，则学

---

① 汤斌：《汤子遗书》卷1，台湾：商务印书馆影印文渊阁《四库全书》本，第1312册，第427页a。

② 石韫玉（1756—1837），字执如，号琢堂，又号花韵庵主人，亦称独学老人，江苏吴县人，诗人、书画家、戏曲家。乾隆五十五年（1790）状元。历任翰林院修撰、福建正考官、湖南学政、日讲官起居注、四川重庆府知府、山东按察使等职。

问亦何所附丽哉？吾故谓孔门心学之传，宋时则在考亭，明时则在姚江。①

石韫玉也认为朱子的虚灵不昧明德论，与阳明的良知学说，在精神旨趣上，没什么实质性不同。因此，他主张对朱子、阳明不要强生分别，更不必相互攻击。最后，他认为孔门心学的传承，在宋代为朱子，在明代为阳明，他们在不同时代背景下都是对儒学的发展和弘扬。这个概况很精辟。透过“虚灵不昧”的历史诠释，我们也看到朱子、阳明融合论的一个有趣视角。

（作者为山东大学儒学院教授、博士生导师）

① 石韫玉：《独学庐稿》四稿卷1，清写刻独学庐全稿本。

晚清民初章学诚作品传播与接受研究

钱茂伟

【摘　要】 晚清时期，章氏作品主要是《文史通义》在传播，《章氏遗书》尚处于抄本时代，只有小范围内有传播。自道光十二年（1832）《文史通义》刊刻后，学界对章学诚的了解在增多，章学诚的知名度也不断在上升。进入光绪时代，对章学诚的推崇也达到高峰。正是因为有了晚清的基础，才有20世纪初年日本学人与中国学者的重视。晚清的章学诚研究，仍是浅层次的阅读与介绍时代。进入20世纪，才进入专业化专题研究时代。

【关键词】 章学诚　文史通义　章氏遗书　接受史

关于章学诚（1738—1801）身后学说的境遇，胡适曾有一个流行甚广的观点，即有关章氏生平与学说的信息被埋没了一百二十年。这个观点是不完全符合事实的，是胡适在信息掌握不全的情况下的想当然。近年来，这个观点不断受到挑战。[①] 本文根据新近注意到的文献材料，特别是《章学诚文献辑存》，结合相关研究，拟对章氏身后作品传播史、学人对他的接受史角度加以考察。

---

① 戚学民：《清廷国史章学诚传的编纂——章氏学说实际境遇之补证》，《社会科学研究》2016年第2期；薛艳伟：《论章学诚的方志学说在晚清之回响》，《中国地方志》2017年第7期。

一 章学诚作品的传播

关于章学诚作品的刊刻研究，近年出了不少好文章。① 此处拟进一步梳理相关事实。没有学术作品，没有学术位置。随着《文史通义》的出版，他身后的知名度才逐步提升。②

(一)《文史通义》自刻本与《章氏遗书》家族清抄本

章学诚擅长宏观理论思考，一生结晶在《文史通义》，近于今日学人的论文集。嘉庆元年（1796），章学诚曾选取了十多篇文章，分为内篇、外篇、杂篇、杂著四类，刊刻于世，此为《文史通义》自刻本。这个本子今不存，据今人研究，散见于“大梁本”《文史通义》③。之所以要选择十多篇文章成《文史通义》，是为扭转学术风气之偏，并借此构建新的史学体系。一方面倡言史学，为史学争一席之地；另一方面提倡“学术固期于经世”的治学宗旨。④

章学诚为什么生前未及编定《章氏遗书》？这是一个让人纳闷的话题。没有出版机会，以为来日方长，当是一个核心要素。嘉庆二年（1797），章学诚归居绍兴以后，“牙签万卷，明窗净几，乃取笥中逐年所著分册，命钞胥缮为清本，凡三四十巨册”⑤。这是萧穆的想象。事实上，当时章学诚尚处于创作之中，没有想到会这么短命，所以是不会想到整理自己作品的。“去春，病瞽，犹事论著，倩写官录草。”⑥ 据此，章学诚直到嘉庆五年（1800）眼瞎，才不得不请人抄录这个时期，他仍在写作。此时的写作，显然只能口授了。

---

① 王园园：《鸣野山房抄本〈章氏遗书〉流传及版本价值考述》，《文献》2021 年第 4 期；王园园：《桐城萧穆与章学诚〈章氏遗书〉之谋刻考略》，载虞万里主编《经学文献研究集刊》第 24 辑，上海书店 2020 年版。

② 张述祖：《文史通义版本考》，《史学年报》1941 年第 1 期。

③ 梁继红：《章学诚〈文史通义〉自刻本的发现及其研究价值》，载中国历史文献研究会《章学诚国际学术研讨会论文集》，北京图书馆出版社 2004 年版。

④ 曹德良：《试论章学诚的〈文史通义〉自刻本》，《大连大学学报》2009 年第 5 期。

⑤ （清）吴庆坻：《蕉廊脞录》卷 5《桐城萧敬孚穆记章学诚实斋先生事略及遗书本末》，民国《求恕斋丛书》本，第 33 页。

⑥ （清）汪辉祖：《梦痕余录》，道光三十年（1850）刻本，第 57 页。

章氏家藏这部清抄本《章氏遗书》，落于章氏四子之手。听说二兄章华绂从大哥贻选处要父亲原著清本，在邓州当幕僚的章学诚四子章华练也声称要刊刻父亲遗著，从大哥处获得父亲遗著清抄本。最后，章华练既未刊刻，又未归还，实际是一种诈骗行为。后来，他到了陕西当幕客，从此与兄弟失联。经此折腾，章氏遗著清抄本不传于世，幸此前沈复灿抄存一套。

（二）朱锡庚与《章氏遗著》

章学诚生活在无处发文章的手稿传抄时代。早年的文稿，在乾隆四十六年（1781）河南开封遇盗事件中全失。此后，他开始有意识地保存自己的稿子，将书稿寄给信得过的好友。章学诚弟子朱锡庚（1762—1827），在道光三年（1823），将章氏陆续寄他的稿子汇编成《章氏遗著》五册。这一抄本因具备章学诚著作稿本的性质而具有十分重要的研究价值。“朱氏椒花唫舫”抄本《章氏遗著》现分藏于国家图书馆与北京大学图书馆。①

此外，章氏不少古文之作，亲自抄了一份，成《实斋文略》一巨册，送朋友嘉善人周震荣保存，“冀彼此互藏，以为传世之计”②。此后几十年，一直由周震荣孙子周尔墉（勉翁）保存。从后来的情况来看，周勉翁《实斋文略》未能出版。

（三）王宗炎与十万卷楼《章学诚全集》抄本

萧穆又说：“特造萧山王晚闻太史宗炎家，托为细加编订。王公应命，精心钩稽，逾年乃就，时在嘉庆六年辛酉。书成而先生归道山，享年六十有四，王太史乃将所订本仍归先生长子华绂。”③ 据此，章学诚应是嘉庆五年（1800）访同乡萧山友人王宗炎（1755—1826），请其代为编订。但据汪辉祖的说法是“数月前”，当在嘉庆六年（1801）。考虑到抄写稿子要不少时间，所以嘉庆六年说，更为靠谱些。只有稿子抄定，才

---

① 梁继红：《朱锡庚抄本〈章氏遗著〉及其利用价值》，《文献》2005 年第 2 期，见王记录主编《章学诚文献辑存》第 7—8 册，北京燕山出版社 2019 年版。

② （清）周尔墉：《文史通义跋》，见（清）章学诚《章学诚遗书》附录，文物出版社 1984 年版，第 622 页。

③ （清）吴庆坻：《蕉廊脞录》卷 5《桐城萧敬孚穆记章学诚实斋先生事略及遗书本末》，第 33 页。

可能送到王宗炎家，让王宗炎编定。从《王宗炎复书》[①] 来看，当是确定了初步的编辑计划。至于文稿的整理抄录，尚需时日。

目前所知章氏遗著目录，“王太史将书分三十卷，前为《文史通义》内外篇，凡十二册；中为《文集》内外篇，凡十册；末为《湖北通志稿》，凡八册”[②]，凡 30 册。据前述“书成而先生归道山，享年六十有四，王太史乃将所订本仍归先生长子华绂”。似乎嘉庆六年章学诚卒后，王宗炎就归还给了章学诚长子贻选（华绂，为次子）。事实上，没有这么快。直到道光六年（1826）王宗炎辞世前，才完成了《实斋文集》16 册。临终前，王宗炎将清章氏原来的底本归还了章学诚长子。也就是说，嘉庆六年至道光六年，章氏遗书稿子在萧山王宗炎处。经王宗炎抄录，有了第一个抄本十万卷楼本《实斋文集》16 册。咸丰十年（1860），平氏从琉璃厂书店购得十万卷楼章氏遗书抄本残帙。1943 年，周作人曾在杭州购得平氏所藏十万卷楼抄本《实斋文集》16 册。现存十万卷楼《章学诚全集》，五种十八卷。[③]

（四）沈复灿与鸣野山房抄本《章氏遗书》

道光六年（1826），存于王宗炎处的《章氏遗书》抄本回到了绍兴章学诚长子手中，绍兴藏书家沈复灿（1779—1850）主动联系章贻选，要求抄写章氏遗书。“乃贵乡沈君复灿号霞西者，于道光初六七年，假之于实斋先生之子杼思家藏钞本录成之。”[④] 由此可知，道光六年后，沈复灿从章学诚长子章贻选家抄得一份，此为鸣野山房抄本《章氏遗书》，现藏台湾的“国家图书馆”[⑤]。

（五）章华绂与《文史通义》大梁本

他的儿子不如父亲，仍终生当幕客而已。学术太专业化，难以在家族内传承，他虽有四个儿子，均无法传承父亲的学术之业。当然，儿子

---

① （清）章学诚：《章学诚遗书》附录。

② （清）吴庆坻：《蕉廊脞录》卷 5《桐城萧敬孚穆记章学诚实斋先生事略及遗书本末》，第 33 页。

③ 王记录主编：《章学诚文献辑存》第 11—14 册。

④ 朱荣琴整理：《敬孚函稿·复周季贶》，载《历史文献》第 10 辑，上海古籍出版社 2006 年版，第 200 页。

⑤ 王园园：《鸣野山房抄本〈章氏遗书〉流传及版本价值考述》，《文献》2021 年第 4 期。

是有巨大贡献的，那就是将《文史通义》付刊了。“道光丙戌，长兄杼思（章学诚长子）自南中寄出原草，并谷塍先生订定目录一卷。”[①] 山阴杜氏据此翻刻，此为《文史通义》最早翻刻本。不久，“大梁本”的底版也回归绍兴。如此，两套底版均存绍兴。咸丰初，章学诚孙子章汝麟在河南做幕客，索要《文史通义》者多，于是让儿子章季真印了几十册，带往河南。同治十一年（1861），太平军入绍兴，此两版毁。[②]

咸丰元年（1851），《粤雅堂丛书》翻刻“大梁本”[③]。同治六年（1867）成都志古堂刻本1册，重庆市聚奎中学校图书馆藏。同治十二年（1873），谭献刊刻浙江书局本。[④] 道光十九年（1839）浙江书局刻本5册，山西省图书馆藏。光绪三年（1877），王秉恩等助章小同出版贵阳本。[⑤] 光绪十九年（1893）粤东精华阁刻本7册，首都图书馆藏。光绪二十三年（1897）元和江标湖南使院刻本1册，扬州市图书馆藏。光绪二十四年（1898）长沙经文书局刻本8册，辽宁大学图书馆藏。光绪二十五年（1899）三味堂刻本9册，北京师范大学图书馆藏。光绪二十七年（1901）上海多文阁石印本4册，徐州市图书馆藏。光绪二十八年（1902）湖南劝学书舍刻本8册，河南大学图书馆藏。光绪二十八年（1902）湖南仁记书局刻本10册，重庆市北碚图书馆藏。光绪三十一年（1905）广益书局铅印本1册，犍为县图书馆藏。光绪三十四年（1908）三味堂刻本8册，陕西省图书馆藏。宣统三年（1911）上海广益书局铅印本4册，吉林市图书馆藏。此外，有庐江何氏抄本《章实斋文史通义》[⑥]。

由此可知，进入光绪后期，达到了每年都有新版本问世的程度，可见《文史通义》在晚清传播之广，这就极大地促进了章氏学术的传播。

（六）平步青与《章氏遗书》整理

道光二十九年（1849），沈复灿临终前一年，出售鸣野山房藏书。章

---

① （清）萧穆：《敬孚类稿》，黄山书社1992年版，第259页。

② （清）章季真：《文史通义跋》，见章学诚《章学诚遗书》附录。

③ 王记录主编：《章学诚文献辑存》第1册。

④ 王记录主编：《章学诚文献辑存》第2册。

⑤ 王记录主编：《章学诚文献辑存》第3册。

⑥ 王记录主编：《章学诚文献辑存》第5—6册，又王园园《庐江何氏抄本〈章实斋文史通义〉研究》，《文献》2018年第4期。

氏遗书为绍兴杨鼎重远堂所购，“多归之里人杨器之”。杨鼎，字禹铭，号器之。其余藏书以四万金，悉售之于扬州书贾。[①] 杨氏过了下手，没有产生影响，但晚清绍兴著名学者平步青（1832—1895）从杨氏重远堂见到章氏遗书，加以整理了，值得大书一笔。同治十三年（1874）八月，平步青从绍兴城西街杨鼎重远堂借得沈复灿鸣远山房钞本33册，取《文史通义》《校雠通义》及王宗炎编定的《章氏遗书目录》，详加检勘，得文235篇，“为之狂喜”[②]，让朋友抄录。根据王宗炎《章氏遗书目录》，编成4册。王本别编为5册，附录之。“今而后，先生之文未出者殆罕也。”[③] 沈复灿章氏遗书抄本中，另有《信摭札记》一册、《乙卯札记》一册、《丙辰札记》一册，附录《丁巳札记》《知非札记》一册，合为一册，称《实斋札记钞》。因为“《阅书随札》一册，则仅就所阅群籍，掇取生卒年月及著述若干卷，与《札记》之自下己意发明疏证、有裨经史之大义者不同”[④]，所以没有抄录。同治五年（1866），取粤雅堂本《文史通义》《校雠通义》比对，发现有二书见而王本没有，也有王本有而不见于二《通义》者，知道为《文史通义》《实斋文略》之初稿不完之本也。他想取《实斋文略》比对，删除其已经刊刻者，为《集外篇》。无奈遍访南北藏书家，没有找到。

光绪十六年（1890），平步青取粤雅堂本及十万卷楼、鸣远山房抄本，校对一过，阙者编为《文集杂说》，共22篇。[⑤] 光绪十八年（1892），平氏刊刻《实斋札记钞》。因为章学诚自定的《实斋文略》29卷本不传，读章氏遗书者，总感觉遗憾，于是平氏将《实斋札记钞》刊刻于世。[⑥] 此书今尚存，共3卷，称为《葛园丛书》本。其沈复灿本有而王宗炎目录无者，别编二册，称为《文史通义杂篇》《实斋文略外编》。“异时，得《文略》原编，当别为校栞以行，以竟数据十年搜采之苦心，

---

① （清）吴庆坻：《蕉廊脞录》卷5《桐城萧敬孚穆记章学诚实斋先生事略及遗书本末》，第33页。

② （清）平步青：《樵隐昔寱》卷4《答章筱同书》，第217页。

③ （清）平步青：《樵隐昔寱》卷15《实斋文略外编跋》，第329页。

④ （清）平步青：《樵隐昔寱》卷15《实斋文略外编跋》，第329页。

⑤ （清）平步青：《安越堂外集》卷6《文史通义杂篇实斋文略篇跋二》，第421页。

⑥ （清）平步青：《安越堂外集》卷1《实斋札记钞后叙》，第380页。

而浙东南雷、石园、双韭、南江诸儒之坠绪，或有读而兴起者矣。”[①] “然未知与当年手编二十九卷定目有无异同也”[②]。由此可知，平氏一直不自信，迷信追求章学诚自定的《文略》原本。“今读来书，方知礼堂写定，久付劫灰。”[③] 由此可知，章学诚自定的《文略》29 卷本，早就不存在了。即使这样，平氏仍想得到嘉兴周勉翁（尔墉）《文略》抄本，“方不失二十九卷本面目。从此梓行，庶不负阁下表章先学之夙志，而弟二十余年为乡先正抱残守缺之苦心，亦可少效涓埃之助。”[④] 可惜，平氏的章氏遗著抄本没有流传下来。

（七）萧穆诸人与章氏遗书

进入光绪六年（1880），道墟章氏族人章小雅（善庆）从味经堂书坊得到章氏遗著。“此《遗书》乃留落绍兴本城某书坊，以洋银百元得之。”[⑤] 又说：“光绪六年（1880），小雅得此书于贵城之味经堂书坊，乃杨氏所出，其先即得之沈氏者。”[⑥] 从上下文判断，应是杨鼎重远堂藏书落入味经堂书坊。味经堂书坊主人，不详。章小雅得书后，“遂挟此书回道墟。中途遇大风波，舟覆，小雅力抱此书跃水而出，此书遂一逃于水厄也”[⑦]。光绪十七年（1891），萧穆得从居上海的章小雅处抄阅《章氏遗书》。光绪二十年（1894），章小雅卒，这部章氏遗书落到其兄章善康处。光绪二十四年（1898），章善康以家穷，出质醉六堂书商吴申甫处。经历醉六堂失火，险些化为灰烬。萧穆便自行赎出新近抄本，并托友人周莱仙将旧抄本赎出，暂存其处，希望不久之后，会有人赎买并出版。[⑧] 光绪二十九年（1903），萧穆到江西见沈曾植。“此次江西之行，萧穆与

---

① （清）平步青：《樵隐昔寱》卷 15《实斋文略外编跋》，第 329 页。

② （清）平步青：《樵隐昔寱》卷 4《答章筱同书》，第 218 页。筱同，即小同，名季真，为贻选长子汝麟之子，章学诚的曾长孙。

③ （清）平步青：《樵隐昔寱》卷 4《答章筱同书》，第 218 页。

④ （清）平步青：《樵隐昔寱》卷 4《答章筱同书》，第 217 页。

⑤ （清）萧穆：《敬孚类稿》，第 259 页。

⑥ 朱荣琴整理：《敬孚函稿》，载《历史文献》第 10 辑，上海古籍出版社 2006 年版，第 200 页。

⑦ （清）吴庆坻：《蕉廊脞录》卷 5《桐城萧敬孚穆记章学诚实斋先生事略及遗书本末》，第 33 页。

⑧ 束莉：《萧穆、沈曾植交游考论——以〈章学诚遗书〉的保存与刊刻出版为中心》，《文教资料》2020 年第 18 期。

沈曾植、傅茗生、吴士鉴等人就《章学诚遗书》的保存和刊刻之事进行了反复讨论，在底本的赎买、刊刻的承担、校勘的分工等问题上均达成了共识。”[①] 光绪三十年（1904）七月，萧穆去世。《章学诚遗书》转入沈曾植处。1917年，刘承干访沈曾植，沈曾植同意出借《章学诚遗书》，由刘承干刊刻于世，是为嘉业堂《章氏遗书》，1922年刊成。沈曾植《章学诚遗书》抄本，后入陈群。陈群又归中央图书馆。现在台湾的“国家图书馆”。[②]

（八）民国时期的章氏作品传播

章学诚声名的提升，更加快了章氏的刊刻。《文史通义》，有1924年东陆书局石印本、1925年上海会文书局石印本、1926年梁溪图书馆排印本、世界书局本、1929年商务印书馆排印本、1931年上海大东书局排印本、1935年大达图书供应社排印本、1936年上海中华书局《四部丛刊》本。《章氏遗书》，也有1936年商务印书馆排印本。乾隆《永清县志》有1941年北京友文印刷局铅印本。[③] 此外，《实斋文集》《章实斋文钞》有单行本。甚至有张树棻编辑的《章实斋方志论文集》，1934年瑞安仿古印书局排印本[④]。至此，章氏遗著得以广泛传播，重新走入了人们的视线。

二　对章学诚的接受

传统的说法，进入20世纪初，章学诚因受到日本学人内藤湖南（1866—1934）的推崇而逐步引起中国学人的关注。这种说法，多少有点倒果为因，或截断标准过于崇尚洋人了。

（一）生前与身后

章学诚生前之名与身后之名。一个学者的社会影响，生前靠他自己的活动与学术思想。身后，得完全靠文章来体现其思想及历史价值。章氏一生处于在乡与出乡之间。章学诚14岁结婚以后随父亲到湖北应城生

① 束莉：《萧穆、沈曾植交游考论——以〈章学诚遗书〉的保存与刊刻出版为中心》，《文教资料》2020年第18期。

② 王园园：《鸣野山房抄本〈章氏遗书〉流传及版本价值考述》，《文献》2021年第4期。

③ 王记录主编：《章学诚文献辑存》第26—44册。

④ 王记录主编：《章学诚文献辑存》第43册。

活，不久往来于北京、湖北之间。父亲过世后，全家迁居北京。以后随章学诚工作的变动，一直处于迁移之中。最后60岁时，才回归绍兴。4年以后过世，晚年时间十分短暂。用今日眼光来看，他是典型的偏才，不擅长科考，但他又不得不走科举之路，当了二十多年的秀才。直到中年才顺利，40岁考上举人，41岁考中进士。问题是人多职少，考上进士又不能及时分配工作，等了10年到50岁时，才轮到知县机会。考虑再三，放弃了这个机会。如此导致一生没有固定的工作，到处打工，得依赖各地督抚类权贵，谋得教书或编书差事，维持生计。

当时没有杂志，文章只能靠抄写，在朋友圈小范围传播。这个圈也不大，没有今日的微信朋友圈大。当时没有全国性学术会议，所以也不可能有全国之名。在小圈子内，大家都知道有这位学者。早在乾隆年间，浙江嘉兴秀水人郑虎文（1714—1784）就推章学诚为“良史才”。[①] 王宗炎称：“实斋，地产霸材，天挺史识。”（《两浙輶轩录补遗·章学诚传》）身后的道光三年（1823），弟子、朱筠长子朱锡庚称“实斋长于史学，为乾隆年间一代通人”[②]。道光六年（1826），朱锡庚进一步认为，清代乾隆学术有三种绝学，一是孔广森的春秋学，一是王念孙的训诂学，一是章学诚的史学。“锡庚尝谓，乾隆年间积学之士与嘉庆年间所学似出两途，以阮制军为当代龙门，尚不能深知尊大人之底蕴，他人不待言矣。前拟撰《文史通义书后》，只以尊大人之学当世罕有知者，唯锡庚尚能窥其旨趣。第其事重，但有史官，而无私学，其诗书礼乐以及典章象数皆史官职守。故孔子适周，问礼于老聃；韩宣聘鲁，观易象春秋曰周礼尽在鲁矣，俱指史官而言也。自刘向区六艺为九，汉唐以降，经史各立专家，言史者祖马班，言经者尊贾郑，从是史家者流，或考其事迹同异为刊误之书，或订其疆域沿革为地理之学，其于著述之旨趣，体例之要删，鲜有讲明其故者。唐刘子元、宋郑渔仲，间有著论，第驳而未醇，偏而未全。且株守史氏之一家，隔阂六经之条理。实斋先生以毕生所读之书，自成一家之学，勘辨同异，抉择是非，合而知要，离而能通。著《文史

---

① （清）谭献：《文林郎国子监典籍会稽实斋章公传》引，见《章学诚遗书》附录。

② （清）朱锡庚：《章氏遗书》第3册跋，转引自戚学民《清廷国史章学诚传的编纂——章氏学说实际境遇之补证》，《社会科学研究》2016年第2期。

通义》内外篇若干卷，盖上穷官礼之遗意，下溯中垒之校雠，合经史为一者也。不知者见其详论史裁，近于刘、郑两家之绪余。是犹目考古音者，谓出于吴棫《韵谱》，岂其然乎？其为绝学，知之者希，空前绝后，鼎立为三矣。"[①] 朱锡庚对章学诚此番评价，长期未曾为人所知。朱锡庚曾是章学诚学生，所言未见得客观公正，但他对章学诚的学说有深切的理解，言章氏合经史为一，颇中肯綮。[②] 阮元《两浙輶轩续录·章学诚传》150字，认为他是"夹漈之伯仲也"。刻于1958年的钱林《文献征存录》有100字，虽然错误不少。

（二）光绪时代的"章学诚热"

自从道光十八年（1838）《文史通义》刊刻后，学界对章学诚的了解也增多，章学诚的知名度也不断在上升。其中，浙江书局本的影响度最为广泛，使长三角区域的学者了解了章学诚的学术。从而，进入光绪时代，对章学诚的推崇也达到高峰。

同乡平步青（1832—1895）对章学诚是十分欣赏的。"生平札记，其精理独识，多见于《文史》、《校雠》两《通义》及《文略》，盖深有得韩子钩元提要之旨。"[③] 光绪四年（1878），跋《章氏遗书》后。光绪六年（1880），平氏给章学诚曾孙章小同的信中称，章学诚学术，虽私淑邵廷采，而二部通义，"辨伪订讹，实有得于西京向、歆父子之传，在唐惟刘知几，在宋惟郑渔仲，元明后无人问津"。到了清朝，巨儒林立，远驾汉唐。乾隆朝人才更多。当时的戴震，自负当代第一，弟子推为孟子后一人。当时，只有邵晋涵可引为同调。自从邵氏"北徂"，章氏"南逝"，其学失传。[④]

平步青较早地勾勒了清代浙东学派的脉系。他在给章学诚曾孙的信中称"浙东学术，自东发、深宁以来，远有代绪。国初黄南雷、万石园兄弟及邵念鲁、全谢山氏而下，惟令曾祖（实斋）先生，远绍独肩。先生殁，而浙东学术不绝如线。道、咸间，宗涤甫（源翰）观察颇以起衰

---

① （清）朱锡庚：《朱少河先生杂着·与章杼思贻选书》，稿本，国家图书馆藏。

② 戚学民：《清廷国史章学诚传的编纂——章氏学说实际境遇之补证》，《社会科学研究》2016年第2期。

③ 《安越堂外集》卷1《实斋札记钞后叙》，第379页。

④ 《樵隐昔寱》卷4《答章筱同书》，第218页。

自任（指办宁波辨志书院），而接受无闻”[1]。在另一篇文章中，也有类似说法，“环顾宇内，深宁、东发之学，绍述者谁？而浙东南雷、石园、思复、南江、实斋诸家，渊源具在，津逮者亦复暗然”[2]。增加了邵晋涵。合两文，黄震、王应麟、黄宗羲、万斯大、万斯同、邵廷采、全祖望、邵晋涵、章学诚一线就一清二楚了。这一论点，对今人研究浙东学术史是有启迪意义的。

与平步青的高评有别，李慈铭对章学诚的评价十分低。“实斋于志学用力甚深，实为专家，而自信太过，喜用我法。尝言作史作志，须别有宗旨，自开境界，此固可为庸下针砭，而其弊也，穿凿灭裂，尽变古法，终坠于宋明卒腐儒师心自用之学。”[3] 这只能体现李氏的狂妄自大，终不解章氏理论贡献。古代中国，理论思考不多了，而是太少了。动辄将之与宋明理学家的义理之学来比攀，这是不当的。

桐城学者萧穆对章学诚的评价很高，称“《文史通义》系论修史各条，与唐人刘知几分道扬镳。刘氏所论为史法，先生所论为史意；刘氏乃论官局纂修，先生所论为一家著述。体大思精，远过刘氏。《文集》多当代名人碑传及熙朝掌故，文笔与《文史通义》不同，即以古文而论，亦不愧为一代作者，竹垞、西溟诸公所不及也。《湖北通志》虽未成书，而所纂各类及其序例均出前人意表，实在阮文达、谢蕴山二公两广志之上”[4]。

由此，出了几篇章学诚传记。一是杭州的谭献作《文林郎国子监典籍会稽实斋章公传》，约作于1880年。[5] 二是光绪八年（1882）至十四年（1888）间，清朝修订国史《文苑传》时，增加了《章学诚传》。三是萧穆作《章实斋事略》，未见，主要内容见《桐城萧敬孚穆记章学诚实斋先生事略及遗书本末》。此外，钱塘人吴士鉴作章学诚传。“又将《章实斋事略》及《遗书》别钞本寄示吴絅斋学使一阅。盖学使旧曾有记章公之

① 《樵隐昔寱》卷4《答章筱同书》，第218页。

② 《樵隐昔寱》卷14《鲒埼亭文集跋尾》，第324页。

③ 李慈铭：《越缦堂日记》第11册，广陵书局2004年版，第84页。

④ （清）萧穆：《章学诚实斋先生事略及遗书本末》，见吴庆坻《蕉廊脞录》卷5。

⑤ 黄兆强：《章学诚研究述评1920—1985》，台湾：学生书局2015年版，第4页。

事，仿阮文达拟《国史·儒林传》体裁成文，已刻。”① 由此可知，钱塘人吴士鉴也是较早推崇章学诚之人。可惜，此文一时未找到。

目前，学界只关注到谭献的传，近年才有人使用萧穆等人的传记资料。晚清的萧穆因与章学诚族人章小雅交往，得以了解到更为内幕的消息，称“其祖父以上，尝客游北方，遂入大兴籍。父镳，曾登乾隆元年丙辰恩科顺天举人，官湖北应城县知县。……年四十，应乾隆四十二年丁酉顺天乡试，乃改归会稽原籍，中式举人”②。也就是说，章学诚祖父以上先人就客游北方了，学籍入了北京大兴县。这条记录，由于各种原因，前人注意不多。

此间，主编《湖北通志》，影响最大，打击也最大。“乾隆五十六、七年，两湖总督镇洋毕秋帆制军创修《湖北通志》，特请先生为总纂，又延一时英俊数人为分纂。先生乃别出心裁，发凡起例，推陈出新，为同事诸人所骇。先生于诸分纂中，除其老友桐城胡雒君征士虔外，一概以奴隶视之，诸分纂积不能平，因先生为制军所重，无敢谁何，一时不敢不唯唯听命。逾年，高宗纯皇帝特命毕公入觐，别委他人署湖督，而先生势孤。毕公回任尚遥遥无期，一时分纂诸人，各于当道谗言蜂起，且指摘先生所笔于例不合，签条百出。而诸当道均于修志事不甚了了，乃以诸人批驳，各条令先生一一复答。先生乃为《驳议》一册以复之，且力诋分纂诸人一无所知，妄肆讥评。知势不能为，乃作书以谢毕公，即以己所总纂各类，席卷而去。”③ 这段记录十分逼真，完全可信。一般来说，学术个性十分强的学人过于看重学术，往往难与庸人相处。胡虔（1753—1804）是当时方志名家，年龄小于章氏，但学问相通，在编修上比章学诚“慎密”，可弥补章氏不足，两人搭配比较好。章学诚有毕沅的全力支持，担任总纂，他人自然要听命于他。不过，可能内部沟通尚不足，诸分纂并不真心相服。乾隆五十九年（1794），毕沅入京述职，代理两湖总督、湖北巡抚惠龄完全是外行，无法判断批评者意见的高下，于

---

① （清）萧穆：《敬孚日记》，光绪二十九年（1893）癸卯九月廿八日。

② （清）吴庆坻：《蕉廊脞录》卷5《桐城萧敬孚穆记章学诚实斋先生事略及遗书本末》，第33页。

③ （清）吴庆坻：《蕉廊脞录》卷5《桐城萧敬孚穆记章学诚实斋先生事略及遗书本末》，第33页。

是命章学诚一一回答。章学诚于是一一回复，写成《驳议》一卷。这样的处理，应是得当的。不过伤了章学诚的自尊心，他十分不悦。不久，毕沅降职山东巡抚，章学诚完全失去学术靠山。乾隆六十年（1795），毕沅虽重任两湖总督，但忙于镇压苗民之乱，无暇文事。此后几年，就近在华东地区寻找幕客工作。

因为《文史通义》收录了章学诚的方志学诸论，所以晚清士人得以间接了解其方志学思想。在他去世后的晚清100余年，方志学思想作为章学诚学术思想的核心部分已经产生了广泛而深远的影响。他的主要方志学创见在晚清基本都得到回应，也不乏一些学者效仿章学诚的修志体例撰修方志。章学诚的方志学说被引用率极高，晚清方志学家已经奉他为方志学的权威。①

（三）20世纪初的“章学诚热”

由上可知，正是因为中国学人的关注，才引起了内藤湖南的关注。在1902年秋的访问中，内藤湖南接触到了章学诚的著作。从社会进化论的角度，内藤湖南对章学诚的《文史通义》做出了自己的解读，发表了《章实斋年谱》（1920）。② 至于内藤湖南是如何知道章学诚的，有几种推理说法，或夏曾佑，③ 或沈曾植。笔者更倾向于沈曾植，因为只有沈曾植手中有《章氏遗书》抄本。“萧穆去世之后，该本成为沈曾植的海日楼藏书。”④ 这是据以上材料做出的有限推理，如果能找到直接文献依据，更为确定。内藤湖南之所以会接受章学诚，是因为他在西学盛行日本的时代，想从中国寻找史学进化论思想资源。⑤ 章学诚正合这样的需求，所以得到内藤湖南的推崇。

1921年，胡适据此撰写了更为详细的《章实斋先生年谱》（1922），文中不仅考证了章氏的生平和交游，并摘录章氏著作中材料，对其学术

---

① 薛艳伟：《论章学诚的方志学说在晚清之回响》，《中国地方志》2017年第7期。

② 陶德民、杨际开：《内藤湖南进步史观的形成——对章学诚〈文史通义〉的共鸣》，《杭州师范大学学报》（社会科学版）2008年第1期。

③ 陶德民、杨际开：《内藤湖南进步史观的形成——对章学诚〈文史通义〉的共鸣》，《杭州师范大学学报》（社会科学版）2008年第1期。

④ 王园园：《鸣野山房抄本〈章氏遗书〉流传及版本价值考述》，《文献》2021年第4期。

⑤ 陶德民、杨际开：《内藤湖南进步史观的形成——对章学诚〈文史通义〉的共鸣》，《杭州师范大学学报》（社会科学版）2008年第1期。

思想进行阐述。梁启超虽然没有专文，但《清代学术概论》（1920）、《中国历史研究法》（1922）将章学诚推得十分高。《文史通义》“实为乾嘉以后思想解放之源泉”，“为晚清学者开拓心胸，非直史学之杰而已”。[①] 梁启超对章学诚评价很高，他说：“‘方志学’之成立，实自实斋始也。”又说章学诚“不独方志之圣而已”。[②] 上述几人登高一呼，其后国人更加重视章学诚研究。

20世纪前学界对章学诚的重视，促进了其章氏遗书的刊刻工作。1920年，浙江图书馆根据徐氏节抄本《章氏遗书》，刊刻于世。1922年，嘉业堂刊行《章氏遗书》，此时距章学诚辞世已经有一百多年了。梁启超弟子姚名达据此在胡适基础上补订《章实斋先生年谱》（1929）。又有吴孝琳的《章实斋年谱补正》，1940—1941年《说文月刊》第9—12期连载本。[③]

此期，研究性作品有刘咸炘《文史通义识语》3卷，1927年成都古志堂刊本。钱基博《文史通义解题及读法》，1929年上海中山书局排印本。叶长青《文史通义注》，1935年无锡民生书局排印本。[④] 这几部作品，前面的详尽的引言，近于专题论文。

由晚清民初章氏遗著传播史的勾勒，可见时人对章学诚的重视程度。

小　结

晚清时期，章氏作品主要是《文史通义》在传播，《章氏遗书》尚处于抄本时代，只有小范围内有传播。自道光十二年（1832）《文史通义》刊刻后，学界对章学诚的了解在增多，章学诚的知名度也不断在上升。进入光绪年间，对章学诚的推崇也达到高峰。正是因为有了晚清的基础，才有20世纪初年日本学人与中国学者的重视。从近代史学的演变来看，对章氏史学理论的重视，这是必然的现象。推崇章氏，正是为了寻找传

① 梁启超：《清代学术概论》，中华书局1989年版，第50页。

② 梁启超：《中国近三百年学术史》，东方出版社1996年版，第330—334页。

③ 王记录主编：《章学诚文献辑存》第46册。

④ 王记录主编：《章学诚文献辑存》第45册。详参陈磊《民国时期的章学诚研究》，博士学位论文，武汉大学，2015年。

统因子，为新史学建设服务。章氏理想中的史学，确定也向科学研究靠拢了。这说明，中国传统史学的近代化，正是从乾隆时期开始的。乾嘉考据学与章氏史学理论表面上对立，其实正是史学学术化的两个方向、两个阶段。前者重在学术论证，自成一说；后者重在宏观规律把握，更重通史编修。

当然，晚清的研究与20世纪研究，处于不同时代，所以风格不同。大体说来，晚清的研究，仍是浅层次的阅读与介绍时代。进入20世纪，才进入专业化专题研究时代。胡适诸人的年谱，实际上是一种学人专题研究，水准自然高于晚清。

（作者为宁波大学人文与传媒学院教授）

辞章学视域里章学诚的“六经皆史”说

张栩凤　刘毅青

【摘　要】 章学诚的“六经皆史”说，历来批评家多有阐述，但章学诚以辞章学勾连文史，建构理论体系，却未被学者充分注意。葛兆光“史皆文也”将章学诚的文史观和西方后现代史学相联系，窄化“文”之概念，并忽视了中西史观的差异。张少康从表现形式的角度注意到“六经皆史”与“六经皆文”可以相通，此洞见已经趋向于关注辞章，但未做出充分表述。在上述两位学者的研究基础上，本文从辞章学的角度，将“六经皆史”说置于以语言为本位的文学传统中进行探讨，揭橥辞章之学对章学诚史学观的影响，进而阐发章学诚以辞章为桥梁，破除文史壁垒，通过文道关系实现以史明道。

【关键词】 辞章学　章学诚　六经皆史　六经皆文

章学诚《文史通义》首篇开宗明义：“六经皆史也。古人不著书，古人未尝离事而言理。六经皆先王之政典也。”① “六经皆史”是《文史通义》的一个核心命题，也是把握章学诚学术思想的关键。对该命题的讨论由来已久，学界对“六经皆史”说的诠释，集中于探讨“史”之概念和经史关系。② 关于文史之汇通，则着眼于辨析范畴，认为文史相辅，史涵盖文，“六经皆史”是将经、史之学视为一类而

---

① （清）章学诚著，仓修良编注：《文史通义新编新注》，商务印书馆 2017 年版，第 1 页。

② 参见刘巍《章学诚“六经皆史”说的本源与意蕴》，《历史研究》2007 年第 4 期。

以“史”统之。[①] 这样的做法重在《文史通义》细部的分析，忽视了文论家的思维脉络。章学诚《文史通义》关涉的内容超过了现代意义上的“历史”，他论史，更谈文，本文认为章学诚汇通文史的文章写作观建立在辞章学传统之上，辞章学思想是阐释“六经皆史”的核心要义。

一 “史皆文也”再思考

葛兆光以中西比较的视野提出“史皆文也”，他所谓的“文”是指纯文学，“历史”与“文学”是两个并列的概念。他指出章学诚“六经皆史”说瓦解了经学的至尊地位，可以与后现代史学的转向一并归于“史皆文也”，并以此讨论历史的真实与虚构的问题，认为历史的权威性建立在“真实”之上。[②] “史皆文也”的洞见为解读章学诚“六经皆史”说提供新的理论视角，但就章学诚的文史观而言，葛兆光的见解并不恰当。笔者认为，以“史皆文也”把握“六经皆史”说，需要先阐明两个问题：一是“文”之内涵，章学诚的文指向广义的文章，史学是文章学的一部分；二是“史”之内涵，章学诚所谓的史，并不是现代西方所谓的历史。此外，中西史学关切之重心不同，中西对待历史之真实性亦有差异，相较于史事是否真实，中国史学更在意史法，即如何写史的辞章之法。

（一）“文”之概念

魏晋南北朝时期，经、史、子、集的分类体系形成，经学、文学、史学分立，《文史通义》论史也论文，章学诚的文学理论不是纯文学理论，而是广义的文章学理论，与语言艺术相关的写作活动都被纳入其中。《易教下》言：“物相杂而为之文，事得比而有其类。知事物名义之杂出

---

① 参见薛璞喆、俞钢《章学诚“文”“史”汇通明义学术观念之新探》，《上海师范大学学报》（哲学社会科学版）2019 年第 4 期。

② 参见葛兆光《从“六经皆史”到“史皆文也”：作为思想史研究资源的后现代历史学》，载《中国思想史》，复旦大学出版社 2004 年版。

而比处也，非文不足以达之，非类不足以通之。六艺之文，可以一言尽也。夫象欤，兴欤，例欤，官欤，风马牛之不相及也，其辞可谓文矣，其理则不过曰通于类也。故学者之要，贵乎知类。"① 章学诚的文学观以《周易》为本源，且重视文章的源流和类分，史学属于广义的文，章学诚是从文章学的角度阐发有关史学的洞见。

传统学问从义理、考据、辞章三方面下功夫，义理和考据属于文章的内容，辞章指文章的语言艺术形式。秦汉以后，"文"指文人文字著述的文字之美，因此文章、辞章可以统称为文，辞章学与文章学密切联系，中国文学的本质就是辞章之学。辞章之学伴随着文学的出现而产生，是关于有效表达话语信息的语言艺术，从这方面讲，辞章学就是文章艺术学。章学诚提出"子史衰而文集之体盛，著作衰而辞章之学兴"② 的观点，认为后世的文章体裁大多可溯源至以辞章之学为重的《诗经》，除去解经、传记和论辩文章，其余都可属于辞章文学，由此可知，章学诚的文学观极重辞章，这是他论文论史的关窍。《春秋》言："动作有文，言语有章。"③ 但凡言说、著述，都要有章法，对于史学家而言，在考据上，一字之增损会使记载有作伪的嫌疑，如果文字混淆，义理也会混淆，因此，考据和义理本质上与考究文辞密切相关，三者中，辞章最重要。

（二）中西方历史观差异

中西史学是在不同民族文化孕育下生成的两个系统。西语中"史学" historiography 一词源于希腊文 historia，意为探究和考察，指对过去事件的专门研究。由西方视角出发的史学把人类对过去发生兴趣而记录已发生的事称为历史观念，认为人类史学起源于此观念，而东方文化缺少历史的意识，他们以现代性的视角考察中国史学，指出"中国史学的发展，永远没有突破通往真历史的最后障碍——希望窥探往事的真相，永远没有发展批评史学，永远没有意思视历史为客观的了解"④。而后现代历史

① 《文史通义新编新注》，第 16 页。

② 《文史通义新编新注》，第 46 页。

③ 杨伯峻编著：《春秋左传注》，中华书局 2018 年版，第 1036 页。

④ 杜维运：《中国史学史》，商务印书馆 2010 年版，第 17 页。

学则把历史看作一种叙述，“历史”降格为“叙述”，历史等同于文本，历史成为当代史的代名词，思想成为历史的创造者，认为当历史学家对“过去”产生兴趣，“过去”才是历史的，此时历史的真实性被瓦解。西方世界后现代史学的转向不能与“六经皆史”混为一谈。对中国史学家而言，记载历史不仅关乎史实，更应考虑史义和史法，了解历史的意义和写史的方法。中国人希望从过去的生活史实中获得经世明道的经验，史学是关于如何生的学问，史学家治史的最高理想便是“究天人之际，通古今之变”[①]。而历史本身复杂，讲清楚是非评判是件困难的事，“中国人理想中的写史，不仅要说明历史如何变，更要分析着年代、事迹、人物而客观地苦心孤诣地来写”[②]。一方面，史学家的记录不能无中生有，必然是已经发生的事件。另一方面，史学家不严格追求记载之事的真实性，史家之文还包括史官对史事的态度，也就是说，“它只提醒记录者应该秉笔直书其所见，在书写活动中‘直笔’。这种直笔，并非还原于历史事件的‘真相’”[③]。记录者要考虑一事是否写和如何写的问题，此选择和斟酌在书写时体现为遣词用字，因此中国史学的重点在于如何写历史。

综上分析，以“史皆文也”阐释章学诚“六经皆史”说，必须注意到中国文化中“文”之内涵的丰富性，并且要厘清中西方史学系统的差异。在明确了这两个前提后再进一步考察“史皆文也”，可知辞章之学是该观点获得阐释合理性的关键。

二　回到辞章：“六经皆史”即“六经皆文”

从重辞章之学的文学传统考察史学，文史间的“壁垒”便被打破，“六经皆史”可以用“六经皆文”阐释。张少康早已指出思考路径：“‘六经皆史’是从内容上说的，但从表现形式方面说，则‘六经皆文

① 王先谦撰：《汉书补注》，中华书局1983年版，第1240页。

② 钱穆：《中国史学发微》，岳麓书社2020年版，第37页。

③ 龚鹏程：《文化符号学：中国社会的肌理与文化法则》，人民出版社2009年版，第228页。

也’。”[①] 张少康并未过多论证此观点，“六经皆史”与“六经皆文”的联系也不限于表现形式这一点。笔者以为，从“史皆文也”到“六经皆史”即“六经皆文”，对“六经皆史”的阐释已经逐渐趋近于关注辞章之学，在此基础上，我们可以从文史起源、文章类型、语言形式三个层面分析章学诚如何以辞章打通文史关系。

文与史的起源相通。《上朱大司马论文》言：“盖六艺之教，通于后世有三：《春秋》流为史学，官礼诸记流为诸子论议，《诗教》流为辞章辞命；其他《乐》亡而入于《诗》、《礼》，《书》亡而入于《春秋》，《易》学亦入官礼，而诸子家言，源委自可考也。”[②] 对于此论述，一方面阐明了经学在后世的流变，另一方面也说明史学和文学同质。顺着章学诚的思路，《诗》衍生出辞章之学，即后世的诗歌，《春秋》衍生出古文和史，章学诚又称《春秋》为“比事属词之教”[③]，也就是说，《春秋》在本质上也是辞章之学，史家之文和文士之文虽然在文类分化后区别开来，但依然带有辞章学的特质。

史本身就是文章写作的类型之一。章学诚在讨论文法时，把序论辞命之文、叙事之文都考虑在内，分析叙事之文多谈及史家之文，由此可知，史是与诗文并列的文类之一。在所有文章体裁中，发端于史学的叙事之文最难，优秀的史家之文就是文学的典范。章学诚在《论课蒙学文法》中阐述叙事之文法，也是写史的方法。因为所写的事件已定，不可更改，叙事者难以翻空出奇，这导致后人在阅读这类文章时，鲜少在意为文者的匠心。但是对为文者而言，为文不可能不用心，因此，尽管历史难写，章学诚还是为撰写史家之文指明了一条路：“叙事之文，题目即在文辞之内，题散而文以整之。”[④] 对史学家而言，他无法改变既定的人和事，此时文辞是史学家能够有所作为的一切，文辞的重要性也就凸显出来。

论诗和论史虽有不同，但不超出内容与语言形式的范围，从这一层

---

① 张少康：《中国文学理论批评史》下，北京大学出版社 2005 年版，第 381—382 页。

② 《文史通义新编新注》，第 769 页。

③ 《文史通义新编新注》，第 694 页。

④ 《文史通义新编新注》，第 415 页。

面考察各类文章，章学诚认为诗话与经部、史部、子部相通。事实和文辞是书写历史的两大因素，读史者要从史书了解历史，因此看重内容，但对史学家而言，还需琢磨如何写，这就关涉到文辞。辞有工拙之分，史家之文在记事记言上尤工文辞，这里文辞和文士之文不同，它不讲求语言的个体表现，虽有雕琢，但不能喧宾夺主，所以章学诚讲史学家的锻造文辞，“既经裁取，则贵陶熔变化，人第见诵其辞者之浑然一也，而不知化而裁者，中有调剂，而人不知也。”[①] 具体记事记言时，要依据事与人斟酌用词，“史文千变万化，岂止如四书命题之数，而记言记事，必欲适如其言其事而不可增损，恐左、马复生，不能生憾也”[②]。章学诚阐述记事记言之法，核心要义是“得其意”，包括对事件的情感态度的流露和推论说话人的用词。由此可见，章学诚是在思考如何写历史，鉴于《文史通义》对历史写作活动的思考，龚鹏程把章学诚的学术思想称为文史学，他认为要想把握章学诚的思路，需要认识到他所欲建构的是文学的史学或历史的文学理论体系，“在一个以文字文学为核心的文化中，史学终必以历史书写活动之讨论为重点，而历史书写亦终不能脱离文学性”[③]。

三　辞章学视域下的以史明道

章学诚提倡以史明道，不满前人轻视史学，称：“史家之书，非徒纪事，亦以明道也。”[④] 以辞章学把握以史明道，可以从两个方面着手：一是尊崇六经，史书记载礼乐文明的发展历程，六经记录着先王典章制度，起到明道的作用，为后世示范了写史的修辞条例，所以史书通过学习经典，可以向形而上的道靠拢。二是文史既已打通，史学家可以经由文道关系获得史通向道的经验。

以“六经皆文”把握“六经皆史”，可以发现“史”具有“文”之

① 《文史通义新编新注》，第405页。

② 《文史通义新编新注》，第406页。

③ 龚鹏程：《文化符号学：中国社会的肌理与文化法则》，第170页。

④ 《文史通义新编新注》，第986页。

特性，写文的经验来自写史，文学中关于修辞条例的讨论，大多来自经学，这使经和史在平行发展中互相影响。“自刘勰以降，文学所说之体例、条例、凡例、格、法、式，皆由经学中衍来；论章法句法、题旨字法，也由‘书法’的讨论发展起来。”① 《春秋》产生了许多史官记事的书法，如削删史实的要义就集中体现在《春秋》中，《答客问上》言：“史之大原，本乎《春秋》。《春秋》之义，昭乎比削。”② 《春秋》以比事属辞阐明史事，或详或略，或轻或重，以此推求史义。经学书法的实质就是借助一定的文辞方法传达历史事件的性质和意义。章学诚以经学论史学，把史学视为先王政典，因此在文质关系上，史家之文的辞采不能伤质。“伪乱真而文胜质，史学不亡而亡矣。”③ 文本于质，一切文字的呈现都要以其蕴含的意义为根本。章学诚指出：“夫六艺为文字之权舆，《论语》为圣言之荟萃，创新述故，未尝有所庸心；盖取足以明道而立教，而圣作明述，未尝分居立言之功也。故曰，古人之言，所以为公也，未尝矜其文辞而私据为己有也。”④ 在他看来，历史有公共之用，出于传述历史的职责，因袭传统，述而不作是史学家最好的选择。但传述和因袭不同于复制，史学家的文辞抹不去记录者的影子，在言语表述上依然会有廓旧创新之处，而史学的性质又决定了历史书写并非私人写作，史学家文辞的个体性不能脱离历史。

由于辞章勾连文与史，章学诚的史学观来自文学观，史与道的关系可以从文与道的关系上得到阐明。史学家以“心裁别识”的主体意识统领语言文字从个体学识通向天道。章学诚在《说林》中杂述其治学主张，“道，公也。学，私也。君子学以致其道，将尽人以达于天也。人者何？聪明才力，分于形气之私者也。天者何？中正平直，本于自然之公者也”⑤。章学诚所说的“道”要实现持世纠偏，经世致用，“中正平直”

---

① 龚鹏程：《六经皆文：经学史/文学史》，台湾：学生书局2008年版，第20页。
② 《文史通义新编新注》，第252页。
③ 《文史通义新编新注》，第20页。
④ 《文史通义新编新注》，第201页。
⑤ 《文史通义新编新注》，第221页。

既是天道的特质，也是史学家需秉持的精神。如何以文辞实现道之公？章学诚提出要以承载文辞的宗旨见识为旨归，他连用七处比喻来讲文辞与志识的关系，所谓“志识”，章学诚解释为能够用来维持世道的东西，学问、文辞、考据等用来构成著述的因素都不具备“持世”的能力，因此，“文辞，犹三军也；志识，其将帅也”①。必须由志识统率文辞，使文章通达道。《孟子·离娄下》言：“王者之迹息而诗亡，诗亡然后春秋作。晋之《乘》，楚之《梼杌》，鲁之《春秋》，一也。其事则齐桓晋文，其文则史。孔子曰：‘其义则丘窃取之矣。’”② 孟子把《春秋》分为事、文、义三部分。道显现在史家之文中就是史义。“事”则承认事实，“文”则恪守书法，史官根据书法所记的内容与事实之所以有差异，根本原因是出于“义”，即史学对人的垂训作用，这是经学确立的传统，也是史学的传统。章学诚认可事、文、义三分，“以夫子义则窃取之旨观之，固将纲纪天人，推明大道。所以通古今之变，而成一家之言者，必有详人之所略，异人之所同，重人之所轻，而忽人之所谨，绳墨之所不可得而拘，类例之所不可得而泥，而后微茫杪忽之际，有以独断于一心。及其书之成也，自然可以参天地而质鬼神，契前修而俟后圣，此家学之所以可贵也”③。史学家通过削删史实来显示史义，最终实现阐明大道的宗旨，由《春秋》垂范的史学赋予文字“天地为炉，万物为铜，阴阳为碳，造化为工”④ 之意，以道为旨归。

四　结语

中国文化以“文”为核心，作为最高级的艺术样式，文学始终以文字为治，以语言为本位，文章的文类性质和作家的思维类型都呈现于文辞。从辞章学的角度阐释章学诚“六经皆史”说，是向文字传统的回归。通过探索史学语言，章学诚打破了文与史之间的隔阂，历史的传述本质

① 《文史通义新编新注》，第 223 页。

② 杨伯峻译注：《孟子译注》，中华书局 2019 年版，第 208 页。

③ 《文史通义新编新注》，第 252 页。

④ 《文史通义新编新注》，第 408 页。

上由史学家基于史实的文辞活动来完成，文辞就是史学家的全部用心，以此理解重新审视《文史通义》，这是一部探讨记史的辞章之法的鸿篇巨制。

（作者张栩凤为绍兴文理学院人文学院在读研究生；
刘毅青为南昌大学人文学院特聘教授、博士生导师）

王华迁居与山阴王府

——兼述阳明学之创设

钱 明

【摘 要】余姚和山阴在明代皆属绍兴府。余姚于 1949 年划归宁波市，其地名一直延续至今；山阴于 1911 年与会稽县合并为绍兴县，历史上其县城乃绍兴府城的一部分。王阳明大弟子季本和王畿曾把绍兴分别作为阳明思想的“发端”地和“熟化”地。称绍兴是阳明晚年思想之“熟化”地，应无异议，但称绍兴尤其是山阴为阳明早期思想之“发端”地，则有较多分歧。本文将王华迁居山阴一事与阳明学创设结合起来考察，作出了合理的解释。

【关键词】王华 王阳明 余姚 山阴

历史地说，余姚和山阴皆属绍兴府。余姚于 1949 年划归宁波市，其地名一直延续至今；山阴于 1911 年与会稽县合并为绍兴县，历史上其县城乃绍兴府城的一部分。王阳明出生于余姚，民籍余姚，很早就随父亲明成化十七年（1481）辛丑科进士第一人王华迁居山阴光相坊（在府城内，今属绍兴市越城区）。迁居山阴后，王华后代繁衍生息十余世，遂奉华为山阴光相坊王氏始迁祖。① 学术界及王华后裔关于迁居山阴的具体时间有十余种说法，时间跨度从王阳明 10 岁到 50 岁不等。笔者曾于 2005 年在《浙江学刊》上发表过《王阳明迁居山阴辨考——兼论阳明学之发

---

① 按：2021 年 3 月 21 日在绍兴伯府观象台举行了“山阴光相坊王氏宗谱开局仪式”，标志着筹备近两年，在对贵州、重庆、北京、山东、四川、余姚、舟山等地的档案馆、史志办、图书馆及王氏后裔所藏珍贵资料进行广泛搜集、调研、取证的基础上，正式启动了这项牵涉王阳明后人、关乎阳明学研究的重大工程。

端》一文，对其中的明正德十六年（1521）说提出过否证，并以王阳明十六世孙王诗棠先生主张的明成化十七年（1481）说为是，但当时的重点主要是探究阳明学之发端，而并未对迁居问题做详细考论。本文试图弥补此一缺憾，并以此就教于各位方家。

一

王阳明大弟子季本和王畿曾把绍兴分别作为阳明思想的“发端”地①和“熟化”地②。称绍兴是阳明晚年思想之“熟化”地，应无异议，但称绍兴尤其是山阴为阳明早期思想之“发端”地，则有较多分歧。所谓“发端”，有起源、起始或始创之意，③ 因而对于季本的这一定位，有人可能会认为他是绍兴人而不值为据。不过笔者认为，把绍兴作为阳明思想性格的始创地是有其史实、义理依据的，时间大约是在明弘治年间。可以这么说，与所有王阳明居住过的地方相比，山阴与阳明的关系最为密切，这既可以从阳明早年随父迁居山阴后又以阳明洞为修炼“道场”而找到理据，也可以从阳明晚年长居越城授徒讲习、论学证道而获得支撑。然而，迄今为止所发现的与王华及其后人有关的各类王氏谱中，对于王

① 按：山阴人王思舆曾在王阳明的思想形成过程中起过相当重要的作用，所以季本在自己的哲学论著《说理会编》中干脆把自己所撰的《王思舆传》改名为《阳明之学由王司舆发端》［见（明）季本《说理会编》卷十，《四库全书存目丛书》子部第9册，第407页］，认为阳明思想发端于王思舆，这确实给人以耳目一新的感觉。诚然，季本是绍兴会稽人，又“少师王司舆”（沈善洪主编，吴光执行主编：《黄宗羲全集》第7册，浙江古籍出版社1992年版，第307页），他说的话不排除有为地方争光并为其师添彩的动机。但若把人换成地，即把王思舆换成绍兴，也就是说，是绍兴这方充满灵气的土地哺育了新思想的诞生，那么在笔者看来，这种“发端”说是能够成立的。

② 按：王畿《滁阳会语》曰：“逮居越以后，所操益熟，所得益化，信而从者益众。”（吴震编校：《王畿集》，凤凰出版社2007年版，第34页）又，罗洪先《寄谢高泉》亦曰：“学者舍龙场之惩创，而第谈晚年之熟化，譬之趋万里者，不能蹈险出幽，而欲从容于九达之逵，岂止病躐等而已哉！”（徐儒宗编校：《罗洪先集》，凤凰出版社2007年版，第274页）

③ 按：明人擅用“发端”来形容某一学说、学派的发生和起源，如黄宗羲称“姚江之学，先生（娄谅）为发端也”（《黄宗羲全集》第7册，第38—39页）。有意思的是，绍兴山阴人季本称阳明思想发端于绍兴，而余姚人黄宗羲则说阳明思想发端于娄谅。而从阳明本人“事不师古，言不称师，欲立异以为高”的个性看，黄氏之说值得怀疑，倒是季本所谓发端于绍兴说，大抵能被阳明本人接受。

华举家迁居山阴的准确时间、具体经过皆语焉不详，进而使得阳明思想的早期形成过程变得扑朔迷离。

关于王华举家迁居山阴之事，清乾隆《余姚志》和嘉庆《山阴县志》中有以下几条相关记述：

> 瑞云楼，在龙泉山北，王文成守仁所生处也。公父华未第时尝居是楼。①
>
> 王守仁，字伯安。本籍山阴，迁居余姚，后复还山阴。②
>
> 世皆知文成公为余姚人，越中人士则知公已迁居山阴。读马方伯如龙《碑记》③，又知公世居山阴，后徙姚江。然则公之不忘山阴，即营邱反葬之谊。④
>
> 先生世居山阴，后徙姚江。其里居旧有专祠以奉烝，岁旧陊剥不治。太守李君崇尚文教，倡率僚属士绅重修建，庙貌聿新，祀典孔肃，嘱余勒石以纪之。⑤

以上引文中，“公父华未第时尝居是楼”一句很关键，待后详述。而“本籍山阴”是指阳明祖籍山阴，但其本人的籍贯一直为出生地余姚，并非山阴。“营邱反葬之谊”，是指周武王封姜子牙（太公）于齐，建都于营邱（丘），太公后人遂以此地为祖源地；“反葬”即归葬，《礼记·檀弓上》：“太公封于营丘，比及五世，皆反葬于周。”证明阳明有“不忘山阴”之情结。

而且不仅王华一家，入清以后，其兄王荣的六世孙静澜先生（王谋文父）也从余姚迁至山阴居住，居余姚者唯其弟王衮一支。这条史料始

---

① 《余姚志》卷5《古迹》，清乾隆四十六年（1780）刻本，美国哈佛大学汉和图书馆珍藏本。

② （清）徐元梅修，朱文翰等纂：《山阴县志》卷14《乡贤》，清嘉庆八年（1803）刊本。

③ 按：指1690年由杭州知府升任浙江布政使的马如龙（1633—1701，字见五，陕西绥德人，清代著名廉臣）所撰的《王阳明祠碑记》。

④ 《山阴县志》卷21《坛庙》。

⑤ （清）马如龙：《王阳明祠碑记》，收入清嘉庆《山阴县志》。

见于王谋文[1]所撰的《重修王氏家庙碑记》:“初海日公迁山阴时,伯半岩公(王荣)、季易直公(王衮)皆居余姚。半岩公子二,海日公子四,易直公子三,号九房。半岩公六传至先赠公(静澜先生),复来郡(指山阴),今居余姚者惟易直公后(王正思、王谋最即出于此支)。姚故无祠,祀于此凡九房,后有死者并得入,岁时咸来与祭,若聚族居者然。”[2] 以及《夏孺人墓志铭》:“孺人姓夏氏,浙江山阴人也。父处士德彰,于越钟英。……孺人禀资贞孝,赋性惇懿,习姆教而奉重闱,受女箴而勤四德,年十有八,嫔于琅琊时太学生敕赠文林郎静澜先生。……自余姚迁山阴……乾隆三十有六年(1771)八月八日卒于介休官舍,春秋七十,越三年,葬山阴花街洪溪。”[3]

由此足见,包括王阳明本人在内的当事人,对于阳明出生地和籍贯地的余姚与作为阳明宅居地和反葬地的山阴[4],都极为喜爱,前者可谓户籍地,后者可谓寄籍地。因此对于王阳明,时人既称“姚江王氏”,并称

---

① 王谋文(1725—1783),字达溪,原籍山阴,寄籍顺天府大兴县。幼时随其父“先赠公客闽,既而失怙幞,被四方,不获归姚……几五六十年”(《姚江王氏宗谱》卷20《重修龙泉山先祠记》)。曾任介休知县,任内主持修复书院,缮城浚濠,纂修《介休县志》。清乾隆四十八年(1783),因交河知县任内亏空钱粮,被斩(参见中国历史档案馆编《乾隆朝上谕档》第11册,中国档案出版社1998年版,第677—683页)。此前的乾隆三十八年(1773),他曾在王阳明墓地恭摹勒石乾隆御笔“名世真才”,并称“七世孙,山西汾州府介休县知县,臣王谋文恭摹勒石”[此据王谋文摹勒《乾隆书名世真才》拓片,绍兴图书馆藏,民国二十八年(1939)拓本]。据王谋文《重修王氏家庙碑记》可知,他实为王阳明伯父王荣半岩公的七世孙,其父先赠公静澜先生于清康熙二十二年(1683)娶山阴夏氏,后自余姚迁居山阴,生谋文,“所谓硕果之存也”(相关史料详见后述)。故知王谋文后自称“龙山(指王华)后裔”(见后注),似有攀附之嫌。又,王谋文在《姚江王氏宗谱》中多次使用“胜国”一词,代指已灭亡的明朝,有浓重的遗民情怀。故推测王谋文之父尝参加抗清运动,奔走于闽粤沿海,见归姚无望,遂迁居山阴,后又漂泊闽粤沿海。

② (清)龙山后裔王谋文辑校:《姚江王氏宗谱》卷20《重修王氏家庙碑记》,清德逸堂抄本,今存3册6卷(五至八、十九至二十)。

③ (清)龙山后裔王谋文辑校:《姚江王氏宗谱》卷20《重修王氏家庙碑记》,清德逸堂抄本,今存3册6卷(五至八、十九至二十)。

④ 按:王阳明归葬地兰亭洪溪鲜虾山在会稽山以北的山阴县境内。

其学派为“姚江学派”，同时又称“越（指越城[①]，详见后述）为夫子（指阳明）之乡”[②]，而阳明本人则按照户籍所在地而自署“绍兴府余姚县人”[③]，并一直以余姚为自己的“家乡”。[④] 诚如山阴人王谋文所言：

> 当龙山公不遇时，僦居兹山之北麓，以阴德起家，到于今，人能道之。其后慕会稽岩壑之秀，卜筑山阴，而晚以龙山自号，且以名其集。而文成公降辰之地，所谓“瑞云楼”者，即其处里居讲学，集诸生于中天之阁。[⑤] 及剿逋藤峡，军书旁午之时，与钱子德洪、王子汝中书，犹惓怀于龙山同志。以是知两公之初，至今恋恋于此。[⑥]

问题在于，王阳明出生于余姚、成长于山阴，其父王华很早就举家迁至山阴城内光相坊建房居住，当地人称“状元府”，嘉靖初年始建的新建伯府（简称“新建府”[⑦] 或“伯府”）就建在状元府南边，余姚的“家”只是他小时候的租房；另外其思想也成熟于山阴，死后又葬在山

---

① 按：“越城”当时在广义上应指包括山阴县城和会稽县城在内的绍兴府城。山阴、会稽为邻县，“其界止一水，故邑之人，互置产弗问，互讼狱弗问，互考较弗问。且郡城为八邑之人所聚，多迁居焉。然孙忠烈（燧）、王新建（守仁）……志在山（阴）、会（稽）者，未尝不志之原籍，比入府志，咸归一焉”［（清）张岱著，夏咸淳点校：《张岱诗文集》补编《会稽县志凡例》，上海古籍出版社1991年版，第414页］。因后来的绍兴府行政单位都在山阴城内，故王阳明及其弟子所说的“越城”，一般都指山阴城（亦即绍兴府城）。盖山阴乃古越之地，后越州府城又在此，故有此称。余姚历史上虽属会稽郡或绍兴府管辖，广义上亦可称之为“越”，如阳明《居越诗》即包括余姚，但习惯上“越”是指山阴、会稽或绍兴府城，故《年谱》及阳明本人在使用“越”和“姚”或“绍兴”和“余姚”时都有明确区分，未见以“越”代“姚”之例者。徐爱在《游雪窦因得龙溪诸山记》中称正德八年王阳明在余姚避暑于龙泉之清风亭，而称其绍兴门人道友“王世瑞、许半圭、蔡希颜、朱守中偕自越来，矢遂厥游”（钱明编校：《徐爱·钱德洪·董沄集》，凤凰出版社2007年版，第78页），即为明证。

② 吴震编校：《王畿集》，凤凰出版社2007年版，第358页。

③ （明）王守仁著，吴光、钱明、董平、姚延福编校：《王阳明全集》新编本，浙江古籍出版社2010年版，第2册，第290页。

④ 王守仁《与钱德洪、王汝中》（戊子）曰：“近有人自家乡来，闻龙山（即龙泉山）之讲至今不废，亦殊可喜。”（《王阳明全集》新编本，第2册，第224页）

⑤ 按：此句文意不明，恐将瑞云楼与中天阁相混淆矣。

⑥ 龙山后裔王谋文辑校：《姚江王氏宗谱》卷20《重修龙泉山先祠记》。

⑦ 明人徐渭尝为其师王畿（龙溪）作《洗心亭》诗云：“《洗心亭》为龙溪老师赋池亭，望新建府碧霞池：精舍俯澄渊，孤亭一悬镜，觅心无处所，将洗落何边。花护焚香几，门维渡岸船，碧霞池畔鸟，长得泛前川。”（《徐渭集》，中华书局1983年版，第178页）

阴，那为什么历代都称其学为“姚江学”“姚江良知学”，甚至以“姚江”代指阳明学呢？对于这个问题，我想是否可以从以下几个方面来做一解答。

第一，在中国传统中，大都以祖籍地为故乡，以出生地为籍贯。按照明代户籍制度，王阳明虽随父迁居山阴，但其户籍所在地仍是余姚，山阴则近似于他及其家人的“寄籍”地。是故王华去世后，“若溪（守俭）、西清（守章）两公服阕，以先生（守仁）未召并就官去，乃独委公（守文）襄事。公（守文）庐于墓所，岁余乃葳，复建小宗祠，以海日翁为迁山阴之祖。仍曰小宗者，以有姚江也”①。

第二，最主要的，是姚江王氏虽先有王华举家迁居山阴，后有王荣六世孙静澜先生迁居山阴，但其他绝大多数族人、姻亲等仍居余姚，所以余姚的亲情纽带要深于山阴，余姚的祖产祖业要多于山阴，余姚的人脉资源要大于山阴。

第三，王阳明的乡音是余姚话，而非山阴话，所以“余姚腔（又称‘越调’‘江南越曲’）”也是他的最爱。② 而语言作为最重要的社会交流工具，各朝各代都有公认的标准语音，一般来说，不同朝代都会按照其首都的语言为标准话。明代以南京话为正统，南京话也是南方官话的代表。后来迁都北京，南京话和北京话开始融合。阳明出生余姚，后在北京居住多年，故而口音当以余姚话为主，但估计也会一些当时的南方官话。

第四，从王阳明心学的思想渊源来说，南宋陆学的传人主要在四明地区，余姚虽在行政上归绍兴府管辖，但却与慈溪相邻，慈溪有“四明四先生”，与阳明在思想距离上最接近，称“姚江学派”似有从地缘上拉近陆、王之用意。

第五，王阳明最信赖的浙中弟子先有徐爱、后有钱德洪，两人皆为余姚人，这也进一步密切了阳明与余姚的心理距离。尽管阳明对出生山阴的王畿也非常器重，但作为其妹夫的徐爱，犹如颜回之于孔门，其在王门的地位几乎无人可及。更重要的是，“姚江”代指阳明并使之成为流

---

① 龙山后裔王谋文辑校：《姚江王氏宗谱》卷19《明福建盐运使司同知若溪公传》。

② 参见拙文《王阳明的音乐戏曲思想与实践》，《孔子研究》2006年第1期。

行语的黄宗羲也是余姚人，他对家乡的感情必会影响到学术话语体系的建构。

第六，因此故，王阳明虽亦曾自称“山阴阳明子”，但大多数情况下自称“姚江阳明子”，也就是说，在阳明心目中余姚是其真正故里。正因如此，余姚人一直都把阳明先生视为自己的骄傲，即使在阳明学遭到彻底诋毁和封杀的年代，余姚人仍一如既往地崇敬他，想方设法保存下来的阳明手迹、书信等文物也要多于山阴。不过话又得说回来，阳明本人可以说是既志于原籍地余姚，又志于寄籍地山阴，称其将两地皆视为“故里”也不为过，所以在他眼里，“故里”的概念又是比较宽泛的，今人为此而发生争执，实有违于他的本意。

第七，尽管政治举措在地理变迁中有时具有相当重要的作用，但却很难改变某个地域的文化地理属性。比如余姚，自秦置县后，两千多年间基本上隶属绍兴府管辖，于是渐渐地在文化心理、语言习俗等各个方面融入古越文化圈，形成了较为稳定的文化地理视界。1949 年以后，因行政区划的改变，余姚归属宁波市，但这一改变只是政治地理而非文化地理的。所以说余姚在文化地理上属绍兴，在政治地理上长期属绍兴而短期属宁波，应该是毋庸置疑的。

二

一般来说，按照王阳明的出生地及其户籍地，署其余姚人是最为恰当的，但若依照 1949 年前余姚一直属绍兴管辖、为绍兴府下面的一个县这一事实，称阳明为绍兴人亦未尝不可。而此问题如果牵涉到阳明学之始创这一具有重要学术思想意义的话题时，就有必要对王阳明迁居山阴或绍兴府城的具体年代做一适当界定，以明确阳明早期思想性格形成的地域环境和特定条件。

关于王阳明迁居山阴的年代问题，学术界现至少有 10 种不同观点：一是汪柏江的成化十三年（1477）王华因秋闱未中举而改弦更张迁居山阴说；[①] 二是阳明第十六世孙王诗棠的王华为准备赴京应试，于成化十七

① 汪柏江：《王阳明绍兴事迹考·亲属编》，浙江古籍出版社 2016 年版，第 41 页。

年（1481）僦居于交通便利、文化发达的越城光相坊说；[①] 三是华建新的弘治六年（1493）王华丁忧期满，阳明会试落第后，举家迁居山阴说；[②] 四是黄懿的弘治六年至九年（1493—1496）间移居山阴说；[③] 五是束景南的弘治九年建新居于绍兴东相坊，次年冬阳明正式移家居绍兴说；[④] 六是陈来的弘治十六年（1503）或弘治十二年（1499）迁居山阴说；[⑤] 七是司雁南的正德元年（1506）王华出于对阳明前程考虑而不得已从余姚迁家山阴说；[⑥] 八是王传龙的正德五年（1510）前后迁居山阴说；[⑦] 九是褚纳新的弘治六年至正德七年（1512）间迁居山阴说；[⑧] 十是诸焕灿的正德十六年（1521）迁居山阴说。[⑨] 以上十种说法前后相差竟达 44 年，其中弘治年间迁居说是比较集中的观点。换言之，我们可以基本确定王阳明在 30 岁之前就已随父迁居山阴了，因此才有了 31 岁在距离越城十余里的阳明洞修炼道教导引术的事情发生。

根据笔者所掌握的史料综合判断，当时人虽然对王华迁居山阴的具体时间没有明确记录，但大体上都限定在王华致仕那年。如杨一清的《海日先生墓志铭》载：

---

① 参见王诗棠《王阳明世系及遗存在绍兴》，收入钱明主编《阳明学新探》，中国美术学院出版社 2002 年版，第 212 页。傅振照的意见亦与此相近（参见傅振照《王阳明哲学思想通论》，中国国际广播出版社 1993 年版，第 205 页）。董平则认为“迁居的时间或当在成化十二年至十七年间”，并且赞成王诗棠所谓王华初居山阴，“系僦而居之”的推测（见氏著《王阳明的生活世界》，商务印书馆 2018 年版，第 27 页）。

② 参见华建新《姚江秘图山王氏家族研究》，宁波出版社 2010 年版，第 236—242 页。

③ 参见黄懿《王阳明迁居山阴时间段新考》，收入李安军主编《王阳明与余姚》，西泠印社出版社 2017 年版，第 189—196 页。

④ 束景南：《王阳明年谱长编》第 1 册，上海古籍出版社 2017 年版，第 134 页。

⑤ 参见陈来《有无之境——王阳明哲学的精神》，人民出版社 1991 年版，第 370—371 页。

⑥ 参见司雁南《阳明境界》，中国社会科学出版社 2007 年版，第 260 页。

⑦ 参见王传龙《王阳明在绍兴事迹汇考》，《中共宁波市委党校学报》2018 年第 4 期。

⑧ 参见褚纳新《在尘封的历史中探问王阳明家世》，《寻根》2007 年第 5 期。

⑨ 参见诸焕灿《为王阳明寻根》，收入秦家伦等主编《王学之路》，贵州民族出版社 2000 年版，第 376 页。按：基于此说，诸先生遂明确将“绍兴作为王阳明晚年迁居之地”（氏著：《学津求索》，中国戏剧出版社 2000 年版，第 110 页）。但所谓阳明晚年迁居绍兴说其实是最站不住脚的，现仅举一例即可予以否证：据王华挚友谢迁的《越城览胜四首次雪湖韵》《三月二十日王龙山太宰偕雪湖见过次联句韵》等诗可确知，正德六年（1511）王华已迁居山阴（见乾锋主编《文正公谢迁诗存》，浙江古籍出版社 2010 年版，第 70—72 页）。

正德己卯，宁濠称乱江西，鸠集群盗，发数千艘而东，远近震动。巡抚南赣都御史王守仁伯安传檄邻境，举兵讨贼。时其父南京吏部尚书王公致仕居会稽。①

陆深的《海日先生行状》载：

明年，武宗皇帝改元。贼瑾用事，呼吸成祸福。士大夫奔走其门者如市，先生（王华）独不之顾。时先生元子今封新建伯方为兵部主事，上疏论瑾罪恶。瑾大怒，既逐新建，复迁怒于先生。然瑾微时尝从先生乡人方正习书史，备闻先生平日处家孝友忠信之详，心敬慕之，先生盖不知也。瑾后知为先生，怒稍解，尝语阴使人，谓与先生有旧，若一见可立跻相位。先生不可。瑾意渐拂。丁卯（正德二年，1507），升南京吏部尚书。瑾犹以旧故，使人慰之曰："不久将大召。"冀必往谢。先生又不行。瑾复大怒。然先生乃无可加之罪，遂推寻礼部时旧事与先生无干者，传旨令致仕。先生闻命忻然，束装而归，曰："吾自此可免于祸矣。"②

后者把前者不甚明确的致仕时间定在正德二年（1507）。后谈迁的《国榷》亦载：

正德二年九月辛卯，南京礼部尚书王华，与杰俱罢，司官降谪有差。③

清人查继佐的《王守仁传》亦曰：

父华，及第第一人，历官讲读，侍孝宗经筵，以不附刘瑾致仕，

---

① 《王阳明全集》新编本，第 4 册，第 1402 页。

② 《王阳明全集》新编本，第 6 册，第 1419 页。

③ 张宗祥校注：《国榷》卷 46 第 3 册，中华书局 1958 年版，第 2871 页。

仕至南京吏部尚书。①

而竹轩公王伦卒于弘治三年（1490）正月，下旬讣始至京，王华闻后“号恸屡绝，即日南奔，葬竹轩于穴湖山（在余姚），遂庐墓下”。弘治六年（1493）服满，“升右春坊右谕德，充经筵讲官”。②说明王华服丧期间皆住在余姚。

记载最清楚的是王谋文于清乾隆三十九年（1774）十月撰写的《重修王氏家庙碑记》：

八传至海日公。冢宰致仕，爱会稽山水，卜筑山阴。追文成公，用平濠公爵锡躬圭，建里第于朝京坊③，遂立家庙于其东。④

以及王谋文所撰的《明吏部尚书龙山先生传》：

武宗嗣位，逆瑾窃柄，士大夫争奔走其门，先生独不往。瑾衔之，出为南京吏部尚书，推寻礼部旧事，勒令致仕。既归，卜居山阴光相坊。扁舟鉴湖，酌酒赋诗，绝不闻当世事。瑾逻卒四出，终莫能中。⑤

此外，清光绪二十年（1894）纂修的《三槐王氏通谱》亦曰：

① 《王阳明全集》新编本第6册，第2057页。

② 《王阳明全集》新编本第6册，第1418页。

③ 按：“绍兴县朝京坊，解放后改名绍兴市北海桥直街39号，绍兴市越城区上大路241号，现改名绍兴市越城区上大路438号。”（绍兴市越城区人民法院民事判决书，〔2009〕绍越民初字第1902号）故知朝京坊应在观象台北边，与伯府第南北相接。然据万历《绍兴府志·府城厢坊图》，朝京坊被画在光相坊南边，更靠近府衙。古今两则史料明显不一致。但王谋文所记，似乎印证了王华第十七世孙王诗棠的说法：王华状元府在光相坊建成后，其地盘又逐渐扩大，往西到西小河边上，往南与吕府前后相接。王谋文称阳明“建里第于朝京坊”，指的是伯府第，而非王华时建的状元府第。而王阳明在正德十二年（1517）所说的“北海新居”（详见后述），则是指状元府，此时伯府第尚未开建。

④ （清）龙山后裔王谋文辑校：《姚江王氏宗谱》卷20《重修王氏家庙碑记》。

⑤ （清）龙山后裔王谋文辑校：《姚江王氏宗谱》卷19《明吏部尚书龙山先生传》。

（王）华……明正统十一年丙寅九月二十九日亥时生，成化辛丑科殿试第一，历官南京礼部尚书，致仕迁居山阴县光相坊。以子守仁贵封光禄大夫、兵部尚书、新建伯。嘉靖元年壬午二月十二日卒，寿七十七，葬山阴天柱峰之南原。①

因为王华迁居山阴是在其致仕那年，而王华致仕又是在正德二年（1507）九月十一日，所以《三槐王氏通谱》才会明确说："致仕迁居山阴县光相坊。"

据束景南考析："王华被罢致仕之真实原因，实为阳明远遁不赴谪地，盖阳明托言投江自沉游海事很快传入京中，其谓刘瑾遣二校侦伺追杀，尤为刘瑾所忌恨，王华遂有是谴，'礼部时旧事'云云乃表面藉口而已。""九月二十九日，王华六十二岁寿辰，阳明至南都，为父祝寿。……周用《周恭肃公集》卷八《寿王龙山尚书》：'稽山今在眼，谩卜草堂邻。'……即指王华将归休稽山。""十月初，王华、阳明自南都归绍兴，石珤、储巏有赠别诗，罗玘作序践行。石珤《熊峰集》卷一《送王尚书德辉还余姚五首》：'杳杳稽山青，渺茫舜江白。……'储巏《柴墟文集》卷四《送王德辉归余姚》……罗玘《圭峰集》卷十《送冢宰王公归余姚序》……"② 可见，当时人们对王华究竟是归山阴还是余姚并无准确定论，在时人看来，"（王华）公，越人也"，稽山、舜江皆属越地，所以没有必要细分。而王华归越后亦的确是山阴、余姚两地跑，这是因为：一方面其父王伦于弘治三年（1490）卒后三年，其母岑氏即可能随他"就养于京"，直到弘治十五年（1502）正月其弟王衮去世后四年才"自京归"，十月葬王衮于余姚穴湖山南，③ 并住老家余姚，至越城光相坊状元府完全建成后，又随他"就养"于山阴；④ 另一方面山阴状元府第有

① （清）王庸敬纂修：《三槐王氏通谱》卷4"光禄公分支叁"，王庸敬次子、三子清光绪二十年（1894）槐收堂刻本，第23页。

② 参见束景南《王阳明年谱长编》第1册，第435—438页。

③ 《王阳明全集》新编本第3册，第972页。

④ 此据余姚人陈雍为王阳明堂弟守礼（字伯敬，号石谷，王荣次子）写的《明诰封刑部郎中石谷公传》："（守礼）性至孝，大母岑太夫人既就养龙山（王华）于山阴，月必一往省。"（龙山后裔王谋文辑校：《姚江王氏宗谱》卷19）

一建造过程，并非一蹴而就，其完全建成当在其致仕归越后不久。因此，我们不能以石珤、储巏、罗玘等人的“归余姚”题诗作序为据，而做出王华致仕后仍归余姚居住的判断。在尚无直接证据证明王华迁居山阴之具体年代的情形下，束先生所谓“自南都归绍兴”的用词，不失为一种较为巧妙的处理方式。

三

据笔者分析，王华携全家迁居山阴，除了其“本籍山阴”“世居山阴”，欲“复还山阴”，以及在府城、省城买地建房乃当时官员之时尚等原因之外，还与他在余姚城内本无宅邸，科举及第后又不再续租余姚城内的“瑞云楼”有莫大关系，更与其长子王阳明遭刘瑾迫害下狱贬谪，自己遭降职又被勒令致仕，为免遭乡人猜疑嘲讽，摆脱社会舆论的负面影响，欲通过占卜找个“绝不闻当世事”的清净之地有直接关系。

据钱德洪《阳明年谱》及《后瑞云楼记》记载：

> （成化）十有七年辛丑，（阳明）先生十岁，皆在越。是年龙山公举进士第一甲第一人。……十有八年壬寅，先生十一岁，寓京师。[①]
>
> 他日公（王华）既得第，先子（钱德洪父）复僦诸莫氏居焉。弘治丙辰（1496），某亦生于此楼。及某登第进士（德洪1526年登第），楼遂属诸先子。[②]

这里的“越”应该是指越城，但“皆在越”并不等于已举家迁居越城，而可能是指暂时僦居于越城。盖王华早年家贫，住无定所，[③] 为生计多外出当私塾教师，曾在海盐、德清等地任子弟师，长子小阳明亦一起

① 《王阳明全集》新编本第4册，第1221页。

② 钱明编校：《徐爱·钱德洪·董沄集》，第170页。

③ 按：明魏瀚《竹轩先生传》谓王华父亲王伦“居贫，躬授徒以养母……而于妻孥之寒馁，弗遑恤焉”（《王阳明全集》新编本第4册，第1385页）。

前往，以便同时受教，时间在阳明 5 岁至 10 岁之间，故阳明亦尝称海盐为“故乡”。[①] 成化十六年（1480），王华回杭州参加乡试，[②] 因“常思山阴山水佳丽，又为先世故居，复自姚徙越城之光相坊居之”[③]，而最后决定僦居府城的时间估计是在王华中状元后的成化十七年（1481），是年阳明虚岁 10 岁。也就是说，王阳明可能在 10 岁时就已准备随父僦居于府治所在地山阴了。张岱的《炉峰月》曾这样描写香炉峰[④]以及少年阳明在那里留下的故事：

> 炉峰绝顶，复岫回峦，斗耸相乱。千丈岩陬牙横梧，两石不相接者丈许，俯身下视，足震慑不得前。王文成少年曾趵而过，人服其胆。[⑤]

这似乎又可作为阳明少年时就已常住山阴之佐证。至于他的出生处余姚龙山北麓的那处被后人称为“瑞云楼”的房屋，则转由钱德洪的父亲钱蒙与其兄心古先生一起僦居。钱蒙眼瞎，无力建房，遂在此楼结婚生子，钱德洪即于弘治九年（1496）生于此楼，当时阳明 25 岁。[⑥]

不过，所谓僦居府城，也可能只是个规划。当王华登第在京做官后，11 岁的小阳明即随祖父北上赴京，在王华身边就读私塾，并曾就读书是否有用的问题与父亲发生过激烈争执。[⑦] 17 岁时，阳明为成婚而到南昌住了一年半时间。21 岁时他从京师回杭州参加乡试，翌年会试下第后他又归余姚结诗社龙泉山寺，其间除了住余姚龙泉山寺外，府城内可能也有

---

① 参见束景南《阳明佚文辑考编年》，上海古籍出版社 2012 年版，第 3—8 页。

② 束景南：《阳明佚文辑考编年》，第 8 页。

③ 《王阳明全集》新编本第 4 册，第 1220 页。

④ 按：香炉峰地处阳明洞天顶部、会稽山以北的山阴县境内。

⑤ （清）张岱：《陶庵梦忆》，上海古籍出版社 2001 年版，第 79 页。按：《阳明年谱》中未记此事，《王阳明全集》中亦仅载有阳明撰于晚年的《登香炉峰次萝石韵》诗。

⑥ 据清钱林《始迁余姚龙泉山吴亚八府君传》：“邓巷宅第（余姚钱氏祖宅）中衰，至心渔翁与心古先生，始僦莫氏瑞云楼而生绪山先生，后亦置宅于龙泉山北麓，与世家并联甲第，重建世庙于胜归山玉屏峰下。”[（清）钱林：《新镌吴越钱氏续庆系谱》卷 2《始迁余姚龙泉山吴亚八府君传》，清康熙九年（1670）重修本]

⑦ 参见（明）冯梦龙《王阳明出身靖乱录》，浙江古籍出版社 2015 年版，第 7 页。

租房。28 岁中进士后，阳明曾回乡居住约两个月，其间可能分别到过余姚四明山和绍兴会稽山等道教洞天，实地考察可作为自己今后养身修炼的住处，并最后选定了距离自家更近的会稽山阳明洞天。[①] 此后阳明一直在北京的工部、刑部任职，其间曾被派往河南浚县[②]及江北执行公务，直到 31 岁离开京师，"告病归越，筑室阳明洞中，行导引术"，这才在绍兴、杭州长住了两年多时间，会稽山阳明洞天便在此时成了他的主要"道场"。[③] 可见，从 11 岁到 31 岁的 20 年间，王阳明在家乡居住的时间并不长，总共加起来不超过 3 年，其余时间不是随其父居京师读书，就是本人中进士后在京师等地为官，但会稽山阳明洞天依然可以说是培育其早期思想的主要土壤，另外像余姚乃至北京、南昌虽可以说是培育其成长的主要"养分"来源地，但与会稽山阳明洞天相比不能不说是次要的，影响也远不如阳明洞修炼来得深远，要不然他也不会以"阳明"为号而自称"阳明山人"了。

问题的关键是，既然王阳明的出生处"瑞云楼"很早就由钱氏僦居，那么从 11 岁到 31 岁的 20 年间，阳明回家乡时究竟住在哪里？一般来说，

---

① 束景南认为："阳明当是弘治十年（26 岁）移家绍兴后即自号阳明山人。盖其时阳明方向尹真人学得真空炼形修行法，移家绍兴后便首先要寻访一修炼洞天，故其在冬间多次往游会稽山，遂相中阳明洞，修炼其中，而自号阳明山人矣。"（《王阳明年谱长编》第 1 册，第 130 页）然束先生此说之证据却只有阳明所作的《来雨山雪图赋》，并且是对该赋内容进行分析推断后作出的（同上书，第 135 页），略显牵强。

② 据赵长海考证，王阳明在浚县大概工作了半年时间［即弘治十二年（1499）六月抵浚，十一月回京］。浚县大伾山中的天然"龙洞"，早在宋乾德初年已被命名为"西阳明洞"，该洞又为王越祖孙三代所钟爱。所以"王守仁自号'阳明'，最大可能是受到大伾山阳明洞的影响"［参见赵长海《王阳明与黎阳》，收入《王阳明与大伾山学术研讨会论文集》，河南鹤壁（浚县），2019 年 2 月］。按：据笔者调查，阳明洞有四大主洞，即绍兴阳明洞天、贵州修文阳明洞、江西龙南阳明洞和广西平果阳明洞，后三者是真洞，以龙南阳明洞面积最大，修文阳明洞最有名；又有四个辅洞，即余姚四明山阳明洞、杭州天真山阳明洞、广西隆安阳明洞和河南浚县阳明洞（详见拙著《王阳明及其学派论考》，人民出版社 2009 年版，第 14—16 页）。但"阳明"之号无疑源于绍兴阳明洞天，因为王阳明把会稽山阳明洞天选定为修炼地的时间要早于赴浚县执行公务，要不然阳明本人亦不会称修文、龙南的阳明洞为"小洞天"或"别洞"。也就是说，在他心目中，绍兴阳明洞是主洞，修文、龙南的是别洞；绍兴阳明洞天是大洞天，其他的都是小洞天。因此可以肯定地说，"阳明"之号与浚县"阳明洞"无关，后者至多只是让王阳明增添了更深的对家乡阳明洞天之怀念。

③ 关于王阳明以"阳明洞"为"道场"的考证，可详见拙著《王阳明及其学派论考》，第 1—13 页。

当王华尚未安顿好家，而阳明又未结婚成家时，其归乡应该住在余姚祖父母家；而当阳明结婚成家后，其归乡自然应住在自己家。然此时阳明与其父一样，都还未真正把家安顿好，可谓居无定所，余姚、山阴两地皆有其这段时间“住过”之证据（详见前述）。是故当时无论余姚人还是山阴人都不太弄得清楚他们究竟居住何地，更不要说外地人乃至后来人了，这也是在相当长一段时间内，“归越”还是“归姚”两说在《年谱》等文献中同时存在的重要原因。[1] 但不论怎么说，阳明 31 岁以后已迁居山阴、在府城安家是基本上可以确定的。

综合各家之说，笔者倾向于把王华、王阳明迁居山阴、在府城安家分为三个阶段：一是僦居阶段，即先在交通极为方便的府城租房，供王华、王阳明归乡时暂住，地点可能就在光相坊一带；二是建房阶段，即随着王华官位上升，家庭条件逐步改善，4 个儿子（守仁、守俭、守文、守章）长大成人，遂在致仕那年开始在光相坊一带选址建房，到最后建成，估计花了数年时间，所建房屋即为“状元府”建筑群；三是扩建阶段，即阳明晚年衣锦还乡，在状元府前增建“伯府第”建筑群，后又随着外来求学者的增多，伯府已容纳不下众多访客，只好再“筑楼房五十间”，以作为王门“学舍”之用。

至于状元府建筑群何时建成的问题，较为明确的记载是正德十二年（1517）王阳明写给徐爱的信：“北海新居，奴辈能经营否？”[2] “北海”即指今越城区上大路至新河弄一带，《年谱》中所说的光相坊（包括东西光相坊）就在此处。说明当时状元府建筑群刚建成不久，王华与其子女以及其他相关人员此时皆已移居于此，王家的经营管理者对于如何管好这么一大家族尚无任何经验，所以阳明才会有“能经营否”之问。而根据以上笔者的分析，王华一家可能并不是从余姚直接迁住“北海新居”，而是从光相坊一带的租居处搬入“北海新居”。因当时搬入的新居面积有限，所以到了嘉靖二年（1523），王家就奉皇帝诏封新建伯、钦赐御建伯府第之命，对府邸进行了扩建，不仅新建了伯府第，还在伯府第西边增

---

① 见《王阳明全集》新编本，第 437、438 页。

② 束景南：《王阳明年谱长编》第 2 册，第 930 页。

建了50间房，[①] 形成更大规模的建筑群。这主要是因为阳明晚年在越城讲学时，各地来学者的住所成了严重问题，周边的寺庙皆被利用后还是不够，不得已只好再向西扩建。当然，封爵厚禄后的王阳明在经济上有能力扩建府邸也是其中的重要原因。因此可以肯定地说，扩建后的“伯府”较之此前的“状元府”，无论在规模上还是用材上都有了质的提升。而所谓的山阴光相坊“王府”之概念，则理应包括先建的状元府建筑群（在东西光相坊）与后建的伯府建筑群（在朝京坊）。

整个“王府”的大致范围，我们不妨参照绍兴地域阳明学研究专家根据相关文献、王诗棠口述史及实地勘察之结果，而得出的姚江王氏徙居山阴以后的宅第建筑旧址共有3处的结论：第一处是光相桥东侧上大路河北侧的一所建筑［亦即《阳明年谱》所谓的“复自姚徙越城之光相坊居之”的状元府第，或者陆深所说的在正德七年（1512）秋“迂道拜先生于龙山里第”的“里第”，[②] 现为下大路越王桥旁“永和家园”一带］，为王氏在越城的最早建筑，后改为“王文成祠”（《绍兴府志·府城厢坊图》称“阳明祠”）；第二处是西光相坊的3所“大台门”（现下大路中国黄酒博物馆一带），并排而立，形成群落，系王华为4房子（即守仁、守俭、守文、守章）分居而建；第三处即今上大路河南面王衙弄的伯府第建筑群（亦即王谋文所谓的阳明建于朝京坊的“里第”，2000年被确定为绍兴市级文保单位）。后“伯府第曾因几次灾祸，其中1927年伯府大厅失火，1949年又一次失火，2011年再次失火，使整个大厅及东首数幢房屋烧毁，可谓是毁于一旦”[③]。故而在这片历经十数年才建成的3处王府遗址上，现如今仅遗留下伯府第大厅石门框、碧霞池[④]、观象

---

① （明）黄佐《庸言》卷9：“癸未（嘉靖二年，1523），予册封道杭，会同窗梁日浮，谓：‘阳明仰子。’予即往绍兴见之。公方宅忧，拓旧仓地，筑楼房五十间，而居其中。留予七日，食息与俱。”（《四库全书存目丛书》子部第9册，第136页。）

② 《王阳明全集》新编本第4册，第1424页。按：诸焕灿认为此“龙山”乃余姚龙山即龙泉山（氏编著：《姚江王氏及阳明家事探源》，团结出版社2020年版，第103页）。但仅从紧接此句的“扁舟载酒，相与游南镇诸山，乃休于阳明学天之下”句即可看出，此“龙山”乃山阴卧龙山而非彼龙山也。

③ 详见新蓝网·浙江网络广播电视台，2017年2月16日。

④ 明万历十五年（1587）《绍兴府志》卷6：“碧霞池在承恩坊王守仁宅内。”按：据《绍兴府志·府城厢坊图》，承恩坊在西小河西边，然碧霞池在西小河东边，故此记载恐有误。

台、饮酒亭、伯府大码头及船舫弄故宅遗存、王衙弄故宅遗存等。[①]尽管如此，它仍构成了较为完整的王阳明故居历史遗迹群。其大致范围，即今绍兴市规划修建的“王阳明故居”范围：东到王衙弄，西到西小河，南到碧霞池前的大有仓，北到观象台后的环城河，占地面积约60亩。那么，修建如此规模宏大的伯府第，王阳明有没有越矩呢？根据《明史职官及功臣世表》，阳明的南京兵部尚书之职别是可以建造规模这么宏大的高门广宅之伯府第的。[②]

四

由此可见，如果从所有权的角度看，余姚“瑞云楼”其实并非王阳明的“家”,[③]而是先为莫氏后为钱氏的“家”，真正属于王华及阳明自己心目中的“家”，非迁居山阴后最早建成于光相坊一带的状元府第（后又在朝京坊建伯府第，形成整个王府建筑群）莫属。[④]以下这些史料似可成为一条证据链，以证明笔者的这一推断。

首先是钱德洪的《后瑞云楼记》：

---

① 《绍兴晚报》2019年2月18日、19日连续发表了周能兵写的几则引起学术界关注的新闻报道：该市文物部门从2018年开始对碧霞池进行了专业考古发掘，基本确定了碧霞池原来的面积，了解了池内原有的建筑。考古现场不仅发掘不少明代瓷器等文物，而且还找到了原来的四边池的河坎、木桩、条石以及当年的水榭遗迹和建筑构件，基本证实：碧霞池长36米，宽24.5米；池内曾有一座石头桥，桥的一头架在水榭之上；池内还曾建有亭台楼阁、水榭回廊，能容纳百人。这与历史文献记载具有高度的吻合性。

② 参见慈子《讲好绍兴故事系列之——王阳明与绍兴》，“稽山书院”网站，2019年9月30日。

③ 按：正德十六年（1521）九月，王阳明“归省祖茔，访瑞云楼，指藏胎衣地，收泪久之，盖痛母生不及养，祖母死不及殓也”（《王阳明全集》新编本第4册，第1291页）。可见，王阳明对于瑞云楼虽为其出生处，但未成为赡养行孝的“家”是深感遗憾的，因为瑞云楼当时乃是王华租来“以居其父竹轩公与母太夫人岑”［（明）钱德洪：《后瑞云楼记》，收入钱明编校《徐爱·钱德洪·董沄集》，第170页］的临时住所。

④ 束景南先生也认为：“（瑞云楼）至嘉靖三十五年，钱德洪拆楼改筑，不复存在，只留下遗址而已。可见此楼乃莫氏故居或钱氏故居，非阳明故居也。今人在此遗址上重建瑞云楼，规模宏大，重楼叠屋，全不是当年瑞云楼原貌，而题云阳明故居，不知何据耶？”（《王阳明年谱长编》第1册，第8页）但他认为“阳明故居在秘图山，所谓秘图王氏故居”（同上），则没有拿出有说服力的证据。

瑞云楼者，吾师阳明先生降辰之地也。楼居余姚龙山之北麓，海日公微时，尝僦诸莫氏以居其父竹轩公与母太夫人岑。……及先生贵，乡人指其楼曰“瑞云楼”。他日公既得第，先子复僦诸莫氏居焉。弘治丙辰（九年），某亦生于此楼。及某登进士（嘉靖十一年），楼遂属诸先子。①

然后是罗洪先的《瑞云楼遗址记》：

瑞云楼在余姚龙山北麓，本莫氏居。尚书海日王公微时寓焉，而夫人郑有身。既逾期，母岑太夫人梦绯袍玉带贵人乘五色云抱儿授之，惊觉，啼声在耳，果得儿，成化壬辰（八年）九月三十日也。于是以“云”为名，呼其名辄不应，亦不复言，如是者五年。一日，道士入庭，指儿谓家人曰：“天机慎勿泄也。”比出门，忽不见。亟易名，儿始能言，是为阳明先生。先生既贵，乡人号楼曰“瑞云”。其后钱心渔翁僦居之。弘治丙辰，绪山钱子生。钱子登进士，而莫氏以居来售，于是楼入于钱。嘉靖丙辰（三十五年），钱子索予大书“瑞云楼遗址”五字垂之后。……楼入钱氏，今已改筑，书“遗址”，盖纪实云。②

还有邹守益的《瑞云楼铭并序》以及吕本的《绪山钱公墓志铭》：

初，阳明先师之生也，海日公僦莫氏楼以居，大夫人郑妊弥十有四月，祖母岑夫人梦神人自五色云鼓吹抱一儿授之，闻啼声，惊寤，遂以“云”命名。先师功成道尊，焕然任天下万世之重，乡人指其楼，曰“瑞云”。其后心渔钱翁复僦诸莫氏，而吾友洪甫实生焉。洪甫第进士，专志师门之学，遂市是址，以无忘羹墙。同志欧阳子崇一、罗子达夫记而表之。某也敬为之铭。③

---

① 钱明编校：《徐爱·钱德洪·董沄集》，第170页。

② 徐儒宗编校：《罗洪先集》，凤凰出版社2007年版，第155—156页。

③ 董平编校：《邹守益集》，第927页。

> 父蒙，三岁瞽目，号心渔翁，母马氏，世居邓巷。遭回禄（“回禄”是传说中的火神，后用作火灾的代称），始僦莫氏楼以居。是楼为阳明公降生之所，曰“瑞云”。①

此外，湛甘泉的《瑞云楼记》② 及《余姚县志》③ 等，亦可作为上述文献之补充。

正因为光相坊伯府才是真正意义上的“家”，所以到了阳明晚年，伯府及其周边的书院，乃至会稽山阳明洞天等，都成了王门讲学和王学传播的主要场所。据钱德洪说：

> （阳明）先生初归越时，朋友踪迹尚寥落，既后四方来游者日进。癸未年已后，环先生而居者比屋，如天妃、光相诸刹，每当一室，常合食者数十人，夜无卧处，更相就席，歌声彻昏旦。南镇、禹穴、阳明洞诸山远近寺刹，徙足所到，无非同志游寓所在。先生每临讲座，前后左右环坐而听者，常不下数百人，送往迎来，月无虚日。至有在侍更岁，不能遍记其姓名者。每临别，先生常叹曰：“君等虽别，不出天地间，苟同此志，吾亦可以忘形似矣。”诸生每听讲出门，未尝不跳跃称快。尝闻之同门先辈曰：“南都以前，朋友从游者虽众，未有如在越之盛者。此虽讲学日久，孚信渐博，要亦先生之学日进，感召之机，申变无方，亦自有不同也。”④

当然，阳明晚年也常去余姚讲学，有一阵儿还“定会于龙泉寺之中天阁，每月以朔望、初八、二十三为期”，⑤ 因此钱德洪所描述的绍兴讲

---

① （明）吕本：《期斋吕先生文集》卷12，《四库全书存目丛书》集部第99册，第593页。按：王畿《刑部陕西司员外郎特诏进阶朝列大夫致仕绪山钱君行状》中亦有同样记载。

② 清光绪《余姚县志》卷16《金石》上：“《瑞云楼记》，乾隆志引万历志，湛文简若水为之记。”然湛氏记文笔者未见。按：据邹守益《瑞云楼铭并序》，欧阳德亦撰有《瑞云楼记》，此记文亦不见于今通行本《欧阳德集》（陈永革编校，凤凰出版社2007年版）。

③ 《余姚县志》卷14《古迹》：“瑞云楼在龙泉山北，王文成出生地也，父王华未第时旧居。”（清光绪二十五年（1899）刻本，台湾：成文出版有限公司1983年版，第268页）

④ 钱明编校：《徐爱·钱德洪·董沄集》，第198页。

⑤ 《王阳明全集》新编本第4册，第1303页。

学之盛况理应包括余姚，而阳明的山阴弟子王畿并称余姚与山阴为阳明“讲学阙里”：“姚与山阴为阳明夫子讲学之阙里，士多有志于学，流风在焉。”① 乃是较为公正的判断。只不过山阴和会稽山阳明洞是阳明晚年在家乡讲学时间最长、聚集门人最多的地方，这也是不可否认的事实。若再就阳明家族在山阴、余姚两地皆有墓地而言，山阴与余姚在王阳明及其后人的心目中也应该是不分伯仲的。由于阳明的祖父母及叔伯等皆居住余姚，故而死后亦葬在余姚，而其父母（包括生母和继母）、弟妹、儿子等皆住在绍兴，故而死后也都葬在绍兴，② 而阳明要把自己的墓地选在兰亭，能够距离父母的坟墓近一点，也可能是考量的因素之一。

五

总之，王阳明很早就随父迁居绍兴府城所在地山阴，后又在越地开展了声势浩大的讲学活动，正因为此，时人才通常把绍兴直接视为阳明故里，如阳明再传弟子、会稽人陶望龄在《陕西布政使拙斋萧公神道碑》中介绍萧良幹称：

> 迁守绍兴也，复稽山书院，集生徒，月一讲会。教曰：“文成阙里，钱（德洪）、王（畿）先生相与阐道之地，太守幸来，今愿以仕学矣。”因辟馆曰仕学所。③

孔子故里后人称“阙里”，“文成阙里”即阳明故里。故而陶望龄又强调说：“（阳明）先生于越所称乡先生，其祠盖古者瞽宗之义，而越于天下，所谓邹鲁也。地近势亲，守其道为甚易，其士之贤不肖，学之明

---

① 吴震编校：《王畿集》，第 383 页。

② 详见拙文《王阳明第十六世孙王诗棠访谈录——兼论绍兴阳明世家及遗存》，《中国文哲研究通讯》（台北）2000 年第 1 期总第 19 期；束景南：《王阳明年谱长编》第 4 册，第 1707 页。

③ 李会富编校：《陶望龄全集》中册，上海古籍出版社 2019 年版，第 576 页。

晦，足以系四方。观视其责，甚重且艰。”[①]“已复念曰：‘越州姚江，文成故里，吾师（指邓元锡）向往系焉。’夫文成之后，驾其说以行浙之东西者多矣。”[②] 可见，在陶望龄心目中，余姚和山阴皆为阳明故里，并且都是朝圣者的向往之地。

如果说陶望龄是会稽人，所做评论不排除地域之因素，那么黄宗羲的弟子、宁波人李杲堂把王阳明与出生山阴的刘宗周视为“同里”之人，则可作为充分之证据。李杲堂曾在《修绍兴府学序》中说：

> 然而王子、刘子则俱越人也，固越中人士所谓国之先师也。……国有先师，此古今所不易得，而越人乃有两先生，亦甚幸矣。[③]

不过最具说服力的证据，还是王阳明本人于弘治十六年（1503）在《南镇祷雨文》中说的一段话：

> 某生长兹土，犹乡之人也。乡之人以某尝读书学道，缪以为是乡人之杰者，其有得于山川之秀为多，藉之以为吾愚民之不能自达者，通诚于山川之神，其宜有感。[④]

南镇即南镇庙，是除阳明洞外会稽山的又一道教圣地。南镇庙距离阳明洞不远，仅一山之隔。阳明居越时常在阳明洞修炼、会友、讲学，南镇庙也是他常去之地方。这充分说明，就连阳明本人也承认出生在余姚而生长在山阴，故若对余姚称乡人的话，那么对山阴则可以说是“犹乡之人”。也就是说，即使撇开余姚属于绍兴府的明代行政区划不谈，仅

---

① 李会富编校：《陶望龄全集》卷6《重修阳明先生祠碑记》上册，第368页。按：宋儒王应麟在《先贤祠堂记》中曾对“乡先生”做过如下界定：“古之有道德者，教于乡里，谓之乡先生。”[（宋）舒璘：《舒文靖公类稿·附录》卷下，《丛书集成续编》，上海书店2014年版，第105册，第267页]

② 李会富编校：《陶望龄全集》卷6《又潜学编序　代左景贤侍御》上册，第165页。

③ （清）李杲堂著，张道勤点校：《杲堂诗文集》，浙江古籍出版社1988年版，第648页。

④ 《王阳明全集》新编本第3册，第996页。

仅从阳明生长地及其学术思想之“发端”“熟化”而言，山阴被称作阳明故乡也毫不为过。这也是阳明本人时而自称“余姚王守仁”或“余姚后学王守仁”，时而又谓“古越阳明子王守仁”，甚至偶尔还称自己是“会稽王守仁”；[①] 而其后裔既有从阳明出生地而自称“姚江王氏”的，也有从阳明成长地而自称“山阴王氏”的，更有从阳明世家的往返迁徙过程而统称“姚江山阴王氏”的。其实，上述说法都有历史依据可寻，即使所谓“会稽王守仁”，亦能从其一生心系会稽山阳明洞中找到理据。黄宗羲撰《明儒学案》，“独于阳明先生不敢少有微词，盖生于其乡者，多推尊前辈，理固然也”[②]。作为余姚人，黄宗羲称阳明学为“姚江学案”，虽不够精确，但合情合理。

因此，笔者的结论是，如果说余姚是王阳明的出生地和讲学地，那么山阴便可以说是阳明学的发端地和成熟地。尽管余姚距离山阴不过百里，但两地的文化传承及民情风俗存有差异却是不争的事实。从某种意义上说，山阴的地域文化性格对阳明学派的形成和发展具有更直接的催化作用。余姚人钱德洪的“重迟”而“中规矩”[③] 与山阴人王畿的“任率”而“性资夷旷”[④]，虽然都可从王阳明的思想性格中找到内在基因，但要深入解析，则不能不把视角移向他们各自所处的地域环境。宋明以后在浙东地区出现的史学传统与心学风潮，在余姚和山阴两地并行不悖，互有侧重，直至近代在这一地区上演的保守与激进的跌宕起伏的历史画卷，应该说都有其深刻的地域文化背景。

总的来说，山阴不仅是阳明思想的晚期“熟化”之地，也是阳明思

---

① 分别见于：《王阳明全集》新编本第5册，第1561页；《范氏宗谱记》，武进：《范氏家乘》卷9，清同治九年（1870）忠恕祠木活字本；《吕氏宗谱序》，歙县《旌德吕氏续印宗谱》卷1，民国六年（1917）铅印本；《王阳明全集》新编本第5册，第1572页。按：至明末清初，以会稽代称阳明或阳明学说者，已成习惯，如所谓“会稽良知”［（明）王时槐：《友庆堂合稿》卷2《寄钱启新道长》］、“会稽之学”（《友庆堂合稿》卷3《明学书院记》）。其中尤以万历十三年（1585）儒臣李廷机在《从祀文庙疏议》中所言的“会稽王氏”最具代表性。不过此处之“会稽”，实已泛指整个绍兴，而并非单指与山阴县为邻的会稽县。

② （清）黄宗羲著，沈芝盈点校：《明儒学案·仇兆鳌序》，中华书局1985年版，第5—6页。

③ （明）吕本：《期斋吕先生文集》卷12《绪山钱公墓志铭》，《四库全书存目丛书》集部第99册，第593页。

④ 参见吴震编校《王畿集》，第435、649页。

想的早期“发端”之地。与所有王阳明居住过的地方相比，包括山阴在内的绍兴地区与王阳明的关系最为密切，也最为重要。从这一意义上说，我们所要讨论的其实并不是阳明的籍贯问题，而是阳明何时迁居山阴或越城以及在此地开展过怎样的学术活动之类的问题。

实际上，关于王阳明“所有权”的问题，在他死后不久便在余姚、山阴两地间产生过争执，而当时主要是围绕阳明的籍贯问题而展开。众所周知，明代户籍制度中的入籍或转籍均非易事。与“不治生理、游手游食”“俗称大贫”的“堕民”，“著于版籍，至今不齿于庶民”,① 即不为各地民众所欢迎（这种现象浙东地区尤为突出，所谓“顾彼八府特严”，就是指的浙东各地严格户籍流动的规定）的状况不同，当时名家名流是各地争相“夺取”（最简单的“夺取”就是使之“入籍”）的对象，像王阳明这样能够从祀孔庙的圣人，自然会成为各地“夺取”的重点对象。所以当时的山阴人说阳明属山阴籍，余姚人说阳明属余姚籍，一时间，弄得朝廷命官也不知所措。而双方争夺的根本原因又不外乎两条：一是因为阳明学说影响巨大、事功彪炳于史，凡是其故乡人，都会觉得脸上有光，地方知名度也会随之攀升，这对发展当地的经济文化显然十分有利；二是因为隆庆皇帝降旨，谕阳明入圣庙，配享孔祀，并且规定阳明所属的县可以增加考取秀才的名额。阳明的归籍问题可以决定科举考试的入取人数，这在生员大约 50 万人、考取举人之概率大约 3%、登进士第之概率更是渺茫的明代社会，无疑是具有极大吸引力的。于是，围绕阳明籍贯问题的这场纠纷，便不可避免地发生了，而且一直持续到近代。

据余姚人陈季康回忆：“山阴人凭借着阳明先生的祠堂、住宅、事迹都在山阴，提举出来，最为重要的证据，我们余姚人则引指阳明先生的祖先和他自己都是生长在余姚的事实作为反证，可是一时更没有其他强有力的证据。看当时的情形，差不多山阴人要占优势了。后来姚人之主其事者，于无意中偶然经过一所学塾，忽地听到一个学童朗读《古文观止》里阳明先生所作的《瘗旅文》……乃恍然大悟，高兴非常，便提出阳明先生的这首自白，证明他的确是余姚人，因为出于阳明先生本人所

① （明）叶权：《贤博编》，中华书局 1987 年版，第 32 页。

说的话，这种铁证，已没有推翻的余地。”[①] 诚然，如果按照户籍地来定位王阳明，陈季康此说是毋庸置疑的，而且不只《瘗旅文》，在王阳明的许多书法作品中也能找到相同之证据。但若溢出“出生”“户籍”而将视角转向“发端”“熟化”，即从“生命”转向“思想”时，问题就会发生变化，其复杂性绝非三言两语所能穷尽。最好的办法，就是重新树立王阳明所倡导的“万物一体之仁”的意识，实事求是地就问题的本来性展开研究。不然的话，就可能永远都不会有什么结果。事实上亦的确如此，发生在明代的这场争论一直到民国年间都未停息，近年来所发生的争论无非是这场争执的继续。笔者无意也没有必要去参与这场争论，只是想根据历史事实提出自己的如下看法：与所有王阳明居住过的地方相比，绍兴（余姚、山阴皆为其属下）与阳明的关系最为密切，也最为重要，在这一点上，余姚与山阴（今绍兴）实属利益攸关方，没有必要争个你高我低。我们所要弄清的，其实不是阳明的籍贯问题，而是阳明何时随父迁居山阴？在山阴和余姚分别开展过怎样的学术活动？这些活动对阳明学的创设“发端”具有怎样的意义？阳明学究竟萌生于何时何地？这些才是当下的地域阳明学研究所要解决的重要问题。

（作者为绍兴文理学院鉴湖讲座教授、
浙江省稽山王阳明研究院院长）

① 参见陈季康《关于争执阳明先生籍贯的故事》，收入邵苇水编《余姚三哲纪念集》，余姚县立民众教育馆，1935 年编印。按：《瘗旅文》中有“吾龙场驿臣余姚王守仁也”句。

王龙溪诠释《中庸》要义

张昭炜

【摘　要】 浙中王门的王龙溪以良知之“无”为学旨，亦有以“无”兼“有”，“几”贯“有”“无”的思想发展方向。从《中庸》来看：“无”对应于隐微之体，相当于未发之中、寂然不动；“有”对应于显见之用，相当于已发之和、感而遂通；“几”相当于“微而显”“隐而见”“体用一源”“寂感一贯”“执两用中”。即体即用，便是先天正心，依循未发之中，如北辰奠垣。与江右王门聂双江“归寂”对比可知：双江致良知的着力点在于固守本体，由体而达用；龙溪既将“寂”拓展至密体与超越，亦将着力点置于平衡“有”“无”之“几”。龙溪的《中庸》诠释强化了良知的深隐道体以及先天超越的功夫，从而将良知撑开得更加饱满。

【关键词】 王龙溪　良知　先天正心　几　方以智

天泉证道，王龙溪主“无”，钱绪山主“有”，[①] 两人各执一端，王阳明平衡之，阳明学的“有”“无”之辩由此肇端。学界有关龙溪学定位以及“无”的发展主要有两个方向：第一，龙溪推进并展开“无”，以“四无”说为代表，其超越之见迥出众人之上，这一方向的研究成果比较多，[②] 由此形成以主“无”为特色的龙溪学；第二，龙溪主“无”，亦不废“有”，相当于吸收绪山所主之“有”，以“无”兼“有”，贯通

---

① （明）王守仁：《王阳明全集》，上海古籍出版社2011年版，第133页。

② 代表性论述为彭国翔《良知学的展开——王龙溪与中晚明的阳明学》，生活·读书·新知三联书店2015年版，第166—224页。

“有”“无”，可视为王龙溪化解“有”“无”之辩，亦相当于发展王阳明平衡“有”“无”之论，这一方向的关注较少，由于这一方向关乎阳明学派道体论的分合及整体发展，实有必要深入研究。

阳明学《四书》诠释以《大学》与《孟子》为主，“致良知”融合了《大学》的“致知”与《孟子》的“良知”。“致知”侧重于知识的积累长进，“良知”重在个人道德情感，两者均属于显性层次（显性维度）。在此之外，与《中庸》“君子慎其独也”对接，“良知”是“独知”，“致良知”便是“慎独”，这属于深隐层次（缄默维度），关乎良知学的道德本体，由此可发展出龙溪学与蕺山学的密教。综合显性与深隐层次，《大学》《中庸》《孟子》可并称良知学思想的三大经典资源。相对于《大学》《孟子》与阳明学的深度关联研究，《中庸》的关联研究较弱，亦有必要强化。

从阳明学道体与功夫的架构模式来看，《中庸》的“慎独”属于功夫论；“有”与“无”相当于道体论的两端，贯通者相当于《中庸》“执其两端，用其中于民”之“中”，由此可发展出良知的三面：即道体是功夫，即功夫是道体，“慎独”与“执两用中”合一，亦是《中庸》的内在理路。下文以王龙溪诠释《中庸》为主，简要说明龙溪学的两个方向以及深隐层次的道体功夫合一论。

一　王龙溪论良知三面

《中庸》的思想资源有助于阳明学向深隐的道体功夫论开拓，从根本上解决良知发用正确的难题；换言之，隐性层次的本体功夫充当显性层次道德判断无误的先决条件。在龙溪之前，王阳明以两喻阐释《中庸》“未发之中”：病根喻与钟声喻。病根喻从反向说明未发之中的根源性：“譬之病疟之人，虽有时不发，而病根原不曾除，则亦不得谓之无病之人矣。须是平日好色、好利、好名等项一应私心扫除荡涤，无复纤毫留滞，而此心全体廓然，纯是天理，方可谓之喜怒哀乐未发之中，方是天下之大本。”① 病疟之人不发病时，良知的显性表达与常人无异，如果不从深

① （明）王守仁：《王阳明全集》，第27页。

隐层次彻底去病根，则良知发用始终潜藏着风险。从深隐的独体着力荡涤，以此对接“慎独”功夫；未发之中指向隐微之“大本”，亦可说是“体用”之“体”。钟声喻从正向说明未发之中的本体：“未扣时原是惊天动地，既扣时也只是寂天寞地。”① “未发之中”相当于“寂然不动”，如同《庄子·在宥》的“渊默而雷声”，“惊天动地”显示出寂体缄默的力量，以此可对接“归寂”功夫。从“有”“无”来看，“未扣”是“无”，“既扣”是“有”，钟声喻指出“无”含“有”，“有”摄“无”，“有”与“无”通过“贯”得以互通，良知具有“无”“有”“贯”三面。又据龙溪发扬濂溪之论：“周子云：‘诚神几，曰圣人。’良知者，自然之觉，微而显，隐而见，所谓几也。”② 列表如下：

良知三面表

良知	无	有	贯
一	诚	神	几
二	微	显	“微而显”
三	隐	见	“隐而见”
四	体	用	体用一源
五	寂	感	寂感一贯
六	未发	已发	独

“有”“无”是从两个相反的方向发展良知；“贯”将两向糅捏为一，是凝聚良知的合力。据濂溪之论与朱子解义：“寂然不动者，诚也；感而遂通者，神也；动而未形，有无之间者，几也。”“诚神几，曰圣人。”“本然而未发者，实理之体；善应而不测者，实理之用。动静体用之间，介然有顷之际，则实理发见之端，而众事吉凶之兆也。”“理虽已萌，事则未著，微而幽也。”③ 濂溪论圣人须同时具备诚、神、几，三者缺一不可，此论当据《易传·系辞上》言圣人之道，“寂然不动，感而遂通”，

① （明）王守仁：《王阳明全集》，第130页。

② （明）王畿：《王畿集》，凤凰出版社2007年版，第137页。

③ （宋）周敦颐：《元公周先生濂溪集》，岳麓书社2006年版，第57页。

“唯几也，故能成天下之务”。朱子以天理立宗，将“寂然不动”对应于《中庸》未发之中，这是诚体，亦是实理之体；“感而遂通”是用，即实理之用：诚与神为体用关系，这相通于伊川之论：“体用一源，显微无间。”[①] 从微体与显用来看，“寂”“微”相当于“体”，“感”“显”相当于“用”，“几”则为“体用一源”，也可以说是“寂感一贯”。

由朱子注释“诚神几”来看王阳明论良知：“诚是实理，只是一个良知。实理之妙用流行便是神，其萌动处就是几，诚、神、几曰圣人。”[②] 王阳明以“实理”之“诚”定义“良知”之体，这承接了朱子“本然而未发者，实理之体”；王阳明以“实理之妙用流行”说明“神”，相当于朱子“善应而不测者，实理之用”；王阳明以“萌动处”释义“几”，类似于朱子“理虽已萌，事则未著”。综合朱子与阳明之论，良知与天理结构一致，王阳明的诠释框架源于朱子。

“良知者，自然之觉”，这是从显性层次讲良知，是从“神”之用而言，亦可说“感而遂通”，这是良知“有”的一面。从良知三面关系来看，“有”源于“无”，中间通过“几（贯）”联结，“感而遂通”源自“寂然不动”，“神”之用基于“诚”之体。“微而显，隐而见”，隐微相当于体，显见相当于用，其中的“而”表达“几”的含义：既可以说是递进关系，表现由隐至显的递进；也可以说是转折关系，表现为由隐至显的转折。无论是递进，还是转折，均是“几”之作用。通过“几”，良知的自然之觉向前可追溯至隐微之体，并且担当“体用一源”的媒介。

从经典资源来看，隐微见显出自《中庸》首章“莫见乎隐，莫显乎微，故君子慎其独也。喜怒哀乐之未发，谓之中；发而皆中节，谓之和”。据朱子注释：“隐，暗处也。微，细事也。”“言幽暗之中，细微之事，迹虽未形而几则已动，人虽不知而己独知之”，“是以君子既常戒惧，而于此尤加谨焉”。[③] 朱子此论与诠释“诚神几”的思路一致，“微而幽”可理解为“细事”之微与“暗处”之隐。“莫显乎微”昭示了《中庸》已有“几”的思想雏形；又如“夫微之显，诚之不可掩如此夫”；又如：

① （宋）程颢、程颐：《二程集》，中华书局2004年版，第689页。
② （明）王守仁：《王阳明全集》，第124页。
③ （宋）朱熹：《四书章句集注》，中华书局2016年版，第17—18页。

“君子之道费而隐”；又如“知微之显，可与入德矣”。微与显如两端，《中庸》只讲微、显两端的相互作用，却暗含着从“隐微”向“显见”转折递进时，“几”开始显现：“几”尚未表现为显见，他人不得而知；“几”已经实现从隐微的转折，自我已经觉察到此转折，“己独知之”。即道体即是功夫，“几”的特性决定了“慎独”功夫的践行方向，慎独即是在此“几”用功，或者说“慎独”即是“研几”。由于良知通常被定义为显性层次的“自然之觉”，即呈现为“有”，须在《中庸》诠释中扭转“有”，转向或贯通“几”与“无”。王阳明已有此两面之开拓，如“‘未发之中’即良知也”，“良知无分于寂然感通也”。[1] 未发之中的进路将良知引向隐微之体，即良知之“无”；“无分于寂然感通”则将良知的“有”与“无”两面打通，这为贯通寂感之“几”的出场铺路。从“体用一源”来看：微隐对应未发之中，显见对应已发之和，未发之中之体必然表现为已发之和之用；反之，已发之和之用亦必源于未发之中之体：

> 良知即所谓未发之中，原是不睹不闻，原是莫见莫显。明物察伦，性体之觉，由仁义行，觉之自然也。显微隐见，通一无二，在舜所谓玄德。自然之觉，即是虚、即是寂、即是无形无声、即是虚明不动之体、即为《易》之蕴。致者致此而已。[2]

龙溪此论说得浑沦，从良知三面分解来看，包括三个层次：第一，良知之“无”，是未发之中、不睹不闻、莫见莫隐，这均是以《中庸》为依据，展现良知之体。第二，良知之“有”，是已发之和，明物察伦，良知显化；这是性体之觉，是具身化的良知；由仁义行，这是伦理化的良知。以上两个层次可以互通，如王阳明所论，“未发在已发中，而已发之中未尝别有未发者在；已发在未发中，而未发之中未尝别有已发者存”[3]。这包含两层意思：未发与已发相互包含；未发与已发联动，未发之中必然表现为已发之和，已发之和必然源于未发之中。综合两层意思，更加

① （明）王守仁：《王阳明全集》，第 72 页。
② （明）王畿：《王畿集》，第 136 页。
③ （明）王守仁：《王阳明全集》，第 72 页。

明确未发之中与已发之和的对等一致。第三，良知之“几”，是微隐与显见的统合。[①] 从显微来看，是“微而显”；从隐见来看，是“隐而见”；从体用来看，是“体用一源”；从“有”“无”之“二”来看，也可以说是“通一无二”。抓住了“几”，便可以统摄、驾驭“有” “无”之“二”，也可以说以“几”之“一”打通“有”“无”之“二”。

进一步会通这三个层次，由“通一无二”可延伸至“通一无三”，由良知的任何一面均可兼带出良知的三面：“自然之觉，即是虚”，也可说是良知之“有”即是“无”，“感”即是“寂”，这相通于天泉证道中龙溪所主之“无”，亦可说统合了“寂然不动”与“感而遂通”，从而达到寂感一贯。从体用来看，“虚寂原是良知之体，明觉原是良知之用，体用一原”[②]。这可以说“虚寂之体，即是自然之觉之用”，“无”即是“有”，从而实现“有”与“无”的双向互即。

从学旨归宗来看，正如龙溪在天泉证道时主“无”，他在兼顾良知“自然之觉”之“有”时，重心仍落在“无”，将自然之觉归为“虚”“寂”“无形无声”“虚明不动”，以上均是“无”的特征，由此“无”可通《尚书·舜典》“玄德升闻”，“玄德”是舜之德的隐微幽深之体，“升闻”是德行之用，类似表述如，“吾儒未尝不说寂，不说微，不说密，此是千圣相传之秘藏”[③]。从龙溪所论良知三面来看，他肯定任何一面的价值，并注重从“几”统合“有”与“无”，如其以“自然明觉”讲良知之“有”，良知是判断抉择是非善恶的能力：“自然”是天然具备、自然流行，天然具备指向先天具足，自然流行是不着意思，不需人为干预；“觉”属于内在道德觉悟，也可从“知觉”来看，能知能觉是非善恶，从

---

① 牟宗三认为隐微“是形容独体之森然”，与寂感之“几”不同，“此种隐微显见之相对并不能落实而为可以平铺得下的体用或寂感。”（《从陆象山到刘蕺山》，台湾：学生书局1979年版，第364—365页）“隐微”至“显见”的平铺，可以有三种途径：第一，借助《中庸》“隐而见”“微而显”之“而”，从而实现平铺；第二，借助寂感一体、体用一源，隐微相当于寂然不动，显见相当于感而遂通，唯有“寂然不动”向“感而遂通”平铺，才能显现其体之用，否则沦为废体，隐微之“森然”若不在显见之“秩然”中表达，则终究为不可知之体；第三，未发相当于隐微，借助王阳明的钟声喻，未发是惊天动地，隐微之体不仅要向显见平铺，而且在显见中全部展开。

② （明）王畿：《王畿集》，第35页。

③ （明）王畿：《王畿集》，第15页。

而做出正确判断与抉择。综上，龙溪重“无”，迥出众人之上，但亦兼具良知三面，这将由方以智的“三冒”“三均”继续推进。[①]

二 体用之辩

据《中庸》“中也者，天下之大本也；和也者，天下之达道也”。朱子解释为：“大本者”，“道之体也”；“达道者，道之用也”。[②] 未发之中是大本，作为体；已发之和是达道，作为用。朱子综合了道南一系重视未发与湖湘学派偏重已发的两个传统，由此形成己丑之悟，“但是，在朱子的心性哲学中，仍然有把未发已发作为体用范畴的地方”，这也影响到王阳明认为未发与已发“是本体与现象的关系”。[③] 由此拓展，体与用可对应于虚与变、寂与感：“所请《中庸》未发之旨，乃千古入圣玄机，虚以适变，寂以通感，中和位育乃其功用之自然，非有假于外也。”[④] 以此展开体用之辩，虚则能容，从而为“用”之变提供了广阔的空间；寂则能聚，从而担当“用”之动之基。“虚以适变”即是“体以适用”，“寂以通感”即是“体以通用”：两者均是由体以达用的进路，此体便是“未发”之体，并且虚与寂的特征均以“未发”作为支撑，或者说未发与虚寂相通。

阳明学的成圣功夫是向内求证，即求大本之体，“千古入圣玄机”落在“未发”；又如：“阳明先生云‘心之良知是谓圣’，揭出‘致良知’三字示人，真是千古之秘传、入圣之捷径。”[⑤] “心之良知是谓圣”是阳明心学之宗，“圣”的根本源于“心之良知”；换言之，“心之良知”是保证成圣的充分条件。“秘传”与“捷径”相当于“玄机”，《中庸》的“未发”相当于《孟子》的“良知”，这是体，“未发”强化了良知之体

---

① “三冒”指密冒、显冒、统冒，“三均”指隐均、费均、中均，“三冒”“三均”分别对应于无、有、贯，以此展开三一、一三之辩，参见张昭炜《阳明学发展的困境及出路》，中国社会科学出版社2017年版，第471—484页。

② （宋）朱熹：《四书章句集注》，第18页。

③ 陈来：《有无之境——王阳明哲学的精神》，北京大学出版社2013年版，第61—63页。

④ （明）王畿：《王畿集》，第221页。

⑤ （明）王畿：《王畿集》，第220页。

的深隐；再结合《大学》“致知”，“致知”即是“致良知”，这是用，用以返体，圣学可还原为“寻致心之玄机”，求未发，这又相通于道南指诀。

未发是体，阳明与龙溪多处强调“良知即是未发之中”[①]；已发是用，体以达用，此“虚”体表现为“常”，与之相应的“用”是“变”：“虚以适变”即是“体以适用”。此体不是废体，能够转化为诸用；此体表现为“寂”，与之相应者是“感”，如同“寂然不动”为体，“感而遂通”为用。“遂通”相当于“适变”，“虚以适变”与“寂以通感”相通，均阐释“明体达用”，由此深入至良知的虚寂之体，“人心本来虚寂，原是入圣真路头”。[②] 由虚寂通入圣域，这可以呼应前文所言“千古入圣玄机”与“心之良知是谓圣”。“虚寂之体”与“中和位育”成体用关系，“中和位育”以“未发”虚寂之内、之体为支撑，或者说中和位育皆其功用，皆本于未发之内、之体，“非有假于外也”。

体用之辩隐含着未发与已发二分的对待，即未发之“体”与已发之“用”成互峙之势，龙溪予以纠正：言体，必配之以用；言分，必归于合，“虚以适变，寂以通感”可表述为“体以适用，体以通用”，这可称之为“思虑未起不与已起相对”，[③] 亦可简述为体用一源。从词义而言，未发与已发可从时间上断开，即未发在前，已发在后，龙溪对此予以否定：“未发不以时言，故无时无方”，“吾人思虑自朝至暮，未尝有一息之停，譬如日月自然往来，亦未尝有一息之停”，“若思虑出于自然，如日月之往来，则虽终日思虑，常感常寂，不失贞明之体，起而未尝起也。《中庸》喜怒哀乐观于未发之前，可以默识矣”。[④] 从“常感常寂”而言，当说“常寂”时，感则隐退，为寂所吞进；当说“常感”时，寂则不显，仅表现为感。寂感如日月之往来，寂往感来，感往寂来，两者相互更迭，即“相代”。在此需要说明比喻的局限性，日代月，日显月隐；姑且以日为已发，月为未发，已发代替了未发，只是说明未发为已发所吞，但未

① （明）王畿：《王畿集》，第 251 页。
② （明）王畿：《王畿集》，第 15 页。
③ （明）王畿：《王畿集》，第 216 页。
④ （明）王畿：《王畿集》，第 216—217 页。

发仍隐性存在，随时可以被“吐”出来，而不是消失了。“寂以通感”，所以寂可以代感；同理，感亦可代寂。相代中亦有相养，乃至相互制衡，“感生于寂，寂不离感。舍寂而缘感，谓之逐物；离感而守寂，谓之泥虚”①。以上所论均是“寂感一体”显现的不同特征。

从体用一源来看，龙溪之论总体表现为由一体的合力驾驭二分的张力，并指出体用割裂后出现的问题。寂感不能相离，若相离，则导致两种情况：“舍寂而缘感”，即是舍体而缘用，如同舍本逐末，迷失在感中，逐物而不知归本；“离感而守寂”，即是离用而守体，固守寂体，不求发用，从而体沦落为废体。“寂感一体”的特征亦可表述为“未发已发一体”。从已发来看未发，“则虽终日思虑”，“不失贞明之体”，已发之思虑始终以“贞明之体”为依据，也可以说已发思虑之“用”基于未发贞明之“体”，这一方向可表述为“用必本体”；又可表述为“起而未尝起也”，思虑虽起，但依然胶黏在未起处，即思虑之“用”不离“未尝起”之“体”。这亦相通于《中庸》“喜怒哀乐观于未发之前”，此是由已发观未发，由感以通寂，亦是由用寻体。

从已发观未发，由用寻体，可表现为两种功夫进路：“上乘如此用力，是即本体是功夫；下学如此用力，是合本体为功夫。”② 上乘用力处是以体带动用，以体化为用，未尝发而发，未尝起而起，从贞明之体自然流行出来，不着功夫，即本体即是功夫；下学用力是以用达体，通过已发求未发，从“起”来看“未起”，要着功夫，即功夫体证本体。上乘用力是先天之学，下学用力是后天之学，“夫寂者，未发之中，先天之学也。未发之功，却在发上用，先天之功，却在后天上用”③。按此，即本体是功夫，则可表述为以未发化已发，先天正心；合本体为功夫，则可表述为以已发证未发，后天诚意。这两种路径相互兼带：先天之功须以后天为着落处，以后天为用；后天之用须上达，以合先天之体。

龙溪学主要表现为上乘的先天正心，由此凸显良知之“无”，以心之“无”融化物与意，“良知是寂然之体，物是所感之用，意则其寂感所乘

---

① （明）王畿：《王畿集》，第 133 页。

② （明）王畿：《王畿集》，第 217 页。

③ （明）王畿：《王畿集》，第 133 页。

之几”[①]。从三面合一来看，寂“体”之无导致感之“用”与贯寂感之“几”均超越至“无”，心、物、意在“无”的层次上实现合一，上接濂溪“诚神几”，以此开启圣域之门。

三 《中庸》的道体功夫架构

与天泉证道时所主良知之“无”一致，龙溪以虚寂隐微为道体，功夫论的重心在于体证虚寂隐微之“无”；“致者致此而已”，可视为致良知即是寻致、推至此虚寂隐微之体。据《中庸》首章：“是故君子戒慎乎其所不睹，恐惧乎其所不闻。莫见乎隐，莫显乎微，故君子慎其独也。”从良知“无”之隐秘来看：“不睹”“不闻”是遮诠；“隐”“微”是表诠；即道体即是功夫，隐秘的道体对应于戒慎恐惧与慎独。“先师则以不睹不闻为道体，戒慎恐惧为修道之功。不睹不闻是隐微，即所谓独。”[②] 王阳明此言是将《中庸》首章两句串讲，两句相互发明。“不睹不闻是隐微”，遮表合一，慎独即是戒慎恐惧隐秘之“无”。龙溪以《中庸》“慎独”发展“致良知”，并从功夫论开掘良知之“无”，这继承发扬了王阳明的诠释进路。如上文所论，朱子将“独”视为“几”；龙溪则将“独”隐秘化为虚寂隐微、不睹不闻的“无”，由此反转了朱子“独”体的显化；与道体论相应，便是慎独功夫的隐秘化。从功夫把捉而言，朱子在肯定“几”之独知时，亦否定了直接体证“不睹不闻”隐秘之体的进路，这符合他从道南指诀观未发转出。当龙溪将“不睹不闻”视为独体时，从正向而言，将良知引向“无”之隐秘，这可谓是转向《中庸》的隐微之体与慎独功夫，又有向道南指诀回复的倾向，这符合王阳明的评判：“人心本体原是明莹无滞的，原是个未发之中。利根之人一悟本体，即是功夫”“本体功夫，一悟尽透。此颜子、明道所不敢承当，岂可轻易望人！”[③] 在肯定中，“明莹”表明隐微之体的纯粹性，无病根；“无滞”表明良知流行顺适，能够寂感一贯，感而遂通；“原是个未发之中”，虽然未发，依

① （明）王畿：《王畿集》，第133页。
② （明）王畿：《王畿集》，第39页。
③ （明）王守仁：《王阳明全集》，第133页。

然惊天动地：具备以上三个特征的本体是先天超越之体，按此本体而起功夫，必是先天正心，但这仅限于利根之人。

在天泉证道（嘉靖丁亥，1527 年）三十年后（嘉靖丁巳，1557 年），王龙溪与同道相与订绎阳明遗教时，继续强化良知之“无”的隐秘，“夫良知即是未发之中，譬如北辰之奠垣，七政由之以效灵，四时由之以成岁，运乎周天，无一息之停，而实未尝一息离乎本垣，故谓之未发也。千圣舍此更无脉路可循”。[①] 此处涉及良知之“无”的四大特点：第一，处于未发，寂然不动，隐微不显，这是良知隐秘之体。第二，未发之体能够自由转化为已发，感而遂通，与显化的感通联动，“神感神应”[②]，这是良知之用。第三，北辰奠垣，奠为定，垣为环绕，如《论语·为政》“为政以德，譬如北辰，居其所而众星共之”。此定体决定了已发的方向，保证了良知判断正确无误；换言之，所发之显始终围绕未发定体，犹如北辰的指向始终不变，以此可发展出刘蕺山的“归显于密”，意密之“司南”如未发之“北辰”。第四，再向隐秘处窥探，未发之体“无一息之停”，是“於穆不已”，在隐秘的幽深中生生不息，如扬雄之太玄，以此直通舜之“玄德”的道统，“其机自不容已，无善可名”[③]。“无”不是剥夺后的贫乏，而是富有的流溢。

在道体论推进时，道体与功夫合一亦有兼带的发展，据王阳明之论：

> 问：“‘不睹不闻’是说本体，戒慎恐惧是说功夫否？”先生曰：“此处须信得本体原是‘不睹不闻’的，亦原是‘戒慎恐惧’的。‘戒慎恐惧’不曾在‘不睹不闻’上加得些子。见得真时，便谓‘戒慎恐惧’是本体，‘不睹不闻’是功夫，亦得。”[④]

从常解来看，如问者所言：“不睹不闻”是“戒慎恐惧”的对象，可视为本体；与之对应的“戒慎恐惧”则视为功夫，这潜藏着割裂本体与

---

① （明）王畿：《王畿集》，第 39 页。
② （明）王畿：《王畿集》，第 1 页。
③ （明）王畿：《王畿集》，第 1 页。
④ （明）王守仁：《王阳明全集》，第 120 页。

功夫的风险。阳明学以知行合一为宗旨，本体功夫合一，以此宗旨贯彻于《中庸》的新诠释，有四层含义：第一层，承接常见，本体是本体。“此处须信得本体原是‘不睹不闻’的”，这是对常见的肯定。第二层，发展常见，本体原是功夫。本体不仅是本体，亦可用功夫定义本体，“亦原是‘戒慎恐惧’的”。“本体原是功夫”并没有否定第一层含义，而是另辟蹊径，新进路可理解为本体是功夫所证的本体。答者如搀扶醉汉，从一边扶起时，醉汉又可能会倒向另一边，在纠正第一层含义时，第二层含义也存在被过度诠释的风险，甚至会导致以第二层否定第一层含义。第三层，重回常见，本体还是本体。功夫之作用，并不能改变本体的原有特性，即使功夫之作用，本体只是本体自身的呈现，“‘戒慎恐惧’不曾在‘不睹不闻’上加得些子”，这层含义可以纠正第二层含义中以功夫诠释本体所导致的倾斜。第四层，真见，功夫与本体可以自由互换：功夫是本体，本体亦是功夫。所谓“见得真”，是在知行合一的层次上亲证所得，也可以说融入了功夫后的“真见”，第四层融合了前三层。综合来看，这四层含义层层递进，在递进中亦有返回，真见不离常见，常见即是真见。在此基础上，王龙溪继续推进：

> 先师尝谓人曰：“戒慎恐惧是本体，不睹不闻是工夫。”戒慎恐惧若非本体，于本体上便生障碍；不睹不闻若非工夫，于一切处尽成支离。盖工夫不离本体，本体即是工夫，非有二也。①

龙溪所引先师阳明之语，当是上述答问之言。龙溪的诠释包含两层意思：第一层，“戒慎恐惧若非本体，于本体上便生障碍”，从功夫与本体合一来看，戒慎恐惧的功夫若非本体，这将导致功夫与本体脱钩，致使本体范围收窄；功夫所至即是本体，如果经过戒慎恐惧的功夫达不到本体，则功夫与本体之间便形成障碍。第二层，“不睹不闻若非工夫，于一切处尽成支离”，还是从功夫与本体合一来看，不睹不闻如果不是功夫，则将不睹不闻拘束在本体，不能与功夫相接，致使功夫范围收窄；即本体即是功夫，如果不睹不闻的本体不能转化为功夫，则将导致功夫

---

① （明）王畿：《王畿集》，第3页。

本体合一的支离瓦解。综合两层意思，即是“盖工夫不离本体，本体即是工夫”，功夫与本体之间的通道是顺畅，可以相互转化，由此两者可以互即，打并成一体。对比两者的诠释可知：阳明是正说，龙溪是反言，指出了不在功夫道体合一框架下诠释所导致的问题。

四 良知之“寂”与“几”的功夫议辩

当以《中庸》的隐微独体诠释良知时，如前述《良知三面表》，隐微与寂相通，这将与江右王门的收摄保聚交汇，如聂双江以“归寂”为良知之宗，致良知功夫则归结为涵养寂然不动、隐微之本体：“炯然在中，寂然不动，而万化攸基，此定体也。”“故学者求道，自其主乎内之寂然者求之，使之寂而常定。”① 从良知三面来看，双江定执良知“寂感”之“寂”（“体用”之“体”），执于一端，难免重此轻彼，脱略“感”(用)，将导致执寂废感、迷体丧用。对应于《中庸》的“未发之中”与“已发之和”，“归寂”即是求致“未发之中”，龙溪评价双江之学：“知我丈之学日造精深，洞悟未发之旨以为发用流行之根，谓良知自能知觉，而不以知觉为良知，故孩提之爱敬，令人于未发处体验。”② 龙溪正向肯定双江之得在于“归寂”即是归根，也就是立“体”，并以寂统摄感(已发)。从良知三面一体来看，这相当于认定且固执良知“寂”之一面，“才认定些子，便有认定之病”。③ 从体用来看，固执于“体”将破坏“体用一源”；从几贯来看，将导致“以感通寂”之路的堵塞，淹没“感”之知觉的自然作用，割裂“寂感一贯”。据龙溪引双江之言：“‘良知即是未发之中’，先师尝有是言，若曰良知亦即是发而中节之和，词涉迫促。”④ “归寂”本于王阳明以“未发之中”定义良知，是涵育凝聚本体。已发之和重在发用，亦可定义良知，尽管有“无根无本”的“迫促”之嫌，但不能据此否定已发之和的进路，从良知三面综合来看，“盖良知

---

① （明）黄宗羲：《明儒学案》，中华书局2008年版，第372页。

② （明）王畿：《王畿集》，第199页。

③ （明）王畿：《王畿集》，第199页。

④ （明）王畿：《王畿集》，第132页。

只是一个，良知无分于未发已发。若于已发处求未发之根，复于未发处循已发之用，未免堕落二见”。[①] 双江固执求未发之根的功夫，这不符合良知道体的三面一贯，况且，归寂易导致虚化之弊：“良知本虚，格物乃实，虚实相生，天则常见，方是真立本也。”[②] 在归寂立本的进路中，缺乏已发之和、感而遂通的观照。与道体论上定执良知一面的问题类似，在功夫论上，归寂容易导致脱实向虚。

与双江之论类似，龙溪亦重视寂与未发：“寂之一字，千古圣学之宗。”“夫寂者，未发之中，先天之学也。”[③] 与双江之论不同，龙溪由寂拓展至密体与超越：由密体开掘，可推出“寂然不动”不是定体，而是源泉活水，具有《中庸》“渊泉如渊”的深密；向超越发展，可推出“寂然不动”是“无”，而是“无知之知”，亦如无心之心、无意之意、无物之物：虽然无心，但是能藏密；虽然无意，但能应圆；虽然无物，但能用神。由此将寂或未发之中引向先天正心之学。更进一步，龙溪以贯通“有”“无”之“几”来超越，据龙溪引双江之论：“夫寂然不动者，诚也；感而遂通者，神也。今不谓诚神为学问真工夫，而以有无之间为人心真体用，不几于舍筏求岸?”[④] 双江批评龙溪舍“寂”，仅言“有”“无”之间之“几”。“寂”相当于“无”“诚”，“感”相当于“有”“神”，双江的功夫进路为归定体，以定体统摄诸用；或者说兼体用，以“诚神”为学真功。从道体而言，此筏便是诚；从功夫而言，便是归寂，归此定本，唯有归寂，才能登道岸。退而求其次，则为体用兼施，“诚神为学问真工夫”。“诚神”并言，兼顾了良知两面，“为伦理学习坚持实体与作用的二元，因此也坚持伦理实践中的静与动的二元”,[⑤] 由此可说双江是二元（寂感/有无）统一，龙溪则是三元统一。

从经典资源追溯来看，“几”源自《易传》与《中庸》：“知几之训，《通书》得之《易传》。子曰：‘知几其神乎！几者，动之微，吉之先见

---

① （明）王畿：《王畿集》，第 201 页。

② （明）王畿：《王畿集》，第 200 页。

③ （明）王畿：《王畿集》，第 133 页。

④ （明）王畿：《王畿集》，第 136 页。

⑤ ［瑞士］耿宁：《人生第一等事——王阳明及其后学论“致良知”》，倪梁康译，商务印书馆 2014 年版，第 843 页。

者也。'"[1] 以"吉之先见"定义"几"，暗示了此"几"源于至诚的无病根之体，其发用显见必为神用。"《中庸》曰'至诚如神'，又曰'诚则明'，言几也。舍诚而求几，失几远矣!"[2]《中庸》"至诚如神"与"诚则明"均为二元结构：至诚为体，如神为用，体用一如；诚为体，明为用，有体则有用，"体用一源"便是几，或者说以"体用一源"的"二而一"消解了"几"，并以此认为龙溪是"舍诚而求几"。从良知三面来看，双江以诚体一面进入，以期神用，进而诚神合一（几），此进路的三段亦可说是体、用、体用一源。论至此，双江的良知学进路已清晰：第一段归寂是用功在体，第二段是由体达用，第三段是臻于体用合一，此三段须循序渐进。龙溪"求几"直接从第三段下手，以双江之论评判，直接"求几"是无本僭越的功夫。

龙溪不能接受双江的批评，他的致良知从"体用合一"进入，"良知之实体为诚，良知之妙用为神，几则贯乎体用，而寂感一贯，故曰'有无之间者，几也'。有与无，正指诚与神而言。此是千圣从入之中道，过之则堕于无，不及则滞于有"。[3] 双江三段依次是诚、神、诚神合一，功夫进路明确，层次分明；而龙溪一上手便是"几"，且"几"能平衡"诚"与"神"，龙溪的功夫论可以说是以一贯三，以"几"统摄体用。从龙溪影射批评双江来看，双江第一段为"不及则滞于有"，一上手便错，或者说固执于一端，而忽略了与另一端的平衡，偏离了"中道"之"几"。龙溪的功夫始终注意两端平衡，既不"过"，从而不堕于"无"；亦无"不及"，从而不滞于"有"；在"过"与"不及"之间找到平衡点，或者说综合"有""无"，贯通体用。从功夫论来说，"归寂"须以"感而遂通"平衡，由此可对治归寂导致的沉虚之弊，亦可对治先天正心所导致的着空之偏。

综上，在继承王阳明诠释《中庸》基础上，龙溪的推进在于：从道体论突出良知之"无"的面向以及"微而显""隐而见"所展开的良知之"几"，良知三面全部展开，由此平衡良知之"有"，这相当于发扬了

---

① （明）王畿：《王畿集》，第 136 页。
② （明）王畿：《王畿集》，第 137 页。
③ （明）王畿：《王畿集》，第 137 页。

天泉证道中王阳明平衡“有”“无”的立场；通过未发之体与良知之“无”的对接，衍生出先天正心学；从功夫论而言，相应于良知之“无”与“贯”，致良知功夫表现为慎独，“独”既有隐微的面向，从而导向归寂，亦有统贯的面向，从而兼具显化与深隐功夫，并能统合之。从龙溪与双江的致知议辩来看，两者分别将“几”与“寂”作为致良知的着力点，各有所长，且相互纠偏，显示出阳明学派内部张力与合力的交互作用。从经典资源来看，《中庸》的独体兼具良知的隐秘与统贯，“慎独”侧重于致良知功夫的归寂与超越，较之于《孟子》的良知与《大学》的致知，《中庸》诠释强化了良知的深隐道体以及先天超越的功夫，从而将良知撑开得更加饱满。

（作者为武汉大学中国传统文化研究中心教授、博士生导师）

王阳明的民族思想与阳明心学在少数民族地区的传播

诸凤娟

【摘　要】王阳明的民族思想是被贬谪在贵州龙场驿时与少数民族密切接触后逐渐形成的，是其心学思想的重要组成部分。他的“天下无不可教化之人”的民族平等观，从人性本善、心之本体、纯粹良知的形而上层面讨论民族平等问题，以及“顺其情不违其俗，循其故不异其宜”的民族差异观，强调尊重少数民族同胞的实际处境和风物习俗，根据不同民族的不同境况而合乎情理地区别对待，皆有其合理性和进步性，值得我们批判地继承和创造性发展。他在贵州、广西置学校书院以讲学，传播心学思想和儒家礼义文化，客观上对少数民族地区生产力的恢复和发展，以及少数民族接受先进的思想文化，化行俗美、民善风淳，都起了促进作用。

【关键词】王阳明　民族思想　少数民族　礼义教化　致良知

“夷夏之辨”在古代儒学中，其主旨是用来区别华夏族和周边的少数民族，其区别的关键在文化而非种族。① 这是古代中国，处理民族关系的基本指导性原则。历经长时间的历史积淀，它亦成为了儒家官职人员的

① 如《论语·八佾》篇载：“子曰：‘夷狄之有君，不如诸夏之亡也。’”这里的“诸夏”与“夷狄”的分别，即相当于现今所说的华夏族与四周少数民族的区别。朱熹注曰：“夷狄且有君长，不如诸夏之僭乱，反无上下之分也。”“君长”“上下之分”，皆指代的是伦常秩序（家庭秩序、社会秩序、国家秩序）、礼乐文明。意思是作为诸夏，虽然从种族上看是诸夏，但是已经渐渐丢弃了自己的礼乐文明（文化），故而不再被视为诸夏；而夷狄正相反，渐习礼乐文明（文化），从文化上论，其已是诸夏。参见（宋）朱熹《四书章句集注》，中华书局2012年版，第62页。

一种文化心理结构。王阳明是在被贬为贵州龙场驿驿丞的时期，与少数民族保持了长期的密切接触，在这个过程中，对“夷夏之辨”进行了深刻思考，初步形成了他的民族思想。王阳明的民族观在当时具有一定的进步性，值得进一步深入探讨。

一　王阳明的民族思想

（一）天下无不可教化之人

王阳明继承了孟子“用夏变夷”的思想，主张通过文化来影响、教化少数民族。

在王阳明所作的《何陋轩记》一文里，他对当地的少数民族群众帮助他修建房屋供他居住的行为表示了感谢，他进一步说：

> 夷之民方若未琢之璞，未绳之木，虽粗砺顽梗，而椎斧尚有施也，安可以陋之？斯孔子所为欲居也欤？虽然，典章文物，则亦胡可以无讲！今夷之俗，崇巫而事鬼，渎礼而任情，不中不节，卒未免于陋之名，则亦不讲于是耳。然此无损于其质也。诚有君子而居焉，其化之也盖易。[①]

首句以“未琢之璞，未绳之木”的“璞”“木”来比喻当地之民的敦厚纯朴，以“琢”“绳”“椎斧”等治“璞”“木”的工具来明示这样本性良善敦笃的民众正可以摩之以礼，以教化之。犹如绘画，有了白色的底子，正可以施之五彩而成一佳构。“斯孔子所为欲居也欤?”这句话，结合《何陋轩记》的篇名及篇首孔夫子语，可知其出自《论语・子罕》篇：“子欲居九夷。或曰：‘陋，如之何!’子曰：‘君子居之，何陋之有?’”[②] 阳明征引来，不仅非常贴合他当时的处境（居夷处困），更为重要的是用圣人孔夫子这样的“圣证”来坚定他欲以礼义来教化当地之民众，化民成俗，转“陋民”为“美民”的理想。接下来所说的“典章文

---

① 吴光等编校：《王阳明全集》，上海古籍出版社 2011 年版，第 982 页。

② （宋）朱熹：《四书章句集注》，第 113 页。

物，则亦胡可以无讲”，则是在告知教化的具体措施，比如讲求礼义仪节，学习圣贤经典等。

“今夷之俗，崇巫而事鬼，渎礼而任情，不中不节，卒未免于陋之名，则亦不讲于是耳。”这句话一方面总述了其时当地民众实际的民风民俗，一方面表明了礼义教化的缺失，造成民众勤勉于鬼神之事而忘忽了人事礼义，任其喜怒哀乐之情感不加节制不分场合地过度表达，戆直任情，失之于中正。“然此无损于其质也”，这句话再次强调了当地之民的本性纯善、质地淳良，正是施礼义教化的绝好“材质”。末句所言，“诚有君子而居焉”的“君子”，显然指阳明或者说是阳明的自况，阳明见此可教可化的纯善之民，满怀信心地想施之礼义教化，即所说的“其化之也盖易”，推行教化、化质朴之民为“美民”很容易。这也符合儒家所强调的家国担当与责任，即“达则兼善天下”，达则泽被一方，教化一方之民。

王阳明与贵州土司安贵荣保持着良好的关系，并通过“三文一书”规劝安贵荣的不臣之心，有效地稳定了当地的局势，他也应安贵荣的请求，为贵州苗族人民修建的象祠作了《象祠记》一文。他在文中既体现了对当地文化的尊重，又表达了修德化俗的重要性。如文中所言：

> 灵博之山，有象祠焉。其下诸苗夷之居者，咸神而祠之。……象之道，以为子则不孝，以为弟则傲。
>
> 象之祠独延于世，吾于是盖有以见舜德之至，入人之深，而流泽之远且久也。
>
> 象之不仁，盖其始焉耳，又乌知其终之不见化于舜也？……信乎，象盖已化于舜矣！
>
> 《孟子》曰：“天子使吏治其国，象不得以有为也。”斯盖舜爱象之深而虑之详，所以扶持辅导之者之周也。……斯可以见象之既化于舜，故能任贤使能而安于其位，泽加于其民，既死而人怀之也。吾于是益有以信人性之善，天下无不可化之人也。……斯义也，吾将以表于世，使知人之不善，虽若象焉，犹可以改；而君子之修德，

及其至也，虽若象之不仁，而犹可以化之也。[①]

阳明《象祠记》中所说之“象”为舜的同父异母弟。如文中所示，象这个人“为子则不孝，为弟则傲”，即悖逆伦常秩序，这种悖逆在传统的记载描述中其实是极度的悖逆，故而阳明文中一再论述和强调象最终为圣人大舜所化。进而阳明给出一个有似命题式的表达“人性之善，天下无不可化之人”。这等于是阳明将他的教化思想（礼教百姓，有耻且格〈正〉）的核心主旨和盘托出了。如像这样的人都可以通过教化使他改正自己的错误以归于正，那么何人不可以教化以成其德，何群体不可以教化以成其美俗。在教化上人人平等，没有不可教化之人，少数民族同胞本质淳朴，有此美质，固当可以教化他们使他们向善。民被其泽，俗美民善。从施教者而言，即是“泽加于其民”。当然，这也需要施教者有极高的德行与才能，即“君子之修德，及其至也，虽若象之不仁，而犹可以化之也”。

阳明此说，也可以视为阳明将孔夫子“有教无类”的思想实践于少数民族同胞，亦可以说是张横渠“民吾同胞，物吾与也”[②] 这一思想的独特实践和光大其传。阳明心系同胞，胸怀家国，期望俗美政美，即使边疆少数民族亦能化性成德，遂生乐业。从阳明的致良知之教而论，“良知人人皆有”[③]，这从根本上（形而上、本体论）保证了人人皆可化，“天下无不可化之人”；“一反观而自得”,[④] 这从工夫上保证了“可化”的可行性和“其化之也盖易”。

后来在《传习录》中王阳明也指出：“及在夷中三年，颇见得此意思，方知天下之物本无可格者；其格物之功，只在身心上做；决然以圣人为人人可到，便自有担当了。”[⑤] 也就是说，在龙场驿的三年时间里，他领悟到，天下的事物本来就无法用格物工夫穷尽，“格物致知”要从自己的身心上着手，并且只要有这种担当精神，圣人是人人可以做到的。

---

① 吴光等编校:《王阳明全集》，第984—985页。

② （宋）张载:《张载集》，中华书局1978年版，第62页。

③ 吴光等编校:《王阳明全集》，第108页。

④ （清）黄宗羲:《明儒学案》，中华书局2008年版，第178页。

⑤ 吴光等编校:《王阳明全集》，第136页。

这亦是阳明承继了孟子所说的“人人皆可为尧舜”，即使少数民族同胞亦不例外，亦在教化之列，化行俗美，遂生成德。

（二）顺其情不违其俗，循其故不异其宜

王阳明认为不同的地域，人民的习性各有不同，在处理民族关系时，应该充分尊重各民族习惯和风俗的差异，因时因地之不同而机智灵活地调整处理措施。如他在《处置平复地方以图久安疏》中所言：

> 今天下郡县之设，乃有大小繁简之别，中土边方之殊，流官土袭之不同者，岂故为是多端哉？盖亦因其广谷大川风土之异气，人生其间，刚柔缓急之异禀，服食器用，好恶习尚之异类，是以顺其情不违其俗，循其故不异其宜，要在使人各得其所，固亦惟以乱民而已矣。
>
> 然而今之议者，或以为流官之设，中土之制也，已设流官而复去之，则嫌于中土之制；土官之设，蛮夷之俗也，已去土官而复设之，则嫌于从蛮夷之俗。二者将不能逃于物议，其何以建事而底绩乎！①

“顺其情不违其俗，循其故不异其宜。”这句话最能代表阳明所主张的在处理民族关系时，尊重不同民族的不同之习尚风俗。其目的在于“使人各得其所”，即《大学》所载“君子贤其贤而亲其亲，小人乐其乐而利其利”。“亲民”止于至善，能使天下后世无一物不得其所。② 引文末句“惟以乱民而已矣”，本出自《尚书·说命》“不惟逸豫，惟以乱民”。《孔传》注云：“不使有位者逸豫民上，言立之主使治民。”③ 意思是在上位者（官吏、施教者等）不能高高在上、安逸享乐，而要勤恳于人民百姓之事、心系百姓，这才是设置官员的目的之所在。阳明引用，其用意正在此，即无论土官还是流官，其设置的初衷在“治民”，为民谋

---

① 吴光等编校：《王阳明全集》，第533页。

② （宋）朱熹：《四书章句集注》，第6页。

③ 王先谦：《尚书孔传参证》，中华书局2011年版，第472页。

福祉。

王阳明亦曾多次上书朝廷，要求对民族地区采取土官和流官并列的制度，让世代统治这些地区的土司土官，和朝廷派遣的官员一起统治。

土官制度起源于元代，但是在明代已经成熟，这与王阳明的努力是分不开的。故《明史》说：

> 迨有明踵元故事，大为恢拓，分别司郡州县，额以赋役，听我驱调，而法始备矣。然其道在于羁縻。彼大姓相擅，世积威约，而必假我爵禄，宠之名号，乃易为统摄，故奔走惟命。然调遣日繁，急而生变，恃功怙过，侵扰益深，故历朝征发，利害各半。其要在于抚绥得人，恩威兼济，则得其死力而不足为患。①

所谓“土”，指世世代代统治少数民族地区的土司土官；“流”，指流官，即朝廷派遣的官员，因其数年一换，并非固定，有如流水，故称流官。② 土官对当地的民族习惯、风俗礼仪、日常生活的婚嫁生丧等事务非常熟悉。这有利于维护本民族的稳定和统一。王阳明说在民族地区设立土流官制度具有“法之至”“仁之至”“德之厚”“义之尽”“恩之极”等几大优点，对维护“蛮夷”之“大定”十分有益。如他所说：

> 昔文武之政，罪人不孥，兴灭继绝，而天下之民归心。远近蛮夷见朝廷之所以处岑氏者若此，莫不曰猛肆其恶而举兵加诛，法之正也；明其非叛而不及其孥，仁之至也；录其先忠而不绝其祀，德之厚也；不利其土而复与其民，义之尽也；矜其冥顽而曲加生全，恩之极也。即此一举，而四方之土官莫不畏威怀德，心悦诚服，信义昭布，而蛮夷自此大定矣。此今日知州之设，所以异于昔日之土官，而为久安长治之策也。③

---

① （清）张廷玉：《明史》，中华书局1974年版，第7981页。

② 钟文典、刘硕良：《中国地域文化通览》（广西卷），中华书局2013年版，第155页。

③ 吴光等编校：《王阳明全集》，第537—538页。

其实，这里王阳明已经涉及了民族自治制度的雏形，这在民族治理史上具有重要的意义。

然而，如果仅仅是设立土官，而没有政府任命的流官，蛮夷民族就不会懂得国家恩典，等蛮夷势力强大的时候，就有可能背叛政府，自立为王，这对国家的统一是不利的。所以，国家还必须设立流官制度。王阳明说：

> 夫流官设而夷民服，何苦而不设流官乎？夫惟流官一设，而夷民因以骚乱，仁人君子亦安忍宁使斯民之骚乱，而必于流官之设者？土官去而夷民服，何苦而必土官乎？夫惟土官一去而夷民因以背叛，仁人君子亦安忍宁使斯民之背叛，而必于土官之去者。是皆虞目前之毁誉，避日后之形迹，苟为周身之虑，而不为国家思久长之图者也。其亦安能仰窥陛下如天之仁，固平平荡荡，无偏无党，惟以乱民为心乎！①

总体言之，王阳明主张在中央集权下，在少数民族区域实行自治。在实行自治时，要充分发挥土官熟悉当地民族习惯、风俗礼仪的特长，以维护少数民族地区的稳定。这对维护明王朝的统一和巩固具有重要的意义，对当今处理民族问题仍有一定的借鉴意义。

二 王阳明民族教化思想的实践

王阳明的民族思想，其实是在与广大少数民族同胞密切接触和联系中逐步形成的，同时也是在具体的行政实践中不断发展和深化的。王阳明的民族思想，其核心主旨是民族教化思想。王阳明非常重视少数民族地区的教育，在贵州、广西等地都开办了书院学校，如他所主张的“用夏变夷，宜有学校”②，学校为推行礼义教化的重要方式和场所。这些书院学校的创设，培养了不少少数民族弟子，使得阳明心学在少数民族地

---

① 吴光等编校：《王阳明全集》，第533页。

② 吴光等编校：《王阳明全集》，第1452页。

区广泛传播的同时，也达到了教之化之的目的。

（一）王阳明在贵州的教化

在“人性之善，天下无不可教化之人”的思想指导下，王阳明在贵州开展了他的民族教化实践。贵州的书院从明代弘治年间开始有所发展，到王阳明贬居贵州后，贵州的书院教育的影响才逐步扩大。王阳明在贵州创办了龙冈书院，写下《教条示龙场诸生》，要求诸生做到“立志”“勤学”“改过”“责善”。他通过讲学大力宣传他的哲学思想，特别是在龙冈书院讲学时，有较多的苗族子弟听讲。龙冈书院是王阳明亲手创办的第一个书院，对阳明心学体系的形成和贵州书院的发展产生了深远影响。

此外，王阳明还曾应当时的贵州提学副使席书的邀请，入贵阳文明书院讲学，也正是在文明书院，他第一次提出了“知行合一”观。据《嘉靖贵州通志》卷9记载：

> 席书，正德间任提学，性嗜静，学问根本周、程。时阳明王守仁谪居龙场，延至文明书院，以训诸生。暇则就书院与论学，或至夜分。自是贵州士人知从事心性之学者，皆二先生倡之也。①

“诸生”一词在这里并非虚指诸多之学生，实际上是席书颇为用心地甄选出的众多之学生。这些学生来自全省各地，其中也不乏少数民族学生。王阳明弘扬孔子“有教无类”的教育主张，对这些少数民族子弟毫无歧视和偏见，平等以待，躬行教诲，耳提面命，使得他们沐浴在心学思想的春风中，文化和思想素质都大为提升。

在教学方法上，王阳明亦别具一格，他不注重经书讲解、词章记诵，而是强调道德修养，使学生先立圣人之志。立圣人之志，相当于通常所说的立定可以终生努力奋斗的远大人生目标，有了这一目标，再从健全人格的道德教育上加以践履工夫，继而辅之以智力教育以开聪明之智，这对于教少化低的贵州学生，特别是少数民族学生颇为受用，鼓之舞之，振起自新。在教学形式上，王阳明不拘一式，尽显其丰富与多样。如郊

① 束景南：《王阳明年谱长编》，第530页。

游时，聚会时，闲坐闲谈时，皆能启迪学生，施教以心学。览其《居夷诗》，尤其能反映这一特点。有学者认为，王阳明这种先立乎本心之大，在日常生活中施以活泼生动的心学教育的教学方法，大抵正好适应了贵州少数民族地区朴质民风的文教现状，这也促成了阳明心学得以在黔中的广泛传播。①

由于王阳明以“学圣贤”为宗旨、“大人之学”为路向，围绕“吾性自足，不假外求”和“知行合一”思想讲学，而文明书院又是官学，规模为一省之冠，影响较大，于是阳明心学在贵州迅速传播。此后，王阳明的直系弟子、私淑弟子以及其他王门后学在贵州陆续开办了阳明、正学、为仁、学孔、南皋等三十余所书院，阳明心学通过这些书院得到了广泛的传播，而阳明心学的广泛传播也推动了书院的长足发展，书院的复兴和发展也为阳明思想的更广泛传播提供了广阔的舞台。阳明心学在贵州地区结出了累累果实，以马廷锡、孙应鳌、李渭为代表的一大批学者组成了阵容强大的黔中王学，对贵州学术文化的发展提供了巨大的助力。

马廷锡，其人为学讲求“妙契圣贤”，期至人我、心性、理气无二的至高境界。就学派上论，因他主阳明“静坐澄心”之教而被划入归寂一派。其时有学人阮文中评论到“于先生之泽，知其汪洋于天下，而不知入于江右为独得；知其涵濡江右，而不知于贵阳为独至”②。孙应鳌，其人为学远绍孟子而近宗阳明，以心为本，承继二人的心学观点，同时以“求仁”为圣门之学的锁钥。他将天、道、命、理、气、性等概念系统架构，基于天人而建立起了心一元论。在黔东南苗族地区，孙应鳌建立了学孔书院、山甫书院，集一生学问，大力倡扬阳明心学。张居正对孙应鳌大加赞赏“入元造奥，含英咀华，且其议论不诡于圣人”③。李渭，其人为学特重践履躬行，大抵有见当时之学渐渐流于空疏，而倡此以挽流救弊。在学派上，其属于重实效的功夫派。明神宗称李渭“南国躬行君

① 王路平：《论王阳明与贵州少数民族》，《孔子研究》2000 年第 6 期。

② 《乾隆贵州通志》卷 41、卷 19，“艺文”类、“徐樾”条。

③ 唐树义等编：《黔诗纪略》，贵州人民出版社 1993 年版，第 188 页。

子，中朝理学名臣”[①]。嘉靖二十三年（1544），王阳明的重要弟子徐樾（后又师从王心斋）出任贵州提学副使，徐波石虔心学事，在当地少数民族同胞居住地区主持教育事业：

> 讲明心学，陶镕士类，不屑屑于课程。尝取苗民子弟衣冠之，假以色笑，而加训诲，故苗民率化。[②]

这数人之学可谓都得阳明心学之一体，各有特点，为阳明心学在贵州一带的迅速传播做出了重要贡献。

贵州的经历对王阳明心学思想和教育思想的形成都起到了重要作用，也启发了后来他在赣南和广西两处少数民族地区的执政思想。王阳明在南赣一边平定寇乱，一边推行十家牌法，订立南赣乡约、兴办社学、发布告谕，以求安定地方、教化新民，双管齐下、文武并用的执政特点可以说肇因于贵州教学经历的启示。

（二）王阳明在广西的教化

嘉靖六年（1527），王阳明受命讨伐广西思田之乱，在广西待了不长的一段时间。在此期间，他也特别注重广西地方的教化事宜，在广西各地创办书院学宫，广泛传播心学思想。南赣平叛的经历使王阳明深刻意识到少数民族暴乱的一个重要原因是少数民族民众普通文化水平低下，没有经过良好的德性熏染，因此仅凭武力征剿的一役之功，是无法铲除山民暴乱的根子的，也是不可能从根本上建构良好的社会秩序的。他在《敷文书院记》里面说道：

> 凡乱之起，由学不明。人失其心，肆恶纵情。遂相侵暴，荐成叛逆。中土且然，而况夷狄？不教而杀，帝所不忍。孰近弗绳，而远能准？爰进诸生，爰辟讲室，决蔽启迷，云开日出。[③]

---

① 唐树义等编：《黔诗纪略》，第131页。

② 《乾隆贵州通志》卷四十一、卷十九，“艺文”类、“徐樾”条。

③ 吴光等编校：《王阳明全集》，第1886页。

认为当地的土著之所以常常会作乱，是“由学不明，人失其心”，所以他在这一地区大力推行教育，创办书院，并且登台讲学，传播他的“致良知”“知行合一”的心学思想，试图通过文教来归化人心，达成边远少数民族地区的长治久安。

嘉靖七年（1528），王阳明一到广西，就不惜动用军饷，用半年时间就创办了敷文书院。民国《邕宁县志》记载：

> 敷文书院于北门街口，亦县学旧址……有正厅，东西廊房，后厅。日集诸生讲学其中。后人因立公像于后厅，春秋祀之，名为文成公祠。①

广西地处边疆，华夷杂居，民风特别强悍。王阳明认为叛乱的起因是“由学不明，人失其心”，因此在军事镇压的同时，必须从事文化教育，敷文书院就应运而生。“敷文”即“宣扬至仁，诞敷文德”之意，以此来实现“用夏变夷”的目的。田州、思恩、八寨等叛乱表面上看是军事斗争，而深层原因则是意识形态和文化制度上的相互矛盾。壮、瑶、苗、侗、仫佬、毛南、彝、水等民族，不仅在信仰和哲学思想上与儒家文化有很大不同，而且在风俗习惯和传统文化上也与汉文化有诸多不同。为此，王阳明认为广西“境接诸蛮之界，最宜用夏变夷，而时当梗化之余，尤当敷文来远”，用“仁德”来感化当地的少数民族，这就是孟子所说的“以力服人者，非心服也，力不赡也；以德服人者，中心悦而诚服也”。②

敷文书院建立后，一度成为传播阳明心学的中心。王阳明“日聚幕僚诸生讲学”，并以“致良知”为办学宗旨。王阳明不但自己“面授”和“口口相传”心学，还委派弟子季本、陈逅主持南宁敷文书院、灵山书院的日常工作。在传授心学的同时，他也关注传统伦理道德教育，“兴起孝弟，或倡行乡约，随事开引，渐为之兆”③。在教育方式方面，王阳

① 莫炳奎：《邕宁县志》，民国二十六年（1937 年）铅印本。
② （宋）朱熹：《四书章句集注》，第 113、6、237 页。
③ 吴光等编校：《王阳明全集》，第 1452 页。

明完善了书院的“讲会”制度。“讲会”起源于南宋，与程朱学者所用的书信、课堂不同，王阳明更喜欢用“面授”和“口口相传”的方式讲学，因为这种讲会有很大的灵活性，可以随时随地进行讲学活动。经过这样一番努力，王阳明的教育活动收到了一定的成效，他自称：“该府（指南宁）及附近各学师生前来朝夕听讲，已觉渐有奋发之志。”① 随着王阳明“日聚幕僚诸生讲学”，敷文书院日渐成为阳明心学在广西的传播中心。

王阳明曾对明代科举影响人伦提出过尖锐批评：“自科举之业盛，士皆驰骛于记诵辞章，而功利得丧，分惑其心，于是师之所教，弟子之所学，遂不复知有明伦之意。”② 但是他不反对学生从事举业，甚至认为书院讲学与从事举业并不相碍，尤其在广西这种民族地区，培养汉化的本土人才非常急需。为此，王阳明非常强调学生对经典的学习，他聘请福建生员陈大章为学生讲礼。据统计，有明一代，广西中举者为258人，其中洪武至嘉靖七年（1528）的161年间，中举者为120人；嘉靖八年（1529）至崇祯的115年间，中举者为138人。可见自敷文书院创办后，广西中举者急速增加。当然，这一现象的产生不全是王阳明的贡献，但也不能否定这一现象的产生与王阳明讲学的直接关联。可见，王阳明的书院讲学活动对传播文化和培养人才确实产生了一定的成效。

总之，王阳明对广西的教化活动带有浓厚的政治和学术色彩。自王阳明在广西南宁创立敷文书院讲学以来，经王阳明及其弟子、再传弟子的不断努力，阳明心学开始在广西地区传播开来，同时他的书院教育思想的传播也促进了明代广西书院的发展，而广西书院的发展反过来又促进了阳明心学在广西地区的更广泛传播，也促进了当地文教的发展和提升。

三　王阳明民族思想的当代启示

王阳明的民族思想是其心学理论体系的重要组成部分。它是在强调大一统的国家治理下提出的，其核心论旨是“处夷之道，攻心为上”③。

---

① 吴光等编校：《王阳明全集》，第701页。

② 吴光等编校：《王阳明全集》，第282页。

③ 吴光等编校：《王阳明全集》，第1453页。

此之“攻”字，非“攻击”之“攻”，乃“攻治”之“攻”。故而，“攻心为上”的意思是，“治心”为最佳之法门。这与其“致良知”的心学宗旨契合无间，也上承孟子的以“德”服人才能使人“中心悦而诚服”的礼乐王道之治。这也要求施教者顺人心之理、宜人情之义，动之以情、晓之以理。当然，从根本上说，阳明的聚焦点是“民”，心忧家国天下，情系民胞物与。阳明诚心期望边疆少数民族同胞皆能归化明王朝，从而强固明王朝大一统的天下秩序。这有似于我们今天所讲的民族团结，多民族团结一心才能成就一个强大的多民族一体的大国。民族团结是国家稳定的基础，各民族和睦相处，情同手足，团结一体。

阳明的“天下无不可教化之人”的民族平等观，从人之本性、心之本体、纯粹良知的形而上层面讨论民族平等问题，颇有助于我们深思镜鉴。我们现今讲坚持民族平等，对于各个不同民族，无论是人口、社会发展程度、风俗习惯等有多少同与不同，都在权利和义务上不分高下。在法律上，已明确规定了各个不同民族是一律平等的，禁止对任何民族进行歧视和压迫。如上文之阐述，阳明的民族平等思想及其在各民族聚居地区的实践，有利于我们坚持民族平等而从哲学思想、民族发展史、社会发展史的视域来加以审视，批判地继承，撷取传统文化中的智慧之光。

阳明的“顺其情不违其俗，循其故不异其宜”的民族差异观，强调尊重各民族同胞的实际处境和民情风物习俗的不同，根据不同民族的不同境况而合乎情理地区别对待，以及其在各民族地区的成功经验，是具有进步性和现代性的，值得我们借鉴和加以创造性地做出当代之思考。作为一个有着五十六个民族的多民族之大国，必然要尊重各民族的不同风俗习惯，尊重各民族的饮食起居、庆典节日、婚丧祭葬等习俗，以促进民族平等与团结，以及各民族传统文化的保护和发展。阳明在贵州、广西开办学校书院，传播先进的心学思想和儒家文化，并亲自登台讲学，这客观上对民族地区生产力的恢复和发展，以及民族接受先进的思想文化，起到了一定的促进作用。

（作者为绍兴文理学院越文化研究院执行院长、教授）

论王龙溪语境中的“四有说”*

——兼论钱绪山在王门“天泉证道”中的观点立场

邓国元

【摘　要】 基于嘉靖六年（1527）“天泉证道”无“四有说”“四无说”的提法，二者是王龙溪后来才提出的事实，形成龙溪语境中“四有说”的特定论题。传统学术和现代学界的相关论述，不仅表明龙溪语境中“四有说”的复杂性和重要性，也说明还有待考察的空间与必要。立足嘉靖六年“天泉证道”存在阳明“四句教”，绪山“定本”下对“四句教”的具体观点，龙溪“四无说”三种观点的前提，龙溪语境中的“四有说”不是指绪山的观点，而是指阳明“四句教”。判定“四有说”的依据不在于是“至善无恶”，还是“无善无恶”，而在于“有善有恶意之动”。相对以“先天正心”为理论基础的“四无说”，“后天诚意”是龙溪语境中“四有说”的根本内涵。“四有说”体现龙溪对阳明“四句教”的特定理解和定位。

【关键词】 王龙溪　“四有说”　钱绪山　“天泉证道”　“四句教”　“后天诚意”

“四句教”（无善无恶心之体，有善有恶意之动，知善知恶是良知，为善去恶是格物）是王阳明（1472—1529，名守仁，字伯安，号阳明）晚年提出的重要命题，可谓是阳明最后的思想总结。同时，嘉靖六年丁亥（1527），阳明应钱德洪（1496—1574，字洪甫，号绪山）和王畿（1498—1583，字汝中，号龙溪）之请，在天泉桥上回应两位弟子相关疑

* 本文系国家社科基金重大项目“多卷本宋明理学史新编”（17ZDA013）的阶段性研究成果。

难，阐发对“四句教”的理解，史称“天泉证道”。有关“天泉证道”的文献中，最为显著的区别是相较于《传习录下》《年谱三》，在归属于龙溪的《绪山行状》《天泉证道纪》中出现了“四有说”和“四无说”。围绕王门“天泉证道”及诠释史，相对于“四无说”归属于龙溪的明确性，学界对龙溪语境中“四有说”的具体所指和思想内涵持有不同的观点和立场，存在讨论的空间与必要。本文拟紧扣相关文献和研究成果，对龙溪语境中的“四有说”进行集中考察，望有助于此问题的讨论，推进王门“天泉证道”及相关内容的研究。

一

如学界所知，记载王门“天泉证道”的文献主要有《传习录下》《年谱三》《绪山行状》（全名为《刑部陕西司员外郎特诏进阶朝列大夫致仕绪山钱君行状》）《天泉证道纪》。[①] 就此四则文献而言，将《绪山行状》《天泉证道纪》与《传习录下》《年谱三》两相对照，不难发现相对于《传习录下》《年谱三》，在《绪山行状》《天泉证道纪》中出现了“四有”和“四无”的提法。面对这一差异，首先就得追问与思考的是，嘉靖六年“天泉证道”中到底有无“四有”和“四无”说？对此问题，笔者曾做集中考察。[②] 通过对《传习录下》《年谱三》，特别是《绪山行状》《天泉证道纪》产生过程的分析，[③] 指出在嘉靖六年（1527）“天泉证道”中，并无“四有说”和“四无说”，二者是龙溪后来基于自己对“天泉证道”的理解而提出的概念，其提出也经历了一定的过程。立足嘉

① 限于篇幅，论文对此四则文献不做特别引录。四则文献分别载于（明）王守仁撰，吴光等编校《王阳明全集》卷3，上海古籍出版社2011年版，第133—134页（下引该书不再注明著者与版次，其他注释仿此）；《王阳明全集》卷35，第1442—1443页；吴震编校整理：《王畿集》卷20，凤凰出版社2007年版，第586页；《王畿集》卷1，第1—2页。

② 邓国元：《王门“天泉证道”考辨——以“四句教”“四有”和“四无”为中心的考察》，《中国哲学史》2015年第3期。

③ 依据四则文献的产生过程和对于嘉靖六年“天泉证道”的意义差异，这里把《绪山行状》《天泉证道纪》归于龙溪，而把《传习录下》《年谱三》置于嘉靖六年“天泉证道”之下，以形成“龙溪语境”的特定论域，并强调为龙溪语境中的“四有说”，而非“天泉证道”中的“四有说”。

靖六年“天泉证道”不存在“四有说”和“四无说”的事实，还需要追问与思考的是，如果说出现在龙溪文本和语境中的“四无说”是指龙溪本人的观点，那么与“四无说”相对的“四有说”又代表谁的观点？具体思想内涵如何？径直而言，出现在龙溪语境中的“四有说”是指阳明“四句教”，还是指绪山在“天泉证道”中的具体观点？这显然是研究王门“天泉证道”，特别是在面对《绪山行状》《天泉证道纪》，即龙溪语境中“四有说”时需要思考与回答的问题。

详情留待下文，这里有必要先对学界就此问题的代表性论述做介绍性讨论，以明了其中的复杂性与重要性。先来看刘宗周（1578—1645，字起东，号念台，学者称蕺山先生）与黄宗羲（1610—1695，字太冲，号南雷，学者称梨洲先生）对此问题的论述。刘宗周说：

> 愚按四句教法，考之《阳明集》中，并不经见，其说乃出于龙溪。即阳明未定之见，平日间尝有是言，而未敢笔之于书，以滋学者之惑。至龙溪先生始云“四有之说，猥犯支离”，势必进之四无而后快。①

刘宗周认为“四句教”为阳明“未定之见”，强调此说出自龙溪，自不能成立，不需详辩。单就刘宗周此处“四有之说，猥犯支离”，“势必进之四无而后快”的论述，以及参之“天泉证道”的实际，他似乎是把“四有说”等同于阳明“四句教”。但作为弟子的黄宗羲似有不同。在关于“天泉证道”的研究中，邹守益（1491—1562，字谦之，号东廓）《青原赠处》中的一段文字，往往是重点讨论的内容：

> 阳明夫子之平两广也，钱、王二子送于富阳。夫子曰：“予别矣，盍各言所学？”德洪对曰：“至善无恶者心，有善有恶者意，知善知恶是良知，为善去恶是格物。”畿对曰：“心无善而无恶，意无善而无恶，知无善而无恶，物无善而无恶。”夫子笑曰：“洪甫须识

① 吴光主编：《刘宗周全集》第5册，浙江古籍出版社2007年版，第523页。

汝中本体，汝中须识洪甫工夫。二子打并为一，不失吾传矣！”①

关于东廓这里的记载先按下不论，值得注意的是，黄宗羲在《明儒学案》中引述此段文字后所做的如下评论：

> 此与龙溪《天泉证道记》同为一事，而言之不同如此。蕺山先师尝疑阳明天泉之言与平时不同。……今观先生（按：指邹守益）所记，而四有之论，仍是以至善无恶为心，即四有四句，亦是绪山之言，非阳明立以为教法也。今据天泉所记，以无善无恶议阳明者，盍亦有考于先生之记乎?②

就“四有说”论之，黄宗羲此处所述包含两方面的内容：其一，将《青原赠处》中绪山所说的“至善无恶者心，有善有恶者意，知善知恶是良知，为善去恶是格物”概括为“四有说”；其二则以绪山“四有说”否定阳明“四句教”。不难看出，依黄宗羲，“四有说”与“四句教”并非同一命题，二者有明确的差异。不过，黄宗羲在其他地方的表达似有不同。黄宗羲说：

> 先生（案：指张元忭）之学，从龙溪得其绪论，故笃信阳明四有教法。③

置黄宗羲否定阳明“四句教”的观点不论，从“阳明四有教法”的表述来看，似乎又显示着他把“四有说”与“四句教”视为同一命题的倾向。④ 另外，黄宗羲在如下文字中又呈现出不同的信息。黄宗羲说：

---

① 董平编校整理：《邹守益集》卷3，凤凰出版社2007年版，第103页。

② 沈善洪主编、吴光执行主编：《黄宗羲全集》第7册，浙江古籍出版社2005年版，第381—382页。

③ 《黄宗羲全集》第7册，第369页。

④ 还有一种可能，即此处“四有”非指“四句教”，而是类似于《青原赠处》中绪山所言的内容，则意味着“四有”非仅指绪山的观点，也是阳明的立场。但这显然与上文“即四有四句，亦是绪山之言，非阳明立以为教法也”的说法不一致。

以四有论之，唯善是心所固有，故意知物是善从中而发，恶从外来。若心体既无善无恶，则意知物之恶固妄也，善亦妄也。工夫既妄，安得谓之复还本体？斯言也，于阳明平日之言无所考见，独先生（案：指龙溪）言之耳。然先生他日答吴悟斋云：“至善无恶者心之体也，有善有恶者意之动也，知善知恶者良知也，为善去恶者格物也。”此其说已不能归一矣。①

此处所论背景即龙溪《天泉证道纪》中的“四无说”与“四有说”。从黄宗羲以“四有说”反对“四句教”（认为“四句教”乃龙溪之言，阳明那里则“无所考见”）来看，表明“四有说”与“四句教”并非同一命题。同时，更值得注意的是，黄宗羲此处依据龙溪《答吴悟斋》中的内容，并非把“四有说”仅视为绪山的观点，而是同时认为龙溪也持此说，并以此判定龙溪在“四句教”（且不论“四无说”）与“四有说”上“不能归一”。

就黄宗羲以上论述来看，似乎可以说他在“四有说”这一问题，即“四有说”是指阳明“四句教”，还是具体指绪山的观点上（有时又认为龙溪也持“四有说”），或许并无一贯的立场，存在“不能归一”的情况。

在现代学界，陈来先生对“四有说”进行了系统考察。就具体研究来看，陈先生首先依据《天泉证道纪》中“四无之说为上根人立教，四有之说为中根以下人立教”的记载，将其与《传习录下》《年谱三》中阳明所说的“汝中之见，是我这里接利根人的；德洪之见，是我这里为其次立法的”，“二君之见正好相取，不可相病。汝中须用德洪功夫，德洪须透汝中本体。二君相取为益，吾学更无遗念矣”相对应，指出“四有说”是指绪山的观点，进而反对将阳明“四句教”称为“四有说”。以此为前提，与黄宗羲相似，东廓《青原赠处》中绪山所言的内容也成为陈先生判定绪山观点为“四有说”（与“四句教”在内容上不一样）的直接理据。在此基础上，陈先生指出“天泉证道”中存在龙溪“四无

① 《黄宗羲全集》第7册，第269页。

说”，绪山“四有说”，阳明“四句教”三种观点。①

相较于陈先生将绪山的观点判定为“四有说”，与阳明“四句教”相区别不同，学界也有把“四有说”直接视为“四句教”的观点。如方祖猷先生就指出：“天泉证道中阳明的四句教，王畿在《天泉证道纪》中称之为‘四有’。”② 以此为前提，方先生对那种依据东廓《青原赠处》将绪山的观点概括为“四有说”，进而对“天泉证道”中存在绪山“四有说”，龙溪“四无说”，阳明“四句教”三种说法的观点提出质疑，认为就“天泉证道”而言，只存在阳明“四句教”（“四有说”）和龙溪“四无说”两种观点，而绪山在相关文献中根本没有讲到自己的观点，都是以阳明“四句教”为“定本”“一毫不可更易”。③

综上言之，无论是刘宗周、黄宗羲所代表的传统学术，还是陈来、方祖猷为代表的现代学界，对“四有说”是指阳明“四句教”，还是指绪山的观点，并没有统一的认识，④ 理解也可谓差异显著。这种情况的存在，一方面说明龙溪语境中“四有说”的复杂性与重要性，同时也说明此问题还有进一步考察的必要与空间。

二

基于以上梳理，特别是从黄宗羲和陈来的相关论述来看，绪山在“天泉证道”中的观点立场已然是讨论龙溪语境中“四有说”不可回避的内容，一定意义上已构成讨论龙溪语境中“四有说”的问题前提。鉴于此，这里有必要先对绪山在“天泉证道”中的观点，及其与龙溪语境中“四有说”的关系做具体的讨论。

关于绪山在“天泉证道”中的观点立场，《传习录下》《年谱三》的记载基本相同，即相对于龙溪认为阳明“四句教”“未是究竟话头”而提

---

① 陈来：《有无之境：王阳明哲学的精神》，生活·读书·新知三联书店 2009 年版，第 226—230 页。

② 方祖猷：《王畿评传》，南京大学出版社 2001 年版，第 92 页。

③ 《王畿评传》，第 94—95 页。

④ 概括来说，学界的观点可分为绪山“四有说”和阳明“四有说”（等同于“四句教”）两种，此处不做详尽列举。

出自己的新说，绪山则强调“四句教”在阳明教法上的“究竟”地位和意义。换言之，绪山在“天泉证道”中的立场可谓明确坚定，认定“四句教”为阳明的教法宗旨，并以此反对龙溪在“四句教”之外另立新说。

再看另一当事人龙溪的记载。万历二年（1574），绪山离世后，龙溪在为其所作的《绪山行状》中也回顾了“天泉证道”，并涉及了绪山的立场。而从《绪山行状》中“此是师门教人定本，一毫不可更易”，“若是（案：指龙溪‘权法’‘四句教’，另立‘四无说’），是坏师门教法，非善学也”等表述来看，相对于龙溪基于“夫子立教随时，未可执定”，“学须自证自悟，不从人脚跟转”，在“四句教”之外另立“四无说”的立场，绪山在“天泉证道”中的态度可谓清晰一贯，即坚持“四句教”是阳明教法上的“定本”宗旨，并以此反对龙溪“权法”阳明“四句教”的倾向。

那么，绪山以“四句教”为“定本”，“一毫不可更易”的态度，是否意味着其对“四句教”的理解与阳明完全等同？这一问题，仅需从《年谱三》中阳明的“回应”即可得出相应结论。《年谱三》载：

> 先生喜曰：“正要二君有此一问！我今将行，朋友中更无有论证及此者，二君之见正好相取，不可相病。汝中须用德洪功夫，德洪须透汝中本体。二君相取为益，吾学更无遗念矣。”德洪请问。先生曰：“有只是你自有，良知本体原来无有，本体只是太虚。太虚之中，日月星辰，风雨露雷，阴霾曀气，何物不有？而又何一物得为太虚之障？人心本体亦复如是。太虚无形，一过而化，亦何费纤毫气力？德洪功夫须要如此，便是合得本体功夫。”

关于绪山对“四句教”的具体理解，以及基于阳明立场，绪山的理解所存在的问题暂且不论，仅从阳明此处“回应”来看，显然认为绪山对“四句教”的理解与其自身存在着差异与距离。换言之，绪山在“定本”“一毫不可更易”的前提下，对“四句教”的具体理解与阳明“四句教”本身，严格来说，是两种不同的观点。

在指出绪山对“四句教”的理解与阳明“四句教”本身属于两种不同观点的事实下，不难得出嘉靖六年（1527）的“天泉证道”中存在三种立场，即阳明“四句教”，绪山在“定本”前提下对“四句教”的具体理解，以及龙溪在“四句教”之外另立“四无说”（“四无说”之名出自后来）。那么，在明确嘉靖六年“天泉证道”存在以上三种立场，以及并不存在“四有说”的情况下，龙溪语境中的“四有说”是指阳明“四句教”，还是指绪山对“四句教”的具体理解？显然，要回答此问题，只能回到龙溪文本和语境，即《绪山行状》《天泉证道纪》，特别是《绪山行状》中来。[①] 先来讨论“四有说”是否为绪山在“天泉证道”中对阳明“四句教”的具体理解这一问题。

上文已指出，《绪山行状》中“此是师门教人定本，一毫不可更易”，“若是，是坏师门教法，非善学”等表述，已表明绪山以阳明“四句教”为“定本”的立场，且得到了龙溪的认可。强调绪山以“四句教”为“定本”的事实，足以表明在《绪山行状》，即龙溪有关“天泉证道”的语境中，绪山是作为阳明“四句教”“代言人”而存在的。这就意味着，如果说嘉靖六年（1527）“天泉证道”中存在龙溪“四无说”，阳明“四句教”，以及绪山在“定本”前提下对“四句教”的具体理解三种观点，那么《绪山行状》所代表的龙溪语境中则只存在两种，即龙溪“四无说”和阳明“四句教”，而不存在绪山的观点。在这样的脉络和情况下，作为《绪山行状》中与龙溪“四无说”相对的“四有说”，就只能是绪山所代表“教人定本，一毫不可更易”的观点，——阳明“四句教”。

顺此思路，将《绪山行状》与《传习录下》《年谱三》相比较，不难发现在《传习录下》《年谱三》中绪山对“四句教”具体理解（包括阳明对绪山的回应）并没有出现在《绪山行状》中。这种情况的存在，且不论龙溪撰写《绪山行状》时删去绪山对“四句教”的具体理解出于何种理由与目的，已足以说明绪山在“天泉证道”中的具体观点不可能构成其“四无说”的对立面，成其为语境中的“四有说”。事实上，即便在嘉靖六年“天泉证道”，绪山“定本”下对“四句教”的理解，也不构成龙溪“四无说”的对立面。具体言之，无论是《传习录下》《年谱

---

① 《天泉证道纪》是由龙溪弟子在其逝世后依据《绪山行状》与《东游问答》等编撰而成，《绪山行状》出自龙溪本人之手，无疑更具有权威性。参见陈来《〈天泉证道纪〉之史料价值》，载陈来《中国近世思想史研究》，生活·读书·新知三联书店 2010 年版，第 667—681 页。

三》，还是后来的《绪山行状》，从龙溪“夫子立教随时，未可执定”，“学须自证自悟，不从人脚跟转。若执定师门教法，未免滞于言诠，亦非善学”等表述来看，其“四无说”皆是针对阳明“四句教”而发，阳明“四句教”才是龙溪“四无说”的针对面。在这样的事实与前提下，作为《绪山行状》中与“四无说”相对的“四有说”，就只能是阳明“四句教”。就“四有说”与绪山之间的关系而言，“天泉证道”中绪山对“四句教”的具体理解是一回事，出现在龙溪语境中是“四有说”又是另外一回事，二者是不同的问题，不能混同为一。总之，《绪山行状》，龙溪语境中的“四有说”并非指绪山在“天泉证道”中关于“四句教”的具体观点，[①] 而是指阳明“四句教”本身，实无可疑。那么，龙溪语境中的“四有说”在内容和形式上只是阳明“四句教”？问题或非如此直接。让我们基于东廓《青原赠处》中绪山所言的内容略做具体讨论。

如前所述，黄宗羲和陈来皆依据《青原赠处》，判定绪山所言的“至善无恶者心，有善有恶者意，知善知恶是良知，为善去恶是格物”为“四有说”，与阳明“四句教”相区别。不过，也正如前引黄宗羲所言，龙溪在《答吴悟斋》中也曾有过相同的表达，即“至善无恶者心之体也，有善有恶者意之动也，知善知恶者良知也，为善去恶者格物也”。[②] 那么，绪山和龙溪这样的表述，与龙溪语境中的“四有”有何关联呢？特别是在已经判定阳明“四句教”为龙溪语境中“四有说”的情况下。不妨先来看如下一段文字。龙溪云：

> 《大学》全功只在“止至善”一语。“止至善”之则只在“致知”二字，而格物者，致知之功也。先师（案：指阳明）教人尝曰：“至善无恶是心之体，有善有恶是意之动，知善知恶是良知，为善去恶是格物。”盖缘学者根器不同，故用功有难易。有从心体上立基者，有从意根上立基者。从心体上立基，心便是个至善无恶的心，意便是至善无恶的意，便是致了至善无恶的知，格了至善无恶的物；

---

① 吴震：“如果说因绪山反对‘四无说’，故其主张必是‘四有说’，这就会严重误导我们对绪山思想的理解。”《阳明后学研究》（增订本），上海人民出版社2016年版，第128页。

② 《王畿集》卷10，第253页。龙溪的表述文字略异，然更显严整。

从意根上立基，意是个有善有恶的意，知便是有善有恶的知，物便是有善有恶的物，而心亦不能无不善之杂矣。①

这段文字在以往的研究中几乎未被注意，但就其中“学者根器”“心体上立基”和“意根上立基”等表述来看，显然与龙溪有关“天泉证道”的论述根本一致（龙溪这里虽然没用“四有”“四无”之名，但并不影响用其定位和理解）。② 当然，也不难看出龙溪在这里对阳明“四句教”，以及自己“四无说”都进行了“改写”，即将通常的“无善”皆改为了“至善”。将龙溪这里对阳明“四句教”的改写与《青原赠处》中绪山所言相对比，不难发现二者是同一的。那么，基于龙溪“天泉证道”的语境，对照阳明“四句教”，“至善无恶是心之体，有善有恶是意之动，知善知恶是良知，为善去恶是格物”（首句与阳明“四句教”不同）是龙溪语境中的“四有说”吗？答案是肯定的。径直来说，判定“四有说”（以及“四无说”）的根本不在于首句是“至善无恶心之体”，还是“无善无恶心之体”，而在于“有善有恶意之动”，是“从意根上立基”，还是从“无善无恶”（“至善无恶”），“从心体上立基”。从“意根上立基”，是为“四有说”，从“心体上立基”，则为“四无说”。基于此，可以说《青原赠处》中绪山所言的“至善无恶者心”一句就是龙溪语境中的“四有说”，只不过需要说明的是，做出这一判定的原因不在于“至善无恶”，而在于“有善有恶”，即基于龙溪“四无说”的立场，该句与阳明“四句教”可谓同一的命题，都是“从意根上立基”。当然，这也就显示不能基于“至善”与“无善”的差异，将“至善无恶心之体”一句与阳明“四句教”相分别，只将前者界定为龙溪语境中的“四有说”，同时也不能将“至善无恶心之体”一句只归诸绪山，等同于绪山在“天泉证

---

① 《王畿集》附录3，第804页。按：据吴震所述，此条文献辑佚自《聂双江先生文集》卷11《答王龙溪》（吴可为编校整理：《聂豹集》卷11，凤凰出版社2007年版，第405页）。双江此书乃答龙溪《致知议辩》而作，该段文字不见于龙溪《致知议辩》原文，但可确定属于龙溪无疑。

② 按：《致知议辩》撰写于16世纪50年代中后期，在时间上皆早于《绪山行状》（1574）《东游问答》（1564），或可推知龙溪此时还未提出“四有”“四无”的概念。

道”中的立场，判定绪山的观点为龙溪语境中的“四有说”。[①]

三

在明确龙溪语境中“四有说”的具体所指后，无疑需要对“四有说”的思想内涵做考察。当然，讨论“四有说”的思想内涵，只能严格依据龙溪文本和语境，特别是围绕其“四无说”而加以展开。

基于《绪山行状》，如果说“四无说”是对“体用显微，只是一路。若悟得心是无善无恶之心，意即是无善无恶之意，知即是无善无恶之知，物即是无善无恶之物”的概括，那么“若是有善有恶之意，则知与物一齐皆有，而心亦不可谓之无矣”则可谓是“四有说”的具体内容。不过，《绪山行状》的如上论述，并不能看到对“四有说”的详尽说明，“四有说”的思想内涵在后来的《天泉证道纪》中才得到了完整的体现。而正如陈来先生在《〈天泉证道纪〉之史料价值》中所指出，《天泉证道纪》在文献上是由弟子将龙溪本人所作的《东游问答》《绪山形状》中有关“天泉证道”的内容撰合而成，因此可以说除了《绪山行状》外，《东游问答》是考察龙溪语境中“四有说”思想内涵最重要的文本。《东游问答》载：

> 楚侗曰：“阳明先生天泉桥印证无善无恶宗旨，乃是最上一乘法门，自谓颇信得及。若只在有善有恶上用功，恐落对治，非究竟。何如？”
>
> 龙溪曰：“人之根器不同，原有此两种。上根之人悟得无善无恶心体，使从无处立根基，意与知物皆从无生，无意之意是为诚意，无知之知是为致知，无物之物是为格物，即本体便是功夫，只从无处一了百当，易简直截，更无剩欠，顿悟之学也。下根之人未曾悟

---

① “至善无恶”与“无善无恶”之间是否存在义理上的差异暂且不论，但就龙溪、绪山和阳明而言，二者之间并无实质的区别是可以肯定的，以至于可以“随意改写”。这意味着，以往通过“至善无恶”与“无善无恶”的差异来考察和界定“四有说”，或存在“方向性”的问题。同理，基于所谓“一无三有”的结构形式，否定阳明“四句教”为龙溪语境中的“四有说”，也可谓不得其实。

> 得心体，未免在有善有恶上立根基，心与知物皆从有生，一切皆有，未免随处对治，须用为善去恶的功夫，使之渐渐入悟，从有以归于无，以求复本体及其成功一也。上根之人绝少，此等悟处，颜子、明道所不敢言者，先师亦未尝轻以语人。楚侗子既已悟见心体，工夫自是省力。只缘吾人凡心未了，不妨时时用渐修工夫，不如此不足以超凡入圣，所谓上乘兼修中下也。其接引人亦须量人根器，有此二法，不使从心上悟入则上根无从而接，不使从意念上兼修省则下根无从而接。成己成物，原非两事，此圣门教法也。"①

单就其中"人之根器"而言，将《东游问答》与后来的《绪山行状》《天泉证道纪》相对照，可以看到其中的高度一致。如果说"四无说"在《东游问答》中对应的是"上根之人悟得无善无恶心体，使从无处立根基，意与知物皆从无生，无意之意是为诚意，无知之知是为致知，无物之物是为格物，即本体便是功夫，只从无处一了百当，易简直截，更无剩欠，顿悟之学也"，"四有说"对应的则是"下根之人未曾悟得心体，未免在有善有恶上立根基，心与知物皆从有生，一切皆有，未免随处对治，须用为善去恶的功夫，使之渐渐入悟，从有以归于无"。换言之，《东游问答》中针对"下根之人"的具体论述，就是龙溪语境中"四有说"思想内涵的根本所在，《绪山行状》中的"四有说"本质上是龙溪对《东游问答》中相关内容的概括。结合后来《天泉证道纪》中的内容，如果说"从无处立根基""顿悟之学""即本体便是工夫""皆从无生"是龙溪"四无说"的理论基础，那么与之相对，"四有说"的思想基础则是"在有善有恶上立根基""皆从有生""一切皆有""随处对治""以渐入悟""从有归于无"和"渐修功夫"等内容。如何理解龙溪这些论述对其语境中"四有说"的意义？值得注意的是，在龙溪思想中具有核心地位的"先天正心之学"，对理解与回答这一问题有直接的意义。龙溪说：

① 《王畿集》附录2，第721页。按：《东游问答》作于嘉靖四十三年（1564），比《绪山行状》早近十年时间。将《东游问答》与《绪山行状》相对照，可以说后者中的"四有说""四无说"即由前者中的相关思想发展而来。

来教谓区区“以正心为先天之学，诚意为后天之学，若过于分疏”。非敢然也。人之根器，原有两种。意即心之流行，心即意之主宰，何尝分得？但从心上立根，无善无恶之心，即是无善无恶之意，先天统后天，上根之器也。若从意上立根，不免有善恶两端之决择，而心亦不能无杂，是后天复先天，中根以下之器也。①

正心，先天之学也；诚意，后天之学也。良知者，不学不虑，存体应用，周万物而不过其则，所谓“先天而天弗违，后天而奉天时”也。人心之体，本无不善，动于意始有不善，一切世情见解嗜欲，皆从意生。人之根器不同，工夫难易亦因以异。从先天立根，则动无不善，见解嗜欲自无所容。而致知之功易。从后天立根，则不免有世情之杂，生灭牵扰，未易消融，而致知之功难。势使然也。颜子不远复，才动即觉，才觉即化，便是先天之学。其余频失频复，失则吝，复则无咎，便是后天之学。难易之机，不可以不辨也。②

龙溪“先天正心之学”，此处不及详论。将龙溪这里的论述与《东游问答》相对照，从以“正心”“先天之学”“从心上立根”对应“上根之器”的人，以“诚意”“后天之学”对应“中根以下之器”的人来看，足以看到龙溪“先天正心”的思想与其有关“天泉证道”“四无说”和“四有说”之间的内在联系。径直言之，就这里的议题而言，如果说“先天正心”是龙溪“四无说”的理论基础，那么“后天诚意”就是其语境中“四有说”要表达的核心思想。当然，在龙溪那里，“后天诚意”无疑是以“在有善有恶上立根基”“皆从有生”“一切皆有”“随处对治”“以渐入悟”“从有归于无”等为思想内容，这些内容也构成其语境中“四有说”的诸多义理面向。

基于以上讨论，再对《传习录下》《年谱三》《绪山行状》《天泉证道纪》中有关“天泉证道”的内容略加回顾与对比，单就其中“上根之人”与“中根以下之人”来看，足以表明龙溪语境中以“后天诚意”为

① 《王畿集》卷10，第243页。

② 《王畿集》卷16，第445页。

根本内涵的“四有说”就是指阳明“四句教”。关于“诚意”在“四句教”中的意义，阳明在“天泉证道”中有相应的说明。如《年谱三》中，阳明针对龙溪“本体透后，于此四句宗旨何如”的追问，所做“此是彻上彻下语，自初学以至圣人，只此功夫。初学用此，循循有入，虽至圣人，穷究无尽。尧、舜精一功夫，亦只如此”的回答，以及最后“二君以后再不可更此四句宗旨。此四句中人上下无不接着。我年来立教，亦更几番，今始立此四句。人心自有知识以来，已为习俗所染，今不教他在良知上实用为善去恶功夫，只去悬空想个本体，一切事为，俱不著实。此病痛不是小小，不可不早说破”的内容，特别是“实用为善去恶功夫”，体现的正是阳明对“诚意”的强调。阳明在“天泉证道”中这样的观点立场，成了龙溪后来从“后天诚意”理解其“四句教”，进而概括为“四有说”的依据。

另外，相对龙溪“先天正心”与“后天诚意”，以“先天正心”为究竟的立场，阳明有关“正心”与“诚意”及关系的理解，对这里的讨论有直接意义。《传习录下》载：

> ……此便是修身在正其心。然至善者，心之本体也。心之本体，那有不善？如今要正心，本体上何处用得功？必就心之发动处才可著力也。心之发动不能无不善，故须就此处著力，便是诚意。如一念发在好善上，便实实落落去好善；一念发在恶恶上，便实实落落去恶恶。意之所发，既无不诚，则其本体如何有不正的？故欲正其心在诚意。工夫到诚意，始有著落处。①

从阳明对“正心”“诚意”及关系的理解来看，其工夫论的重心显然在“诚意”，而属于本体的“正心”并不具备严格上的工夫意义。具体到“四句教”，其“无善无恶心之体”与“有善有恶意之动”所对应的正是阳明对“正心”与“诚意”的理解。当阳明指出本体不可用功，“工夫到诚意，始有著落处”时，不难看到就工夫而言，阳明在“四句教”中强调的正是“有善有恶意之动”下的“诚意”。对比而言，相对龙溪

① 《王阳明全集》卷3，第135页。

“先天正心”，阳明工夫论无疑属于“后天诚意”。在这样的前提下，或者说在龙溪以“先天正心”为思想基础而提出“四无说”的背景下，以“后天诚意”为工夫的阳明“四句教”，无疑就是其语境下的“四有说”。“四有说”本质上是龙溪基于自己的“四无说”及“先天正心”思想，对阳明“四句教”的一种特别“措辞”。① 换言之，阳明“四句教”，特别是“有善有恶意之动”下的“诚意”工夫，是龙溪理解定位阳明“四句教”的基础。龙溪基于自己“四无说”，“即本体便是工夫”，“顿悟之学”，“先天正心之学”，“从无处立根基，意与知物皆从无生”，“自性流行”，“动而无动”等思想，判定阳明“四句教”将工夫“著落处”落实到“有善有恶意之动”的“后天诚意”，“未免在有善有恶上立根基，心与知物皆从有生，一切皆有，未免随处对治”（《东游问答》），“若是有善有恶，则意动于物，非自然之流行，著于有矣”（《天泉证道纪》），在其有关“天泉证道”的语境中将阳明“四句教”概括为“四有说”。相对于龙溪“四无说”中的“无”以先天本体上做究竟工夫而无对治之相而言，其语境中“四有说”之“有”则以“在有善有恶上立根基”“著于有”而产生的有相对治之境为本质内涵。②

结　语

综上所述，基于嘉靖六年（1527）“天泉证道”并不存在“四有说”，以及存在阳明“四句教”，龙溪“四无说”，绪山在“定本”下对“四句教”具体理解三种观点的情况，龙溪语境中的“四有说”并非指绪山在“天泉证道”中对“四句教”的具体观点，而是指阳明“四句教”本身。判定“四有说”的依据不在于是“无善无恶心之体”，还是“至善无恶心之体”，而在于“有善有恶意之动”。龙溪语境中的“四有说”，是龙溪基于自己“四无说”，对阳明“四句教”一种特定“措辞”。相对

---

① 吴震认为依据《天泉证道纪》文脉，“四有”不过是为了与“四无”相对应的一种措辞而已，并不具有实质性意义。《阳明后学研究》（增订本），第 128 页。准确的说法是，“四有说”是龙溪相对于自己的“四无说”，对阳明“四句教”的“一种措辞”，本身具有实质的意义。

② 牟宗三：《从陆象山到刘蕺山》，上海古籍出版社 2001 年版，第 191 页。

于以“先天正心”为思想基础的“四无说”，以“后天诚意”为核心的工夫理论是龙溪语境中的“四有说”的基本内涵，体现了龙溪对阳明“四句教”的自我理解和定位。

（作者为贵州大学中国文化书院副教授）

良知与知识的四种关系：唐君毅对王阳明良知学说的新发展

陈　昊

【摘　要】唐君毅在《中国哲学原论》诸篇，有三处较为集中的阳明学研究内容。《导论篇》“原格物致知”，在《大学》系统与朱王异同视域下，定位阳明学术基点在“真知其已知”与“知行合一”原则，指出阳明以良知统摄诸大学工夫，特出于大学与朱子。《原性篇》第十四章，唐君毅探究心学脉络中的良知义，聚焦“良知心体，何以既是至善、又无善无恶?”的义理难题。为解此题，唐君毅据本体与工夫的结构解说阳明“四句教”，融通互释“四句教”与“阳明为学三变”。第三部分《原教篇》第十二章，由前两部分研究而深入，唐君毅系统梳理良知诸义，对良知学各核心概念与义理命题，达至新的理解高度。此外，唐君毅代阳明作答良知学常见疑问，考察熊十力、牟宗三等同时代学者“良知新说”，最终立足良知为本，提出“良知与知识四种关系”的新说，这可以视作良知学说的新发展，值得关注研究。

【关键词】王阳明　唐君毅　良知　知识

唐君毅的阳明学研究，注重将阳明学重要命题与概念，还原至宋明理学学术发展史脉络中，在朱陆王异同视野中、理学心学源流间，展开极细密的概念比较，并梳理诸概念与命题的演变线索。因此，唐君毅所刻画阳明学术根本特质与思想方法，所澄清良知诸精义，所抉发阳明学术命题内涵，尤为立体深刻。其核心观点在于：阳明学非朱学反动，也不来自陆学，相反，阳明各项决定性学术问题，均从朱学承接而来；阳明诸多解题，简捷高明，又一一可从朱学引申转进一步而得。唐君毅的阳明学研究，视野宏大，富有创见，足资当代阳明学研究参引发挥。

唐君毅的阳明学研究，散布于《中国哲学原论》诸篇（其单行阳明学研究论文内容多已纳入原论诸篇），较集中有三处：第一部分，1966 年《导论篇》第九章“原格物致知（上）”、第十章“原格物致知（下）”，考察《大学》系统与朱王异同下的阳明学发生。第二部分，1971 年《原性篇》第十四章“象山、慈湖至阳明之即心性工夫，以言心性本体义”，探究心学脉络中的良知义，聚焦良知学说中的核心义理难题：“良知心体，何以既是至善、又无善无恶?”唐君毅据阳明“四句教”首句与后三句两部分本体与工夫之结构，疏释此题，创造性地将“四句教”与阳明“为学三变”对照，做出逻辑与历史的统一阐释。第三部分在 1975 年《原教篇》第十二章“朱陆之学圣之道与王阳明之致良知之道（下）”，综合前两部分研究。唐君毅一一阐明良知诸义，深化对阳明良知学说的概念辨析，对诸多阳明心学命题均提出新诠释。唐君毅还为阳明代言，回答后世宗朱学者对良知学常见疑问。此外，由《大学》所内含的“知识与道德”问题，遂牵连“见闻之知与德性之知”的理学命题，唐君毅融合朱王之论“知”，考察熊十力、牟宗三等同时代学者“良知新说”，最终立足良知为本、道德学术传统立场，提出良知与知识的四种关系的新说，这可算阳明良知学说的新发展，值得关注。

一 《导论篇》:《大学》系统与朱王异同下的阳明学发生

第一部分，1966 年《导论篇》第九章、第十章“原格物致知上下”。这两章，唐君毅围绕《大学》文本诠释，比较朱王解说“格物致知”异同得失，点出阳明良知学说发轫于《大学》诠释的独特旨趣、核心要义与思想方法，即重人之“真知其已知”而合知行，良知即是“知善不二”之真知，合本体工夫、彻体用上下内外等。值得注意的是，唐君毅此部分良知学说研究，处起始阶段，在整体章节主题中，居辅从位置。其主要意图，在以《大学》原义为对照，查验朱王诠释《大学》的异同得失。唐君毅特别点出，阳明良知之教，既会通于“知止于至善”“明明德”等命题，又超出《大学》义理结构。

具体而言，第九章之三“王阳明以大学之知为良知之说之得失”，即认为，王阳明以大学之知为良知：一方面，疏通了朱子“知至”到“意诚”的知行断漏，较好说明了大学所谓“知至而后意诚”“欲诚其意者必先致其知”二语。另一方面，“依阳明致知之教，必不能合于大学之先后之序，而其言乃归于以格物、致知、诚意、正心以及修齐治平之事，实为一事而异名之说”。其说不失为精一之学与圆融之论，却与大学本义及其所重为学先后次序不相契合。

第十章之二“王阳明之致良知与大学之知止及明明德”，集中讨论王阳明致良知的义理训释，如何融通并超越“知止于至善”“明明德”的大学要义。在唐君毅看来，阳明立足“真知其已知”的道德知识论出发点，秉持“知行合一”的根本性原则。① 故阳明良知，即知即善、善知浑然不二，而又归摄于良知全体。良知既是辨别了知善恶之知，又是决断贯彻善恶的意念行为。这突破了大学“止于至善”之知所指示的“知与善”平行的对象性认知限度。

王阳明大学诠释与明德工夫，当代学者多有阐发。唐君毅则明确指出，致良知与明明德相类相通：《大学》全文精神浓缩于“明明德”的训义，其意指“天命明德之自明”，这与致良知义正相融通（“良知之本体，能自致而自呈现”）。良知如何能即知即善？原因在于，良知本体知善知恶，同时好善恶恶；致良知工夫，正是良知本体自身的自致、自呈现。②唐君毅还提出，阳明异于、进于《大学》的精义所在。简言之，《大学》所谓“明明德”与“知止于至善”，分属两种不同性质的“工夫架构”：一方面，明德作为天之明命予人内心光明之德，“明明德”属由上而下贯之纵的历程；另一方面，知止于至善，则是“人之知所对，有种种之事物，人亦各有其所以应之感之之至善之道”，“人于此一一求知之”，从而

① “真知其已知”与“知行合一”，二者实构成阳明与朱子格致理论，甚至朱子学与阳明学两个学术系统间重大差异与根本分歧。与之相应，在朱学一方，则是“重知其所不知，以更扩大其所知”与“知行并进”。延伸开说，通常分判朱学与王学（理学与心学）的根本命题，如性即理与心即理，或未抓住朱王异同症结。

② 良知即体即用、良知合本体工夫，此义，既是良知诸义中的一项根本义，也构成阳明论学的一项根本特征。唐君毅于 1975 年《原教篇》专目详析之。在本文所论的唐君毅阳明学研究第三部分。

构成一由内而外展之横的历程。[①] 据此可知，《大学》本意，致知只是“明明德于天下之历程中之八目中之一事，而亦终不得与明明德并举”。然在阳明则进于大学，既然明德自明之体可发用而作“致知”一事，举用而名体，遂谓“明德之体”即为良知。“致良知于事事物物”即通于“明明德于天下”，致良知遂涵盖一切修养工夫历程。“大学之由体达用，由内而外之三纲八目之铺陈，经阳明之手，即化为本末内外、一以贯之之圆教。”此中，唐君毅还指出阳明思维方法之圆融、工夫宗旨之高明：“阳明之所优为者，则正在合本体与工夫，而彻体彻用，彻上彻下，故既可以体名为用名，亦当以用名为体名。”

二 《原性篇》：心学脉络中的良知与“至善何以无善无恶”问题

唐君毅阳明良知学研究第二部分，见于1971年《原性篇》第十四章“象山、慈湖至阳明之即心性工夫，以言心性本体义”。前述《导论篇》论阳明良知学，唐君毅约束在《大学》论域，侧重朱王异同及其诠释与《大学》本意之互动。至《原性篇》，唐君毅则另起一线：立足陆象山、杨慈湖至陈白沙的心学脉络，阐明阳明致良知工夫特进于心学前贤之胜义。[②] 简择其要如下：

第一，象山之学务求简易直截；要人发明本心、先立乎其大，而所重发明的本心，则凡圣古今心同理同；象山要人做工夫，是自超拔奋起于物欲意见之沉溺蒙蔽，强调一心之升降（并反对朱子分别天理人欲、道心人心而论工夫）。于此点，阳明“良知天理之昭明灵觉”，正综合象山“此心之灵”与“此理之明”；象山本心是能自作主宰之心之自体，阳明良知则重言此心本体的表现运用。“象山之发明心即理之本心，重在教

---

① 唐君毅概括出《大学》包含的这两项工夫架构，令人想到牟宗三的传统学术的分判系统：纵贯系统与横摄系统。尽管如此，牟宗三将《大学》与朱熹大学诠释，归于横摄系统；唐君毅则指出《大学》本身即同时包含纵的横的两套架构。二贤观点实针锋相对，行文则含蓄有礼，后学受教于文外。

② 心学源流问题，尤其唐君毅于此节所论陆象山、杨慈湖至陈白沙等的心学特质与演变，此一主题牵扯甚广，留待另文专详。

人自见其心体，以自立自树，而阳明之言良知之昭明灵觉，即重在此良知之对其所知而表现之运用。此良知之所知，在阳明非单纯之外物，而为吾人对物之事或吾人对物之意念。”

第二，象山还有“收拾精神”说，至杨慈湖提举“心之精神是谓圣”，“由此精神之无所不运，观天地之变化即吾心之变化”，更言“己易”。杨慈湖“心之精神”，“遂将横渠、康节以来所言之神，显然归摄在心之主体上说，而更无泛滥散落在气上说之虞”。相比之下，程朱偏由气言神并重横渠所谓“鬼神二气之良能”。于此点，阳明阐述良知，既接续心学一脉心之神妙不测之义，又着重良知的流行义、活动义、功用义。“后之阳明以良知之流行为气，凝聚为精，妙用为神，言心之良知是谓圣（今按：此语显然从杨慈湖化来）……”

第三，象山慈湖后，更有白沙“静中养出端倪”。端倪，此心体之呈露而为自然之觉之端始。白沙端倪之觉，涵盖天地变化在吾心，正与杨慈湖己易同。[①]“白沙之言此一觉，而同时见得我之大与无穷，乃重在由此觉以涵盖天地万物之变化，而顺应其变化，以与俱无穷，此即更契合于杨慈湖之观玩‘己易’之旨。”由此觉，“亦涵以己之生生之几，与万物之生生之几，自然应会，以俱生俱化之旨，有类明道言观万物生意之趣”。于此心之觉义、觉之生生义，至阳明均归摄为良知。

实际上，上述诸心学要义，均不同程度为阳明良知说所吸纳。唐君毅 1973 年著《原教篇》第十二章“朱陆之学圣之道于王阳明之致良知之道（下）”，列专门节目，各个阐明良知诸义。其中，“五、良知即心体、即天理之昭明灵觉义”与“七、良知之应物现形，与生生不已义”，分别讨论良知即心体即天理昭明灵觉、良知感应作用而生生不已，两节内容，正由上所论“阳明良知承续心学诸义”开启的题目，详细展延。

《原性篇》阳明良知学研究，回归阳明学术本身，还有一项重点内容：唐君毅围绕“心体至善、还是无善无恶?”这一关键性的“良知疑难”，首辨阳明“心体无善无恶”与告子、禅宗不同。进一步地，唐君毅释“四句教”首句（无善无恶）与后三句（知善知恶、好善恶恶与为善去恶）关系为：心之本体，由工夫实到后“反证而得”。换言之，阳明既

① 杨慈湖己易说，笔者未及详勘，或即是发挥“天地之心”之义而来？

言心体无善无恶，并言心体至善，何以可能？唯在究竟义上，即后三句工夫极致处，良知可自证其“至善无恶”，在此意义上，言心体“无善无恶”而无碍两通。① 此外，唐君毅还立足前述论证与见解（四句教体用相即义、首句须透过后三句而见等），通论“阳明学之三变”②。撮其大意如下：

阳明为学第一阶段，重默坐收敛。

第二阶段在江右后，专提致良知。本阶段宗旨，良知贯通已发未发，“良知之自致其知，依其本身之天则天理，以表现流行为知善知恶、知是知非、而好善恶恶、为善去恶之知与行”。

阳明之教第三阶段，“时时知是知非，时时无是无非，开口即得本心，更无一假借凑泊，如赤日当空，万象毕照”。当此时，已达至致良知工夫的极致处，也到良知义理究竟处。“人欲之恶者、非者，才表现即为此良知之所非、所恶而化除；而合天理之善者、是者，才表现，良知亦即知其是、其善，而不自以为‘为善’。”“人于此乃唯见一超是非超善恶而无善无恶又为至善之一绝对心体之呈现流行于所感之天地万物之中，如赤日之照万象。”

经唐君毅诠释与通论，阳明四句教的本体与工夫的逻辑结构，正与阳明学为学宗旨三变之时间历程达至同一，也就是说，“四句教”与“为学三变”获得某种历史与逻辑的统一。如此一来，阳明论心体无善无恶，即是知善知恶、好善恶恶与为善去恶的致良知工夫后，所达成的至善心体，遂无疑义。

三 《原教篇》：良知诸义

唐君毅《中国哲学原论》诸篇中的阳明良知学研究，第三部分呈现

---

① 在阳明四句教（并衍生所谓两种教法的问题），心体至善与心体无善无恶的问题上，唐君毅实际坚守了钱德洪的观点“至善即无善无恶”，并补充论证了钱说：“然吾意则以为此未发时之为无善无恶，亦正由知善知恶为善去恶后之亦归在无善无恶之所证实。”此外，黄宗羲辨此节目，谓阳明所谓无善无恶，只是说无善念、无恶念（盖其为体，居中未发，自无意念）。黄宗羲坚称阳明只说心体至善，唐君毅同样为黄宗羲的观点，补足了论证。

② 阳明学术发生演变的问题，有不同分判与主张。持“其学三变说”的，有王畿、钱德洪与黄宗羲等。

在1973年写成1975年出版的《原教篇》第十二章“朱陆之学圣之道与王阳明之致良知之道（下）”。从写作时间、内容详略及主题逻辑看，这一部分，正由前两部分阳明学研究汇聚深化而来。粗略对照可知：第一部分主线是“《大学》系统与朱王异同下的阳明学发生”，同一主题，在此深化为“二、阳明之摄格物诚意等工夫所成之致良知义，与知行合一义；三、良知天理之即体即用义；四、朱子与阳明言戒慎义”。第二部分主题是“心学脉络中的良知诸义”，本部分对应延展的有“五、良知即心体、即天理之昭明灵觉义；六、良知与儒之通二氏义；七、良知之应物现形，与生生不已义”。

本章七个小节，阳明学术重被置于朱陆工夫义理异同视域。唐君毅再解析阳明如何立足“知行合一”基本原则，以致良知综摄格物诚意等大学工夫，更畅论良知诸义。

良知天理之即体即用义——以朱陆学术异同为参照，说明在阳明，何以心与理合一于良知为说？良知天理之体用、未发已发工夫，又如何打并合一说？

良知工夫贯通已发未发动静义——由工夫实践上，探究朱王戒惧工夫异同，进一步阐明致良知工夫如何贯通已发与未发、动与静？

良知即心体即天理之昭明灵觉义——阐发阳明融贯心、理于良知之说。其言心之本体即天理，为“心上说理”；言天理之虚灵明觉即良知，是“理上说心”。此二义，即成就阳明之“心即理即良知义”。

良知至虚至实而包举佛老虚无义——良知之虚，正使天地万物，在此良知发用流行中，遂见良知至无至虚至静，而又至有至实至动。阳明实见得此心之虚灵明觉，即天理之虚灵明觉。

良知应物现形生生不已义——良知应物现形，随时而变。故良知顺时顺事物现前的不同，时时有创发性表现与运用。良知随感而应，当机表现，生生不已，不可预定不可限定，内涵有无限创造性、灵活性。相应的致良知工夫，即谓纯就当下所见吾意念言行之是非善恶，致其是是非非之知，亦当下致其为善去恶之行。良知应物现形、当机表现义，实为阳明良知学说极精妙而最富个人特质之所在。

四　致良知疑义及其回应

阳明良知学意涵丰富，工夫高明，教法圆融，影响深远。无论当阳明之世，或阳明后学衍派，或近代迄今，阳明良知学在广阔的时空历程不断被阐扬，也始终遭受各种质疑批驳。其中一些典型性疑难，多来自阳明在世与身后之宗朱学者，唐君毅提炼出几种问难，并给出解答。此亦见，唐君毅对良知学说当代阐扬之兴味。问难有：

·人如何可知其良知中不夹杂自欺？

·（良知）如何能知一切当然之天理？

·（良知）如何保其所知之不误？

·如何保其致良知之功之必然有效？

这些问题，自其带有某种常识性与大众性质，唐君毅谓之“似深而实甚浅”，并将以上四种问题，合并为两个：（1）人如何可知其良知中不夹杂自欺？良知如何能知一切当然之天理？良知如何保其所知之不误？（2）如何保其致良知之功之必然有效？唐君毅分别回答：

（一）

（1）并无德性工夫，能保证必然无误。“人固不能保其自谓是良知之表现者之必然无误，而不夹杂自欺。”人可分作两类：做德性工夫者，与不做德性工夫者。对于做工夫的人[①]，“然人之用任何其他之德性工夫者，同不能保证其必然无误而无自欺”。

（2）人有自欺，即可觉察自欺。人有自欺时，也有意诚感动时。“人固有自欺之时，人亦有自知其自欺之时；人复有自知其明非自欺，而自知其良知之所知在此，而自感自愧其未之能行之时。”即是说，人的自欺状态或不可尽行消灭；同时，人也有良知灵明作用“觉察自欺”，人能诚实确认自己的心意并产生感动愧疚之情（此即孟子所谓四端之情、恻隐不忍之类）。

（3）当觉察自欺、当意诚感动，即可致吾良知，实行吾知。“人固可就其良知所知而未能行之处，实求行，以致此良知，为其工夫之下手

---

① 未标引注处，或有笔者补足其义、畅通其论述。

处也。”

（4）如有人断然否认（2）与（3），认为，人的自知（觉察自欺）、幡然醒悟与下手致良知，均无可能。“则此言，又正出自人之自欺也。”身处自欺而蒙蔽无知、无能为力，其成因在于：人未致良知，故其“能知自欺”之良知未激发呈现。①

（5）良知之教无法确保，当下尽知一切当然之理，也不能保证所知无误。“然人固可就其当下自知无误者而致之，不必求其尽知一切当然之理也。”②

（二）

（1）良知效验问题，情况复杂。致良知工夫效验，因人气禀、积习而异，也不能期一劳永逸，而是有种种艰难，是精一不懈的过程。

（2）“依儒者公义，于世间一切事，皆是只问当不当，而不问功利。则于此为学圣贤之事，亦当只问工夫，不先预定效验。”

（3）人不可离工夫而束手外观工夫，人亦不可预定效验、认定工夫必无效验。相反，一切效验，即在工夫实践中见。

（4）人固可有力不足，而不见效验处。无他，唯有即此“不见效验”之自觉，知耻用力做去，渐至效验显现。③

唐君毅此处，将“良知之功必然有效”等同于“良知效验”问题。据《道德形而上学原理》，则致良知工夫在经验的、现实的效验问题，仅相当于康德所划分的“普通的道德理性知识”及其所属“通俗的道德哲学”层面。值得注意的是，寻求“普遍必然”的先天原则与“何以可能”的形上说明，属康德批判哲学的内在要求。

接受这一要求，遵照康德批判哲学的标准与范式，致力于儒家心性论的现代化阐发——牟宗三建构东方哲学传统下“道德的形而上学”，便

---

① 唐君毅的应答已到究极处。对某一彻底破坏的道德怀疑主义质询，良知学的回答，也只能止步于给出自洽的成因说明了：其否认一切，正出自自欺蒙蔽，良知蒙蔽。

② 所引阳明二语，其意已尽。阳明云：“天理终不自见，私欲终不自见。如人走路，走得一段，方认得一段。……今人于已知之天理不肯存，已知之人欲不肯去，只管愁不能尽知。”“今日良知见在如此，只从今日所知扩充到底；明日良知又有开悟，从明日所知扩充到底，方是精一的工夫。”

③ 朱子论心地工夫，至于极处，也只剩勉力去做一语了。

属于这样的一种努力。然而，或许还有其他可能性：承认儒家心性哲学与工夫论，确与康德道德形而上学原理诉诸“理论完备、必然有效的先天原则”大不同。据此承认，而展开疏释会通。我们应注意到，康德哲学的基督教神学传统与自然法哲学传统。先天法则的普遍必然有效，其实源自基督教神学的应许保证。相反，儒者践行心性修养，正要在一有漏的、不完满的、经验的生活世界，不懈展开一并无必然保证的心性锻炼与人格涵育。以此之故，唐君毅对良知效验问题的回复，看似绵软无力、并未提供切实有力的保证与解决，实际上，这一问题及其并不完满的回答，又被包容于下文所论“知识与良知四种关系”第四种之理论限度内：当良知穷尽努力，仍无法摆脱彻底的怀疑主义、“急功近利主义”，则良知本身将承担现实的不完满的道德境况及其怀疑与责难，而无怨无悔，并因此承担无怨而彰显其庄严（道德价值）。“知识与良知的四种关系”，下文详述。

五　良知学的新发展：良知与知识的四种关系

由《大学》所内含的“知识与道德”问题，遂牵连“见闻之知与德性之知”的理学命题。唐君毅辨异并融通《大学》、朱子与王阳明三者之论“知”，[①] 又考察熊十力、牟宗三等同时代学者“良知新说”，最终立足良知为本、道德学术的传统立场，提出良知与知识的四种关系的新说，这可算阳明良知学说的新发展。

熊十力将科学知识纳入格物，并沿用阳明良知学框架，将此包容“新纳入科学知识、清儒所尚见闻之知”等活动内容的“新格物”，重又归摄于良知，即视格物为良知之发用。由此，熊十力既打开知识的范围、接纳新的知识内容，又坚持良知的主体地位、维护道德的统摄作用。在广义上，其说仍未超出近代中西交汇激发的以张之洞“中学为体，西学为用”为代表的“知识与道德”结构关系。相比之下，牟宗三良知坎陷

---

① 唐君毅辨析融通《大学》、朱子与王阳明三者之论“知”，其内容集中在《导论篇》“原格物致知”章，牵涉颇广，待他文详呈。

说，较熊说更进一步，承认良知道德需主动避让、主动开出了别心展开认知活动，以此容纳科学知识，并给予知识求知相应的独立地位。牟说被归纳为唐君毅四种关系之第二种“更迭呈现之相斥关系”，良知退隐而始终在。

第一种情形，良知直接通过知识而表现。即良知直接运用知识，贯彻于知识而流行，是“俱时而呈现之同一关系”。如孝亲的良知，流露为对亲病的忧虑考量，此知识见闻运用处，恰恰是良知呈露发出之际，也可视为良知流行的轨辙、可能性条件。唐君毅以“空间结构”描述为：良知如一立体物，由三维结构贯注流行，而知识见闻运用处，则是良知的一个面相、轨辙。阳明所谓“闻见之知为德性之知之用”、牟宗三所谓良知德性的主套与了别知识的附套，均属此。“凡吾人在根据凭借运用已成之知识，而活转之、升进之，以为德性之知或良知通过流行，以表现其自己之轨辙时；此中知识之知，与德性之知或良知之关系，皆是此情形。”

第二种情形，良知肯定客观知识为善、纯粹求知为善，虽如退隐而始终予以支持。如此客观知识，表面与良知道德常排斥分离，实际上，求知活动初由良知肯定（得知识真理为善）而引发，且持续性求知由良知超然地支持（如自觉地求知、勿懈怠等）。唐君毅将数学、科学求知与清代考据等，单纯的、纯粹的知识及其活动，纳入与道德看似无关、实则为道德肯定与督促的情形。这一良知决定引发求知活动而隐退，必求知间断，良知再呈现以接续的关系，唐君毅概括为“更迭呈现之相斥关系”。知识与道德截然分判的规定，是近代认识论尤其康德先验哲学传统的遗产，不仅提供科学活动的前提，也构成现代理性人开展知识活动的共识。于此，唐君毅则点破这一“现代性迷思”：在科学与求知活动中，良知只是超越地“隐退静居”，良知也许“消失”，但从未消灭。他的这一见解，在当代科技伦理反思研究中，在知识社会学等领域讨论中，得到越来越多的注意与证实。

第三种情形，在一些触发道德行为的具体的特殊的情境下，良知发动流行、良知既有的客观知识，均不足以应对当前道德困境、不能达成某个道德目标，为此，良知节制既有的发动与行为，而另行建立一“客观”求知活动，以求达成某个道德目标、解决当前道德困境。此中，良知与知识遂构成一“目的与手段之相从之关系”。唐君毅仍以孝亲良知为例，亲病在前，良知暂时节制“无用的”单纯忧虑与“无谓地”侍奉行为，转而求问病情症状、寻求治疗方案。唐君毅认为，如朱子格物穷理，在已知之理外，更穷格外在事物之理，增益心知（而使能锻炼应事、变化气质而成圣），即属于此类。值得注意的是，唐君毅还将科学求知活动区分了基础科学与应用科学。基础科学归为道德隐退的“纯粹求知”，唐君毅举数学与“科学家之重记诵考证”，归于上一情形，此处则视应用科学家为抱有一实用目标（来自道德与良知）而求知识，故属于以求知的手段，间接达成某项良知目标。然而此处不免令人疑虑：设若某些应用科学家的“实用目的”，竟是反道德的、非道德的，如科技伦理所反思的“邪恶科学家”问题——这并非杞人忧天，现实已出现违背科技伦理道德底线的“基因编辑”等丑闻，如此一来，应用科学（家）的手段，已脱离人类道德良知的羁縻节度。因而，良知与知识所谓“目的与手段之相从之关系”，是否即宣告不能成立？

第四种情形奇特而复杂。它似乎经由前面三种情形下沉与过滤，而最终做出承担和兜底，且似乎直接承担前述“具体特殊之情境”而来。前述第三种情形说：如果置身某一特殊情境，良知给予目标，发动求知活动以提供手段，寻求道德困境之解决、道德目标之达成。而现在，不仅置身某一具体的特殊的情景，且所拥有的知识、条件，正与“良知所认可而发出之全幅要求或命令”相冲突。也即置身道德困境，如何是好？换句话说，一如广泛讨论的“电车难题”，在（经常性的）某些道德困境中，良知与知识构成何种关系？唐君毅提出：首先，良知必须肯定会有一“解决之道”，即相信存在一“较善或最善之决定之道”。其次，当人发觉良知所蕴含、所发出之要求命令，在诸目标之间、诸善之间，相互冲突，构成某种“道德困境”，身处其中，人的心情感受则紧张迫切，并被道德良知直接驱迫去寻求解决冲突之道。再次，面临诸道德目标竞争、诸善冲突，人仍旧只能诉诸良知——良知审查冲突的各要求、衡量实现诸目标的价值异同大小，并由良知决定选择较善与最善者，做最后决定。最后，道德抉择无法满足全幅要求，必牺牲良知某一（部分）要求，如此一来，最后的决定必是悲剧性决定。为此，良知必在事前事后承担起来，任何一种抉择所导致的悲剧命运、一切缺憾罪戾，而无怨无悔。这被认为，是人之良知最庄严神圣的表现。简言之，唐君毅所论第四种情形，是在现实的道德困境中，在一般所谓道德相对主义的理论情境之下，良知不仅进行衡量、做出抉择，更承担“道德冲突”本身的悲剧性，承担“道德愿望”与“（道德相关的）事实与知识”间的事与愿违。良知希望道德冲突圆满解决，并有相应的知识与事实，获得圆满的道理、达成圆满的现实，然而，良知也承担这一愿望落空，并接受不圆满的、与愿望相违背的事实与知识（人生不如意者十之八九）。由此，遂构成良知与知识，二者在良知流行中如一阴一阳的“交互并在之关系”。在唐君毅看来，第四种情形其实构成了前述三种良知知识关系之根据，“自全幅之人生看，人生任何活动之发展，至一阶段，盖皆不能免予与其他良知所亦视为当有之活动，或某一特殊具体之情境已有之事实及吾人对之已有之知识，显出在一时之互相冲突而互相对反之情形”。实际上，第四种关系，恰恰是良知意识到自身的冲突、局限，与此同时，仍直面并承担人生的种种矛盾、辩证背反，既不自欺于某种简单粗暴的绝对主义的道德教义，也不逃匿于放浪虚无的道德相对主义，最终抵达如唐君毅所言“庄严而神圣”的人文宗教的人生境界。

结　语

此文，为笔者所作首篇阳明学论文。自朱学入者，往往习惯朱学不分巨细、咀嚼辨析：同一论题，朱子有诸多版本文字可供考证，由其字义去取，即可见朱子义理缘由及其思想递进；朱子又重分析，概念内涵分别条理，使人参考比对知其然与所以然。

为朱学之长与易，为阳明学之短与难。笔者研读阳明学文献，经年难与阳明先生莫逆。阳明论学高明宏达，重一贯会通：良知即心即天理即灵觉，良知合本体工夫即体即用，良知即是未发之中，凡此等等，在阳明往往省略论证与辨理，不给详细理由，期学者会悟已心。渡无津梁，苦此久矣。而今发掘唐君毅论阳明学，恰如所论“朱王通邮”者，吾今达其通邮而豁然开朗矣。盖唐君毅著述论文，颇见朱学风气，一字义一词句一概念，纵横往来数万言，历数宋明儒者诸义原委流变，可谓“义理考据学”之绝响！尤其将此奔逸绝尘难以把握的阳明良知学说，放回理学心学脉络与朱陆学海，不时应照儒释道诸贤万山景象，吾人如饮醍醐，有一通百通之仿佛。国庆假期，焚膏继晷，数日草就此文。如有错舛之处、不通之论，恳请各位师尊贤达，不吝教诲。

（作者为宁波大学马克思主义学院讲师、博士）

朱熹、王阳明论仁与恕的区别

徐国明

【摘　要】在《论语·公冶长》“我不欲人之加诸我也”章的注文中，朱子明确提出了“仁恕之别”这一论题，依据朱子之意，“己所不欲，无施于人”与“己所不欲，勿施于人”，正可以用来表征“仁”与“恕”的区别。这对术语仅一字之差（“无”与“勿”），然而，一为“自然而然”、自然流露而出；一为勉力而为、推而出之。朱子不仅论述了二者的区别，也阐述了二者的关联性：做到后者（“己所不欲，勿施于人”）或处于“恕”的地位，亦须有“主敬穷理”的工夫、“渐渐勉力做向前去”，最终便可达至前者的地位（“己所不欲，无施于人”）或上达于“仁”的境地。此论题，阳明亦有相关之论，将阳明、朱子二人所论相较而析，颇能显示出阳明之学是如何在朱子学的笼括下转出新义。

【关键词】朱子　阳明　仁与恕　《论语》

仁与恕为理学中的核心论旨之一。朱子论“仁”①，正如陈荣捷先生所指出的“自三十四岁编成《论语要义》以后，可谓无日不言仁”②。至

---

① 钱穆先生《朱子新学案》第六节、第一九节，刘述先先生《朱子哲学思想的发展与完成》一书第四章，皆已广引相关文献对“朱子论仁”这一问题做了详备之论述。钱穆：《钱宾四先生全集》第11、12册，台湾：联经出版事业股份有限公司1998年版，第393—416、141—190页；刘述先：《朱子哲学思想的发展与完成》，台湾：学生书局1984年版，第139—194页。

② 陈荣捷：《论朱子之仁说》，载《朱学论集》，华东师范大学出版社2007年版，第25页。

四十三岁时，朱子又写有《仁说》一文。[①] 后来又据此文，画有仁说之图。[②]《仁说》聚焦于“心之德”“爱之理”而展开。[③] 至四十八岁《论语集注》成书时[④]，朱子注《论语》开篇第二章所说的“仁”，便有“仁者，爱之理，心之德也”这一对“仁”的经典性界定。[⑤] 朱子对“恕”的界定，即为“推己之谓恕”（伊川说）“推己以及人”“推己以及物”。而“仁”“恕”二者的关系，实际上朱子也有所揭示，如在仁说图中以“恕”为“仁”之“施”；此之“施”，即朱子所说的“自亲亲而仁民，仁民而爱物，其爱有差等，其施有渐次，而为仁之道生生而不穷矣”。[⑥] 然而，朱子学中“仁”与“恕”的关系，学人的相关讨论并不多见。[⑦] 阳明论“仁”，最广为学人所熟知的是“天地万物一体之仁”这一论题，以及他对仁的独特界定“仁是造化生生不息之理”。至于阳明论“恕”以及“仁”与“恕”的关系，实有待于学人给予更多瞩目。本文将聚焦于《论语》“我不欲人之加诸我也”章的朱子之注文，以朱子所提出的“仁恕之别”展开分析，阳明、朱子比较而论，以期进一步阐明这一问题。

一 《论语》“我不欲人之加诸我也”章释义

《论语》“我不欲人之加诸我也”章，即《论语·公冶长》第十一

---

① 据陈来先生考订，《仁说》成于朱子四十三时；见《仁说之辨》一文的脚注［19］；陈来：《朱子哲学研究》，生活·读书·新知三联书店 2010 年版，第 221 页。

② 图载于《朱子语类》卷 105，黎靖德编：《朱子语类》，中华书局 1986 年版，第 2632—2633 页。

③ 《仁说》载《晦庵先生朱文公文集》卷 67，此《文集》出《朱子全书》；（宋）朱熹：《朱子全书》23 册，朱杰人、严佐之、刘永翔主编，上海古籍出版社、安徽教育出版社 2002 年版，第 3279—3281 页。

④ 王懋竑：《朱熹年谱》，中华书局 1998 年版，第 76 页。

⑤ （宋）朱熹：《四书章句集注》，中华书局 2012 年版，第 48 页。

⑥ 《晦庵先生朱文公文集》卷 67 之《论语或问说一》；（宋）朱熹：《朱子全书》，第 3269 页。

⑦ 董平师《“差等之爱”与“博爱”》一文中涉及相关问题，对“仁”与“恕”的关系做了详审的阐发；许春伟、朱人求两学人之文《朱熹恕道思想研究》，也对此问题有所言及。董平：《“差等之爱”与“博爱”》，《哲学研究》2015 年第 3 期；许春伟、朱人求：《朱熹恕道思想研究》，《集美大学学报》2017 年第 1 期。

章，朱子《论语集注》载：

> 子贡曰："我不欲人之加诸我也，吾亦欲无加诸人。"子曰："赐也，非尔所及也。"子贡言我所不欲人加于我之事，我亦不欲以此加之于人。此仁者之事，不待勉强，故夫子以为非子贡所及。程子曰："我不欲人之加诸我，吾亦欲无加诸人，仁也；施诸己而不愿，亦勿施于人，恕也。恕则子贡或能勉之，仁则非所及矣。"愚谓无者自然而然，勿者禁止之谓，此所以为仁恕之别。①

此处，朱子明确提出了"仁恕之别"这一论题。关于《论语》此章之义，主要有两说。一为此处的朱子之说，一为何晏在《论语集解》中所解。何晏的解颇为简略，即"马融曰：加，陵也"。"孔安国曰：言不能止人使不加非义于己也。"② 孔安国之说即为何晏解的旨趣所在。皇侃《论语集解义疏》进一步疏解："云'子贡曰云云者'，子贡自愿无世人以非理加陵于我也。云'吾亦欲无加诸人'者，又云我匪唯愿人不以非理加于我、而我亦愿不以非理加陵于人也。云'子曰：赐也，非尔所及也'者，孔子抑子贡也，言能不招人以非理见加及不以非理加人，此理深远，非汝分之所能及也。……注'孔安国曰至己也'，然不加人、人不加己，并难可能，而注偏释不加己者，略也。"③ 虽然皇侃的疏文将"非义"换成了"非理"，且又批评了孔安国之说的"疏略"，但是仍为孔氏说的详释而已。邢昺在《论语注疏》中借鉴皇侃之说，疏解道："子贡言，我不欲他人以非义加陵于己，吾亦欲无以非义加陵于人也。……夫子言，使人不加非义于己亦为难事，故曰：'赐也，此事非女所能及'，言不能止人使不加非义于己也。"④ 邢昺最终又归于孔安国说。

何、皇、邢三家之解，清人梁章钜评价道："孔注言'不能止人使不加非义于己'。……子贡用意全在下句，难事亦全在下句，如［孔安国］

---

① （宋）朱熹：《四书章句集注》，第78—79页。

② 皇侃：《论语集解义疏》（古经解汇函第21，新安鲍氏知不足斋本）卷3，第8页。

③ 皇侃：《论语集解义疏》卷3，第8页。

④ 邢昺：《论语注疏》，上海古籍出版社1997年版，第2474页。

《注》[邢昺]《疏》说只顾得上一句，忘却下一句矣。惟皇《疏》……似合语气，[朱子]《集注》同之。”（《论语集注旁证》卷5）梁氏以子贡所说的重点或难事在“吾亦欲无加诸人”句，因此，在他看来孔安国、邢昺皆是“只顾得上一句，忘却下一句矣”，而皇侃上、下两句兼顾（皇氏语“不加人、人不加己，并难可能”），故“似合语气”。唯有朱子注文以子贡所说为“仁者之事”，为“难事”“不待勉强”，梁氏所谓“同之”不仅仅指朱子注文与皇侃疏文一样皆“合原文的语气”，盖也指更接近于梁氏自己之意。何、皇、邢为朱子之前注解《论语》最为重要的三家，此处三家之解皆由孔安国之说而出，成为朱子之前有关《论语》此章之解的最为重要之一说。

朱子注文，除了梁章钜已指出的，与皇侃疏文一样“合”于《论语》原文的“语气”外，其他处再无与三家之解有相因袭、相同处，可谓发明。《论语集注》成书于朱子四十八岁时，同时成书的《论语或问》同章中朱子将“别”字换成了“辨”字，所说为“仁与恕之辨”①。《朱子语类》中关于《论语》此章的讨论，有张洽丁未、癸丑（朱子五十八、六十四岁）所录语录一条，所说为“分仁恕”②。可见，朱子依据《论语》此章之文以及程子（伊川）之说以区别“仁”与“恕”，从时间上来说，是一直坚持而未有变易的。不过，伊川之说却经历过一个变易而定的过程。伊川解《论语》此章的相关文字已载入朱子的《论孟精义》中：

> 伊川《解》曰：“我不欲人之加诸我，吾亦欲无加诸人，仁也。施诸己而不愿，亦勿施于人，恕也。恕或能勉之，仁则非子贡所及。”又《语录》曰：“《中庸》所谓‘施诸己而不愿，亦勿施于人’，正解此两句。然此两句甚难行，故子曰：‘赐也，非尔所及也’。”又曰：“不欲人之加诸我者，施诸己而不愿者也。无加诸人者，己所不欲，勿施于人者也。此无伐善、无施劳者能之，故非子贡所及。”又曰：“我不欲人之加诸我也，吾亦欲无加诸人，恕也，

---

① （宋）朱熹：《朱子全书》6册，第705页。

② 黎靖德编：《朱子语类》卷28，中华书局1986年版，第724页。

近于仁矣，故曰非尔所及。然未至于仁也，以其有欲字耳。”①

“伊川《解》曰”，指《河南程氏经说》卷6之伊川《论语解》“公冶长篇”所说。②“《语录》曰”，指《河南程氏遗书》卷18、《河南程氏外书》卷6卷7所录伊川语。③朱子在《论语或问》中对此评述道：

或问：“程子之说不同，何也?”曰：“第一条出于程子之手笔，其言最为的当。其他则传录之间，亦容有误矣。”

朱子《答石子重》的书信中，石氏以伊川《解》与《语录》的说法之不同为问，朱子答曰：

二先生说经如此不同处亦多，或是时有先后，或是差舛，当以义理隐度而取舍之。如此说，则当以《解》为正，盖其义理最长，而亦先生晚年所自著，尤可信也。④

朱子在《朱子语类》中也有说：

问：“此如何非子贡所能及?”曰：“程先生《语录》中解此数段，终是未剖判。唯伊川《经解》之言，是晚年仁熟，方看得如此分晓，说出得如此分明。两句所以分‘仁’‘恕’，只是生熟、难易之间。”洽。

朱子此处所说，与《论语或问》《答石子重》书中所述的态度是一致的。“程先生《语录》中解此数段”，“程先生”也就是伊川，“数段”之解即《论孟精义》中所载伊川的《语录》文字。“伊川《经解》之言”，

① （宋）朱熹：《朱子全书》7册，第178页。
② （宋）程颢、程颐：《二程集》，中华书局1981年版，第1139页。
③ （宋）程颢、程颐：《二程集》，第219、381、395页。
④ 《晦庵先生朱文公文集》卷42；（宋）朱熹：《朱子全书》22册，第1938页。

即《论孟精义》载伊川《解》的文字，也正是《论语集注》中“程子曰”的内容。据此处所引《论语或问》《答石子重》书以及语录，可知朱子对待《论语集注》中所引伊川之言，是极其慎重的，并且对于伊川区分“仁”“恕”是极为肯定和赞赏的。（语录末句“生熟、难易之间”，其意关涉“仁”“恕”的相关联性，下文将详述）

朱子辨析伊川之解，最终将《论语》此章之义确定为上出《论语集注》中的文字，而其要点则在于“仁”与“恕”的区别。这成了不同于前代注家的具有朱子学特征的最为重要之一说。朱子此说，清人吕留良在《四书讲义》中论道：“‘子贡曰我不欲人之加诸我也’章，……‘仁’‘恕’之义，发于程子，朱子以‘勿’字‘无’字发明，更无遗蕴。”（《吕晚邨先生四书讲义》卷8）同时代的陆陇其在《松阳讲义》中评道：“程朱于此补出‘仁’‘恕’二字，已曲尽此章之义。”[①] 当然，也有学人对朱子说给予了批评。如元人陈天祥在《四书辨疑》中的严厉批评：“夫子之不许子贡岂止于仁，虽恕亦宜然也。《注》［《论语集注》］亦祖袭程子之说，不审真是真非，直言‘此仁者之事’，过矣！又言‘无者，自然而然；勿者，禁止之谓，此所以为仁恕之别。’此更迂远之甚！仁自仁、恕自恕，无与勿之两字，岂能有所变易哉！”（卷4，通志堂经解本）此处摘录的陈氏语仅为一部分，其完整的评语中已将朱子之说批评的可谓是“无遗蕴矣”。清人何焯在《义门读书记》中，不取为朱子所确定的伊川《经解》中的“晚年”说，而取伊川《语录》中所言，认为“此说比《注》优”[②]。这无异于说朱子《论语集注》中采伊川语为取舍不当。刘宝楠在《论语正义》中引程瑶田说，以子贡之说为“恕”，实则仍是取伊川《语录》中所言以批评朱子之说。同时，刘氏也对何晏《论语集解》中的孔安国说，做出了“釜底抽薪”式的批评，即“伪孔此注全失本旨”[③]，这不仅仅否定了注文的不得其旨，也从根本上否定了注文出自西汉孔安国之手笔。钱穆先生在《论语新解》中，虽举出了朱子说与导源于《论语集解》中的孔安国说这两种重要之说，但他最终却未以

---

① （清）陆陇其：《松阳讲义》，华夏出版社2013年版，第180页。

② （清）何焯：《义门读书记》，中华书局1987年版，第41页。

③ 刘宝楠：《论语正义》，中华书局1990年版，第182—183页。

朱子说为长，转而取了孔氏说。[1]

据上所述，大抵可见《论语》此章之重要，关于此章解读之纷纭；不过，学人的解读统体上不出孔安国与朱子所说之范围，而或赞成或批评或兼取或有限取舍。朱子详审伊川之解，提出的“仁恕之别”，则无疑是经典的、颇具理学特色的。

《论语集注》中所引伊川语，主要围绕两句话，即子贡之语“我不欲人之加诸我也，吾亦欲无加诸人”与“施诸己而不愿，亦勿施于人”此句；两句中的关键字眼，被确定为“无”与“勿”。正是在此基础上，才有“仁恕之别”的揭示。

“施诸己而不愿，亦勿施于人”，语出《中庸》第十三章所说“忠恕违道不远，施诸己而不愿，亦勿施于人”。[2] 伊川以其义指“恕”，显然是本于《中庸》原文。而朱子在《中庸章句》中已提示，此句之义同于“己所不欲，勿施于人”。“己所不欲，勿施于人”出自《论语》之《卫灵公》与《颜渊》两篇。因为《卫灵公》篇之文为子贡与孔夫子的问答，与此处引文的问答者相同，并且孔夫子明确指出了“己所不欲，勿施于人”为“恕”，所以二者相互关联，而朱子在《朱子语类》中讨论此处所引《论语集注》的文字时便已合而论之了。

> 问：“子贡‘欲无加诸人’，夫子教之‘勿施于人’，何以异？”曰：“异处在‘无’字与‘勿’字上。伊川说‘仁也’‘恕也’，看得精。”大雅。[3]

“子贡‘欲无加诸人’”，即指《公冶长》篇子贡之语“我不欲人之加诸我也，吾亦欲无加诸人”；“夫子教之‘勿施于人’”，即《卫灵公》篇所载：“子贡问曰：‘有一言而可以终身行之者乎？’子曰：‘其恕乎！己所不欲，勿施于人。’”[4] 将此条语录与所引《论语集注》的文字两相

---

① 钱穆：《论语新解》，九州出版社 2011 年版，第 134 页。
② （宋）朱熹：《四书章句集注》，第 23 页。
③ 黎靖德编：《朱子语类》卷 28，第 724 页。
④ （宋）朱熹：《四书章句集注》，第 167 页。

比较，则二者的主旨并无不同；有所不同处在重点文字的改易，即《论语集注》伊川语中所引《中庸》“施诸己而不愿，亦勿施于人”句，换成了孔夫子答子贡之语“己所不欲，勿施于人”。这种改换的合理性，在朱子的弟子滕珙所辑的《经济文衡》中也得到了印证：

> 伊川先生《解》云：“‘我不欲人之加诸我，吾亦欲无加诸人’，仁也；‘己所不欲，勿施于人’，恕也。恕则子贡可勉而能，仁则非子贡之所及。”（前集卷22，四库本）

胡炳文在《四书通》中则有进一步的分析：

> “无”字自是子贡说，“勿”字自是夫子说，程子是借夫子说“恕”之事，以见子贡所言自是“仁”之事。①

上文中提及的元人陈天祥，虽然对朱子承袭伊川说而分别“仁”“恕”提出了严厉的批评，但是他的批评是建立在充分了解的基础之上的。他的了解，正可以视为胡炳文分析的详阐：

> “我不欲人之加诸我，吾亦欲无加诸人”正与“施诸己而不愿，亦勿施于人”之义同。而程子分之为二，一以为“仁”，一以为“恕”。初不见有可分之理，亦不见其所分之由。继言“恕则子贡或能勉之，仁则非所及矣”，意谓“己所不欲，勿施于人”夫子尝许子贡能行，此则以为难及而不许。彼既为“恕”，此必谓“仁”，分之之由，实在于此。

故而，朱子提出的“仁恕之别”，凭借《论语》《中庸》之文以及伊川之说，“恕”的具体内容实可视为“己所不欲，勿施于人”。而“仁”的具体所指，就《论语集注》与这里的分析而言，仍为“我不欲人之加诸我也，吾亦欲无加诸人”。“仁”与“恕”二者相区别的关键则仍然是

① 胡广等纂修：《四书大全》第2册，山东友谊书社1989年版，第1066页。

“无”与“勿”，这也是朱子一再强调的，所以朱子在《论语或问》中又说道：

以“无”言者，自然而不待禁止也；以“勿”言者，禁止之辞、勉强之意也。此“仁”与“恕”之辨也。

“无”与“勿”为“仁恕之别”的锁钥，而“己所不欲，勿施于人”为“恕”的实际所指；那么以“己所不欲，无施于人”为“仁”的具体所指，当不谬于朱子之意，因为这既不悖于“我不欲人之加诸我也，吾亦欲无加诸人”之意（陆陇其已将此句简括为“吾所不欲，无加诸人”，见下文所引陆氏之文中的画线句），又合于“无”与“勿”作为“仁”“恕”相区别的关键。“无”表征的是“自然而然”、自然流露、不假人力之强为，“己所不欲，无施于人”正是自然流出之行为；“勿”则是“禁止”、表征为勉力强加实行，“己所不欲，勿施于人”正包含着勉力强为。

因此，朱子所提出的“‘仁’与‘恕’之别”，其区别可以表征为：“己所不欲，无施于人”与“己所不欲，勿施于人”。前者是“仁”的体现，或者说唯“仁者”才能做到（即朱子语“仁者之事”）；后者为“恕”，或者说践行后者则为“行恕”。

二 “仁”与“恕”的关联

以“己所不欲，无施于人”与“己所不欲，勿施于人”来表征“仁”与“恕”的区别，揭示出“仁”与“恕”的不同；同时，朱子也论述了二者的相互关联性。上文已引用的一条语录，其中有言：

“伊川《经解》之言，是晚年仁熟，方看得如此分晓，说出得如此分明。两句所以分‘仁’‘恕’，只是生熟、难易之间。”洽。

末句“生熟、难易之间”，“难易”盖指的是将“仁”“恕”体现（用身体呈现）出来，则前者较“难”后者为“易”。“生熟”大抵是就工夫而言的，工夫到后则“熟”极而流、自然流露，如《论语集注》中所说的“自然而然”，也是此处的“仁熟”之意；反之则“生”，即有“勉强之意”（前引《论语或问》语），须强力而行。如下出语录所言，亦同于此意：

熟底是仁，生底是恕；自然底是仁，勉强底是恕；无计较、无睹当底是仁，有计较、有睹当底是恕。道夫。①

此所提及之工夫，观下出语录，便更为明晰：

子贡谓此等不善底事，我欲无以加于人，此意可谓广大。然夫子谓“非尔所及”，盖是子贡工夫未到此田地。学者只有个“恕”字，要充扩此心，渐渐勉力做向前去。如今便说“欲无加诸人”，“无”者，自然而然；此等地位，是本体明净，发处尽是不忍之心，不待勉强，乃仁者之事。子贡遽作此言，故夫子谓“非尔所及”，言不可以躐等。南升。②

朱子对孔夫子“非尔所及”一语做出了更为详明的解释，并将“仁”“恕”二者的不同以及二者的相关联性用平实的言语阐述得更加明了。朱子本着他一贯的“不可躐等”、循序渐进的主张，认为处于“恕”的地位（做到“己所不欲，勿施于人”）时须不间断地做工夫，“渐渐勉力做向前去”，这样最终便可达至“本体明净，发处尽是不忍之心，不待勉强”的“仁”的地位（达至“己所不欲，无施于人”）。伊川已明确说过“恕者，入仁之门”。③ 依朱子，由“恕”而“仁”，关键在于做工夫。这也为陆陇其在《松阳讲义》中所指出④，陆氏之论可谓是综合了此处所引用的三条语录而做出的：

---

① 黎靖德编：《朱子语类》卷6，第116页。

② 黎靖德编：《朱子语类》卷28，第723—724页。

③ 见《河南程氏外书》卷6；（宋）程颢、程颐：《二程集》，中华书局1981年版，第391页。

④ （宋）陆陇其：《松阳讲义》卷6，华夏出版社2013年版，第180—181页。

“子贡曰我不欲人之加诸我也”章，……这一章见“仁”“恕”之分，学者当由“恕”以求“仁”。……程朱于此补出“仁”“恕”二字，已曲尽此章之义。今日只要想这个“不欲”“无加”，既为仁者之事，……子贡如何却看得这样容易，虽非自谓已能如此，然却似一蹴便可到的，只缘他不曾着实在这个上做工夫，不知这个就是仁者之事。

陆氏谨遵伊川、朱子说而论。陆氏接着说道：

“吾所不欲，无加诸人”，……不觉说得容易了，只此一言，便见他学力尚浅。若曾在这个上着实用功来，便知吾人所最难化者气质，……最难拔者习俗，……最难除者私欲，……是虽刻刻存养，刻刻省察，竭力推致，竭力扩充，尚恐未能尽融其渣滓，未能尽绝其萌芽，如何可轻说得个“无”字？

这里已将“工夫”讲得更为具体了，即“存养省察”“推致”“扩充”，其目的在于化“气质”拔“习俗”除“私欲”。陆氏继续析论道：

夫子所以急提醒之曰：“赐也，非尔所及也。”盖此本是学者所不可不及之事，亦是必可及之事，然不是容易及之事。……始见为易而骤进，继必见为难而速退，是终身不能“仁”之道也。……夫子此言，不是贬驳子贡，正欲其反而求之切实之地，以渐及乎此也。求及乎此，无他，亦曰“恕”而已矣！夫子平日告子贡曰“能近取譬”、曰“可终身行”，皆与此言相表里。盖由“生”而“熟”、由“难”而“易”、由“恕”而“仁”，圣门教人一定之次序也。他日子贡闻性天道之后，亦深服夫子之教不躐等。

陆氏之论，如果借用他评伊川、朱子“已曲尽《论语》此章之义”的说法，那么可以说他“已曲尽朱子之意”，无愧于《清史稿》“其为学专宗朱子"之评断。[1] 最后陆氏告诫道：

> 今日学者读这章书，要汲汲去理会"恕"字，或束缚于气禀、习俗、人欲而不能"恕"，则当如孟子之"强恕"。无"忠"做"恕"不出，则当由"尽己"而"推己"，"恕"字工夫熟则"仁"在是矣，何不可及之有？

"尽己""推己"，即朱子说"尽己之谓忠，推己之谓恕"。[2]"孟子之'强恕'"，指《孟子·尽心上》"万物皆备于我"，章孟子之言"'强恕'而行，求'仁'莫近焉"。[3] 可见由"恕"而"仁"，孟子已明白指出。朱子注云"强，勉强也。'恕'，推己以及人。……行之以'恕'，则私不容而'仁'可得"。

这工夫，除了陆陇其讲得具体外，朱子亦有具体之论。上文提到《论语·颜渊》篇为"己所不欲，勿施于人"句的另一出处，朱子在《论语集注》此章的注文中，对这工夫已给予了明确的论述：

> 仲弓问仁。子曰："出门如见大宾，使民如承大祭。己所不欲，勿施于人。在邦无怨，在家无怨。"仲弓曰："雍虽不敏，请事斯语矣。"敬以持己，恕以及物，则私意无所容而心德全矣。内外无怨，亦以其效言之，使以自考也。……"克己复礼"，乾道也；"主敬行恕"，坤道也。颜、冉之学，其高下浅深，于此可见。然学者诚能从事于敬恕之间而有得焉，亦将无己之可克矣。[4]

《论语》原文聚焦于"仁"与"恕"以及践履工夫（"请事斯语"），朱子注文便落实于此，其要旨则在于"主敬行恕"四字（此之"主敬"，亦《论语·雍也》中朱子注仲弓所说的"居敬"）。"主敬"乃朱子学工

---

① 赵尔巽：《清史稿》卷265《陆陇其传》第33册，中华书局1977年版，第9936页。
② （宋）朱熹：《四书章句集注》，第72页。
③ （宋）朱熹：《四书章句集注》，第357页。
④ （宋）朱熹：《四书章句集注》，第134页。

夫之所在，“行恕”则指的是践行“恕”。末句所说“然学者诚能从事于敬恕之间而有得焉”，则表明“主敬”之工夫与践行“恕”须交互为用、相须而行，或者说处于“恕”的地位时须有“主敬”之工夫。而接着所说“亦将无己之可克矣”，则显然是据此章之前一章“颜渊问仁”而论（“克己复礼为仁”），“无己之可克”本为伊川语“敬则无己可克”，[①] 朱子的解释为：

> 孔子惟颜子、仲弓，实告之以为仁之事，余皆因其人而进之。颜子地位高，担当得克己矣，故以此［“克己复礼”］告之。仲弓未至此，姑告以操存之方，涵养之要［“主敬行恕”］。克己之功难为，而至仁也易；敬恕之功易操，而至仁也难。其成功则一。故程子云“敬则无己可克”，是也。[②]

依朱子说，“无己之可克”指不必定用“克己复礼”便亦可归于“仁”。之所以能如此，因为“主敬行恕”；“主敬行恕”与“克己复礼”二者“成功则一”，皆可还归“仁”。这也正如朱子在《朱子语类》中所指出的“‘持敬行恕’，虽不曾着力去‘克己复礼’，然却与‘克己复礼’只一般”。[③] 换言之，处于“恕”的地位（“己所不欲，勿施于人”），加以“主敬”之工夫，最终亦可还归于“仁”（达至“己所不欲，无施于人”）。

前文引《卫灵公》篇孔夫子答子贡之语“己所不欲，勿施于人”，《朱子语类》中关于此的问答凡四条。[④] 前三条不过寥寥数语，最后一条以“终身行之，其恕乎！”为发问之首句，字数多至六百有余，而反复所论者即在于强调做工夫，其中有引伊川“涵养须用敬，进学则在致知”句，则表明此之工夫除“主敬”外，亦须“穷理”。

由“恕”而“仁”所需之工夫，具体所指为“居敬穷理”。

---

① “伊川云‘敬则无己可克’”见：黎靖德编：《朱子语类》卷 97，第 2491 页。

② 黎靖德编：《朱子语类》卷 42，第 1074 页。

③ 黎靖德编：《朱子语类》卷 42，第 1072 页。

④ 黎靖德编：《朱子语类》卷 45，第 1161—1162 页。

三 明道（程颢）对“仁”“恕”的区别

《论语·里仁》篇“参乎！吾道一以贯之”章，朱子《论语集注》中有载：

> 程子曰：“以己及物，仁也；推己及物，恕也，违道不远是也。”①

《朱子语类》中关于此章的问答有载：

> 问：“程子谓：‘以己及物，仁也；推己及物，恕也，“违道不远”是也。’‘以己及物，仁也’与‘违道不远’不相关，莫只是以此分别仁恕否？”曰：“自是不相关。只是以此形容仁恕之定名。”子蒙。
>
> “己所不欲，勿施于人”，“施诸己而不愿，亦勿施诸人”，看个“勿”字，便是禁止之辞。故明道曰：“以己及物，仁也；推己及物，恕也。”正是如此分别。②

可见，朱子所提的“仁”与“恕”的分别，除了追本于伊川外，亦有明道这一所自来处。明道以“推己及物”为“恕”（同于前引“仲弓问仁”章中朱子所说的“恕以及物”），朱子因袭伊川之说为“推己之谓恕”，③ 二者意思并无出入。依据第二条语录可知，朱子以“推己及物”之义同于“己所不欲，勿施于人”与“施诸己而不愿，亦勿施诸人”。其实，朱子已明确说过“‘推己及物’便是‘己所不欲，勿施于人’”。故

① （宋）朱熹：《四书章句集注》，第72页。

② 两条语录见：黎靖德编：《朱子语类》卷27，中华书局1986年版，第691、693页。

③ 朱子对此处所引的《论语·里仁》篇中所说之“恕”，注解为“推己之谓恕”；核之《河南程氏经说》卷6，可知为伊川语；（宋）程颢、程颐：《二程集》，第1138页。

而，表征“仁”“恕”之别，除了前文所述的：“己所不欲，无施于人”与“己所不欲，勿施于人”；亦可转换为明道之说：“以己及物”与“推己及物”。第一条语录中“以此形容仁恕之定名”句，正是意指明道所说之两句恰是在“形容”（表征）具有确定含义（“定名”）的“仁”与“恕”。这样的转换，虽然字面没有“仁”“恕”之别的关键字眼“无”与“勿”，但是一为自然而流露出之行，一为勉力“推”而出之之为，则是比较显见的，并且朱子在《朱子语类》中已指出：

> “以己及物”，是自然及物。……“推己及物”，则是要逐一去推出。如我欲恁地，便去推与人也合恁地，方始有以及之。如吃饭相似，“以己及物”底，便是我要吃，自是教别人也吃，不待思量。“推己及物”底，便是我吃饭，思量道别人也合当吃，方始与人吃。义刚。

朱子不仅有理论的推阐，更举“吃饭”这一鲜活的例证加以说明。《朱子语类》又载：

> 问“以己”“推己”之辩。曰：“‘以己’，是自然；‘推己’，是着力。”
>
> “以己”，是自然底意思；“推己”，是反思底意思。……“以己”，是自然流出。……“推己”，便有折转意。
>
> 问“如心为恕”。曰：“如此也比自家心推将去。‘仁’之与‘恕’，只争些子。自然底是‘仁’，比而推之便是‘恕’。”道夫。①

观此四条语录，朱子之意就非常清晰了。而以明道所说的“以己及物”与“推己及物”来表征“仁”与“恕”之别，则与朱子此处所论相印合。

朱子所说“‘推己及物’便是‘己所不欲，勿施于人’”，语出《朱

① 以上四条语录分别见：黎靖德编：《朱子语类》卷27，第691、690、689页。

子语类》，整条语录中朱子所言仍然瞩目于工夫，强调“主于敬”。[①] 朱子在他处又说：

> 百行万善总于五常，五常又总于“仁”，所以孔孟只教人求“仁”。求“仁”只是“主敬”，“求放心”。方子。[②]

朱子在此强调了“仁”与“主敬”的关联。这再次表明了达至“仁”，则“主敬”工夫不可或缺、不可离。只说“主敬”则限于一偏，还需要“穷理”，故朱子说：

> 只于恭敬上用工夫，则又只是存养之事。……“敬”而不知“穷理”，却是都无事者矣。[③]

在朱子之前，何晏、皇侃、邢昺作为注解《论语》的重要三家，以孔安国注文“言不能止人使不加非义于己也”为据，对《论语·公冶长》篇“我不欲人之加诸我也”章进行了疏解，从而形成了注解《论语》此章的重要一说。而朱子详审伊川关于《论语》此章的解释，紧扣《论语》相关之文以及《中庸》中所涉及之文，在《论语集注》中明确提出了“仁恕之别”，这成为不同于何、皇、邢三家的别具朱子学特色的重要之一说。朱子凭依注解《论语》“我不欲人之加诸我也”章，区别了“仁”与“恕”，这既本原于伊川，又受到明道的影响。依朱子意，“己所不欲，无施于人”与“己所不欲，勿施于人”或明道之说“以己及物”与“推己及物”，正可以用来表征“仁”与“恕”的区别。这样的表征，就字面而言，仅仅一字之差（“无”与“勿”、“以”与“推”），然而朱子所强调的二者之特征，即一为“自然而然”、自然流露而出，一则是勉力而为、推而出之，

---

① 黎靖德编：《朱子语类》卷42，第1071页。

② 黎靖德编：《朱子语类》卷6，第113页。

③ 《晦庵先生朱文公文集》卷56《答郑子上》第10书；（宋）朱熹：《朱子全书》，第2681页。

却也随之显现了出来。同时，朱子又阐述了二者的相关性，认为做到后者（“己所不欲，勿施于人”“推己及物”）或处于“恕”的地位时，须施以“主敬穷理”的工夫、“渐渐勉力做向前去”，最终亦可以达至前者的地位（“己所不欲，无施于人”“以己及物”）或上达“仁”的境域。这也合于“下学上达”之旨。①

四 阳明论“仁恕之别”

阳明在《与黄宗贤》第一封书信中有相涉之论：

> 所喻皆近思切问，足知为功之密也，甚慰！夫加诸我者，我所不欲也，无加诸人。我所欲也，出乎其心之所欲，皆自然而然，非有所强；勿施于人，则勉而后能；此“仁恕之别”也。然恕，求仁之方，正吾侪之所有事也。子路之勇，而夫子未许其仁者，好勇而无所取裁，所勇未必皆出天理之公也。事君而不避其难，仁者不过如是。然而不知食辄之禄为非义，则勇非其所宜，勇不得为仁矣。然勇为仁之资，正吾侪之所尚欠也。鄙见如此，明者以为何如？未尽，望便示。②

此信署年辛未，即正德六年（1511），阳明四十岁，在京师。据钱德洪《阳明年谱》所记，此年阳明在论学上有一大事，即论辩朱子、象山之学，主张朱子、象山并非一偏于道问学、一重在尊德性，而是二人二者兼取并重。③ 阳明所辩，其真实意图不仅仅指向朱陆学同、为象山洗诬白谤，更为重要的是借此以证己学之正，可与前之圣贤如孔孟朱陆者合辙同归。有此背景，再结合上所详阐《论语·公冶长》“我不欲人之加诸我也”章。可知阳明此信所言深受朱子影响，“自然而然”“此仁恕之别

① 《论语·里仁》“参乎！吾道一以贯之”章中所讲之“忠恕”，朱子注文末句即为“斯乃‘下学上达’之义”；（宋）朱熹：《四书章句集注》，第73页。

② 吴光等编校：《王阳明全集》第167—168页。兹征引，“此仁恕之别也”句之前，已重新句读。依前文讨论，句读如此似更合文意。虽是小小，但攸关本文论旨，故赘辨之。

③ 吴光等编校：《王阳明全集》，第1358—1360页。

也”，实乃朱子原语。阳明接过朱子所提之命题继续细审析论，阐幽解惑于友朋间。与朱子论“仁恕之别”比较而观，其最大不同在于阳明在朱子注文中加了“出乎其心之所欲”此句，然其环绕之核心仍是“仁”与“恕”的几希之异，以及由“恕”可上达于“仁”，这与朱子相一致，并未改易朱子论题的旨向。

首句所言，即《论语》“子夏曰：博学而笃志，切问而近思，仁在其中矣”。与朱子《集注》相较，阳明虽未明文论及“仁”，然此隐含的子夏语正好与之相应。且稍有不同于朱子之处在于，阳明牵联子夏之论，强调为仁需有真切笃实之工夫，故而肯赞黄绾工夫切己绵密，自己甚是欣慰。核之《阳明年谱》，上一年［正德五年（1510）］所记事中，十二月有“论实践之功。先生与黄绾、应良论圣学久不明，学者欲为圣人，必须廓清心体，使纤翳不留，真性始见，方有操持涵养之地”[①]。正可与此参证。

继而所述，“皆自然而然，非有所强”相应于“仁”；“勿施于人，则勉而后能”对应于“恕”；此是忠实于朱子注文之理路，故结语不异朱子而曰“此仁恕之别也”。“出乎其心之所欲”句，“心”即是“必须廓清心体，使纤翳不留，真性始见［现］……到此已是识得仁体矣”的“心体”“性”“仁体”。这是阳明取朱子之说时，在毫厘晰辨的过程中，或隐或显地转换了头脑，改易了根柢，最终将其融容于己学之中。“心”指“心体”（良知），即纯一明莹、无善无恶、形上形下、乾坤之基、万化之根、发则人事常行天地万物的本根之“心”（或“心”本身如其自身圆完纯真的状态之“心”），因此，人之所意所思所言所行必根植于此“心”，皆由此“心”流而出之，此即“皆自然而然，非有所强”之正解，其语虽属朱子而义则大不同。“所欲”，依阳明“心”为“本心”之义，则其并无好坏之分。朱子则不同，“欲是情发出来底，有不好底。欲之好底，如‘我欲仁’之类；不好底则一向奔驰出去，若波涛骇浪”。

“勇为仁之资，正吾侪之所尚欠也”，阳明所言之“勇”，与朱子解释一致，即非“血气之勇”而为“德义之勇”。即“心”与“志”皆指向于“仁”，好仁而必欲得之，则果敢坚韧、勇毅乾健，身体之力行之、不

① 吴光等编校：《王阳明全集》，第1358页。

至于是而不迁。这不仅是品格的要求，更是工夫论意义上力行工夫的切实之践履，“人一己百，人十己千”。然而此之工夫非大勇不能，常人多是望而却步。“吾侪之所尚欠”句正是在勉励黄绾以及自勉，冀望由“恕”上达仁者之域。

（作者为绍兴文理学院越文化研究院助理研究员、博士）

“贯通”或是“超越”
——王、湛思想中“气”的不同对治

陈伟良

【摘　要】 湛甘泉与王阳明皆重视“气”的概念，在将“气”与“天理”或“良知”相互联系起来的同时，都未曾失却“心学”的基本立场，这是二人的相似之处。但是，甘泉与阳明又表现出对“气”的不同对治。扼要而言，甘泉着重于心体与“气”的共通性原则，将万事万物容纳进“大心”的生命境域中来；阳明则致力于自身固有良知之开显，以自心之光明超越气禀的限制。“贯通”与“超越”之下，潜藏的是二人对本体与功夫理解上的诸多差异。因此，从“气”的角度加以对照、审视，或许可以为理解王、湛二人的思想提供不同的参考。

【关键词】 气　贯通　超越　王阳明　湛若水

一　导言

“气”是儒家思想中的重要概念，历代儒者围绕对“气”认识与修养展开的本体与功夫面向的探讨可谓汗牛充栋。其实，就中国本土的思想而言，无论是儒家还是道家道教之理论，纵然两家分殊之处甚多，但却皆不能脱离“气的实在性”这一基本规定。正如李存山指出的：中国哲学的一个基本倾向就是肯定了天地万物与人的生活世界的实在性，儒、道两家的价值理想都是要在这个实在的“存有之连续性”的“一个世界”

中来实现。[①]

宋明儒者虽然注重心性义理概念的疏解，但是对客观世界之实在性的肯认，就必须将“气”的影响及作用纳入自身思想理路中来。即使如明代心学流派两大代表人物王阳明与湛若水，在以良知与天理来确定“心体”的属性时，亦不能将自己的生命活动全然限制在道德意识领域，而是必须要考虑到如何在生活中加以实现的问题，此就不免与“气”时刻交织。一方面就阳明而言，其实并非如有的学者指出的“陆王一系不谈气禀，只谈物欲”[②]；另一方面就甘泉而言，“（一气之）自其至公至正者谓之理”[③] 昭示着“气”在甘泉思想中亦占据重要地位。因此，在考察二人思想时，都不应将“气”排除在外。此外，若对阳明与甘泉的整体思想加以审视便不难发现，这两位同时期的心学大家对“心体”的诠释是大相径庭的，造成差异的背后，正可以从二人于“气”的不同对治来看待，而此点恰是容易忽略的。本文拟从以下三部分加以展开：其一，介绍甘泉思想中“气”的一体与通贯之视角；其二，介绍阳明思想中“气”的涵摄与超越视角；其三，在厘清甘泉与阳明对“气”的看法与立论基础上，进而从“气”的角度为我们明晰二人本体与功夫的分际提供助缘。

二　甘泉：“气”的一体与通贯

湛甘泉在描述宇宙生成之图景时，言道：

> 空室空木之中，有物生焉。虚则气聚，气聚则物生，故不待种

① 李存山：《气论对于中国哲学的重要意义》，《哲学研究》2012 年第 3 期。“存有之连续性”出自杜维明，杜维明以“存有的连续性”作为中国哲学的特质，把“气”定义为一种无处不在的“精神生理的东西”，并在“气”的流行大化中概括了完整性、动态性、连续性作为中国传统中宇宙论的三个基本要点。参见杜维明《存有的连续性：中国人的自然观》，刘诺亚译，《世界哲学》2004 年第 1 期。

② 钟彩钧：《王阳明思想之进展》，台北：文史哲出版社 1983 年版，第 115 页。

③ （明）湛若水著，钟彩钧、游腾达点校：《泉翁大全集》第 1 册卷 2《新论》，台北：中研院中国文哲研究所 2017 年版，第 50 页。

也，气即种也。古之气化而生也，故虚者生之本。①

“气即种也”可谓道出了万物之生存发展都以“气”为性质的根据。那么，如何理解“虚则气聚”“虚者生之本”的话端呢？是否在“气”之前，还有一种可称之为“虚”的存在呢？甘泉言：

天地之初也至虚，虚，无有也，无则微，微化则著，著化则形，形化则实，实化则大。②

可见，“虚”是天地鸿蒙初开时的状态，也即是“无有”。这种“无有”并不是存有论意义上的描述，否则便无法解释事物“虚则气聚，气聚则物生”的发展历程。因此，“虚”不是佛家无自性的“空”，也不是与“气”异质的存在，而就是“气”所表现出的“无执不滞”“无形无相”境界论向度内涵。纵然“空室空木”似全无一物，其中已蕴含了气之本源于流行之奥妙，虽肉眼无法把捉，却活生生地存在。并且，正是凭借着“虚”的这种特性，“气”最终能化育万物而不失根本。在这个意义上，“无则微，微化则著，著化则形，形化则实，实化则大”一句，表现的就是“气”逐渐“显相”过程，而“则”之义，就不是表示“等同的连词”，而是一种“层次的递进”。可以说，甘泉以“气”为起点，构筑了由原初之“虚无”到现有之“实化”的宇宙生成范式。“气”是构成万物的基础，“气”的流转运动也是万物形成、发展乃至毁灭的根据。

但是，我们是否据此就能断言甘泉失却了“心学”的根本立场呢？厘清这个问题的关键，便在于“气”与“心”的关系。无疑，在“气”的生成范式下，“气”是构成“心”的重要质料：

宇宙间一气而已。……自其生物而中者谓之性，自其精而神、虚灵知觉者谓之心，自其性之动应者谓之情，自其至公至正者谓之理，自其理出于天之本然者谓之天理，其实一也。③

① （明）湛若水：《泉翁大全集》第1册卷2《新论》，第44页。
② （明）湛若水：《泉翁大全集》第1册卷2《新论》，第42页。
③ （明）湛若水：《泉翁大全集》第1册卷2《新论》，第50页。

甚至不止是“心”，包括“性”“情”乃至“天理”，在甘泉看来都离不开“气”的作用。“其实一也”与“宇宙间一气而已”首尾呼应，“心”“性”“情”诸等存在，不过是“气”之不同功能的不同表征而已。但是，甘泉并不是借此意欲将“心”置于“气”的从属地位，或是将二者直接等同起来，而是为了将“气”贯通于“心”之间，赋予“心”以“生生”“中正”这两个面向。此即“贯通”之第一义。

何谓心之“生生”？甘泉继承了《易传》“生生之谓易”的观点，作为“气”之集合的“心”，一并具有了“气”之生意。这一点“生意”是“我固有之，非由外铄”的，也是人人皆具的“灵骨子”。① 正如王文娟指出的：“气的不息运动构成心体内部变化和更新的内在动力，同时使心体保持活力和朝气。”② 在此基础上，若能对心中这一点“生意”加以体认与涵养，便能最终达到对“天理”的认识，因为“天理”无非也就是甘泉所言的“出于天之本然者”，而表现为“气”之无执不滞的运行过程，所以甘泉直言“只是中间这一点生意，即是天理”。③ 正是在“心”在“气”的一体通贯过程中，自然而然包含了“天理”的流转，“心”便超脱出了“血肉之心”的限定，而与“天理”直接相关联。在于人，则为不偏不倚的道德意识。④ 由此，“心”之“生生”与“中正”便挺立了起来。

此外，既然“气”是构成万物存在的质料，那么人与万物之间就因“气”而具有内在的共通性。也就是说，“中正之气”（天理）能在人与万物之间流转，万事万物无不是主体感悟“天理”的机缘，而人与物共通之根本，便自然归结到“心”与“物”的共通性之上。“气”贯通于人与万物之间，此即“贯通”之第二义。可以说，正是在“心”享有了

① 甘泉有言：“何谓种子？即吾此心中这一点生理，便是灵骨子也。今人动不动只说涵养，若不知此生理，徒涵养个甚物？”参见（明）湛若水《泉翁大全集》第4册卷67《新泉问辩录》，第1645页。

② 王文娟：《湛甘泉哲学思想研究》，巴蜀书社2012年版，第72页。

③ （明）湛若水：《甘泉先生续编大全》卷28，嘉靖三十四年（1555）刻本，万历二十三年（1595）修补本，第30页。

④ 陈来：《宋明理学》（第2版），华东师范大学出版社2004年版，第223页。

“生生”与“中正”之属性的前提下，决定了“心”不能囿于腔子里，而是要在“气”的共通性境域之中，将万事万物纳入自己体认“天理”的生命体验中来。

而甘泉之“随处体认”，便在于在“心”主动地、自发地将自身与万事万物置于交汇的过程中，在彼此的一感一应之间，“心”不仅具有外向的基本的知觉能力，而且能在与“气”的共鸣状态下，内向地将“物”投射进自己的意识思维领域，产生各种道德意识。因此，“理”不是其他，而是“气”的至公至正的状态，（因气不可见，为“虚”）即见之于“心”与“物”在“气”的交互过程中随之而生道德意识的中正不偏。“中”即作为心体一种不偏不倚的表征确定下来了。

由此，“本心”便因“气”，而具有了双重意义：其一，“本心”以“生生”为属性，此“生生之意”，即是对“气”流行化育的诠释与解说。“生生”不仅是人心之“生生”，更是万事万物之“生生”，此亦是前指“心”与“物”在“气”基础上的内在共通性。其二，“本心”以“中正”与否作为是否合于“天理”的关键。“中正”并不是孤立的情感体验，而是在“体万物而不遗”的情境之下，在“气”所建立起人、物之间的共通性之中，个人道德意识之生发不偏不倚、不执不着而自然合乎“天理”的状态。

湛甘泉虽然有“心气一”“其实一也”的论述，但是此“一”，并不是“同”。“心”虽然是“气”的集合，并且“心”的功能也是“气”之属性的彰显，但是“气”的中正与否，或者说，人的道德安顿与万物秩序中所蕴含的“理”或“天理”，必须在“本心”中才能彰显。甘泉所言“气之中正，以心生也，心之生生，由得中正也，若心不中正，则生理息矣”① 即是此意。

因此，甘泉对“气”的强调，并没有以丧失“心学”的基本立场为代价。与之相反，正是在“气”与万事万物的一体与通贯范式下，“心”的主体性地位得到了开显。而甘泉著名的“随处体认天理”思想得以展开，恰恰可以在“气”所蕴含的“心—物”贯通视角下得到合理的解释。

---

① （明）湛若水：《泉翁大全集》第4册卷73《新泉问辩续录》，第1816页。

三　阳明:"气"的涵摄与超越

阳明亦重视在"气"的基础上构筑起的万物之间的相通性:

> 五谷禽兽之类，皆可以养人；药石之类，皆可以疗疾；只为同此一气，故能相通耳。①

可见，以"气"作为儒家宇宙论的核心，现实世界作为"存有之连续性"的演化与发展，亦作为形上与形下相互贯通的法则，阳明也不例外。如果说阳明上述话语主要在于表露以"人"为主，"物"为我所用以养身之何以可能的话，那么再来看阳明对于"四端之心"的论述:

> 生之谓性，生即是气字，犹言气即是性也。气即是性，人生而静以上不容说，才说气即是性，即已落在一边，不是性之本源矣。孟子性善，是从本源上说。然性善知端须在气上始见得，若无气亦无可见矣。恻隐、羞恶、辞让、是非即是气，程子谓"论性不论气，不备；论气不论性，不明。"亦是为学者各认一边，只得如此说。若见得自性明白时，气即是性，性即是气，原无性、气之可分也。②

"气即是性"是王阳明对作为现实的人的概括，但是，"即"并非表示"气"等同于"性"，而是为了点明"性""气"在人身上具有的"不离不杂"的性质。③ 就现实的个体而言，彻上彻下的四端之心是"性"的基础，而四端之心的显现，离不开特定的道德场域。如在"乍见孺子

---

① （明）王守仁著，吴光、钱明等编校:《传习录下》，载《王阳明全集》上册，上海古籍出版社1992年版，第107页。

② （明）王守仁:《传习录中》,《启问道通书》,《王阳明全集》上册，第61页。

③ 因为若将"气即是性"简单地理解为"气等于性"，那么依阳明"心""性"一元的说法，则"心"（理）等于"气"，这是阳明所不能认可的。正如牟宗三先生指出的：此处"即"字不是概念断定的陈述语（指谓语），乃是性体与气禀滚在一起而不相连之关联语。见氏著《心体与性体》下，上海古籍出版社1999年版，第140页。

入井”的情境下，“恻隐之心”的生发必然要在“我”与“孺子”的情感交互中才能产生，这一现实的感应环节，或者说“良知”的涌现与照拂，只有在“气”构筑起的流通中才能实现。所以在阳明看来，“性”“气”是“滚在一起”的。

程子指出只谈形上之“性”而忽略二者现实世界中“浑沦一滚”的面向，固然无法完备；只看重“气”，或者以“气”为根本而无视“性”的作用，则“气”亦不能明达通彻。阳明借程子之言，正是为了表明“原无性、气之可分也”的意思。但若要在“性”“气”上分个高下，阳明无疑会选择前者。因为“性”“气”关系的实质，即是“心”“气”的关系。阳明有言：

> 问仙家元气、元神、元精。先生曰：“只是一件：流行为气，凝聚为精，妙用为神。”①

又如：

> 夫良知一也，以其妙用而言谓之神，以其流行而言谓之气，以其妙用而言谓之精。②

阳明言简意赅地表达了他对“心”“气”关系的看法，同时也印证了前述“心”（性）、“气”之间不离不杂的关系。阳明当然也区分过诸如“客气”“习气”等带有负面因素的“气”，③ 但此显然并非阳明此处“气”之所指。阳明此处所指之“气”，是至真至纯的“元气”。并且，所谓“元气”正是见于“良知”流行发用中自然而然、无不中节的状态。

① （明）王守仁：《传习录上》，《王阳明全集》上册，第19页。

② （明）王守仁：《传习录中》，《启问道通书》，《王阳明全集》上册，第62页。

③ 阳明常常将“客气”“习气”与“私欲”联系起来，比如阳明曾言：“私欲、客气，性之弊也。气有清浊，故情有过不及，而弊有深浅也。私欲、客气，一病两痛，非二物也。”（明）王守仁：《传习录中》，《答陆原静书》，《王阳明全集》上册，第69—70页。可见，在阳明看来，“客气”与“习气”是后天的弊病而要通过“私欲”表现出来。“私欲”不是其他，正是“良知”受到遮蔽、走作不显而使人的感性欲望泛滥无度。因此，对治“客气”“习气”乃至“私欲”的方法，也可归结到如何使固有之“良知”得到开显这一问题上来。

此外，阳明认为“元神”“元精”亦不是仙家之专有，正如“凝聚为精，妙用为神”所定义的，“元神”与“元精”恰恰是良知发用过程中“气”的不同表现，而“气”的归宿或者依托，正在于“良知”。可见，在“气即是性”以及“良知之流行谓之气”的命题之下，阳明已将“气”的流通、凝聚、化用等诸过程，整个涵摄于“良知”心体的发用过程之中了。

不难看出，在万物的存有方式上，阳明呈现出两方面的思考：其一，万物因“气”的流行化育而构成的“存有之连续性”；其二，“心体”或“良知”作为“一点灵明”，并以良知之无限润觉而构成的“一体性”。前者侧重的是事物自然生成的向度，是基于现实经验的考察；后者侧重的是事物向人如何容纳万物为一体的向度，是基于道德实践的衡量。正如陈来先生所言：人与天地万物是一个整体，这种一体，一方面是“一气”所构成，另一方面，在这一气构成的宇宙中，只有人心最精最灵，所以人心可被看作这一气构成的整个世界的“灵明”、它的理性、它的精神、它的良知。[①] 阳明将“气”的流行涵摄于“良知”的发用之中，并不是对“气”的实在性的否定，而是为了在“气”所构筑起的“一体性”之上彰示出“良知”的价值，在生灵万物中凸显出作为主体的“人”的地位。所以，此处论阳明对“气”的涵摄，主要表现在“良知”发用的道德领域，这点是需要指出的。

另外，在阳明看来，人人皆具的“良知”本来就完满自足，这也是“愚夫愚妇皆可为尧舜”的根基所在。而人之自隔于圣人之途的原因，是由于人们在日常生活中并未时时提起“良知”，使得自身的意念受物牵引而导致个人情感之发用脱离了“良知”本体的观照，恶便随之产生。诚如徐复观先生所言：当心与事物相接时，耳目等生理的欲望，受外物引诱，乘时而起，把由心所直发之意，从中隔断、攘夺、掺杂；因而令直心而发之意，汩没或混乱了。[②] 在这个意义上，人人都是“潜在”的圣人，整全禀受于天，“气”本身对人天生之善性并不具有影响，即“无天

---

① 陈来：《有无之境：王阳明哲学的精神》，台北：佛光文化事业有限公司2000年版，第93页。

② 徐复观：《中国人性论史》，上海三联书店2001年版，第251页。

生的气禀之拘”。人所要做的，只是如何将陷溺的本心从胶滞于事物的状态中抽离出来，使情感意念重归于“良知”的统摄，复归光明的本心。

正是在“良知”能够涵摄“气”的情况下，加之“良知”为人所本有，人人只需寻求“良知”现实朗现的途径，而无须顾虑气禀的影响。只要人意念之发动全凭“良知”做主而无一毫私欲私意掺杂，“气”便自然中正合理。当然，阳明并非要完全将气禀抽离开来，使之成为独立于人并不再对人施以影响的他物。在“致良知于事事物物”的模式下，“气”的交感虽然是无法回避的，但是此“一体性”的“气”并不构成人之行为善恶与否的决定性因素，而在于上述所言的“良知”能否自显以统摄意念。因此，在阳明的思想中，“气”既不构成决定人的先天性因素，也不构成人之行为善恶与否的决定性因素；不仅“气”的流行在道德领域内为“良知”所涵摄，并且就功夫论而言，基于“良知”涵摄“气”的视角，“养气”的功夫已自然化约在如何自觉良知自有之光明，以及扬发、落实于应感之事事物物的问题之上。阳明“变化气质”并非被动消极地改变气质以合于“理”，而是在主动积极地以直捣、培育、发扬本心的方式与过程中自然将“气”的诸多问题化除了。

四　甘泉之“贯通”与阳明之“超越”

综上，在世界大化流行、万物纷繁复杂的局面之下，人如何安顿自身？人与事物以何种联系发生关系？或者进一步说，面对“气”所构筑的“存有之连续性”，人究竟如何看待“人”与“气”之间的联系？对这些问题的思考所影射出的，一定程度上反映出了甘泉与阳明对本体与功夫的不同取径。

湛甘泉以“生生”与“中正”确立了“心体”的基本属性，而两者正是“气”在人体内不息流转的体现。天理在客观世界表现为“中正之气”的流行，使万物各得其所；在主观世界则表现为“中正不偏”的道德意识，使人于各种境域之下的行为皆中节得体。而其中，使主客观世界得以相融无间的关键，便是“气”的贯通性。

在这个意义上，“天理只是心之生理”，“心”作为天理显现的场域，便确定下来了。“气”的一体通贯，同时也决定了“心”不是囿于“腔子里”的“血肉之心”，而是“体万物而不遗”的“大心”。甘泉所言之“随处体认”，便是基于“气”所构筑成的世间万物共通无间的情境下，通过物我之间“气”的流动与交感，随时随地将周遭之物事投射进意识思维领域，以此来体认自身之道德意识是否中正得体。这时“随处体认”便表现出了类似于朱子“格物”的路数。

但是若细究之，甘泉的“随处体认”与朱熹的“格物”却有毫厘千里之别。与朱熹将“格物”解释为“即物”“穷理”“至极”的三个要点不同，[①] 甘泉认为“格物”的宗旨在于“造道”，所谓“格即造诣之义，格物者即造道也”。[②] 何谓“造道”？若将“造道”一词纳入甘泉“气”的语境加以考虑，便不难理解：“造道”并不是在天地间别创一“道”，亦不是使人汲汲索求一外在的“天理”，而是在“气”一体通贯的基础上，通过“随处体认”之功，使得“道体”或者“天理”在人体内显现与自然流转，“人心”与“道心”最终合体为一。“随处体认”的过程，其实也是不断见道、悟道最终造道的过程。

因此，甘泉之“随处体认”，一方面，表现为以“大心”将万事万物随时随处纳入自己意识、生命活动的领域，以此来感悟天理，即“造道”；另一方面，当中正之气经由体认之功在人体内全幅流转之时，人之全部意、身、心自然合于道，以此复施以体认之功，则人之情感发用自然中正而万物亦能皆得其所。如果说前者侧重于客观事物对自身道体的开显作用，那么后者则侧重于道体与全部身心的合一无间。所以甘泉不否定客观事物认知这一经验前提，并且这种建构在“气”的贯通性之上的客观认知，成为甘泉“体认天理”不可或缺的条件。

需要指出的是，甘泉“随处”与“体认”并不是功夫先后的两截，“气”的一体通贯为“心”“物”之间的随处感应提供了可能，同时，“体认”必然是个人之身、心、意的全面参与投入，使“天理”在人心自然流转。所以，甘泉的“随处体认天理”，要求人无论处于何种境域之下，随时空的变换亦能时时将全部身心合于“天理”。并不是预先设有一地处，复次以身心去迎合之、适应之，此终不免落入心随境迁的境地，

---

① 陈来：《宋明理学》（第2版），第140页。

② （明）湛若水：《泉翁大全集》第1册卷8《答阳明》，第243页。

“心体”本身便无法贞定。甘泉有言“读书、亲师友、酬应，随时随处皆体认天理而涵养之，无非造道之功。意、身、心一齐俱造，皆一段工夫，更无二事”[①]，即是此意。

阳明也肯定了“气”作为构成万物质料的客观性，以及落实于人时“性气一滚”的面向，这就意味着在“心”“气”的关系上，至少就“心体”作为“气”的流通场域而言，阳明与甘泉并无二致。甚至在晚年居越由“意之所在”定义“物”向“明觉之感应”定义“物”的转变，[②]阳明“感应”的描述也能在甘泉中找到同调。另外，从功夫的角度来看，“随处体认”与“致良知”所体现出的“天理”（良知）观照下的“物各付物”的境界也具有相似性。

与甘泉需要时时以“随处体认”之功来加以印证不同，阳明对“良知”的先在性与完满性的确信程度的强调远超甘泉，“致良知”的功夫虽为体悟本体之途，但根本在于实现“良知”之“逆觉体证”，[③]经验的认知便落入了第二义。“气”虽为“心体”的流行发用所涵摄，但是主体之“良知”一旦逆觉自身，那么“良知”本身便能冲破个人现实中私欲与气质的障蔽，“良知”之流行也自然能不掺杂个人之私欲、私意而合于“天理”。在这种“良知”无执不滞、自然而然的状态下，“随处体认”或者“致良知”这种“用功夫复本体”的进路已然发生转变，人无须时时内省印证所思所为是否合乎“天理”。因“良知”自作主宰，则“本心”观照之处，“良知”皆能随时随地当下呈现，功夫亦能自然施为，不假思虑、不待人力，此即“立本体即功夫”，用阳明自己的话来说即是“愈真切，愈简易；愈简易，愈真切”。[④]在这个意义上，“气”之共通性的客观经验与属性，也自然包含在了良知之无限润觉下的“万物一体”的道德情感之中。可以说，阳明对“良知”的规定确立了“人人皆可为尧舜”

① （明）湛若水：《泉翁大全集》第1册卷8《答阳明》，第243—244页。

② 陈来：《王阳明思想的感应论》，《深圳社会科学》2020年第2期。

③ 牟宗三先生认为，“逆觉”即反而觉识之、体证之之义，是不依靠经验认知，而是靠向内观照的自我体验与警觉功夫，阿里获得对本体的觉知，并以之为“道德践履上复其本心之最切要而中肯之功夫。”关于良知“逆觉”的解释，可参见氏著《从陆象山到刘蕺山》，吉林出版集团有限责任公司2010年版，第145—147页。

④ （明）王守仁：《王阳明全集》上册卷6《寄安福诸同志》，第223页。

的现实基础，作为个体的人，既没有天生的气禀之拘，“气”本身也不构成人之现实善恶的决定性因素，阳明将一切归结于固有“良知”的开显。虽然不能无视“气”的客观性，但是阳明以本心自有之光明超越了“气禀”的限制，也未将功夫以“致良知”为究竟。与之相反则更进一步，在识得“良知”本体真切后，阳明在功夫上也超越了对“气”的依赖，以“良知”随感随应之内外直贯，代替了构筑在“气”上的自外而内的功夫系统，“良知”之发用不执着于“气”，同时也无时无刻不涵摄着“精一之气”的自然流转。

但是，也要注意到，阳明对人性至善的先在性与内在性的肯定，并没有将人的自主性无限扩大，反而要求人必须严肃区分“良知”与个人意念之间的分际。也就是说，一方面，要充分把握“良知”的振动以促成“良知”之自我开显；另一方面，在具体实践中也要保任“良知”之主宰而不丧失。所以“良知致”的境界，必然是以极其严格的道德修养为前提，正如王汎森指出的：阳明把“成圣”规定为每个人责不可卸的义务，因为对人原具的天性太过乐观，故认为善才是正常状态，也就愈求纯化意识，从而对现实生命中的昏暗与陷溺的层面也愈为敏感，甚至有通身都是罪过的感觉。① 而独重“当下圆成”的良知的感性运用却忽视了良知本体的先在性，不仅失落了于“事上磨炼”以“致良知”的功夫，而且对“良知自致”的面向亦不能有正确的把握，产生诸如泰州后学那般“以知觉为良知”“认情识为良知”的狂肆之弊也就在所难免了。②

五　结语

本文从“贯通”与“超越”的视角，对湛甘泉与王阳明二人思想中“气”的观念进行分析。从上文的分析可见，无论是甘泉抑或是阳明，二人都无法越出现实世界由“气”所构筑的“存有之连续性”的基本框架，

① 王汎森：《明末清初的人谱与省过会》，收入氏著《权力的毛细管作用：清代的思想、学术与心态》，北京大学出版社 2015 年版，第 200 页。

② 王龙溪指出了当时的八种良知异见，其中“有谓良知不学而知，不须更用致知；良知当下圆成无病，不须更用消欲工夫”，指的就是以王艮为代表的泰州学派一脉。见（明）王畿著，吴震编校《王畿集》卷 2《滁阳会语》，凤凰出版社 2007 年版，第 35 页。

所以二人在秉持“心学”立场的同时，必然要将“气”纳入心、物关系的体系中来，而具有了“心气交感”这一基本面向。

但是，甘泉之着力点在立足于“气”的共通性之下，为“心”之“体万物而不遗”的本质特征以及“随处体认天理”确立一理论根基，使“道”或“天理”在本心中自然呈现，并且在与万事万物的互动共鸣之中，来时刻保有“道”内在于人的一体流转。甘泉之思想，深刻反映出了打破内外、物我、心事、体用在内的种种二元对立关系的趋势与倾向，而具有“合一”的色彩。而这些关系的论述与延展，皆有“气”的贯通性蕴含其中，正如乔清举指出“甘泉哲学的每一个概念和命题，都有气的思想作为其基础”①。而从“气”的一体通贯的面向加以阐释，甘泉的思想才能得到更为合理的安置与理会。

至于王阳明，他一方面肯定“心”“气”不离不杂的关系，另一方面又不执着于“气”本身，对良知的先在性与完满性的信任与强调，使其在本体与功夫层面实现了对“气”的超越：其一，阳明在本体论上将“气”置于第二义，人并无天生的气禀之拘，“气”本身也不构成人之现实善恶的决定性因素；其二，在功夫论上阳明较之甘泉更进一步，以“良知自致”这一“立本体即功夫”的境界为最终指向。“良知”虽然无法脱离“气”的既定框架，但他以“良知”随感随应之内外直贯，代替了构筑在“气”上的自外而内的功夫系统，将“气”的对治越出了一般“养气”的视域而落实到“养心”上来。

若以“万物一体”这一儒家对人与世界关系的思考加以审视，或可对二人的观点有一更为清晰的把握：甘泉的“万物一体”，是以“气”的贯通性为基础，在“气”的一体通贯下打破了人与万物的隔膜，人有责任也有义务将自己的“本心”无限延展以观照世间万物，而且也只有在这种彼此的和谐互动中，“本心”才能实实在在感受到“天理”于“人身”之一体无间。阳明的“万物一体”，在于固有之“良知”即“四端之心”的自然流露与涵养扩充，虽然“四端之心”的化用离不开“气”的载体，但是“四端之心”本质上是不假外求的，也不需要有一外在的“理”来印证。于人而言，只需要把捉“良知”发露之端绪，并任其发用

① 乔清举：《湛若水哲学思想研究》，台北：文津出版社1993年版，第23页。

于现实有一具体的展现，则“良知”自能观照万物而无所缺漏。至于“气”之中正，则已然蕴含在“良知”流行发用之内，是一种本体自身的润觉与观照。

所以，“贯通”与“超越”，只是在甘泉与阳明思想下相较而言的，超出了二人的对比语境，单以“贯通”或是“超越”来定义一人的思想皆有失偏颇，这点是需要指出的。而本文的用意即在于通过甘泉与阳明对“气”的不同对治，展现出同一时期两位“心学”大家在本体与功夫问题上的不同思考，以求更好地理解二人思想的类同与分际。

（作者为上海财经大学浙江学院讲师、博士）

王阳明诗歌中“风”的意象探微

杨薏冉　卓光平

【摘　要】“风”是王阳明诗歌中的一个典型自然意象，诗歌中的“风”是外在的自然之风在王阳明内心的投射。根据王阳明对风的不同书写，可以将其诗歌中的“风”分为文士之“风”、儒者之“风”和逸者之“风”。不同层面的“风”展现了王阳明在面对外物时丰富多彩的心境。第一层面的文士之“风”是王阳明从一位文人墨客的角度感受风，从而喻示生活经历与人生境遇；第二层面的儒者之“风”是基于一位载道之士的角度，以“风”意象彰显王阳明的高洁品质、进取热忱与复兴儒学的祈愿；第三层面的逸者之“风”是王阳明作为一位隐逸之士，借“风”来传达自己的出世之思与圆融心性。

【关键词】王阳明诗歌　风　意象　文士　儒者　逸者

王阳明诗歌运用大量自然意象，“风”意象便是其中的典型，作者也赋予它们丰富的内蕴。诸如“溪风”“松风”“春风”“凄风”“惊风”“风雨”“风霜”“西北风”“清风”“长风”“天风”“幽谷风”“东风”等，既有直接饰有情感色彩的“风”，又有与其他气象名词搭配而成的“风”。事实上，诗人与“风”意象的独特性有着密切的关联：“风和人的情感之间存在着一种普遍的异质同构关系，概括来说，人类的情感思绪如风一般无形无影而又丰富多样。”① 造物之风穿梭牧野与广厦，内心之风游离佛禅与政务。造物之风能够进阶内心之风，与风自身的可视性

① 荣小措：《试论古代诗歌中的风意象》，硕士学位论文，西北大学，2002年，第3页。

差可感性强的特点有很大关联，更是与王阳明注重内心体认的心性深深契合。本文将从王阳明诗歌中的“风”意象着手，感受王阳明在不同视角下对外物之风的情感变化，体悟“风”意象喻指的王阳明的情、志、心，进而得出王阳明看似观风记“风”实则审视自身的结论，由此展现普通情思与儒、道、佛三教思想融合的通达境界与物我合一的圆融境界。

一 以风传情：文士笔下的“风”

风来去无影且变幻万端，世间各处无所不往，王阳明诗歌中的“风”多表现自己的人生起伏和当时社会环境的变化无常，呈现出景明则喜与物暗则悲的两面状态，由此体现王阳明常从普通文人墨客的角度感受外物之风。“景明”与“物暗”指的是造物之变化，喜与悲指的不仅是文士笔下“风”的状态，更是诗人的“情”。其中喜包括游赏玩乐之喜与仕途顺利之喜；悲则包括怀古伤今之悲与生活境遇之悲。

文士笔下的“风”可承载王阳明的喜，其中游赏玩乐之喜占喜之大成。弘治十六年（1503），王阳明前往杭州西湖疗养，写下“溪风欲雨吟堤树，春水新添没渚蒲”①（《西湖醉中谩书》），“溪风”即溪谷吹来的风，王阳明在此地漫游名胜、饮酒赋诗，溪风带给王阳明的不仅是温和的触感，更有愉悦舒适的情感体验。正德元年（1506）王阳明上疏失败，不幸下狱贬谪，文士之风一度披上迁客之悲，而在两年后的浙东四明山游历中，此时的诗人相较于贬谪初期，对于自然万物的初始感受已经有了积极的转变，“风回碧树秋声早，雨过丹岩夕照明”②（《杖锡道中用张宪使韵》），“碧树”“丹岩”都是代表盎然生机的景物，更有前文“山鸟欢呼”“山花含笑”等欢悦的群象，这里的“风”带给诗人的不再是寒冷的体感，而是充满着生活希望的温存之感。王阳明在秋日出游，写下“秋日澹云影，松风生昼阴”③（《临水幽居》），傍水而居、秋日寂寂、水波迂缓，在这样的恬静氛围里，松林之风留给诗人的便是沁凉愉悦之感。

---

① 华建新：《王阳明诗文选》，中州古籍出版社2020年版，第26页。

② 华建新：《王阳明诗文选》，第61页。

③ 吴光、钱明、董平、姚延福：《王阳明全集》，浙江古籍出版社2011年版，第1753页。

除了游赏玩乐之喜，文士之“风”中蕴含的喜还包括仕途顺利之喜。正德十二年（1517）王阳明发起福建漳南之战，这是他军事生涯的首此战役。取得大捷后王阳明写下“数峰斜日旌旗远，一道春风鼓角扬”[①]（《丁丑二月征漳寇进兵长汀道中有感》），“春风”意象便是王阳明凯旋欢欣心情的恰当映射。

文士笔下的“风”除了呈现景明则喜之状，亦展现出物暗则悲之形。风不受时空拘束，可承载王阳明怀古伤今之悲。他在弘治十一年（1498）写下“落日凄风结晚愁，归云半掩春湖碧”[②]（《游秦望用壁间韵》），“凄风”一词展现了王阳明登秦望山的别样心理，除却登高望远时惯有的指点江山、奋发有为的高昂进取精神，此处还有将秦皇断碑与禹迹进行比较思考后的吊古黯然情思，“凄风”可谓触发了王阳明对科举落第、朝政飘摇的心忧之情。[③] 但他并没有沉溺在伤古哀今之中，篇末“夜深风雨过溪来，小榻寒灯卧僧屋”便展现了王阳明已经找到心灵的出口，这将在逸者笔下的“风”中进一步进行阐述。王阳明游历焦山次邃庵时，写下“势挟惊风振孤石，气喷浊浪摇空城”[④]（《游焦山次邃庵韵》），“惊风”的侵蚀是当地名胜瘗鹤铭脱落沉江的重要原因，同时风之惊也是王阳明伤古情思的外化表现。

又因风常与霜雪雨等其他天气状况组成恶劣天气，使得“风”意象常成为一种不稳定的环境烘托，[⑤] 因此文士笔下的“风”亦可寄托王阳明生活境遇的波折之悲。正德元年（1506）王阳明为南京言官戴铣直言上疏，惨遭下狱贬谪的下场，这一人生坎坷使王阳明感触到了生活的下限，对于“风”的书写也发生了很大的变化：由前期耽迷任侠骑射下的来去无由转向仕途失意后的沉郁蕴藉。时值严冬，王阳明在锦衣卫大牢里写下“惊风起林木，骤若波浪汹”[⑥]（《不寐》），这里的“惊风”不仅指怒

---

① 华建新：《王阳明诗文选》，第 149 页。

② 吴光、钱明、董平、姚延福：《王阳明全集》，第 1697 页。

③ 吴艳玲：《一代心学大师的思想起点和精神归宿——解读〈王阳明全集〉失收诗二首》，《广州大学学报》（社会科学版）2004 年第 7 期。

④ 吴光、钱明、董平、姚延福：《王阳明全集》，第 1748 页。

⑤ 李超、文晓华：《宋词中“风”意象初探》，《名作欣赏》2018 年第 18 期。

⑥ 华建新：《王阳明诗文选》，第 104 页。

号的外物之风，也表现出诗人当时跌宕起伏、愤懑难解的心境。王阳明初至龙场，写下“迎风亦萧疏，漏雨易补缉”①（《初至龙场无所止结草庵居之》），显得萧疏的不只是被风吹过的草庵，更有王阳明的心境。王阳明初抵贵州龙场的生活状况是十分艰辛的，“深谷多凄风，霜露沾衣湿”②［《采薪二首（其一）》］中的“凄风”喻示了他坎坷的生活境遇。谪期满后，又过三年，王阳明迁官归省，遍历故乡山水，在这段时期里仍能感受到贬谪遭遇对诗人的隐殇，使其常怀忧郁之态。“霏霏洒林薄，漠漠凝风寒”③［《四明观白水二首（其一）》］与“藤萝半壁云烟湿，殿角常年风雨寒”④［《四明观白水二首（其二）》］中的“风”意象代表的寓意是一致的，风的寒冷是最直接的体感，诗人在那一刹那想起了自己曾遭受的迁客之悲，并抒发了对时局艰辛的苍凉感。综上可观，“情”外化为“风”且“风”饱含“情”，王阳明从文士角度写下的“风”意象实则便是他面对不同生活经历与人生境遇时的情感表现。

二 以风言志：儒者笔下的“风”

诗人笔下的“风”意象除了呈现普通情思之外，还展露诗人之志，由此体现王阳明不仅是一位具有普通情思的文士，还是一位积极入世的儒者。从儒者角度审视外在之风，笔下的“风”意象多豪迈激越，投射出王阳明坚贞正直的品质、积极进取的追求与治学兴儒的祈愿。

风常有扫尘埃之效，尘埃存于世亦存于心，王阳明借“风”扫除心灵的浮埃，从而展现自身正直坚贞的品质。“载拜西北风，为我扫浮霭”⑤（《双峰》）是王阳明在1501年游历九华山时写下的，“浮霭”指诗人在刑部任主事期间发现一些冤假错案后产生的满腹心事，能扫浮霭的“西北风”喻示了王阳明对真理与公正的诉求。谪居龙场时，王阳明写下

---

① 华建新：《王阳明诗文选》，第119页。
② 华建新：《王阳明诗文选》，第137页。
③ 华建新：《王阳明诗文选》，第52页。
④ 华建新：《王阳明诗文选》，第56页。
⑤ 华建新：《王阳明诗文选》，第21页。

“直干历冰雪，密叶留清风”[①]（《猗猗》），表面写竹松的生存状况，实则隐喻自己与道友如松柏的气节，这里的“清风”意象带给王阳明的除了神清气爽的体感，更是唤醒了他清高坚守的品性。

除了扫尘埃之效，风亦有破浪的喷薄力量。疾风排云而上，展现了王阳明积极进取的追求。弘治九年（1496）王阳明第二次会试下第后，写下“抟风自有天池翼，莫依蓬蒿斥鴳窠”[②]［《次魏五松荷亭玩兴二首(其二)》］，“抟风”背后喻示的奋进精神正是诗人暂时失意后的自我勉励。两年后王阳明登临大伾山时，写下“千古河流成沃野，几年沙势自风湍”[③]（《登大伾山》），这里的“风”有去沙势之豪放气度。这时的诗人刚顺利完成了入仕后的第一件公差，心中自然翻腾起了对人生理想的强烈渴望，风湍沙势的入世精神由此而生。王阳明在若耶溪送友人并写下“长风破浪下吴越，飞帆夜渡钱塘月”[④]（《若耶溪送友诗并序》），“长风”意象宏伟豪迈，虽为赠序却依然展现了王阳明自身渴望立功的豪迈气度。又如“吾方坐日观，披云笑天风”[⑤]［《登泰山（其三)》］，这里的“笑天风”格外值得思考，全诗的前半部分借“穷崖”“危泉”“巉削”“颠崖”等意象极写泰山之险峻，隐晦地透露出王阳明对时局的不满，后文却笔锋一转，“赤水问轩后，苍梧叫重瞳”，赤水和重瞳皆为古代圣贤，诗人在风中拨云长笑，确立了自己在浊世应当以轩缘、舜等圣哲为标杆的信念，故而这里的“天风”必然是凛冽清凉、启人内醒的。1507 年王阳明赴谪居地时，曾因遭遇刘瑾暗算而心生遁隐之心，后在荒寺老道的启发下坚定了渡过难关的信心，可以强烈地感受到经历此般磨难后的王阳明变得愈加坚定。他写下“夜静海涛三万里，月明飞锡下天风”[⑥]（《泛海》），王阳明形容自己手拿锡杖、身驾天风，在月光下穿越三万里海涛。这里的“风”意象一扫狱中的积郁，变得气势磅礴，其实风并没有大变，只是诗人对风的阐释发生了变化。结束谪居生活，王阳明回故

① 华建新：《王阳明诗文选》，第 123 页。
② 华建新：《王阳明诗文选》，第 8 页。
③ 华建新：《王阳明诗文选》，第 10 页。
④ 吴光、钱明、董平、姚延福：《王阳明全集》，第 1701 页。
⑤ 华建新：《王阳明诗文选》，第 38 页。
⑥ 华建新：《王阳明诗文选》，第 117 页。

里探寻山水奥妙。在此期间他常有对时局、自身命运的隐忧，但更多的是渴望建功立业、复兴儒学的雄心伟志，这也暗示了诗人较少沉溺个人情思。“云根奇怪起双峰，惯历风霜几万冬”①（《钓台山石笋双峰》），这首诗是诗人从四明白水前往钓台山所作，在两地所作的几首诗中都提及“风”，但游历四明时诗人提及的“风寒”“风雨寒”与在钓台山时吟诵的“惯历风霜”是截然不同的，四明山的寒风还只停留在迁客之悲的层面，而此处的带霜之“风”喻示了周遭的磨难，“惯”字与磨难结合反射出王阳明咬定青山不放松的坚韧，并且该诗中诗人以笋双峰托物言志，表达了自己强烈的建功立业的雄心。

儒者笔下的“风”除了喻示坚贞品性与进取精神，还用来表达王阳明治学以兴儒的祈愿，例如“冰雪能回草木死，春风不化山石顽”②［《琅琊山中三首（其一）》］，结合前文“六经散地”“丛棘被道”的儒学现状，可以推想“山石”正是象征了儒道式微的时局，而意图化山石的“春风”则是象征了王阳明复兴儒学的祈愿。“难化”却仍要化，折射出王阳明治学兴儒的坚定意志。风来去无踪，穿梭广厦与牧野，其中停留广厦的造物之风正是诗人治学热忱的外化表现。在前往贵州谪居地之路途中，王阳明曾在长沙讲学，登岳麓兴诗意，写下“安得清风扫微霭，振衣直上赫曦台”③（《望赫曦台》），“清风”喻示良知之学，“微霭”喻示贬谪之殇与积郁之思，能够扫微霭的清风正是体现了王阳明从宦海沉浮中重新找到了治学救世的勇气与坚守。由此可观，王阳明虽喜自然之风，但不意味着他沉溺自然，他常以山水点化门生，在天地灵秀间积蓄力量、研磨心性，寻觅真正的儒者之“风”，这时的“风”不仅寄托王阳明的普通情思，亦彰显其坚贞心性的重塑与入世情怀的复苏，是王阳明之志的外化表现。

三　以风述心：逸者笔下的“风”

王阳明诗歌中的“风”意象不仅具象化展现了诗人的情与志，还喻

① 华建新：《王阳明诗文选》，第58页。

② 华建新：《王阳明诗文选》，第71页。

③ 吴光、钱明、董平、姚延福：《王阳明全集》，第1712页。

示了诗人的心之向往与心之升华，在“幽谷风”“高风”“长风”等诸多意象中可以感受到诗人向往隐逸之境，追慕圆融之界，由此可观王阳明不仅是一位托风传情的文人墨客与借风表志的入世儒者，他还是一位以风述心的隐逸之士。从一位旷达超脱的文人角度捕捉到的“风”意象多寄托王阳明的出世之思与圆融心性。

风不仅能游走于高堂广厦，其亦能于牧野山林留痕，故“风”可寄寓王阳明出世隐居之思与超逸飘然的心性。弘治十四年（1501）王阳明写下“高林日出三更晓，幽谷风多六月秋”①［《化城寺六首（其二）》］，这时的他刚结束多处的平反事件，游历九华是散心之举，这里的“幽谷风”多有洗涤心灵之效，结合篇末诗人“夜深忽起蓬莱兴，飞上青天十二楼”，可以看到清冽空灵的幽谷之风与九华山浓郁的佛道氛围拂去了诗人因官场黑暗而心生的惶惑与浮躁，使其充满了对天人一体的圣贤气象的向往，可以强烈地感受到王阳明渴望奔赴仙境道家的情思。在“千古陶弘景，高风满湘阿”②（《万松穴》）中可以感受到“高风”对王阳明气度的影响与影射：诗人置身于松林，松林之风高旷清新，激发了他的归隐之思。王阳明在贬谪贵州龙场驿的途中两次前往常德，“惟余洞口桃花树，笑倚东风自岁年”③（《晚泊沅江》）写于此时。这里的“东风”意象承载了诗人物是人非的感慨与出世隐居的思索。诗人晚泊沅江，听野老谈起桃花源仙境的往事而引发诗意，得道成仙的七位仙人已经无从考据，唯有沿溪两岸的桃花树还在东风里盛开着，“东风”作为桃花树岁岁年年盛开着的凭证，抒发了诗人物是人非的慨叹。结合王阳明盘桓桃花源所写的其他诗作，可以看出诗人在常德桃花源盘桓多时，对八仙往来、桃川仙源、道教丛林这些充满隐逸气息的景点与“多淳朴少宦情”的民风十分向往。人世倥偬，但桃花却一直盛开在“东风”里，对比之中触动了王阳明出世归隐的情绪。正德九年（1514）王阳明寄信同邑乡贤冯兰，写下“席有春阳堪坐雪，门垂五柳好吟风”④ （《寄冯雪湖二首（其

① 华建新：《王阳明诗文选》，第 15 页。

② 吴光、钱明、董平、姚延福：《王阳明全集》，第 1751 页。

③ 吴光、钱明、董平、姚延福：《王阳明全集》，第 1707 页。

④ 华建新：《王阳明诗文选》，第 248 页。

二)》),“吟风”既可理解为在风中有节奏地作响,又可理解为咏风,柳下咏风颇有闲适之趣。冯兰致仕后归故里,自建庄园,常事垂钓,生活闲适潇洒,王阳明对这位心境悠远的隐士赞慕不已,由此可观冯兰的生活环境与精神境界在一定程度上正是诗人的理想境界,王阳明亦十分向往柳下吟风的隐居生活。“风”中蕴含的隐逸情怀在正德十六年(1521)王阳明于庐山白鹿洞书院讲学时所吟作的诗中同样凸显,“长风卷浮云,褰帷始窥面”①(《白鹿洞独对亭》)。长风浮云、白鹿凌空,一幅充满了道家祥瑞之气的画面油然而生,“长风”意象正是王阳明寄情道家的有力展现。

逸者笔下的“风”除了具有清新超脱、引人出世的特点,还具有澄明通透、使人平和的特点,澄明通透乃是心定之状,何以心定?正是因为王阳明将佛教的“无我之境”融入儒家的“孔颜之乐”,达到了普通情思、入世热忱与道佛灵醒相交合的圆融化境。弘治十一年(1498),王阳明登秦望山,写下《游秦望用壁间韵》,篇始王阳明怀古伤今的普通情思已在文士笔下的“风”中展现,而王阳明何以成大家?正是因为他不会沉溺在个人情思的维度,而是常用圆融变通的智慧来指引自己走出困顿,在格取外物的同时体悟到一种澄澈自得的心灵境界,篇末“夜深风雨过溪来,小榻寒灯卧僧屋”②(《游秦望用壁间韵》),夜来的风已经无法引起诗人的心湖波动,只余“小榻寒灯”的澄明莹澈之境。正德八年(1513),王阳明借滁州琅琊山的优美环境展开了声势浩大的讲学活动,山水人文之灵秀激发了诗人的超然情思,他写下“草露不辞芒屦湿,松风偏与葛衣轻”③(《龙潭夜坐》),王阳明认为“松风”是轻盈的,物轻盈源于心轻盈,这时的诗人在滁州经历了对心学未来的彷徨与聚众讲学的充实,并悟出了“静坐以悟”的心学之法,他对于心学以及人生之理有了进一步的思索,松风吹拂之下的心境过而不滞、空明澄澈,充满圆活的智慧。逸者笔下的“风”中蕴含的圆融心性在嘉靖三年(1524)王阳明在绍兴家中赋闲讲学的诗歌中达到至臻之境:圆月夜王阳明与众弟

① 华建新:《王阳明诗文选》,第98页。

② 吴光、钱明、董平、姚延福:《王阳明全集》,第1697页。

③ 华建新:《王阳明诗文选》,第78页。

子喝酒赋诗，写下“高歌度与清风去，幽意自随流水春”[①]（《夜坐》），与歌声同存的“清风”意象自在超然，曾经戎马倥偬、宦海沉浮的王阳明，如今清风高歌，内心何其恬淡逍遥，联系颈联表述的心外无物之理，不难看出这时的王阳明做到了入世与出世的合一，已达自足之境。正当师生们宴饮正欣之际，四山云霭遮住月光，不免令人不悦，然而“须臾浊雾随风散，依旧青天此月明”[②]［《月夜两首（其一）》］，浊雾喻示人性之恶欲，拂去浊雾的清风喻示了能够摒弃恶欲的通达心性，经历了文士之风阶段的情随境迁与儒者之风阶段的汲汲入世，晚年的王阳明逐渐领悟心之奥妙，这时的诗文已入化境，做到了理学情怀与诗人性灵融的贯通。[③] 总而观之，王阳明从逸者角度下审视自然，心底深处的隐居之愿得以浮现，澄明平和的圆融智慧得以迸发，故而看似记“风”实则述“心”。

四　结语

文士笔下的“风”、儒者笔下的“风”及逸者笔下的“风”展现的是王阳明从不同身份对外在之风的三重审视，这三重审视看似并无关联，但实则相互贯通：王阳明看似达观随寓，文士之“风”随波于外在变化，但实则是自身统摄外物，“人生不努力，草木同衰残”，他将天地万物皆纳入自身，不断扩大自身心性的内涵与张力，这也是他看似心随境迁却积极入世的心理基础，[④] 这个心理基础打破了文士之“风”与儒者之“风”之间的壁垒；“混世亦能随地得，野情终是爱邱园”，表面显露山水之情，但实则是通过吟咏风物抒发追慕圣贤乐园的情思，由此文士之“风”进阶为逸者之“风”；王阳明认为养心并不是要“沈空守寂”，而

① 华建新：《王阳明诗文选》，第200页。

② 华建新：《王阳明诗文选》，第202页。

③ 刘再华：《王阳明文学论略》，《求索》1997年第6期。

④ 刘再华、朱海峰：《王阳明贬龙场期间诗文的精神境界》，《中国文化研究》2012年第2期。

是要经得住事的磨炼，才能成就圣贤的事业，[①] 由此儒者之“风”与逸者之“风”亦可贯通，消除相互壁垒的三重风展现了王阳明将普通情思与、儒、道佛三教思想合一的通达境界。同时可以将王阳明从三重身份落笔的“风”合称为文学之“风”，文学之“风”是外在之风经过阳明内心投射思考后的产物，故而王阳明从不同身份落笔的“风”可以对应为王阳明作为文学之人的不同部分：文士笔下的“风”即王阳明的情，儒者笔下的“风”是王阳明的志，逸者笔下的“风”实则便是王阳明的心。情、志、心相辅相成、三位一体，贯通成为王阳明大写的“人”，王阳明看似在观风，实际上是在观己身，由此外在之风进阶为内心之“风”，达到物我合一的圆融境界。

（作者杨蕙冉绍兴文理学院人文学院研究生；
卓光平为绍兴文理学院人文学院副教授）

① 赵平略：《王阳明的文学思想与创作》，《贵阳学院学报》（社会科学版）2013 年第 3 期。

正经溯源、远会圣心
——论季本的《诗经》观

崔　冶

【摘　要】季本是明代的《诗经》学家，著有研《诗》专著《诗说解颐》。季本认为秦火之后，汉儒对《诗经》做过增补工作，致使《诗经》失去原貌，他的研究主要以恢复古本为目的。本文主要考察季本“正经”的指导思想、诗旨的阐释及诗歌编次的讨论，进而探究季本在“正经”过程中建构的解《诗》体系。

【关键词】季本　《诗说解颐》　“正经”意识

近年来，明代《诗经》学的成绩已经引起了越来越多的重视，学者纷纷抛弃明代经学空疏的观念，[①] 开始重新梳理明人对于经学的贡献。季本作为阳明后学中的重要人物，其研究成果却未能得到当今学界的足够关注。其《诗》学专著《诗说解颐》，虽然不如同朝朱善《诗解颐》、丰坊《诗说》、何楷《诗经世本古义》等著作有名，但对于明代《诗经》学的贡献未必逊色于上述各家。《四库全书总目提要》评价《诗说解颐》，“多出新意，不肯剿袭前人，而征引该洽，足以自申其所见”[②]，比较公允，确定了季本在明代《诗经》学中的地位和价值。

季本，字明德，号彭山，会稽人，生于明宪宗成化二十一年（1485），卒于明世宗嘉靖四十二年（1563）。自幼受《春秋》于其兄季木，早年师从王文辕，后师王守仁，黄宗羲将他列于浙中王门。明武宗

---

① 刘毓庆：《从经学到文学——明代〈诗经〉学史论》，商务印书馆2001年版，第1页。

② （明）季本：《文渊阁四库全书》第79册《诗说解颐》，台湾：商务印书馆1983年版，第1页。

正德十二年（1517），进士及第，授建宁府推官。由于生性耿直，为官二十余载，屡遭贬抑，颇不得志。然而在罢官之后，潜心著述①，在学术上有很好的表现。从内容来看，以经学著作为主，这正是季本“闵学者之空疏，只以讲说为事，故苦力穷经”的体现。《诗说解颐》是季本研《诗》专著，共40卷，近四十万字，包括《总论》《正释》《字义》三部分，《总论》是全书的纲领和思想主导，本文主要从季本《诗说解颐·总论》出发，结合其他著作，考察季本的《诗》学观念，探讨其在《诗经》研究过程中所体现的强烈的“正经”意识。

一　季本《诗经》观的核心

季本在《诗说解颐·序》开篇说道：“《诗》遭秦火，全经不存，世儒收拾于煨烬之余，缀为三百五篇之数，非古经也。”② 明确表示当世《诗经》与先秦时期的《诗经》存在很大差异，因为在经历秦始皇焚书的劫难之后，先秦时期结集成册行之于世的《诗经》即季本所称“古经”已经不是原来的面貌了。季本所谓的“全经不存”，考察其在整部《诗说解颐》及其他著作中的论述，应该是指诗篇佚失而整部诗集不足三百篇之数、诗歌编排次序错乱、个别诗歌作品的章句划分不明确等情况。汉代儒学家为了恢复“古经”的面目，凑足三百五篇之数，收集了一些逸诗，重新编排整理，从而增补出了一部新的《诗经》。从此之后，从汉代至季本所生活的明代中期，经学家都是在这个版本的基础上展开论述与探讨，形成了所谓的“诗经汉学”“诗经宋学”的传统。既然对研究对象的真伪都产生了怀疑，那在此基础上所产生的研究成果自然需要重新检讨了。季本的《诗经》研究正是由此展开，其对经文的训释、诗旨的阐释、创作手法的分析、《诗经》基本问题的讨论、对汉学、宋学的批判等等，都是在这个前提下进行的。他努力摆脱汉宋藩篱，突破权威，致力

① 著有《易学四同》8卷、《易学四同别录》4卷、《诗说解颐》40卷、《春秋私考》36卷、《四书私存》38卷、《说理会编》16卷、《读礼疑图》6卷、《孔孟事迹图谱》4卷、《庙制考义》2卷、《乐律纂要》1卷、《律吕别书》1卷。另有《季彭山先生文集》4卷。

② （明）季本：《诗说解颐》，第1页。

于对“古经”的恢复与还原，在此基础上建构了独特的解《诗》体系。为了行文方便，我们暂且称汉代所流传下来的《诗经》版本为“今本”。季本所认同的古本是秦火之前，经过孔子整理的古本，他称之为“古经”。努力恢复“古经”，是季本《诗经》研究的核心。

二 “正经”的指导思想

秦火之前的“古经”是什么样子的？毕竟从汉至明，只有“今本”传世，没有其他的版本可以用作参考或是用来证伪，但是季本认为“古经”不是无迹可寻的。“古经”虽然不存，但是周代编辑与整理“古经”的目的可以确定，编纂古本的指导思想还可以追寻。以最初《诗经》结集的目的和功能来考察“今本”，可以检测出其背离圣人之意的部分。

（一）《诗经》的性质与功能

《诗经》是周代礼乐文化的产物，它不单单是一部具有文学性质的诗集，也是一部具有政治、道德、伦理、哲学以及审美、文化教育意义的著作。从西周到春秋，经过多次编辑而成，是周王朝的官方行为，体现了周代统治阶级的意志，具体的执行者应为周王朝的乐官，编辑目的大致可以归纳为两个方面：一是为了弘扬与效法前代圣王的治国之道，即“法文武成康之遗风”，从典礼仪式用乐的考虑出发，“兴正礼乐”以再致盛世；二是“观民风，知得失，自考正”，即采诗观风与献诗讽谏。可见，诗篇的创作与《诗经》的编辑最开始就关乎政治。《诗经》同时也肩负着教化的功能，是周代贵族学习文化知识的教科书，对塑造周代贵族的人文精神与文化品格起着重要的作用。到了孔子所在的春秋末期，面对“礼崩乐坏”、天子失统的现实，孔子决心恢复周礼，因此对包括《诗经》在内的经典文献进行了整理，使“雅颂各得其所”①，让《诗经》再次肩负起文化承传与修复世道人心的使命。由此可见，从《诗经》创作与结集到孔子编诗的政治功利目的都是相当明确的，它既要有政治层面上的实际功用，有助于统治者治国安邦；又要有道德层面上的教化之用，有助于塑造儒家君子品格。季本对《诗经》这两种预设的功能了然于心，

---

① 杨伯峻：《论语译注》，中华书局1980年版，第92页。

尤其肯定孔子对于《诗经》“教化”意义的发展，他于论著中多次强调“诗教”的意义，如：“诗之为教，所以感发人心。故为之音韵以咏歌之，使可听，又作者之志公正无私。其辞清而不杂，则其入人尤易也。”① 因此，《诗经》所录诗篇是否能反映王朝政治，是否是雅歌，是否能明是非之心、感发人的性情之正，成为检测“今本”的重要原则之一。

（二）季本“正经”的理论基础

季本认为部分“古经”是可以从“今本”中还原的。“《诗》学之失传久矣，所幸遗经尚存，是非具列，即其辞而细绎之，以意逆志，当自跃然于心目之间，岂待传注而后明哉！今于诸篇下首标经旨，不尽用旧说也，庶以见其意不远于经文而可求焉。”② “《诗》学之失传久矣”，即指“今本”《诗经》已非原来的面目，再加上汉代以来学者对《诗经》所做出的种种阐释建设，致使《诗》学偏离了作诗者与编诗者的本意。“所幸遗经尚存，是非具列，即其辞而细绎之”，但是我们可以从现在的《诗经》传本中还原古本的面貌。而且，对于诗意的理解也应该抛弃前人传注的说法，直接深入经文，按照“以意逆志”的方法，立足于文本“而求”，去探求作诗者与编诗者的本意，从而对“古经”进行恢复。

尊奉先秦时期《诗经》结集的目的与功能，并立足于经文本身，季本的“正经”工作就此展开。这个“正经”过程分两个层面进行，一是以重新阐释诗旨为主，对单个具体诗篇的还原；一是将《诗经》作为一部诗集，对其整体面貌的还原。对单个具体诗歌作品的还原，是还原整部诗集面貌的基础，但考察诗集整体面貌也会影响到对个体诗篇的理解，两个层面之间相辅相成、互为依存。以上“正经”工作构成了季本《诗经》研究的基本框架。

三　具体诗篇的还原

对具体诗篇的还原，包括字词训诂、章句音韵、主旨阐释、创作手

---

① 北京图书馆古籍出版编辑组：《北京图书馆古籍珍本丛刊》第 106 册“集部·明别集类”《芹山集、翁东涯、杨氏南宫集、季彭山先生文集》，书目文献出版社 1991 年版，第 915 页。

② （明）季本：《诗说解颐》，第 24 页。

法等，季本于《诗说解颐》中对以上问题进行了全面研究。其中，在字词训诂、揣摩文意的基础上对诗旨的研究与还原是最关键的。季本不认同汉代董仲舒提出的“诗无达诂”的观点，坚持对诗旨的理解要回归作诗者的本意，对汉儒和宋儒各种说法的批评与修正都是从这个角度出发的。

孟子“知人论世”的理论对中国古代阐释方式产生了重要影响。人处于一定的社会历史环境当中，他的言语作品作为其心理的外化产物必然反映着周围的社会环境与所处历史时期的风貌，并且在知其人就可以知其言的前提下，理解一个文本，必须了解作者的情志，深入而系统地考察作者所处的社会历史环境。通过对作者的经历、思想精神、所处的社会时代以及作品中包含的叙事化内容的深刻把握，来阐释一个文本的含义。这个理论对于《诗经》来说，意义更加特殊，上文提到《诗经》肩负着治国安邦与道德教化的重任，所以比之后来的唐诗、宋词，它与自己所处的社会历史背景就更加紧密。从汉代的儒学家、宋代的理学家到明代的心学家，对传统儒家典籍文本的研读与阐释，都遵从《诗经》政治与教化这种预设的功能取向，形成了经世致用的解释立场。但是由于受到各自历史语境的限制，关注点与倾向性不同，具体的表现也就各有差异。

汉儒的《诗经》阐释担当着强化政权合法性、构建新王朝大一统意识形态与复兴文化传统的时代重任，主要为汉王朝政治服务，便成为他们解《诗》的立场。在这种历史语境下，汉儒更注重挖掘诗歌所指涉的具体历史事实，在孟子“作者个人、社会背景、文本”的构架中增添了一个“历史事实”的要素。通过夯实诗本事而推演诗义，即“以事解经”与“以史解诗”。具体的操作方式就是追溯诗句或全篇所指涉的历史时代与具体事件，遍取《左传》《国语》等其他典籍，广采杂说，努力搜寻可以与诗篇相互佐证的史料，将305篇诗歌每一首都落实到王朝政治的本事中，深度挖掘作品中的义理，引申出符合汉代王权需要的种种政治理念，以及可以资政治世的历史借鉴，为汉代王权大一统提供思想的合法证明，描述政治理想与社会秩序理念。

从理论上来讲，季本是认同汉儒的解释系统的，他肯定考察诗人、社会、事件、作品之间的关系，但是季本处于明代中期的社会历史条件下，解《诗》不在于解释明代政权的合法性，也不过多地倾向于描述政治理想。季本对阳明心学给明代中期学术界带来的不良风气有清醒的认识，他认为在对良知的磨砺体认中，不能忽视经典的知识性意义。因此，季本想采用注解经典的方式来拴住王门弟子游谈无根的论学话语，以矫正不事考证、师心穿凿、主观臆断等不良学风。想要挽救学术的空疏与弊端，个人的学识与修养就更加重要，因此季本尊奉孔子的论诗立场。从孔子到汉儒，论《诗》是从纯粹的精神主义和道德主义走向政治的实用主义。孔子从诗教思想出发，一言以蔽《诗经》曰“思无邪”，通过突出作者的个体情志来强调诗歌教化功能，重视《诗经》对个人文化修养与品格塑造的重要作用；而汉儒从政治实用的诉求出发，以美刺阐释诗篇，使美刺情感具体化为历史事件，突出诗歌的政治风教意义。季本想回归孔子的诗教，就必须把《诗经》的阐释从重视外在政治诉求拉回到重视追求个体道德完善的内向指涉。所以在《总论》两卷中，季本对《诗经》基本问题的探讨，尤其是在对《诗序》的讨论中，处处传达出对于汉儒的不满。但是结合30卷《正释》来看，在诗旨上，季本采纳《小序》意见的篇幅也不少。因为季本并不否定《诗经》的政治性，也不反对汉儒将诗旨的论述与历史政治相联系，部分诗篇的确与某王、某妃、某公、某具体事件有关，可以做历史化的解读，但是汉儒把全部作品视为先王政典，执着地从这些色彩缤纷、风格各异的诗篇中寻觅古圣先王的治国之道，为了夯实诗篇所关联或隐射到的社会历史事件，不惜牵强附会，这些是季本大力批评的。季本对诗旨的还原，很大一部分是把率性而作的抒情歌诗从反映先王政典与强行叙录历史中解放出来。

对比之下，季本对宋儒有更多的肯定和赞扬。这是因为宋儒的解《诗》精神和季本有更多的契合之处。洪湛侯概括“诗经宋学”的特征有：（1）不用《诗序》，就诗论诗；（2）辩证旧解，阐发新意；（3）间采三家，不拘门户；（4）注重义理，略于训诂；（5）反对烦琐，力求简明。[①] 前三条都可以用来描述季本的《诗》学研究。同时，重视文本以及涵泳体会经文的理解方法，季本与宋儒也是一致的。季本在《诗说解颐·序》中曾引述并肯定张载的观点：“张子曰：置心平易，然后可以言

① 洪湛侯：《诗经学史》，中华书局2002年版，第362页。

《诗》，涵泳从容，则忽不自知其解颐矣。”[①] 以经文为主，用心去体会，正是合理理解诗意的有效途径。但是由于以朱熹为代表的宋儒同样为历史语境所限，所以季本也不完全赞同宋儒的学说。朱熹研究《诗经》的宗旨与立场在于阐发其理学观念，他以义理解诗，以道德伦理评价诗歌本事，重视个体心性修养，将人伦与天理紧密结合起来，在修身致理的同时和谐家庭、人际、政治之间的关系，以正人心，诛贼党，实现家庭和睦，国家兴盛，天下太平的政治理念。因此，处于不同的解《诗》立场，季本对朱熹也不是顶礼膜拜，尤其对朱熹未能突破《诗序》的狭隘之处有着大胆的、果断的批评。

在“正经”观念指导下，对具体诗篇的研究，季本大力破除汉儒过分落实具体事件，牵强附会诗意的做法，同时也努力突破朱熹对《小序》不敢大胆否定，过度宣扬天理学说的解释。季本客观地分析汉儒、宋儒的得失，比起以往更加立足于经文本身，因此提出了很多更加合理更加精辟的看法。以下试举几例：

1.《豳风·七月》

《小序》：“《七月》，陈王业也。”[②]

《诗集传》：“周公以成王未知稼穑之艰难，故陈后稷、公刘风化之所由，使瞽矇朝夕讽诵以教之。”[③]

《诗说解颐》：“豳人以农桑为业，以忠爱为心，故作此诗以自序其勤力诚心之事也。”[④]

从文词内容来看，《七月》是一篇典型的农事诗，描写了古代人们一年四季的生产劳作与生活情况。《小序》仍然从王道政治出发，附会本诗是陈王业的。朱熹不但赞同《小序》，并且进一步说明是周公陈述后稷、公刘的风化来教育成王的。季本的解释与王道、政治、风化无关，只从

① （明）季本：《诗说解颐》，第3页。
② （汉）毛亨：《毛诗正义》，北京大学出版社2000年版，第572页。
③ （宋）朱熹：《诗集传》，中华书局2011年版，第118页。
④ （明）季本：《诗说解颐》，第115页。

诗歌本文出发，认为是豳地人民自述农桑之事，表达了其尽心农事的情感。

2.《郑风·遵大路》

《小序》："《遵大路》，思君子也。庄公失道，君子去之，国人思望焉。"①

《诗集传》："淫妇为人所弃，故于其去也，揽其袪而留之曰：子无恶我而不留，故旧不可以遽绝也。"②

《诗说解颐》："淫妇因所私者别去，而于大路中留之之诗。也或以为弃妇之追词。则妇既弃去，夫又岂肯出至大路送之而为妇所揽乎?"③

《遵大路》是一首挽留情人的诗，用赋的手法叙写了在大路上，一个人拉着情人的衣袖，苦苦哀求他不要离去。《小序》说思君子，完全是从政教的立场出发，于诗意无任何关系。朱子虽然摆脱了政教的束缚，但是其解释于诗意不通。季本认为此诗是淫妇于路中送别情人并企图挽留对方所作的诗歌，或是弃妇之辞，比较符合文本含义。

3.《小雅·采薇》

《小序》："《采薇》，遣戍役也。文王之时，西有昆夷之患，北有玁狁之难。以天子之命，命将遣戍役，以守卫中国。"④

《诗集传》："此遣戍役之诗。以其出戍之时采薇以食，而念归期之远也。"⑤

《诗说解颐》："此宣王时伐玁狁以归而劳归士之诗也。盖《出车》《六月》皆宣王时伐玁狁事，虽不必同为一役，然不可不以此为宣王诗也。《序》以为文王时诗，则玁狁者即獯鬻也。自大王避獯鬻

① （汉）毛亨：《毛诗正义》，第343页。
② （宋）朱熹：《诗集传》，第66页。
③ （明）季本：《诗说解颐》，第103页。
④ （汉）毛亨：《毛诗正义》，第687页。
⑤ （宋）朱熹：《诗集传》，第173页。

迁岐至于文王，皆以安民立国，不以养民者害人，绝无伐玁狁之事。世儒以其诗列于《小雅》之前，而遂附会其说。朱子《辨说》既以为未必文王之诗矣。但谓之遣戍役，则篇内皆既归之辞也，乌得云遣？”①

《采薇》生动地描写了将士们为抗击玁狁戍守边关长久不归的艰苦生活，抒发了对家乡亲人的牵挂和思念，篇末抒写将士归家途中忍受雨雪饥渴的苦楚和痛定思痛的伤悲。《小序》和朱子都以为是遣戍役之诗。季本认为篇内皆既归之辞应为“劳归士之诗”，虽然这个阐释没有那么切合文意，但比汉宋都更近诗意一层。此篇要重视的是季本对于其诗歌时代的还原，毛诗认为是文王时代伐玁狁遣戍役的诗，季本认为是宣王时代伐玁狁的诗，毛诗因为《采薇》在诗集中的位置——列于《小雅》前部而牵强附会诗歌的时代，季本对此进行了批评。根据考古资料与近些年的研究成果，周与玁狁的冲突主要发生在厉、宣时期。周厉王、周宣王时代气候异常，干旱、强震等自然灾害时有发生，戎狄等部族从西北不断内迁，与周的冲突日趋频繁。虢季子白盘、不其簋、多友鼎、兮甲盘②等多件被认定为厉、宣时期的青铜器，其铭文皆有与玁狁交战的记载，季本认定此诗为周宣王时代的作品，大致是正确的。

① （明）季本：《诗说解颐》，第173页。

② 虢季子白盘铸于周宣王时期，其铭文内容大致为虢国子白奉命征伐玁狁，荣立战功，周王为其设宴庆功，并赐弓马之物，虢季子白因此做宝盘以纪念。见陈垠昶《西周虢季子白盘新探》，《兰台世界》2015年第4期；李先登《历尽沧桑的虢季子白盘》，《文史知识》1999年第1期。不其簋铸于周宣王时期，其所铸铭文涉及周王朝抗击玁狁的史事。将不其簋的铭文与虢季子白盘的铭文综合来看，“不其”为秦庄公，秦庄公在这次伐戎的战争中功勋卓著，受到周王朝的奖赏。可参见杜勇《不其簋史地探赜》，《天津师范大学学报》（社会科学版）2016年第5期；葛海洋、魏慎玉《不其簋略考》，《文物鉴定与鉴赏》2014年第1期。多友鼎铭文记载的是周厉王时期与玁狁的一场战争。周厉王命令武公派遣多友迎击入侵的玁狁，激战半月才取得了胜利，厉王予以多友重赏。可参见李学勤《论多友鼎的时代及意义》，《人文杂志》1981年第6期。兮甲盘铭文前半部分记载周宣王下令征伐玁狁，兮甲吉甫遵王命克敌获俘凯旋，宣王进行了赏赐。见陈连庆《兮甲盘考释》，《吉林师大学报》1978年第4期；尚秀妍《兮甲盘铭汇释》，《殷都学刊》2001年第4期。

4.《邶风·谷风》

《小序》：“《谷风》，刺夫妇失道也。卫人化其上，淫于新昏而弃其旧室，夫妇离绝，国俗伤败焉。”①

《诗集传》：“妇人为夫所弃，故作此诗，以叙其悲怨之情。言阴阳和而后雨泽降，如夫妇和而后家道成。故为夫妇者，当黾勉以同心，而不宜至于有怒。又言采葑菲者，不可以其根之恶，而弃其茎之美，如为夫妇者，不可以其颜色之衰，而弃其德音之善。但德音之不违，则可以与尔同死矣。”②

《诗说解颐》：“时有宠新妾而弃其妻者，其妻不忍去，故作此诗，以叙其悲怨之情也。怨而不怒，可谓贤妇人矣。但诗中以泾渭为喻，则泾渭者，周畿内之水也，诗人咏物，多述土风，卫人不应远引泾渭，东莱吕氏虽为之解，亦似强求。意者其为《王风》之杂欤！”③

《谷风》显然是一篇被弃女子诉苦之诗，诗篇以弃妇的口吻娓娓道来，叙述沉痛，将无辜被弃的心痛与震惊表达得淋漓尽致。《小序》谓刺夫妇失道，是在对诗意的理解上发挥诗歌讽喻的功能，依然是从政教的角度考虑的。朱子的理解比较切合诗旨，但是又引申到夫妇和而家道成，如阴阳和而雨泽降等，将人伦与天理紧密结合起来，体现了其以理解《诗》的阐释立场。季本采纳了朱熹的意见，认为此诗是被弃的妻子不忍离开夫家而作的弃妇诗，但同时指出“怨而不怒”，反映了其对孔子“温柔敦厚”诗教思想的采纳。此外，季本对此篇的阐释值得重视的是以诗中出现的地理名词来推断诗作产生的地域。诗中言及泾渭二水，此二水在王畿之内，卫人地处河南，作诗似不应援引方域之外的风物，这种看法有一定的道理，反映了季本解《诗》全方面的考量。

---

① （汉）毛亨：《毛诗正义》，第171页。

② （宋）朱熹：《诗集传》，第28页。

③ （明）季本：《诗说解颐》，第59页。

四 《诗经》整体面貌的还原

在整体面貌的还原上，第一个问题就是确定篇目，需要辨明“今本”中有哪些是汉儒后添加进来的，非“古经”中的篇目。根据西周及孔子之时的采诗目的与编选原则，“淫诗”是绝对不应该存在于《诗经》中的。这一点季本曾作过明确的论断，如“淫辞不可以为讽，邪辞不可以为正，谀辞不可以为公，但秦火之后，诗篇错乱，多失故序，而又杂以里巷狎邪之言，则其义始不明矣。”[①]《小序》对各首诗进行历史叙事化的解读，为“淫诗”入集强行作解。朱熹承认“淫诗”的存在，认为其可以作为反面教材，具有“惩创人之逸志”的作用，来解释其被编入《诗经》的合理性。季本不赞同这两种观念，从孔子的诗教传统出发，认为“淫诗”出现在《诗经》中是完全不能接受的。

第二个问题是篇目的分类和排序。“今本”《诗经》共305篇，按照《风》《雅》《颂》三个部分排列，季本认同“古经”也是按照这个体例编排的，但是他对“风”“雅”“颂”重新进行了诠释，提出了与汉儒稍异的定义，树立了诗篇移易的标准，从而为重新安排某些诗篇的位置提供了可能。季本解释“风者，讽也……有嘉人之善而感动良心者，有刺人之恶而感动耻心者”。《诗序》中有言：“风，风也，教也。风以动之，教以化之。”“上以风化下，下以风刺上。”两种论述意思基本相同，都认为“风”有教化功能。季本解释“雅”，则直接引述《诗序》“雅者，正也”。季本对“颂”的解释比较详细：“颂者，容也，公也，臣子形容功德之辞，有称颂先君之德而追思者，有称颂时君之德而祝愿者。”《诗序》：“颂者，美盛德之形容，以其成功告于神明者也。”两种论述也基本相同，强调对君王功德的称颂与赞美，《诗序》强调“以成功告于神明”，而季本点出了对“时君”，即诗歌创作时期的当朝君王功德的称颂。季本还对“风”“雅”“颂”的作者身份和使用场合进行了讨论，他将诗歌分成两类，一类是私下讽喻的，属于民间的，即“风者，讽也，民俗私相咏歌之辞”；一类是当面公开告诫之辞，使用于官僚之间的，即“雅者，

---

① （明）季本：《诗说解颐》，第6—7页。

正也，彼此面相告戒之辞”，“容也，……皆公言也，亦面陈而非私讽”。大小雅的划分也是从使用场合和使用者的身份来区分的，“有官僚规诉而属于小者，有君臣训谕而属于大者”。《诗序》是以政之大小来区分大小雅，虽然两种区分都与政治联系，但是关注点不同，《诗序》关注诗歌内容与主旨所反映的政事内容，而季本关注作诗者的身份与创作目的、使用及针对的人群，即创作者和受众之间的关系。对于《雅》的使用对象和场合，季本还补充说：“雅者，正也，面相告语之正论也。谓之《小雅》，乃父子、兄弟、朋友、夫妇之正论；谓之《大雅》，则朝廷君臣之正论，故用之朝会，用之燕飨，用之赠送，用之慰劳，各有攸宜，而非若《风》之可以随所用也。”①

由上可知，季本的诗篇分类标准为：安排在《风》中的诗篇应该是有关于讽诵教化的，民间私下咏歌的作品；安排在《小雅》中的诗篇应该是臣子之间公开当面相告诫的雅歌；安排在《大雅》中的应该是君臣之间公开训谕的雅歌；安排在《颂》中的应该是公开称颂先君或时君之德的作品。根据这个标准，季本将一些诗篇的分类位置做了调整，如《四牡》是一篇征夫思念家乡的诗歌，季本同样认为抒发的是周之征夫劳于王事，不得归而思其父母之情，应当由《小雅》入《王风》；《天保》是一篇臣子歌颂君王的诗歌，季本以此为臣下美君，颂时君之作，所以应当由《小雅》移入《周颂》；《菁菁者莪》是一篇称美贵族君子的颂歌，季本认为此诗是人君得贤爱乐而作，那就属于君臣之间的雅歌，应该从《小雅》移入《大雅》。据台湾学者蒋秋华统计，移入最多的为《大雅》32 篇，其余依次为《王风》13 篇、《鲁风》7 篇、《周颂》5 篇、《小雅》4 篇、《豳风》3 篇、《周南》1 篇、《鄘风》1 篇，另有 14 篇，季本仅言宜为《风》，而未明言当属何国。若就自各部移出的篇数而论，其中以《小雅》最多，多达41 篇，其余依次为《周颂》11 篇、《召南》8 篇、《豳风》5 篇、《大雅》5 篇、《齐风》3 篇、《邶风》2 篇、《鲁颂》2 篇、《鄘风》1 篇、《郑风》1 篇、《唐风》1 篇。另有8 篇，虽然这8 篇并没有移出自己原来的分类，但是在位次上做了改变，如《邶风·日月》移至《邶风·燕燕》前，《大雅·常武》移至《大雅·江汉》前，《周

① （明）季本：《诗说解颐》，第6 页。

颂·振鹭》移至《周颂·有瞽》之后。[1] 季本认为应当重新分类和移易位次的共有80篇，接近于《诗经》总数的四分之一，调整的规模还是很大的。这80篇中，除了根据“风”“雅”“颂”定义而重新调整的，还有由诗旨而推测出作品时代而进行调整的；由内容而推测出作品产生地域而进行调整的；由考证作者国别而进行调整的。

此外，季本可能也认识到了“风”“雅”“颂”无论从作品反映的内容来分类，还是从使用场合、功能上来分类，界限都比较模糊，以至于很多诗篇就较难归类了，所以他提出了相兼说。“《风》、《雅》、《颂》体亦有相兼者，如《崧高》列于《雅》而曰‘其风肆好’，是《雅》兼《风》也，但以作者本在《雅》，非私讽之辞，则不可以为《风》。他如《鸤鸠》之有颂辞，是《风》兼《颂》也，但以作者本在《风》非面陈之辞，则不可以为《颂》，亦各从其类而已。”[2] 诗体可以相兼，如《大雅·崧高》兼有《风》体，但是受作者的身份（贵族或平民）和讽诵的形式（面陈或私讽）的限制，使得他们仍然留在原来的分类里。《崧高》是一篇赞颂周宣王的大臣申伯的诗作，作者是周宣王的另一位大臣尹吉甫，属于高级贵族之间用来公开赞美的诗歌，那按照季本的分类标准，虽然该诗兼有《风》体，但是仍然属于《大雅》。

五　季本“正经”的得与失

季本的《诗经》观以“正经”意识为核心，围绕这个核心形成了自己的研《诗》体系。季本的努力是否有助于明代甚至是整个《诗经》学的发展呢？

首先，季本“正经”的出发点是值得讨论的。“《诗》遭秦火，全经不存”非季本首创观点，班固在《汉书·艺文志》曾有言：“凡三百五篇，遭秦而全者，以其讽诵，不独在竹帛故也。”[3] 《诗经》经历了秦始

---

① 蒋秋华：《季本〈诗说解颐〉诗次说评议》，载《第四届诗经国际学术研讨论文集》，学苑出版社2000年版。

② （明）季本：《诗说解颐》，第7页。

③ （汉）班固：《汉书》，中华书局1962年版，第1708页。

皇焚书的劫难，305篇诗歌还能保存齐全，是因为它是可以背诵的讽喻诗，不单靠文字的流传。言外之意似乎是305篇诗歌中有靠人们的记忆流传下来的篇章，那记忆就未必准确了，有汉儒增补的可能。由此，有的学者解释“全”为凑合之“全”。[①] 到了宋代王柏就直接提出了淫诗三十篇是汉人增补的。王阳明也力主汉儒增补之说，“《诗》非孔门之旧本矣。……此必秦火之后，世儒附会，以足三百篇之数”[②]。季本继承了其师的观点作为自己研《诗》的出发点。结合考古发现与当代的研究成果，汉儒的确可能对《诗经》做过一定的整理或增补工作，但是这个整理或增补的规模与程度很难确定，是否真的有“古经”中不存在的诗篇补入，还是只是诗篇次序发生了错乱，个别字词句子存在异文等，这些都是无法确定的问题。因此，我们也很难评判季本的“正经”工作是否能够在一定程度上对“古经”进行准确的还原。季本本意是想对《诗经》文本的产生与结集做“客观的重构”，但是由于受到各种条件的限制，不免要陷入“主观的重构”，因此季本的“正经”仍然是在新的历史条件下，打着复古的旗号，对《诗经》进行新的阐释。

其次，季本《诗说解颐》对明代《诗经》学的发展有重要意义。“今本非古经”这一观念的提出，有利于突破前人的藩篱。季本动摇了前代学者的权威性，可以放开手脚对汉儒和宋儒大胆地进行质疑与批评，从具体细小的经文训诂，到《诗经》基本问题的重新考量，季本都持以审视的眼光，最终的结果就是能够将诗旨从前代人所累积的厚重的历史与政治的解说中解放出来，形成了更加贴近文意、更加合理的阐释。鲁洪生认为明人《诗经》学研究的贡献主要体现在考据训诂与诗旨探讨两方面。季本在这两个方面的贡献毋庸置疑，尤其对诗旨的探讨贡献更大。明代《诗经》学的发展大致可以分为前期、中期、后期三个阶段，前期是宋学的天下，独尊朱子；中期复古之风兴起并日渐强盛，同时，在阳明“心学”的影响下，《诗经》研究出现了一些不同于汉、宋传统的新变；后期是《诗经》文学研究的崛起与繁荣期。《诗说解颐》诞生于明代中期，正是《诗经》学寻求突破与发展的重要时期，季本以经学家和心

---

① 程元敏：《王柏之诗经学》，台北：嘉新水泥公司1967年版，第153页。

② （明）王守仁：《王阳明全集》上，上海古籍出版社2011年版，第12页。

学家的双重身份研《诗》，在《诗经》学转型期中展现出特殊的价值。季本具有强烈的“正经”意识，尊崇孔子的诗教观，这一点为清初的姚际恒所继承，对清初《诗经》学有开创性意义。季本的治《诗》方法“立足文本”“反复涵泳”“情性论诗”本身就是诗歌品鉴的起点，所以季本在对具体诗篇的阐释时已经涉及情感品赏、语意章法、语言艺术等问题。因此，《诗说解颐》已经包含了众多文学研究的因素，对《诗经》研究从经学走向文学有着重要影响。

结　语

虽然季本力图还原“古经”，但《诗说解颐》在撰述体例上并没有打破《诗经》原来的体例，既没有把他认为的“淫诗”直接从诗集中剔除，也没有变乱《诗经》的次序，只是于各篇之下说明应该移入的位置，不同于何楷等学者直接在著作中打破《风》《雅》《颂》的体例，按照自己的想法对305篇重新分类排序。这说明季本在一定程度上还是尊重传统的，明了由于历史的发展，想要完全复归“古经”原貌并非人力可为，只能在一定程度上去探求圣人之遗志，以期推动学术的发展。季本的弟子徐渭评价《诗说解颐》说：“其志正，其意远。悉于经而不泥于旧闻，深有得于孔子之遗言，有裨后学。”① 这个评价是客观而精到的。对季本而言，《诗经》是“恒久之至道，不刊之鸿教”，在强烈使命感和责任感的驱动下，努力透过历史流传的经典文本，体认圣人思想精髓，揭示经典中原有的观念，目的在于为明代发展提供思想坐标，将《诗经》中的圣人之道与明代社会的思想潮流关联起来，借由历史文本的阐释来承续文化传统、规范现时世界。

（作者为绍兴文理学院越文化研究院助理研究员、博士）

① （清）朱彝尊：《经义考》，中华书局1998年版，第603页。

许孚远《大学述》思想析论

刘丽莎

【摘　要】《大学述》中，许孚远有意分别了宗旨与工夫。许孚远先主“亲民”后主“新民”；他强调明明德为体，亲民（新民）为用，二者归摄于知止；知止是指不容一毫偏倚驳杂的大中至正之道，他反对李材知止和知本共为《大学》宗旨的“止修”学说，独以知止为宗。工夫主要体现为格物，强调去除物欲所昏蔽，使其本来具足之理湛然呈现。格物统摄修身工夫，与克己同工。格物指祛除物欲，从物欲上廓清；克己是气质上消融，二者同求本体无所障蔽。知本是达知止之道，是知止题中之义。

【关键词】新民　明明德　止至善　格物

许孚远（1535—1604），字孟仲，号敬庵，今浙江德清人，他上承湛若水下启刘宗周，是明代具枢纽地位的思想家。其著作有《敬和堂集》《大学述》《论语述》《中庸述》《左氏详节》等，其中《大学述》在他的整个思想体系中有着举足轻重的地位。明中叶以降，《大学》诠释的风气颇为盛行，儒家学者们通过重新诠释《大学》来建立自己的学术体系或进行义理学说的创新，乃至有“讲学须有宗旨，宗旨源于《大学》”①之说，许孚远的《大学述》正是在这样一种背景下产生的。

《大学述》共有三个版本。《大学述》初成于许孚远任职陕西提学副

---

① 刘勇：《中晚明士人的讲学活动与学派建构——以李材（1529—1607）为中心的研究》，商务印书馆 2015 年版，第 40 页。

使期间（万历十四年至万历十七年间，即1586—1589）①，此版本已无从得见。第二个版本成于巡监福建期间（万历二十年至万历二十二年间，即1592—1594）。许孚远基于初版对《大学述》进行了删改，并于万历二十一年（1593）定稿并刊刻。② 此版有初刊本和完本，初刊本包括《大学古本》《大学述》《大学述答问》，完本除以上三部分内容外还包括《答问》《支言》《杂著》。初刊本见于2013年国家图书馆出版的《原国立北平图书馆甲库善本丛书》③，完本见藏于美国国会图书馆《敬和堂集》卷9《大学述》。晚年退隐居山，许孚远再次修订《大学述》，并于万历二十九年（1601）刊刻，且增加了《大学支言》和《大学考》。此版孤本藏于日本尊经阁文库④暂不得见，但刘斯原《大学古今本通考》中所收录的节选部分可以窥其主要改动。⑤ 本论文以《原国立北平图书馆甲库善本丛书》中收录的万历二十一年版《大学述》和刘斯原《大学古今本通考》中所收录的节选版为主要参考文献。

许孚远在《大学述序》中追溯了《大学》《中庸》的来源和流衍，

---

① 许孚远在《祭张子荩谕德》中说："余在关中著有《大学述》一编，尝遗书请正子荩。"（明）许孚远：《祭张子荩谕德》，《敬和堂集》卷12，第731页。

② 《大学述序》载："顷入七闽，得温陵苏子所遗格物之解，若合符契然，后益信人心之所同，然爰取笥中旧著大学述一编复加删改就正有道，以期共为折衷阐明圣学于天下……万历癸巳夏五月，后学德清许孚远序"。且后附崇祯十年（1637）手写的刊刻记，言："末附《答问》《支言》《杂著》三种。斯本初行者，故缺焉，他本则为全书也。"（明）许孚远：《大学述》，《原国立北平图书馆甲库善本丛书》第28册，国家图书馆出版社2013年影印明万历刻本，第216页。

③ （明）许孚远：《大学述》，《原国立北平图书馆甲库善本丛书》第28册，第216页。

④ 日本锅岛亚朱华指出，现存的《大学述》有三种：第一种，《中国子学名著集成》（萧天石主编，"中国子学名著集成编修基金会"1978年版）《儒家子部》（012），《大学汇函》收录：《大学古本》1卷［明许孚远撰，明万历二十一年（1593）序刊本］、《大学述》1卷、《大学述答问》1卷（明许孚远撰，明万历二十一年序刊本），附有万历二十一年（1593）序文的《大学述》；第二种，日本内阁文库收录的万历二十二年（1594）序刊《敬和堂集》4卷，及日本尊经阁文库收录的万历刊本《敬和堂集》9卷本，附有与第一种同样之万历二十一年序文的《大学述》；第三种，日本尊经阁文库藏万历刻本附万历二十九年（1601）序之《大学述》（书名为《大学考　大学述　同支言　中庸述　同支言　论语述》）。［日］锅岛亚朱华：《明儒许敬庵对〈大学〉的解释》，台湾：高雄师范大学经学研究所，2008年11月。

⑤ 刘斯原编：《许敬庵先生大学解》，《大学古今本通考》卷11，《四库全书存目丛书补编》第92册，齐鲁出版社2001年版。根据刘勇《中晚明士人的讲学活动与学派建构——以李材（1529—1607）为中心的研究》（商务印书馆2015年版，第192页）："刘斯原本与二十九年本的先后关系难以获得确切的文献证据……但不管如何，两本皆是二十一年本后的修订本。"

他认为“孔子祖述尧舜，开示来学，盖无往而非‘精一’‘执中’之传”[①]，其中“执中”是“说”是宗旨，指向止于至善；“精一”是“学”，是工夫，指向诚意、正心、致知、格物。接下来，本文将从新民、明明德、止于至善展开其宗旨，从格物与克己统括其工夫，论述许孚远的大学观。

一 从“亲民”到“新民”

在万历二十一年（1593）版的《大学述答问》中，开篇即自问自答道：

> 问“亲民”之“亲”，先儒以为当作“新”，何如？曰：原经文是“亲民”。《书言》：“尧亲九族。”《易》言：“先王建万国，亲诸侯。”本传：“亲贤乐利，如保赤子”，“老老长长幼幼，此谓民之父母”，皆有证于“亲”之义。先儒只因传中所引“新民”“新命”二语而併改经文，似属未妥。且“新”对“旧”而言，天下之贤人君子众矣，岂必皆有旧染之污而待上新之耶？作“新民”一语之外更无“新”字证据，当从本文“亲”字为长也。[②]

许孚远开篇就讨论“新民”与“亲民”问题，可见，是“新民”还是“亲民”是许孚远《大学》诠释关注的重要问题之一。以许孚远当时之见：《大学》中的“新民”与“亲民”问题当依据古本作“亲民”解。他列举的理由有两点：其一，从文献考证的方面看，各类经典文献可作为依据，如原经文是“亲民”。《书》中有“尧亲九族”，《易》中有“先王建万国，亲诸侯”，《大学》中本来就有“亲贤乐利，如保赤子”，“老老长长幼幼，此谓民之父母”，故以原经文的“亲民”更为合适，而朱子

① （明）许孚远：《大学述答问》，《原国立北平图书馆甲库善本丛书》第28册，第216页。

② （明）许孚远：《大学述答问》，《原国立北平图书馆甲库善本丛书》第28册，第232页。

依据“新民”“新命”之语改为“新民”不妥。许孚远之所以从文献上进行考证，与当时阳明推崇《大学》古本之风气和其师门影响有关。自阳明提倡《大学》古本以来，其后学纷纷推崇，刮起了一股以古本反对朱子之改本的学术潮流。许孚远为甘泉后学，甘泉学派创立者湛若水虽与阳明在《大学古本》的具体诠释上有观点不同之处，但在尊崇《大学》古本，反对朱子改“亲民”为“新民”这一立场上是相同的。这些影响使得许孚远在最初阐述《大学述》时有着先入为主的思维。其二，从常理来看。“新”对“旧”而言，并非人人都需要新其明德，圣人贤者就没有旧染习蔽需要去除，故训“亲”为“新”从此意义上来看便有所不妥。他依据这两点理由，不仅认为“当从本文‘亲’字为长也”，而且对此“三十年信之而不疑”。①

在刘斯原版本以及万历二十九年（1601）版本的《大学述》中，许孚远在“亲民”还是“新民”问题上不仅与上述万历二十一年（1593）的看法判然不同，而且竟然截然相反：

> 亲民之“亲”，先儒以为当作“新”，学者诵习久矣。自王文成先生谓“亲”字义兼教养于大人一体之学为切，余三十年信之而不疑。一诵“古之欲明明德于天下”一语，恍然若悟。夫与天下共明其明德，正可谓之新民，不可谓之亲民也。且传中“自新”“新民”“新命”之云明有证据，而“兴仁”“与让”“教家”“教国”，与“上老老”而“民兴孝悌”语，皆在明明德一边。盖修己治人本无二致，理固如此，仍从朱注作新民云。②

许孚远先前之所以在《大学》的“亲民”与“新民”问题上赞同“亲民”说，除了上述万历二十一年（1593）版本的两点理由外，也与他深信阳明将“亲”解为“教”与“养”两者兼而有之的观点有关。在

① 刘斯原编：《许敬庵先生大学解》，《大学古今本通考》卷11，《四库全书存目丛书补编》第92册，第704页。

② 刘斯原编：《许敬庵先生大学解》，《大学古今本通考》卷11，《四库全书存目丛书补编》第92册，第704页。

此，在“亲民”与“新民”问题上他弃“亲民”说而高标“新民”说，在理由上除了故技重施列举“自新”“新民”“新命”等文献依据外，更主要的是他大悟“古之欲明明德于天下”之语，认为人皆可以与天下人共明其明德，修己治人皆在明明德一边，从而形成了他在“亲民”与“新民”问题上持“新民”说这一晚年定论。

以万历二十一年（1593）为界，许孚远在《大学》的“亲民”与“新民”问题上形成前后判然有别的看法。于是，有学者将其学说划为朱学，如叶向高称：“（许孚远）初慕阳明、念庵，晚乃专契程朱”①，孙矿言：“公于阳明极服膺，然所讲者非良知派也。”② 刘宗周之子刘汋甚至直接言：“（许孚远）学宗紫阳，敦笃真儒也。”③ 然而，黄宗羲却在《明儒学案》中言，许孚远“信良知，而恶援良知以入佛者”④，将其归在了阳明学派中。由此，便有了许孚远究竟是尊王还是从朱的归属问题的争议。根据《大学述》及《答问》中的论述来看，许孚远先前的确有受阳明的影响，但后来他改“亲民”为“新民”是其读“古之欲明明德于天下”之语的大悟后所得，并非自朱子袭取。

二 “明明德”为体

在许孚远的《大学》诠释中，不仅在诵“古之欲明明德于天下”恍然大悟后一改三十年信而不疑的“亲民”为“新民”，而且在改“亲民”为“新民”之前他就曾宣称“大学之道可一言而尽也，由吾身而及家国天下，未有出于明明德者也”⑤。可见，“明明德”既是许孚远改“亲民”

---

① 叶向高：《嘉议大夫兵部左侍郎赠南京工部尚书许敬庵先生墓志铭》，《苍霞草全集·苍霞草》卷16，明刊本。

② 孙矿：《兵部左侍郎赠南京工部尚书许公孚远神道碑》，《月峰先生居业次编》卷4，明万历四十年（1612）吕胤筠刻本。

③ （明）刘汋著，吴光主编：《蕺山刘子年谱》，载《刘宗周全集》第6册，浙江古籍出版社2007年版，第62页。

④ （清）黄宗羲：《侍郎许敬庵先生孚远》，载《明儒学案》卷41，中华书局2018年版，第973页。

⑤ （清）许孚远：《大学述答问》，《原国立北平图书馆甲库善本丛书》第28册，第220页。

为“新民”的关键之所在，更是许孚远大学观的核心思想。

“明德”究系何义？许孚远称：“明德者，即所性之德，万理咸备。……明德无有不善。”[①] “性只是一个天命之本体，故为帝则，为明命，为明德，为至善，为中，为仁，种种皆性之别名也。”[②] “明德”即天命之本体，即人所禀之性，即中即仁，万理咸备，无有不善。对许孚远而言，作为明德的性与他所谓的心似乎有所不同。许孚远言：“大率性之为名，自天之降衷，不杂乎形气者而言。”“心之为名，合灵与气而言之者也。……心者，至虚而灵，天性存焉。”[③] 许孚远所谓性不杂形气，是天命之本体；而他所谓的心尽管其中有性，但心又兼有灵与气，故为杂形气之心，只有当心“至虚而灵”“顺性而动”时，[④] 心才谓之性。如此看来，许孚远对“心”的看法仿佛与朱子并无二致，但事实又并非如此。

受其师唐枢“讨真心”“真心即是良知”的影响，[⑤] 他称：“夫曰真心者，即虞廷之所谓‘道心’”，“真心在人，本来具足，万古常然”，“真心元自炯然，不从外得”。[⑥] “其曰道心、真心、公心，则顺性而动者也，心即性也；其曰人心、妄心、私心，则杂乎形气而出者也。”[⑦] 许孚远所言的“真心”本来具足、不从外得、亘古不变，此真心顺性而动，即心即性，是具有本体意义的“心”。人之明德即真心即良知，本来具足；“然及其蔽牿于物欲，颇僻于意见，迷谬颠倒，丧其家珍，虽以圣贤万语千言诏之而犹不喻”[⑧]，此即人心。依许孚远之见，当人之明德亦即真心被物欲、意见所障蔽，则不明自身之明德亦即真心且迷谬丛生，故需“明明德”。

当人问及阳明“致良知”之说时，许孚远说：“先生当时原有悟处，

---

① （清）许孚远：《大学述答问》，《原国立北平图书馆甲库善本丛书》第28册，第232页。

② （明）许孚远：《与胡庐山先生论心性书》，《敬和堂集》卷5，第417页。

③ （明）许孚远：《与胡庐山先生论心性书》，《敬和堂集》卷5，第417页。

④ （明）许孚远：《与胡庐山先生论心性书》，《敬和堂集》卷5，第418页。

⑤ （明）唐枢：《木钟台初集》，《真谈》，第482页。

⑥ （明）许孚远：《唐一庵先生祠堂记》，《敬和堂集》卷2，第347—348页。

⑦ （明）许孚远：《与胡庐山先生论心性书》，《敬和堂集》卷5，第417—418页。

⑧ （明）许孚远：《唐一庵先生祠堂记》，《敬和堂集》卷2，第348页。

洞彻性灵，因拈此三字口诀，欲使人人反求而得其本心，一破支离汗漫之习，此有功于后学不小。”① 这表明许孚远不仅认为阳明致良知之说有克服朱学支离汗漫之弊的功劳，而且也认同阳明所谓的良知亦即本心。正因为如此，黄宗羲认定许孚远“信良知”。② 由此我们可以推断，许孚远的“真心”实际上与陆王所谓的本心、良知并无二致，许孚远所谓的明德即性即真心即本心即良知即本体。

许孚远改《大学》的“亲民”为“新民”前，他对“明明德”如此解释道：“明明德，明其在我者也；人心虚灵炯然不昧，通天地而彻古今，是谓明德。明德而明之不为物欲所昏蔽，复其初而已。”他改“亲民”为“新民”之后，称：“在明明德，明其在我者也，完其初而已。”③ 许孚远改“亲民”为“新民”之前后，他对“明明德”的解释应无不同，都是让人认识到明德亦即性或真心为我所本有，去其物欲之障蔽完复其初。既然如此，何以他自称一诵“古之欲明明德于天下”恍然大悟并一改三十年信而不疑的“亲民”为“新民”？缘由显然只有一个，那就是“恍然若悟”前后对“明德”的理解发生了变化。

无论是许孚远“恍然若悟”之前还是之后，对他来说，明德即性即真心即本心即良知。然而，许孚远“恍然若悟”之前，他对“明德”的理解更为偏重的是其作为性的一面，而非其作为本心或良知的一面，他所注重的是前述所谓“合灵与气”的认知心的作用。在他看来，只有以认知之心来分辨意之“诚”与“妄”，才能达到去“妄”存“诚”定静安虑的境界。他说：“己不立，非仁。己立而不立人，非仁。己不达，非仁。己达而不达人，非仁。立不独立，达必俱达。仁者所以为天地立心，为生民立命也。故明明德，便要亲民。”④ 在这个阶段，他更强调的是“立不独立，达必俱达”的达人、立人工夫，由此也不难理解，当时许孚远在面对“亲民”与“新民”问题时为何作“亲民”解了。也正因为如此，他认为除了明德以外，止于至善、格物也都是《大学》的重点，既

---

① （明）许孚远：《大学述答问》，《原国立北平图书馆甲库善本丛书》第 28 册，第 235 页。

② （清）黄宗羲：《侍郎许敬庵先生孚远》，《明儒学案》卷 41，第 973 页。

③ 刘斯原编：《四库全书存目丛书补编》第 92 册《大学古今本通考》，第 702 页。

④ （明）许孚远：《原学篇三·其三》，《敬和堂集》卷 10，第 700 页。

言"《大学》工夫透底是一格物"[①]，又言"《大学》之要总在知止"[②]，也说"古人为学只在一念上用功。一念诚与不诚所关于得失存亡至切，故《大学》特提诚意为全经枢纽，而致知、格物、正心、修身、明明德、亲民、止至善之道俱联络其中"[《大学述》万历二十一年（1593）]。[③]在许孚远"恍然若悟"之后，他对"明德"的理解则更为注重其作为本心、良知的一面，他觉悟到：本心、良知澄然显露后便可发用流行，自然也就可以辨别诚妄。因而自此以后，许孚远就专崇"明德"，言"大学之道只明明德一言包括殆尽"[④]。

许孚远指出，真心本来具足，"然及其蔽牿于物欲，颇僻于意见，迷谬颠倒，丧其家珍，虽以圣贤万语千言诏之而犹不喻"[⑤]。当真心被物欲、意见障蔽、迷谬，从而使得其本来面貌无法全部呈现并发挥效用时，就需要"明明德"。"在明明德，明其在我者也，完其初而已。"[⑥] 明德指性体，即良知，即理，那么明明德即明其本来在我的性体，使其本来具足之理湛然呈现、廓然无碍。"明德在人，本同一体，而明明德之教必自君子身之，以先知觉后知，以先觉觉后觉。"[⑦] "明明德"之教则是君子先己后人地进行言传身教，从而方能实现"与天下共明其明德"。正因为此，许孚远言："明明德于家国天下，即所谓'新民'。故明明德之外，无新民也。"[⑧] 明其本来在我之性体，去除旧染陈蔽，使天下人之明德焕然一新，此即"新民"，不明明德，便不可能做到"新民"。

三　"止于至善"为宗

许孚远称："大学之道，必以明明德为体，以新民为用，而总归于止

① （明）许孚远：《原国立北平图书馆甲库善本丛书》第28册《大学述序》，第215页。
② （明）许孚远：《原国立北平图书馆甲库善本丛书》第28册《大学述答问》，第232页。
③ （明）许孚远：《大学述》，《原国立北平图书馆甲库善本丛书》第28册，第216页。
④ 刘斯原编：《四库全书存目丛书补编》第92册《大学古今本通考》，第704页。
⑤ （明）许孚远：《唐一庵先生祠堂记》，《敬和堂集》卷2，第348页。
⑥ 刘斯原编：《四库全书存目丛书补编》第92册《大学古今本通考》，第702页。
⑦ 刘斯原编：《四库全书存目丛书补编》第92册《大学古今本通考》，第702页。
⑧ （明）许孚远：《大学考述支言中庸述支言论语述》，卷日本尊经阁文库藏书，万历刊本。

至善，是之谓体用一源。”① 在他看来，明明德与新民是体用的关系，明明德即性即良知故为本体，新民即让天理良知发用流行故为用，体用终究归于止至善一源，二者均是为了达到“止于至善”之境。许孚远以知止为宗的观点涉及与李材“止修”学的互动。李材认为知止与知本共同构成《大学》的宗旨：

> 止为主意，修为工夫。身外无有家国天下，修外无有格致诚正。均平齐治，但一事而不本诸身者，即是五霸功利之学。格致诚正，但一念而不本诸身者，即是佛老虚玄之学。故身即本也，即始也，即所当先者也。知修身为本，即知本也，知止也，知所当先者也。精神凝聚，意端融结，一毫茨惑不及其他，浩然一身，通乎天地万物，直与上下同流，而通体浑然，一至善矣。故止于至善者，命脉也，修身为本者，归宿也。家此齐焉，国此治焉，天下此平焉，所谓笃恭而平，垂衣而理，无为而治者，用此道也。②

止为主意，修为工夫；止为命脉，修为归宿。格致诚正修齐治平都必须落在修身这个实处，否则就会沦为五霸功利之学或佛老虚玄之学。他强调，知止固然重要，但不能离开知本来空谈知止，知止与止修不可离。“止不得者，只是不知本，知修身为本，斯止也。”仅凭“知止”是不能构成《大学》之旨的。所以他声称，只要通过“摄知归止”“常止常修”，便能使“心常正，意常诚，知常致，而物自格矣”，由此，知本、知止兼搭为《大学》宗旨，合称“止修”。

隆庆六年（1572），李材将凝聚了他“止修”思想精华的《大学古义》赠予许孚远。然而，对于书中阐发的“止修”为《大学》要义之说，许孚远却持质疑态度。许孚远督学关中期间（万历十四年至万历十七年，即1586—1589），也开始对《大学》进行诠释，建立自己的学术体

---

① （明）许孚远：《大学考述支言中庸述支言论语述》，卷日本尊经阁文库藏书，万历刊本。

② （清）黄宗羲：《中丞李见罗先生材》，《明儒学案》卷31，第682页。

系，于此地初成《大学述》一书（关中版），并赠予李材与之探讨。① 随着许孚远思想的不断成熟，他也在不断对《大学述》进行修订，并最终于万历二十九年（1601）定稿。② 虽然许孚远三易其书，但他对《大学》宗旨的看法始终没有改变。

关中版《大学》已无从得见，但我们可以从万历十五年（1587）许孚远为李材《观我堂摘稿》所作书序中一窥他在关中时的观点：

"止于至善"四字，则孔子立教尽已包括殆尽，是为圣学不二法门。是故由吾身而推之家国天下，一有遗漏，非其全体；由天下国家而反之吾身，一有倒置，非其真机。究本言之，无声无臭，浑然同源；推用言之，有物有则，毫发不爽。故格致诚正修齐治平，皆所以止乎至善之实事，本末始终，一以贯之者也。于此参究分明，合下知得止于至善，则《大学》之道，枢纽在我。③

许孚远认为，"止于至善"是圣学不二法门，格致诚正修齐治平皆以知止为宗，知止贯穿《大学》的本末始终，知止已含知本之义，无须再将知本单独列出，他反对李材将知本与知止兼搭为《大学》宗旨的观点，直接将知本收摄在了知止中。

万历二十一年（1593）版的《大学述》言：

---

① 许孚远在《简李见罗年兄（三）》中言："《大学述》一刻呈上览正，幸赐批裁。"且前文又提到希望李材"至郧，盖酌而更梓之"。可知，关中版《大学述》当成书于李材到郧阳［万历十五年（1587）］之前。（明）许孚远：《简李见罗年兄（三）》，《敬和堂集》卷5，第460页。此关中版已无从得见。

② 《大学述》成文后一直在不断修订，其中有两次改动最大的修订：一是，在许孚远巡监福建期间（万历二十年至万历二十一年间，即1592—1593），许孚远对《大学述》进行了删改，并于万历二十一年（1593）定稿并刊刻，此闽中版包括《大学古本》《大学述》《大学述答问》《大学支言》四个部分，2013年国家图书馆出版的《原国立北平图书馆甲库善本丛书》中收录的《大学述》为闽中版初版，缺《答问》《支言》《杂著》。据万历二十一年版《大学述序》末记载："万历癸巳夏五月，后学德清许孚远序。"且后附崇祯十年（1637）手写的刊刻记，言："末附《答问》《支言》《杂著》三种。斯本初行者，故缺焉，他本则为全书也。"［（明）许孚远：《大学述》，《原国立北平图书馆甲库善本丛书》第28册，第216页。］而美国国会图书馆中收藏的《敬和堂集（残卷）》（九）中的《大学述》附有《答问》《支言》，根据推断，当为闽中版的再版。二是，万历二十九年（1601）版的修订，此版增加了《大学考》，现藏于日本尊经阁文库。

③ （明）许孚远：《观我堂摘稿序》，《敬和堂集》卷1，第320页。

止即主宰，亦即流行；止即入窍，亦即归宿，故知止《大学》之第一义也。①

许孚远并不赞成李材之止于至善为命脉、修身为归宿的观点，而是认为“止”既是主宰也是归宿。知止即《大学》第一要义。此版后附的《大学述答问》曰：

问经文所云“知止”“知至”“知本”同耶？异耶？曰：知止重止，以性体完复而言；知至重知，以灵明彻透而言；知本重本，以精神归一而言。然精神归一，便自灵明透彻；灵明透彻，便自性体完复，各有攸当，初无先后深浅，然而《大学》之功必以知止为要。②

许孚远指出，知止是从恢复性体之本然来讲，知至是从透性的角度来讲，知本是从精神归一来讲，“知止”“知至”“知本”虽然各有侧重，又互相关联，但《大学》始终都须以“知止”为要。

刘斯原《大学古今本通考》中所收录的《许敬庵先生大学解》载：

首列三纲而要之，知止是谓安身立本之宗。中条八目而结之，知本是为执简守约之道，知本必知止善，止则身修。呜呼！此大学之道也。③

知止是安身立本之宗，执简守约之道，统领三纲和八目。知本是知止的题中之义，“止则身修”。

万历二十九年（1601）版《大学述》谓：

---

① （明）许孚远：《大学述》，《原国立北平图书馆甲库善本丛书》第28册，第221页。

② （明）许孚远：《大学述答问》，《原国立北平图书馆甲库善本丛书》第28册，第236页。

③ 刘斯原编：《许敬庵先生大学解》，《大学古今本通考》卷11，《四库全书存目丛书补编》第92册，第703页。

> 《大学》之道必以明明德为体，以新民为用，而总归于止至善，是之谓体用一原。①

明明德为体，新民为用，体用终究归于止至善一源，这才是《大学》之道。

可见，在许孚远看来，知本本就是知止题中之义，无须再将其单独列出，李材将知本与知止兼搭为《大学》宗旨的做法是“反费词说”②之举。在许孚远的诠释中，止于至善主要包括三个层面的意思。

第一，明明德是止于至善的题中之义。“念念觉悟，不染尘根，不滞有我，则良知出头，是谓至善。”③ 许孚远认为，至善即明德，二者“初无深浅分别”，即阳明之良知，许孚远之性体。止于至善其实也就是去除真心之障蔽，使得生而有之的明德（良知、性体、天理）湛然呈现出来，使其廓然无碍。许孚远进一步指出：“至善之理，人人具足，求则得之。若到止于至善、致其中和，非尧、舜、文王、孔子之圣，不足以语此。”④ 至善之体人人具足，明德之真心人人生而有之，但圣贤与普通人的区别，在于能否达到止于至善之境。圣贤达于止于至善之境，而后“以先知觉后知，以先觉觉后觉”⑤，从而使得天下人之明德均焕然一新，这便是明明德。如何“止”？许孚远提出“明而止之”，即以明明德为路径以达至善之境：“至善一毫偏倚驳杂所不能容，……然其要只在明而止之。”⑥ 他认为：“明德无有不善，止于至善乃明明德之极则也。”⑦ 止于至善不过是

---

① （明）许孚远：《大学考述支言中庸述支言论语述》，卷日本尊经阁文库藏书，万历刊本。

② 许孚远在与二人共同好友万廷言的书信中谈道：“见罗兄……其揭‘修身为本’一说，以为圣门宗旨，此亦何疑，但主张太过，反费词说。”（明）许孚远：《简万思默年兄》，《敬和堂集》卷5，第463页。

③ （明）许孚远：《简张阳和年兄》，《敬和堂集》卷5，第466页。

④ （明）许孚远：《大学述答问》，《原国立北平图书馆甲库善本丛书》第28册，第237页。

⑤ 刘斯原编：《四库全书存目丛书补编》第92册《大学古今本通考》，第702页。

⑥ （明）许孚远：《大学述答问》，《原国立北平图书馆甲库善本丛书》第28册，第232页。

⑦ （明）许孚远：《大学述答问》，《原国立北平图书馆甲库善本丛书》第28册，第232页。

明明德做到极致处，是复天性本来之纯粹至善；新民是“与民共明其明德”，是去除天下之人的习心旧蔽。

第二，止于至善需要落到实处。许孚远言：“知止云者，识其端而止之也，非徒知之，乃实始止之，此定静安虑之所由生也。学必知止，方有机可入定静安虑止之实际也。……止以发虑，虑以证止，故学至于能虑而得矣。”他认为，知止的重点在“止”。止于至善并不是说知道良知之端倪在何处就可以了，而是需要躬行践履地将良知运用到实践中，将明德（性体、良知）真正落到实处，如此才能使良知发用流行，而不是仅仅停留在端倪处。“止即主宰，亦即流行；止即入窍，亦即归宿，故知止《大学》之第一义也。”① “止”既指使良知发用流行，也指发用流行终不离良知本体，只有做到了“止”，才能达到定静安虑得的境界，这便是许孚远将止于至善视为《大学》之宗旨的原因。

第三，止于至善强调大中至正之道。“天性在人，中正纯粹，内不偏己，外不偏物，天下为公，万事为经，是谓至善。”② 许孚远认为，将明明德落在实处的过程中讲究不偏不倚的中正之道。“至善”即大中至正之道，“极即皇建有极之极，盖至善之别名也”③；“止”则是指不偏不倚之道，防止过犹不及。许孚远强调在让性体湛然呈现、流行无碍的同时，也需要防止本体的过度膨胀，如其言：“天性本来纯粹至善，学以尽性，为则而无有过，无有不及，所以止之也，不止于是吾心不谦也。”④

许孚远重视躬行实践、强调过犹不及的中正之道，实际是针对心学末流现成良知派之流弊而言的。王畿高扬“四无之说”，把“克己”之“克”释为“能”，“己”释为“由己之己”，确信“己”之圆满自足至善，认为“克己”之“己”应是道德行为的发出者而非被克治的、待完

① （明）许孚远：《大学述》，《原国立北平图书馆甲库善本丛书》第28册，第221页。

② （明）许孚远：《大学述》，《原国立北平图书馆甲库善本丛书》第28册，第220页。

③ 刘斯原编：《许敬庵先生大学解》，《大学古今本通考》卷11，《四库全书存目丛书补编》第92册，第704页。

④ 刘斯原编：《许敬庵先生大学解》，《大学古今本通考》卷11，《四库全书存目丛书补编》第92册，第702页。

善的对象。[1] 许孚远之时，心学末流已经流弊丛生。承自王畿一脉的心学末流将“现成良知”推向极致，使得“己”过度膨胀自大，从而导致道德修养工夫的消解。许孚远对此批评道：“近时学者，多被禅语汩没，因援儒入墨，乱人趋向，其惑已久”[2]，“我朝王文成先生揭‘致良知’三字，直透本心，厥旨弘畅矣。乃其末流侈虚谈而鲜实行，世之君子犹惑焉”[3]。他指出：“昔人学问，私之广远，故儒者反而约之于此心，其实要在反约。又须博学详说而得之，非谓直信此心，便可了当是事也。”[4] 且认为“‘无善无恶心之体’一语，盖指其未发廓然寂然者而言之……合下三言始为无病。今以心意知物俱无善恶可言者，非文成之正传也”[5]。许孚远上述重视躬行、强调中正之道的思想，正是为了修正当时那种消解道德修养工夫、流于空疏的虚谈之弊，以端正学风，挽救王学。

四　格物工夫

如何从明明德到止于至善之境界？许孚远认为应当做格物工夫。八条目中，许孚远对格物尤为看重。他认为，《大学》之教具体体现为“完复在于一念，而廓清在于物欲”，“要于本体上不容有一物遮蔽”，并总结道：“故《大学》工夫透底是一格物。”[6] 他用格物统摄了《大学》所有的修身工夫。同时，许孚远还指出“自格物之义不明，而孔门之学晦矣”[7]，可见其对格物的重视。

万历二十一年（1593）版的《大学述序》末言：“及谪居山庐，旋罹先君子大故，兀坐沉思，恍然觉悟，知此心不可着于一物，澄然无物，性体始露，乃知圣门格物之训真为深切而著明。顷入七闽，得温陵苏子

① 王畿曰：“克是修治之义，克己犹云修己，未可即以己为欲。克己之己，即是由己之己，本非于义。”（明）王畿撰，吴震编校：《格物答问原旨》，《王畿集》卷6，凤凰出版社2007年版，第143页。

② （明）许孚远：《简耿楚侗先生》，《敬和堂集》卷5，第450页。

③ （明）许孚远：《胡子衡齐序》，《敬和堂集》卷1，第318页。

④ （明）许孚远：《简王东厓丈》，《敬和堂集》卷5，第479页。

⑤ （清）黄宗羲：《侍郎许敬庵先生孚远》，《明儒学案》卷41，第973页。

⑥ （明）许孚远：《大学述序》，《原国立北平图书馆甲库善本丛书》第28册，第215页。

⑦ （明）许孚远：《大学述序》，《原国立北平图书馆甲库善本丛书》第28册，第215页。

所遗格物之解，若合符契然，后益信人心之所同，然爰取笥中旧著大学述一编复加删改就正有道，以期共为折衷阐明圣学于天下。"① 据此可推测，万历二十一年版的《大学述》与初稿版最大的不同应当就是格物部分。初稿版已无从可得，但我们可通过万历二十一年版及刘斯原版看其对格物思考成熟后的诠释思想。

第一，对"格物"的诠释。在许孚远这里，"格物"所"格"的对象不再是阳明所指向的"心"，而是"物"。他反复强调："人心之知，缘物而起，亦缘物而蔽，故致知只在格物"②，"人心之知，触物而形，因物而察，则无往非格，但看当几何如，学问之功未尝离物，而亦不容逐物"③，"而物之有则原于天性，形形色色各有自然之理，心以此通，意以此准，知以此别，所以欲其格之"④。许孚远认为，物我不离，人心之障蔽均缘于物，故不能离开物而谈"格"，致知只在格物。正是因为如此，格物居《大学》修身工夫之首，言："然则格物居《大学》之始何欤？道不离器，而心不离物，不由其器不达其道，不通于物不悦于心，古之所谓学者必有事存焉，则格物先之也。"⑤ 然而，他所谓的"格物致知"并非朱子的"格物致知"，而是去除"物欲"，因为"物无可格去之理，所可去者私欲耳"⑥，物本身是没有私欲可言的，心之所以有遮蔽，是因为我们对物起了私欲，因此，所"格"的对象当是物欲，而非物。

许孚远曰："所谓'通彻而无隔蔽'者，格之义也。"⑦"格"即"通彻无隔蔽"，格物以求本体无所障蔽，通达无碍。又曰："格即'格其非

① （明）许孚远：《大学述序》，《原国立北平图书馆甲库善本丛书》第28册，第216页。

② （明）许孚远：《大学述答问》，《原国立北平图书馆甲库善本丛书》第28册，第222页。

③ 刘斯原编：《许敬庵先生大学解》，《大学古今本通考》卷11，《四库全书存目丛书补编》第92册，第704页。

④ 刘斯原编：《许敬庵先生大学解》，《大学古今本通考》卷11，《四库全书存目丛书补编》第92册，第705页。

⑤ 刘斯原编：《许敬庵先生大学解》，《大学古今本通考》卷11，《四库全书存目丛书补编》第92册，第705页。

⑥ 刘斯原编：《许敬庵先生大学解》，《大学古今本通考》卷11，《四库全书存目丛书补编》第92册，第705页。

⑦ 刘斯原编：《许敬庵先生大学解》，《大学古今本通考》卷11，《四库全书存目丛书补编》第92册，第705页。

心’，‘惟大人能格君心之非’之格。在《易》曰闲邪、曰洗心，在《论语》曰克己，在《大学》曰格物，一也。格去物累，真性湛然，斩钉截铁，一了百当”。[①] 他将“格物”与“闲邪”“洗心”并举，又言“格去物累，真性湛然”，可见其“格物”便就是“去物欲”，“格物”之“格”即“去除”之义。这表明许孚远所谓的“格”既不同于阳明释“格”为“正”之义，也不同于朱子释“格”为“至”之义。许孚远认为，阳明的“正其不正以归于正”之“格物”有“涉于径”之病，朱子的“即物而穷其理”之“格物”则陷“疑于支”之弊。[②]

许孚远指出“格物二字原有包含‘不尽’一义”，即其所言“常著常察而不达于天性之则者，格之道也”。[③] 许孚远用“不尽”之义强调用功不已，由此统摄了各家各派对“格物”之“格”的理解，称一旦能领悟到此，便可知“格”字之训无论是为“至”还是为“正”，抑或是为“通、感、扞格、格断”，“其义俱存，会而通之，则语默动静、进退周旋，无非格物。以此废彼，俱有未尽，学者得之言诠之外，则圣门格致之学豁然无疑矣”。[④]

第二，诚意即格物。许孚远对阳明四句教之“为善去恶是格物”语并不赞同，他认为：“为善去恶工夫，格致诚正四字俱有之，格物乃其下手耳。”[⑤] 许孚远提出：“《大学》工夫透底是一格物。”[⑥] 格物是修身工夫之着手处，诚意由格物统而一之。格致诚正也不是先后相继的关系，它们实际是同一个工夫。

从“一念发动”的角度看，本心无障蔽即诚意。“诚对妄而言，摄念归真，无容伪妄之杂是谓诚意”[⑦]，“第观胸中真无纤毫障碍，而天下之善

---

① （明）许孚远：《大学述》，《原国立北平图书馆甲库善本丛书》第28册，第222页。

② （明）许孚远：《大学述》，《原国立北平图书馆甲库善本丛书》第28册，第215页。

③ 刘斯原编：《许敬庵先生大学解》，《大学古今本通考》卷11，《四库全书存目丛书补编》第92册，第705页。

④ 刘斯原编：《许敬庵先生大学解》，《大学古今本通考》卷11，《四库全书存目丛书补编》第92册，第704页。

⑤ （明）许孚远：《大学述答问》，《原国立北平图书馆甲库善本丛书》第28册，第235页。

⑥ （明）许孚远：《大学述序》，《原国立北平图书馆甲库善本丛书》第28册，第215页。

⑦ （明）许孚远：《大学述序》，《原国立北平图书馆甲库善本丛书》第28册，第221页。

不可入，方为虚己，方为诚意"[①]。换言之，"毋自欺其本心"[②] 即诚意。许孚远认为："人有血气心知，便有声色，种种交害，虽未至日前，而病根常在，所以诚意工夫透底是一格物。"[③] 人心之显蔽均缘于物，人生而便有声色之欲，此"病根"一直都在，故格物就是一以贯之的、彻上彻下的工夫，一念发动时便是根，便应该格。从这一方面来看，诚意说到底也是在做格物工夫。因此，许孚远对朱子说的"格物是梦觉关、诚意是善恶关"之语并不赞同，反对将二者作为两种不同工夫："觉便是人，梦便是鬼，岂有两关?"[④] 认为："觉非徒然，知觉而已。必毋自欺，乃为真觉。所以诚意只在致知。"[⑤] 指出诚意和格物其实并非两个工夫。除此之外，许孚远还常讲："正心诚意致知格物究竟只是一个工夫"[⑥]，"格致诚正与戒惧慎独、克复敬恕，断无殊旨"[⑦] 等，其对格物的重视可见一斑，也由此可见许孚远工夫的彻上彻下性。

许孚远还从"精一"的角度来讨论了二者的关系。"曰'然则《大学》所谓格致诚正孰为精而孰为一也?'曰：'当其用力总是精的工夫，及其得力便是一的境界。先儒以格致属知而为精，以诚正属行而为一者，恐非也。'"[⑧] 在许孚远看来，"精"是从工夫层面讲的，"一"则是从本体论上讲的，格致诚正都是修身工夫，为的都是达到"止于至善"的"一"的境界。许孚远反对用知行关系将格致与诚正割裂开来的看法，他认为，知行既然合一，那么"正心、诚意、致知、格物究竟只是一个工

---

① （明）许孚远：《简徐鲁源年兄》，《敬和堂集》卷5，第463页。

② （明）许孚远：《大学述序》，《原国立北平图书馆甲库善本丛书》第28册，第223页。

③ （明）许孚远：《简蔡见麓少宰》，《敬和堂集》卷4，第400页。

④ （明）许孚远：《大学述答问》，《原国立北平图书馆甲库善本丛书》第28册，第232页。

⑤ （明）许孚远：《大学述答问》，《原国立北平图书馆甲库善本丛书》第28册，第232页。

⑥ （明）许孚远：《大学述答问》，《原国立北平图书馆甲库善本丛书》第28册，第233页。

⑦ （明）许孚远：《敬和堂集》卷4《简邓定宇少宰》，第410页。

⑧ （明）许孚远：《大学述答问》，《原国立北平图书馆甲库善本丛书》第28册，第233页。

夫”[1]，因为“如明明德，明字即知即行，原无偏属；曰‘知止而后有定’，非真止，何以语定？曰‘知止而后意诚’，非实至何以语诚？”[2]。简言之，知行并不是两事，不可割裂开来，故，格致诚正也只是一个工夫，不可分而二之。

第三，格物即克己。许孚远之学“以克己为要”[3]，万历二十一年（1593）版《大学述》又言：“在《论语》曰克己，在《大学》曰格物，一也。”[4]“己与物对，何得强而同之？”[5] 许孚远在《大学述答问》中列了“问以克己证格物”条，以专门讨论克己与格物的关系。首先，从心性论看。许孚远的心性观认为，性是“自天之降衷，不杂乎形气者”，是本体；心是“合灵与气而言之者”，“有形气之杂”，此时，“心不可谓之性”。[6] 当心“至虚而灵”时，“天性存焉”，此时，心即性。故，“能存其心，便能复其性”，强调存至虚而灵之心以复本体之性。[7] 许孚远认为，性体之蔽有二：一是气质之拘，二是物欲之障。[8]“克己”与“格物”在去除性蔽方面各司其职，“复性之学只在祛蔽。从气质上消融，则曰克己；从物欲上廓清，则曰格物”[9]。但这两者实则是一个问题，“两病一痛，治法不异，举此可以该彼”[10]。二者虽有粗浅的区别，但都是祛蔽工夫。同时，格去物欲也就是变化气质，也就是克己。从这一方面来看，二者是同一的。其次，从博文与约礼的关系看。许孚远言：“此身在天地

---

① （明）许孚远：《大学述答问》，《原国立北平图书馆甲库善本丛书》第28册，第233页。

② （明）许孚远：《大学述答问》，《原国立北平图书馆甲库善本丛书》第28册，第233页。

③ （清）黄宗羲：《侍郎许敬庵先生孚远》，《明儒学案》卷41，第973页。

④ （明）许孚远：《大学述》，《原国立北平图书馆甲库善本丛书》第28册，第222页。

⑤ （明）许孚远：《大学述答问》，《原国立北平图书馆甲库善本丛书》第28册，第233页。

⑥ （明）许孚远：《与胡庐山先生论心性书》，《敬和堂集》卷5，第417页。

⑦ （明）许孚远：《与胡庐山先生论心性书》，《敬和堂集》卷5，第417页。

⑧ “人之生也，各有气质，有气质便有物欲。气质与物欲交病，而性为之蔽。”（明）许孚远：《大学述答问》，《原国立北平图书馆甲库善本丛书》第28册，第233页。

⑨ “人之生也，各有气质，有气质便有物欲。气质与物欲交病，而性为之蔽。”（明）许孚远：《大学述答问》，《原国立北平图书馆甲库善本丛书》第28册，第233页。

⑩ “人之生也，各有气质，有气质便有物欲。气质与物欲交病，而性为之蔽。”（明）许孚远：《大学述答问》，《原国立北平图书馆甲库善本丛书》第28册，第233页。

之间，礼仪三百，威仪三千，何莫非文？博文归宿全在约礼。夫子告颜子以‘克复’之目，就在视听言动上用功。视听言动所包者博矣，即博即约岂有二耶？”[①] 格物致知即博文，克己复礼即约礼。博文与约礼是互相涵括、不二分的，且博文最后也还是归于约礼。格物与克己便也是如此。在许孚远这里，“克”为“胜”义，[②]“己”指气质之杂，克己即“剥尽形骸之累，独全乎性命之真”的工夫，[③] 也即存心复性的工夫。《大学述答问》言：“克己同于格物，则既闻命矣。”[④] 足以见之。《大学》格致诚正修身工夫归一于格物，而克己是格物的表现，可见克己工夫在许孚远学术思想中的一以贯之和彻上彻下性。

以修身释格物，是湛若水一直强调的。如其言：“《大学古本》好处，全在以修身释格物至知，使人知所谓格物者，至其理，必身至之，而非见闻想象之粗而已。”[⑤] 可见，许孚远以克己释格物除了有纠心学末流虚谈空疏、不重躬行之流弊的现实原因以外，还有承自其师门学风之因。

余论

许孚远对宗旨和工夫的关系处理体现在对知止、知至、知本的区分。“知止重止，以性体完复而言；知至重知，以灵明彻透而言；知本重本，以精神归一而言。”[⑥] 知止即止于至善，是从存心复性的方面讲的；知至即良知即性体，是从本体廓然无碍的角度讲的；知本即修身为本，是从收敛归根、由性而发、身心合一的角度讲的。知止为《大学》宗旨，统

---

① （明）许孚远：《大学述答问》，《原国立北平图书馆甲库善本丛书》第 28 册，第 233 页。

② 许孚远《论语述》言：“克者，战而获胜之名。”（明）许孚远：《大学考述支言中庸述支言论语述》，卷日本尊经阁文库藏书，万历刊本。

③ （明）许孚远：《答吴川楼太守》，《敬和堂集》卷 3，第 369—370 页。

④ （明）许孚远：《大学述答问》，《原国立北平图书馆甲库善本丛书》第 28 册，第 233 页。

⑤ （明）湛若水：《大科训规》，《湛若水先生文集》卷 6，《儒藏》精华编第 253 册，北京大学出版社 2009 年版，第 558 页。

⑥ （明）许孚远：《大学述答问》，《原国立北平图书馆甲库善本丛书》第 28 册，第 236 页。

摄为体的明明德与发用的新民；格物为工夫，统摄八目。而修身又被总归在知止中："首列三纲而要之，知止是谓安身立本之宗。中条八目而结之，知本是为执简守约之道，知本必知止善，止则身修。"① 知止为宗，知本是达知止之道，能做到修身为本便可达止于至善之境，能做到知止便自然是修身，由此便是将知本收摄在了知止之中。许孚远对《大学》诠释之特色，用他自己的话来总结便是："以知止为《大学》第一义，以格物为下手工夫。"②

（作者为武汉大学哲学学院博士生）

① 刘斯原编：《许敬庵先生大学解》，《大学古今本通考》卷11，《四库全书存目丛书补编》第92册，第703页。

② （明）许孚远：《大学述答问》，《原国立北平图书馆甲库善本丛书》第28册，第238页。

许敬庵关中“格物”说

肖宴红

【摘　要】许敬庵的“格物”说经历两变，可分为三期：万历十四年（1586）关中格物说，万历二十一年（1593）闽中格物说，万历二十九年（1601）浙中格物说。旧说未知关中版《大学述》存亡，经本文考证，刘斯原收录在《许敬庵先生大学解》题下的《大学述节要》所据版本正是关中本《大学述》，此中载有格物说。敬庵关中格物说释格为通，主张心与物通彻而无隔蔽。心指向道心、物指向天性，因此格物意为道心与天性通一无二。刘斯原主张此期格物说绍续朱子，其实，应当归属牟宗三先生提出的第三系。

【关键词】格通　物性　心体　第三系

许孚远（1535—1604），字孟中，号敬庵，浙江德清人，嘉靖四十一年壬戌（1562）进士。他上承唐枢，延续甘泉一脉，与江右王门万廷言、胡直、邓以赞，止修学派李材，泰州学派罗汝芳等人往相问学辨难；下传冯从吾、刘宗周，开晚明关中学派、蕺山学派之源。如果将冯从吾、刘宗周之学视为甘醴，那么敬庵之学便是曲蘖；如果说止修学派是王门歧出，蕺山学派是王门殿军，那么敬庵便是沟通这两支别流的深渠。在甘泉一脉承上启下、调和阳明学众派的敬庵十分重视《大学》，于《大学》中又推重格物，“《大学》功夫透底是一格物”。[①] 敬庵常年着意于《大学》的格物功夫，却屡觉屡迷，数易其说。万历十四年（1586）在关

---

① （明）许孚远：《大学述序》，《原国立北平图书馆甲库善本丛书》第 28 册，国家图书馆出版社 2013 年影印明万历刻本，第 215 页。

中时，不以格去物欲说为然；万历二十一年（1593）入进闽后却修改旧说，主张格去物欲说；此说聚讼纷纭，万历二十九年（1601）又有修改。格物说近乎贯穿敬庵治学生涯，可谓见证了敬庵的思想蜕变。敬庵于嘉靖四十一年（1562）始治学，“年二十八，释褐为进士，与四方知学者游，始以反身寻究为功”①，五十二岁左右著成关中本《大学述》可以说是早期致思的结晶。此后学问更趋成熟，格物说的转变应被视为其标志。因此，厘清敬庵在不同时期的格物说，有利于深入了解其思想学说，有助于了解晚明时期甘泉学、阳明后学、关中学派、蕺山学派思想，也有益于敬庵其他文献的编年。

一　研究综述

关于敬庵的《大学》注本，学者从文本生成和传播留存两个角度进行了考察。从文本生成的角度看，刘勇先生认为可以确定的有万历十四年（1586）关中本、万历二十一年（1593）闽中本、刘斯原本、万历二十九年（1601）修订本。初本《大学述》在万历十四年写成，“该本目前似已不存，未知是否为刊本，抑或仅是稿抄本”。万历二十一年，许孚远在福建将旧著《大学述》一编删改后刊刻。万历二十七年（1599），许敬庵隐退故乡，修订《大学述》，至万历二十九年完成并刊刻。刘斯原《大学古今本通考》收录了《大学解节要》和《大学述节要》，题为《许敬庵先生大学解》。可以确定的是，《大学述节要》《大学解节要》皆是万历二十一年本后的修订本。除了这些可以确定的《大学述》以外，刘勇先生认为还存在不确定的本子，他认为“许孚远实际上一直在对《大学》进行持续不断的反复改订、诠释和出版”②。

从文本传播留存的角度看，锅岛指出现存许敬庵有关《大学》的著作，有三种《大学述》以及《大学解》。其中，《大学述》可以归为“万

① （清）黄宗羲著，沈芝盈点校：《侍郎许敬庵先生孚远》，《甘泉学案五》，《明儒学案》卷41，中华书局2008年版，第973页。

② 详见刘勇《中晚明士人的讲学活动与学派建构：以李材（1529—1607）为中心的研究》，商务印书馆2015年版，第190—192页。

历二十一年版”，即“旧版”；“万历二十九年版”，即“新版”。[①]

刘勇先生是历史地看敬庵的《大学述》，认为敬庵的思想处于流变的状态，文本也随其思想游移不定。基于许孚远的思想在不停地自我完善、门下弟子的资质各异、论学的同道关注的问题有差、选刻者学识高低不同从而判断不一等诸多原因，不同内容的《大学》注本及其选本可能会不断地产生和传播，所以确实可能存在四种或以上许孚远《大学》注本。然而，在众多的敬庵《大学》注本中，敬庵提笔写《大学述序》时，只关注到关中、闽中、晚年退隐三个时间节点；[②] 经过历史的淘洗，留下的注本都可以根据内容被归纳于万历二十一年（1593）闽中本或万历二十九年（1601）修改本，如锅岛的归类。可见，敬庵认可的《大学述》只有关中本、闽中本、浙中本。从上述研究结果看，关中本现在不知其佚失还是留存，闽中本和浙中本都有流存。

实际上，关中本的版本形式虽不存，部分文本、思想却仍在。在关中本、闽中本、浙中本三个版本之外，刘勇和锅岛都提及了刘斯原的《大学解》。刘斯原《大学古今本通考》收录了许敬庵的《大学解节要》和《大学述节要》，题为《许敬庵先生大学解》。刘勇先生认为：“刘斯原本与二十九年本的先后关系难以获得确切的文献证据……但不管如何，

---

① “万历二十一年版”《大学述》有两个来源：（1）《中国子学名著集成》收录，附万历二十一年（1593）序，序后有题记。此本《大学述》中包含《大学古本》《大学述》《大学述答问》三篇。（2）《敬和堂集》4 卷［日本内阁文库藏，万历二十二年（1594）序刊］及《敬和堂集》9 卷（日本尊经阁文库藏，万历刊本）收录。见锅岛亚朱华《明儒许敬庵对〈大学〉的解释》，载《经学研究集刊》第 5 期，高雄师范大学经学研究所 2008 年 11 月，第 215—226 页。

② 万历二十一年（1593）《大学述序》称“盖宋儒司马温公尝有捍去外物之说，近时天台王子、泾阳胡子皆主格去物欲之说，孚远当在关中与胡子论辩，不以为然。……，及谪居山庐……恍然觉悟，知此心不可着于一物……顷入七闽，……，爰取笥中旧著《大学述》一编复加删改就正有道”，对于“格物”一说，敬庵在关中时不主格去物欲，觉悟格物新解后刊刻了闽中本，此本主格去物欲说。万历二十九年（1601）《大学述序》“乙未移官留枢，与诸公论学，至格物说，每如聚讼，复为参酌，迁就其间。至己亥归山，惭旧学之罔显，……，爰取旧编复加订正”，可见敬庵于万历二十九年归山，又调整了格物说，并修订了《大学述》。由此可见，敬庵不同的格物论说是删修《大学述》的重要原因。据此，我们根据《大学述》刊本，将敬庵不同时期的“格物”说，取其所在地定义为万历十四年（1586）关中“格物”说、万历二十一年闽中格物说、万历二十九年浙中格物说。第一条引文见（明）许孚远《大学述序》，《敬和堂集》第 9 册，美国国会图书馆藏万历刊本，第 1 页。第二条引文转引自［日］锅岛亚朱华《明儒许敬庵对〈大学〉的解释》，《经学研究集刊》第 5 期，第 215—226 页。

两本皆是二十一年本后的修订本。”① 锅岛仅提及《大学解》是现存许敬庵《大学》注解之一，没有界定其属性。可见二位前辈皆未曾注意到关中本《大学述》与《大学古今本通考》的联系。从万历二十一年（1593）和万历二十九年（1601）《大学述序》提供的线索，并结合文本内容看，本文推测《大学述节要》所据版本是关中本。

本文研究使用是美国国会图书馆藏明刻本《敬和堂集》收录《大学述》一卷。此《大学述》前有万历癸巳序，包含《古本》《述》《大学述答问》《大学述支言》，属于锅岛划分的“万历二十一年版”。

二

敬庵于万历十四年（1586）卸任建阳知府，转任陕西督学，自盱江入关中；万历十六年（1588），因疏救李材遭贬谪，离开关中。敬庵在关中约略三年，期间完成了《大学述》一编，并曾寄呈友朋览鉴：

> 本朝魏恭简云“病莫重于知诱物化，药莫要于格物致知”，近时天台王司寇、泾阳胡子忠、温陵苏君禹并主其说，则格物之义亦可谓昭然有证矣。孚远尝在关中，著《大学述》一编，中间犹有骑墙之见。②
>
> 盖宋儒司马温公尝有捍去外物之说，近时天台王子、泾阳胡子皆主格去物欲之说，孚远当在关中与胡子论辩，不以为然。③
>
> 余在关中著有《大学述》一编，尝遗书请正子荩。④

---

① 刘勇：《中晚明士人的讲学活动与学派建构——以李材（1529—1607）为中心的研究》，第192页。

② （明）许孚远：《大学述序》，《敬和堂集》第9册，美国国会图书馆藏万历刊本，第3页。

③ （明）许孚远：《大学述序》，《原国立北平图书馆甲库善本丛书》第28册，第215页。

④ （明）许孚远：《祭张子荩谕德》，《敬和堂集》卷12，张琴校点，《儒藏》精华编263册上，北京大学出版社2016年版，第425页。转引自谷建《许孚远〈敬和堂集〉版本考略》，载《儒家典籍与思想研究》第10辑，北京大学出版社2018年版。

今年逾五十……并布积悰《大学述》一编附呈览正不备。①

撰成关中本《大学述》后，敬庵寄送诸友，希望与同仁问疑辨难，足见其进学求道之殷切热诚。虽然今日已无完足的关中本《大学述》，然而编中内容仍然可以根据万历二十一年（1593）闽中本《大学述》和万历二十九年（1601）浙中本《大学述》提供的线索勾勒出大致轮廓：万历二十一年闽中《大学述》修改了关中时的格物说，万历二十九年敬庵又变闽中和关中时都主张的亲民说为新民说。换言之，关中《大学述》和闽中《大学述》都主张亲民说，不同的是，关中《大学述》不主张格物为格去物欲说，闽中《大学述》主张格物为格去物欲说。

首先看亲民说。根据锅岛的研究，万历二十九年（1601）浙中本和万历二十一年（1593）闽中本《大学述》最大的不同就是“亲民”。万历二十一年《大学述》中都主张亲民，反对新民；万历二十九年的《大学述》中却都主张新民，认为早期主张亲民为非。从万历二十九年《大学述支言》看，可以进一步确定，敬庵在不仅在万历二十一年闽中时都主张亲民，万历十四年（1586）在关中时同样主张亲民：

“亲民”之“亲”，先儒以为当作“新”，学者诵习久矣。自王文成先生谓亲字义兼教养，于大人一体之学为切，余三十年信之而不疑。一夕诵“古之欲明明德于天下”一语，恍然有悟。夫与天下共明其明德，正可谓之新民，不可谓之亲民也。②（《大学述支言》，《大学解》）

这是万历二十九年（1601）左右觉悟“新民”说的看法。以万历二十九年计算，敬庵时年六十七，三十年之前是指三十七岁。“余三十年信之而不疑”是指自三十七岁左右至六十七岁前后都主张亲民说，足以证

① （明）许孚远：《简胡小渠丈》，《敬和堂集》第9册，第58页。按：敬庵二十七岁始问学，入关中时年五十，出关中时年五十二，入闽中时年五十九，常常称“三十余年”，此处称“年逾五十”，当指关中时。

② 见［日］锅岛亚朱华《明儒许敬庵对〈大学〉的解释》，《经学研究集刊》第5期，第215—226页。

明敬庵在关中时和闽中时都认同亲民说。

《大学述节要》收录了三段内容，第一段是明德亲民说，第二、三段是格物说。对于第一段明德亲民说，刘斯原按语是“此是旧宗阳明说，后改用朱子说”。看其亲民说：

> 吾之明德与物同体，故欲其亲之。才有物我间隔，而与民不相亲，是明德之障也。亲之正以明之也，惟明明德然后能亲民，而必亲民乃可以语明明德，体用一原之道也。（刘斯原：《大学述节要》，第 704 页）

此说主亲民，并且贯彻了上文敬庵自述“于大人一体之学为切”。因此，从亲民说可以断定，《大学述节要》所据版本不是万历二十九年（1601）浙中本。接下来，则需要根据格物说辨认它所据是关中本还是闽中本。

再看格物说。万历二十一年（1593）《大学述序》中，敬庵回顾所著关中本《大学述》时，提及了格物说，并且以更加成熟的大学观批判了关中本《大学述》。关于格物说，把格物理解为格去物欲是当时较为流行的说法，前有宋朝大儒司马光，近有启发聂豹归寂之说的魏校、重修白鹿洞书院并引诸生讲学的天台王子（宗沐）、泾阳胡子，他们都主张把格物解释为格去物欲。敬庵当时并不赞成将格物理解为格去物欲，并曾与胡子就格物问题展开了讨论。在闽中时，敬庵于格物反持格去物欲说，反思关中所著《大学述》，认为当时的格物说有所依傍，恐未悟道。

据上所述，在关中时，敬庵与泾阳胡子曾就格物说论辩，胡子主张格物为格去物欲说，敬庵《大学述》中所持格物观点似乎不与之相同，因而反对此说。刘斯原的《大学述节要》中辑录了部分《答胡进菴书》，此封书信主要体现了敬庵两个观点，一是反对格物解释为格去物欲，二是申述格物意为与物通彻而无隔蔽。本文认为进菴即进庵，《答胡进菴书》就是关中时敬庵和泾阳胡子关于格物说论辩的部分内容。原因有三：其一，如上引《大学述序》，对于主张格去物欲的同道，一序说泾阳胡子忠，一序言泾阳胡子，已经锁定了泾阳胡子忠。根据温纯所写传记，胡嘉谟字子忠，别号进庵，后又号止吾，泾阳人，嘉靖壬戌进士。[①] 遍检《泾阳县志》，万历前后泾阳胡姓士人仅见胡嘉谟及其子胡琏。泾阳胡子忠号进庵，虽与“进菴”有一字之别，但从籍贯、姓、字、号、同年友等诸多因素判断，可以确定胡进庵即胡进菴。其二，两篇万历二十一年（1593）《大学述序》都提及天台王子和泾阳胡子同主格物为格去物欲说，《答胡进菴书》以王敬所即天台王子的“格去物欲”说提起话头，符合敬庵将王子与胡子视为同气的看法。其三，初刊本序明确指出敬庵在关中与泾阳胡子辩论，并且“不以为然”，即不赞成格物为格去物欲的观点，《答胡进菴书》的主旨之一便是驳斥格去物欲说。综上，无论是从人物考证还是从书信文本来看，《答胡进菴书》确系敬庵在关中时与胡子忠进庵辩论的部分内容。此外，进一步考察可以发现《大学述节要》中收录的《答胡进菴书》与其前一段致知格物说主旨相通，具有一贯性。

结合亲民和格物说，可以初步肯定刘斯原《大学述节要》所据版本是关中本《大学述》，而非刘勇先生主张的万历二十一年（1593）以后修订的《大学述》。这一结论还将通过对格物的论述证实。

如前文所说，《答胡进菴书》反驳了格物解释为格去物欲，并且间接申述了格物意为与物通彻而无隔蔽。接下来，本文将根据《大学述节要》详细论述敬庵反对格去物欲说的依据以及他在关中时期主张的格物说。

三

（一）格去物欲说之非

敬庵将胡子忠等人所持的格去物欲说分解为去欲和去物，然后分别从（1）诚意包括去欲，（2）物不可去这两个观点立论，反驳格物为格去物欲之说。首先看敬庵的第一个论点。

---

① 泾阳胡子即胡进庵。《御史大夫胡公传》载：公讳嘉谟，字子忠，别号进庵，后又号止吾，泾阳人，嘉靖壬戌进士。又见雷礼《国朝列卿纪》：胡嘉谟，字子忠，陕西泾阳人。嘉靖壬戌进士，授章丘知县，后升至吏部文选郎中。万历四年升誊黄通政，六年升太仆寺卿，八年改光禄寺卿，本年升操江右佥都，九年回籍听降。分别见于（明）温纯：《温恭毅集》，《影印文渊阁四库全书》集部第1288册，第0658页c；（明）雷礼：《太仆寺卿行实》，《国朝列卿纪》卷150，明万历徐鉴刻本。

1. 诚意包括去欲

《答胡进菴书》云：

> 往者王敬所先生尝著“格去物欲”之说，此说宋儒已有之，独反覆寻绎格物本旨，似未尽然，何者？正心、诚意、致知、格物功本一贯，语无重复。正者无邪，诚者无伪，无伪则去恶为善已含在诚意之中，致知者特以研其几，格物者所以体其撰，不当于格物又云“格去物欲”也。①

敬庵提王敬所宗沐所主格去物欲说意未合格物本旨，实际上委婉地否决了胡子忠的格物论，因为他们同主格去物欲说。敬庵认为“格去物欲”在诚意的功夫中，而不在格物中。首先应该明确，正心、诚意、致知、格物功夫虽然一贯，致力于道体，但次第展开，各有所当。也就是说，它们虽然都服务于实现道体这一目的，但是强调的重点不同，不能混淆。其中，诚意的功夫诚即无伪，格物是为了“体其撰”。无伪指去恶为善，恶指私欲。私欲在心不在物，信中说“如声色不可迩，而声色不能无；好恶不可僻，而好恶不能无”，迩声色、僻善恶的问题由心造成，不能因私欲弃绝声色、物情。由此可见，“格去物欲”的功夫在诚意之中。换言之，敬庵主张的“诚意”功夫收摄了格去物欲。再看第二个论点。

2. 物不可去

说明格去物欲归于诚意后，敬庵接着提出物无可去之理：

> 且天下无性外之物，孟子盖云：“万物皆备于我。”物无可格去之理，所可去者私欲耳。如声色不可迩，而声色不能无；好恶不可僻，而好恶不能无。有我便有物，终其身不能须臾离者也。直云“去物”，涉于险峻，圣门恐不为此言，经传旨趣历历可考也。（《答胡进菴书》，刘斯原：《大学述节要》，第705页）

---

① 刘斯原编：《许敬庵先生大学解》，《大学古今本通考》卷31，《四库全书存目丛书补编》第92册，齐鲁书社2001年版，第705页。

敬庵认为性外无物，有物即有天则，我物一体。“天下无性外之物”见于朱子对《太极图说》的注解。在“无极之真，二五之精，妙合而凝”一句下，朱子先解释了“妙合”：“天下无性外之物，而性无不在，此无极二五所以混融而无间者也，所谓‘妙合’者也。”① “天下无性外之物”，是从合而言之，万物各一其性，万物一太极；“性无不在”，是从分来讲，男女一太极，一物各具一性。太极即性，性外无物，性无不在。之后，朱子叙述了妙合的主体和过程：性为理气交合之主，阴阳五行之气依据理经纬错综，又各以类凝聚而成形。依据所然与所以然，可以分为理、气和性、物两组概念，“《诗》曰：‘天生烝民，有物有则’，周子曰：‘无极之真，二五之精。’所谓真者，理也；所谓精者，气也；所谓物者，形也；所谓则者，性也”②。理、气从属于性、物，“气与理合而成性”③。根据以上分析，在朱子的解释中，“天下无性外之物”的“性”有两个意涵：一是性外无物，二是理气合而成性。敬庵只取第一个含义，认为性是万物存在的根据，即将其视为本体，而不将其视为具体事物的个性。性是本体，因此“有我便有物，终其身不能须臾离者”即物我一体；正因为物皆以天性言、物我一体，所以才会如孟子所说“万物皆备于我”。

（二）格物意为心与物通彻而无隔蔽

敬庵有一观点即“常著常察，无少隔蔽，而不违于天性之则”，被胡子忠质疑不是《大学》下手的功夫“格物”，敬庵却认为《大学》之学不分下手、进阶，只有“常著常察，无少隔蔽，而不违于天性之则”一种学问，“来教以为常著常察，无少隔蔽，而不违于天性之则，似是物来顺应，明觉自然之道，疑非《大学》之始功。然而古之圣贤只有此学……”（《答胡进菴书》，《大学述节要》）。“常著常察，无少隔蔽，而不违于天性之则”出现在《大学述节要》的回信和格物致知关系论里，

① 湖南省濂溪学研究会整理：《太极图说（朱熹解附）》，《元公周先生濂溪集》卷1，岳麓书社2006年版，第8页。

② 湖南省濂溪学研究会整理：《〈太极图说〉解》，《晦庵文集并语录问答》，《元公周先生濂溪集》卷2，第27页。

③ 湖南省濂溪学研究会整理：《〈太极图说〉解》，《晦庵文集并语录问答》，《元公周先生濂溪集》卷2，第27页。

为了更好地理解敬庵的回信，本文将先分析他对致知和格物关系的理解。

《大学述节要》第二段材料提及了“常著常察，无少隔蔽，而不违于天性之则”，这一观点是从论述致知格物关系角度上提出的：

> 意言其心之动，而知言其动之几，故研几即所以慎动，微乎其微，无以加矣。然而致知在格物，何也?《记》有之“人生而静，天之性也，感于物而动，性之欲也。物至知知，然后好恶形焉”，人心之知未有不缘物而起者也；《诗》有之“天生烝民，有物有则”，则天性之妙，又即物而具存焉。如所谓耳之聪、目之明、父之慈、子之孝，推而至于天下之物莫不各有当然之则，皆是也。格如“格于上下”“格于皇天”之“格”，言此心通彻于物而无所隔蔽之谓。视以思明而格，听以思聪而格，君臣以仁敬而格，父子以慈孝而格，随其初之所感，常著常察，无少隔蔽，而不违于天性之则，是乃所以为致知之实也。哀公问孔子曰何以成身，而子对曰“不过乎物”，又曰“仁人不过乎物，孝子不过乎物”，[①] 此其证也。然则格物居大学之始何欤? 道不离器，而心不离物，不由其器不达其道，不通于物不悦于心，古之所谓学者必有事存焉，则格物先之也。（刘斯原：《大学述节要》，第 704—705 页。）

敬庵从“物”和“格”两个方面说明了“致知在格物”。从“物”而言，物既指向形下之器，又指向天性本体，“心动之几”是实现器物中天性彰显的途径。《乐记》“人生而静”章提出，物感而后“人心之知”应感而起。“人心之知”指心动之几，“意言其心之动，而知言其动之几”，这里引用《乐记》指出心动之几起于物感。此时，心为形上之道，

① 公曰：“敢问何谓成身?”孔子对曰：“不过乎物。”……公曰：“寡人惷愚，冥烦，子志之心也。”孔子蹴然辟席而对曰：“仁人不过乎物，孝子不过乎物。是故仁人之事亲也如事天，事天如事亲，是故孝子成身。”郑玄注：举无过事，以孝事亲，是所以成身。孔颖达疏：“不过乎物”者，言成身之道，不过误其事，但万事得中，不有过误，则诸行并善，是所以成身也。仁德之人不过失于其事，言在事无过失也。孝子事亲，亦于事无过也。详见（唐）孔颖达《哀公问第二十七》，《礼记正义》卷 58，上海古籍出版社 2008 年版，第 1921—1924 页。郑孔所谓“万事得中”，应该可算是通于天则的早期形态。

物为形下之器。后文说明格物居《大学》之始时指出“道不离器，而心不离物”，强调器物触发了心体的运动。《大雅·烝民》所说“天生烝民，有物有则”①，指出天性之妙即物具存。这里的“天生烝民”指万物，包含了我之五官，如耳、目，推而达之我所涉的日常生活如君臣、父子、夫妇、长幼、朋友，乃至生活所涉及的一切事物，所谓“无非物也”；“有物有则”指性外无物，物皆有性，“天下之物莫不各有当然之则”，从分的角度强调万物各有其天则。这里应该注意，与上文解释的“物”“则”概念不同，格物致知关系中的“物”和“则”更为明确。“物”不是泛指，而是特指以“我”为主体，由我推而达之的其他事物；“则”不再从合、分两个方面论，而是特指物各有的天性。总的来说，敬庵引述《乐记》是从个物的视角看待物，所以会有物我的分别。在个物视角下，物我关系是道—器，我是道，物是器；相对而言，物的天性是隐，我的天性是显。我之天性显现的前提是物的感发。引述《烝民》强调个物虽然有现实的差别，但是在天性道体上仍旧保持一致。物的天性是我回归道体的指引。

从“格”来说，敬庵认为格训为通，格物意为通物，通物意为心与物通彻而无隔蔽，即心性通一无二。根据上文分析，道体上的万物分为物和我。物我相分之后，天性处于隐蔽的状态。物我相遇打破了天性的沉默，唤醒了内在于我的天性。此时物的天性仍旧是沉寂的，我的天性虽被唤醒却不能流行。因此，敬庵提出了格通以贯穿物、我。也就是说，让我的天性流行的同时显发物的天性，以物的天性指引我的天性回归道体。物我相通即物—我—物构成了一个道体上的回环，这也应该是“随其初之所感，常著常察，无少隔蔽，而不违于天性之则”所指。心要在混沌中紧随受物感发的“几”、心体的萌芽，著明之、培育之，使其壮大，让它与感发心的物性相通，合于天性。如目与形、耳与声、父与子相接，人心都会有所触动，要做的功夫就是紧随目、声、子启发的明、

---

① 朱熹《诗集传》注《诗·大雅·烝民》“天生烝民，有物有则”一章谓：“言天生众民，有是物必有是则。盖自百骸、九窍、五脏而达之君臣、父子、夫妇、长幼、朋友，无非物也，而莫不有法焉。如视之明，听之聪，貌之恭，言之顺，君臣有义，父子有亲之类是也。”就天性之妙即物而具存看，敬庵和朱子的看法应该是一致的。（宋）朱熹：《诗集传》，中华书局2017年版，第324页。

聪、慈之端，培育、壮大，最后实现物明、声聪、子孝。心体的壮大著明了隐暗的物性，物性的彰显也昭告了心体的完熟。

因此，敬庵引《哀公问》“何以成身”章，以此说明心、物相通就是全性成仁。哀公问孔子如何成身，孔子回答了成身的标准即“仁人”“孝子”，成身的途径即“事”。成身是指道德圆满即仁孝，仁孝必须落实在现实世界的道德实践中。通过实践，具体来说，是实践中的依据物感而发的心体，著之察之，打通心体与物中的性体，由此全性成仁。反之，如果不在实践中贯通心体与性体，著明它们本来具有的一体性，心也就无法畅达舒悦“不通于物不悦于心”，不能成仁。

最后看致知、格物的关系。从发生学看，格物先于致知；在道体上，致知格物无先后。从物我感通发生的过程看，物是知的起点，所以格物先于致知。从道体言，格物、致知都是指应感著察，使得心体与性体相通的过程。格物的含义在敬庵引用《乐记》《烝民》，诠释格意为通的过程中完成了。此后，敬庵解释致知时又举了说明以心体著明物性时的例子即视、听、君臣、父子，从感到著察再到通于天则完整地解释了一遍，强调致知之意同于格物“随其初之所感，常著常察，无少隔蔽，而不违于天性之则，是乃所以为致知之实也”。因此可以说格物是通格心体与性体，是全性成仁，是道体的彰显；致知是著察研几，也是全性成仁，彰显道体。致知格物都是即功夫即道体，无先后可言。敬庵在《答胡进菴书》中提及“致知者特以研其几，格物者所以体其撰”，著察心体之几是为通性体，通物我是为了成其仁，分别强调性体和心体，体现了道体上的一致。

至此，敬庵的格物致知说有了较为清楚的脉络。下面，我们通过敬庵对胡子忠的回应检核或补充敬庵的格物说。

来教以为“常著常察，无少隔蔽，而不违于天性之则”，似是物来顺应，明觉自然之道，疑非大学之始功，然而古之圣贤只有此学。其主为心，其端为意，其几为知，其感为物，曰正曰诚曰致曰格，节节根究，令学者日可见之行，故先后次第秩然若此。其实当下用功，即心即意即知即物，不可离而二之。人自蒙童以至于耄耋，自始学以至于圣人，未有能离去事物者。而物之有则原于天性，形形色色各有自然之理，心以此通，意以此准，知以此别，所以欲其格之。弟所云“通彻而无隔蔽”

者，格之义也。常著常察而不违于天性之则者，格之道也。故视以思明而格，听以思聪而格，君臣以仁敬而格，父子以慈孝而格，推之天下之物，凡感于吾前者，莫不有格之之道。故不昧之谓格，则知即由此而致；无私之谓格，则意即由此而诚；中正之谓格，则心即由此而正；中规中矩之谓格，则身即由此而修；物物曲当之谓格，则家国天下即由此而齐而治而平。

人受天地之中以生，此理炯然，有物欲所不能摇夺者在；然无方体可执，无声臭可拟，故微。微则不危，危则不微，天人之间耳。圣人所为精而一之者，谓察于心之寐，感之几，不从其人而从其天，不由其危而由其微，而常一之于道也。未精未一，则道心固在人心；已精已一，则人心全是道心，非谓人心可以格而去之也。孔子七十而从心所欲不逾矩，何去之有耶？（《答胡进菴书》，刘斯原：《大学述节要》，第705页）

胡子忠质疑敬庵所言功夫无阶次，敬庵回应称功夫本无阶次，所有功夫都是格，所有目的都是通心性为一。胡子忠认为敬庵对格物的解释似乎是“物来顺应，明觉自然”的定性功夫，① 定性和格物不相称。根据敬庵对致知格物关系的看法，发生学上，致知格物有先后次序；道体上，致知即格物。推而言之，从功夫实践上看，因为有入手的先后，所以心知意物会被细分为主、端、几、感，然后按照一定的阶次施行对应的正、诚、致、格的功夫，“其主为心，……，故先后次第犂然若此”。但是从本体上说，随物而感，应感而产生的著察功夫只与其对应的物则相通，此功夫道体通一无二，格物、致知、诚意、正心都是即功夫，即道体，无有先后可言，“其实当下用功，即心即意即知即物，不可离而二之”。

接着，敬庵从即道体即功夫、物我通一无二的心性合一状态下推到物我相交之始。从万物一体下降到个物上说，物物皆有天性，这是心动

---

① 张载认为自己总是被外物牵累，性不能不动，难以达到定，因此致信程颢请教如何定性。程颢在回信即《定性书》中说“故君子之学，莫若廓然而大公，物来而顺应，……，用智则不能以明觉为自然”，提出了“物来顺应、明觉自然”。此外，牟宗三先生讨论明道言格物时举的《朱子语类》卷第97，《程子之书》中一条格物论，提出了相似的疑问：“问《遗书》有一段云：致知在格物，物来则知起，物各付物，不役其知，则意自诚。比其他说不同，却不曾下格物功夫。曰：不知此一段如何。又问：物来则知起，似无害，但以下不是。曰：亦须格方得。”牟宗三先生认为此条是明道语，因为它从《定性书》的心性无内外角度立论。见牟宗三《心体与性体》（二），载《牟宗三先生全集》第6册，台北：联经出版社2003年版，第432页。

之“几”著察的目的，是全性成仁的方向指引。因此，要回归道体就要格、要“通彻而无隔蔽”。此后自然引出格的方法，即由物之感通著之察之而不违天性，“常著常察而不违于天性之则”。因为物有千万，所有格法也各不同，“故视以思明而格，……，物物曲当之谓格，则家国天下即由此而齐而治而平”。

从因感著察再回推到心物相交之始，敬庵从道体视角分析了此时心的状态。他指出心有道心、人心之分，道心不生灭、人心有存亡。道心是从宇宙本体而论，是天地之中、天理、性体，只有隐微、显著的差别；人心是心受物欲摇夺而生的客，随物来去而生灭。心体显著则不会产生人心，人心滋长则会遮蔽隐微的道心，只在当下有功夫与否，“微则不危，危则不微，天人之间耳”。著察心体隐微状态的精一功夫，使得心体著明无丝毫杂染，与性体相通。有此功夫则为全性成仁的圣人，无此功夫就会滋生人心而为凡人。圣人成其全德成其天性，“人心皆是道心”；凡人循其私欲，使其人心遮蔽道心。如凡人即道心之萌动为精一功夫，“察于心之寐，感之几”，也可以实现全性成仁，所以人心也不可格去。因此，在物我相交之后是否能够回归天命本体，关键在于我是否能“常著常察而不违于天性之则”，做精一的功夫。

至此，敬庵在关中时反对格物解释为格去物欲的原因、所持心与物通彻而无隔蔽的格物说皆已了然。其格物说立足点是本体宇宙论的天命本体，他以性体而言物我、以显隐说善恶。敬庵由天性的显、隐两端构建了物—我—物的圆环。从物我性体俱隐时向物我性体俱显发展，通过物我相应，感发隐藏的道心，然后由著察功夫培育养护萌芽，使心动之“几”格通物性成就心体。最后，心体通合于物性，全仁的同时著明成就了物性。从物我性体俱显回看物我性体俱隐时，物之天性是心动之几的规则，精一著察功夫是由隐向显的关键。

四

（一）格物说的内在检验

《大学述节要》收录了三段内容，第二段是致知格物关系论，第三段是《答胡进菴书》。根据上文的疏解，致知格物论是从物感到通心体与性体的功夫视角立论，《答胡进菴书》的叙述方式是由心体性体通而为一，下贯至著察由物感而生道心，是从道体视角立说。两段文本浑然天成，主张物为性体，反对将物视为物欲，与敬庵自序所称关中辨格去物欲之非相符。

此格物说反映的心性格通也可见于《与胡庐山论心性书》中敬庵所主的心性反映的心性连黏。在《与胡庐山论心性书》中，敬庵用火明水湿比喻心性关系，认为性是纯然天则，心则是灵觉气质相混杂，因此有人心和道心的区分。道心之微是向性体的途径，心、意、知都是明善之所，应该存心复性，“能存其心，能复其性而已矣”①，正是心体通格性体的心性论表达。在与胡直、李材的心性比较中，格通心性的趋向更为明显，“体中寻求性体，偏向折中。针对胡直的不识不知为体、常明常觉是用的观点，许孚远认为这样割裂了体用，将心性割裂为二，因此，应当使之非二，体即是用，用亦是体；针对李材脱离心意知而言性的观点，许孚远认为舍弃心体，主张太过，因此，应当有必要彰显心体的意义，建立心体与性体的连黏”②。《与胡庐山论心性书》也证明了格物意为心体格通性体说的真实性。由关中格物说可知《与胡庐山论心性书》的思想可能形成于关中时期甚至更早。据刘勇先生考证，万历十一年（1583）前后，许孚远为《胡子衡齐》作序，作有《与胡庐山先生论心性书》，正与本文观点相契合。

（二）格物说定位

敬庵认为关中所著《大学述》中见有未明者，所谓“是孚远尝在关中，著《大学述》一编，中间犹有骑墙之见”③。“骑墙之见”可能是指格物说尚未透彻，也可能是从《大学述》指三纲领和八条目之见，或者其他的内容不协调。无论是指格物说还是指《大学述》中的其他内容，我们都可以肯定，敬庵后期不同于关中时的格物说，入闽后的敬庵更改格物说，刊印了新的《大学述》。格物义从“格通心体与性体”变为“扞去物欲”，足见敬庵对关中格物说的不满，此中缘由和因革将另撰文

① （明）许孚远：《与胡庐山论心性书》，《敬和堂集》第6册，第2页。

② 张昭炜：《试论阳明后学中的心性连黏》，《东岳论丛》2013年第6期。

③ （明）许孚远：《大学述序》，《敬和堂集》第9册，第3页。

讨论。

刘斯原认为《大学述节要》中的格物“仍用朱子穷至物理之说，而小变其义作此心通彻于物而无间隔之谓格，《答胡进庵》一书所以辩格去物欲之非者明且悉矣”[①]。朱子、敬庵格物说的确都不认同格物为格去物欲，但是这并不代表敬庵主张的心与物通彻而无隔蔽承继了朱子穷至物理的路数。朱子的“格物”有三个要点，“即物”“穷理”“至极”。即物是指接触各种各样的事物，穷理是就接触的事物研究其中的物理、伦理，至极是指经过对外部事物规律的反复考究，不断积累到达一定阶段时认识到一切事物间共同的普遍规律。再者，致知与格物是因果关系。致知所致的“知”是指格物穷理之后得到扩充和完备的知识，所以说致知是格物的结果。[②] 敬庵认为格物指“随其初之所感，常著常察，无少隔蔽，而不违于天性之则”，也可以提炼出三个要点，即应物、著察、通性。应物是指物来顺应，因物起知；著察指显著察明道心之微，充而养之；通性是指贯通心体与性体。就接触事物来看，朱子和敬庵是一致的，不同的是敬庵强调了应物所起的“感”，这是心体发动的几、是道心之微，朱子并未在格物中强调物我接触时心体的发动流行。朱子强调的是心知对物理的认知的摄取，敬庵所持的是心体道体通一无二的贯通。因此在致知格物的关系上，朱子的致知是格物的结果，敬庵认为致知与格物是平行的，都是以自身主体为对象修养方法。

敬庵的格物说应该归于牟宗三先生主张的第三系。牟宗三先生在《心体与性体》中提出了宋明儒学三系说。他认为在程朱、陆王之外，还有五峰—蕺山系。此系客观地讲性体，主观地讲心体，心性对扬，以心著性。具体而言，本天命於穆不已之道体而言性体，以孔子所言之仁和孟子所言的本心形著成性，打通心体与性体。敬庵随物之感，著察心动之几，使其通于性体。同样是心性对扬，以心著性。

---

① 刘斯原编：《许敬庵先生大学解》，《大学古今本通考》卷31，《四库全书存目丛书补编》第92册，齐鲁书社2001年版，第702页。

② 陈来：《宋明理学》，北京大学出版社2020年版，第208—210页。

牟先生从伊川的语录中解剖出“物来则知起”一条，[①] 谓意本于明道《定性书》。《定性书》主张性无内外，定性即定心。心体遍照，体物不遗。物可摄归于心，心能照润物。所谓“物来知起”，是指明觉自然的朗照，“感而遂通”；“致知在格物”意为“欲致吾明觉朗照之知，即在乎物之来而物各付物洒然无著以应之也”。物来即将物收摄于心，物各付物则是心照润物，此即内外一本，心体遍照。[②] 敬庵也认为从性无内外的角度论格物致知是学圣之方，“古之圣贤只有此学”。牟先生认为胡五峰的察识是逆觉体证，成性是形著之成。“察而养之于未流”意为察识本心仁体，即从义理上对本心仁体先有所觉知，而后涵养。“知天地万物以成性”知是本体性的知，是心的本体宇宙论的直贯。成性是指因心体形著而使性成其为真实而具体之性。[③] 敬庵强调因物所感，亦从心体上讲察识，在宇宙论的基础上直贯性体。

五峰—蕺山系中的蕺山与敬庵的关系更为密切。敬庵是蕺山之师，并且深为佩服乃师为学，称其“端凝敦大，言动竞竞，俨然儒矩”[④]，可见蕺山之学不独是承王学之流弊而逼迫至此，其来亦有自。

（作者为武汉大学哲学学院硕士生）

---

① 《二程全集·遗书第六》“致知在格物”。物来则知起。物各付物，不役其知，则意诚不动。意诚自定，则心正。始学之事也。牟宗三：《心体与性体》二，《牟宗三先生全集》第6册，第428页。

② 牟宗三：《心体与性体》二，《牟宗三先生全集》第6册，第430—433页。

③ 牟宗三：《心体与性体》二，《牟宗三先生全集》第6册，第463—464页。

④ （清）黄宗羲著，沈芝盈点校：《许敬庵孚远》，《师说》，《明儒学案》，第13页。

明代绍兴状元名儒
——阳和先生张元忭

钱汝平

【摘　要】张元忭是明代嘉、万之间知名理学家、教育家、学者。他年轻时就服膺王阳明心学，是浙中王畿一派的弟子，但他并没有原封不动地照搬王学，也并不恪遵王畿之学，相反，他对王畿乃至王阳明的一些观点、思想表示怀疑，甚至提出批评。明显带有救世色彩。他在理学教育上、乡邦地志编撰上也做出了一定的贡献。

【关键词】张元忭　状元　理学　教育

张元忭（1538—1588），字子荩，号阳和，浙江山阴人，明代嘉、万之间知名理学家、教育家、学者。张元忭出身于官宦之家，其父张天复，嘉靖二十六年（1547）进士，历官云南按察司副使、行太仆寺卿，博洽工文，著有《皇舆考》《鸣玉堂稿》等书。《皇舆考》是研究明代地理的重要参考书。据史载，张元忭天生古貌魁伟，性好读书，其母见其过于刻苦，告诫其不要用功过度。张元忭为了不拂母意，只能偷偷看书，每当母亲熟睡，他就张幕点灯夜读，不令母知，其刻苦有如此者。稍长，就立下大志，以国家大事自任。常在父亲张天复座前侃侃评论朝廷政事得失、人才优劣，父亲张天复为挫其锋芒，往往不置可否。

张元忭的科举之路并不顺畅，他于嘉靖三十七年（1558）二十一岁时得中举人，其后参加会试数次，均铩羽而归，直到隆庆五年（1571）才登进士第一，距其初中举人，已有十三年之久。时年三十四，已不是少年科第了。明代的野史杂书记载了其中状元前的神奇征兆，如明陈士元《梦林玄解》卷34《梦征》云：

（张）元忭，字子荩，号阳和，浙江山阴县人。隆庆五年辛未廷试第一，父天复，行太仆寺卿。所居与罗万化同巷，尝梦携其扁于家，会试时祖茔有声，三日，往视得金芝六茎。是科刘瑊梦人以罗衣遗之，曰：“此第二服也，已有人先服矣。”果让张居首，时年三十四。

又比如明顾祖训编《明状元图考》卷1云：

戊辰年，予闻绍兴罗状元报，因曰：“来科状元必姓张，当再出绍兴。”客异予言，谓不谙谶术，何以先知？予解曰：“昔成化二年状元罗公伦，至五年张公昇，俱江西人，气运盛于一时，是以知之。”客笑曰：“成化八年吴公宽，吴人，然则隆庆八年亦吴姓，定是吴人耶？此言未可信。”予又解曰：“独不知何公孟春《馀冬录》，见熊入京，知京数日有火，已而果然。同辈问何以知之？何曰：尝读《宋书》，绍兴己酉熊入京，数日有火，熊字能火乃尔。同辈始服。其读书一事，其犹响应，岂三年大魁，独不兆各前科乎？”客亦唯唯而退，终未服。至辛未科闻报，始服予言。

这里提到的罗万化，字一甫，号康洲，也是绍兴人，隆庆二年（1568）戊辰科状元，比张元忭早了一科。同乡两人蝉联两科状元，无疑是绍兴科举史上的无上荣光（清代绍兴又出现了这种科举异事，会稽县人茹棻与史致光蝉联乾隆甲辰、丁未科状元），在中国科举史上也是一个异数，因此古人造作梦境、预言来渲染这种偶然事件，就不足为奇了。[①]

张元忭生性孝慕过人。在未中进士前，其父张天复被人诬告。张天复在云南按察副使任上曾协助巡抚吕光洵平定武定土官凤继祖叛乱，得罪了云南黔国公沐氏，沐氏指使朝官弹劾，张天复于是被捕入狱。张元忭爱父心切，间关万里，亲送父亲到云南对质。旋即又亲赴北京为父申

① 张元忭、罗万化、朱赓三人曾同师事于阳和书院山长俞咨益。俞咨益于嘉靖三十八年（1559）成进士，罗万化、朱赓于隆庆二年（1568）同成进士，五年（1571）张元忭成进士，留下了一段师弟先后获隽的科举佳话。

冤，当事者怜之，故张天复得以免官归越。如此往返一年，张元忭心力交瘁，不到三十岁就已白发种种。这也许是张元忭壮年早逝的原因之一。

张元忭一生仕宦不显。隆庆五年（1571）中状元，依例授翰林院修撰。不久，丁父忧去职。服阕，又奉旨教习内书堂。旋奉命管理诏敕，直起居注馆。后又丁母忧去职。服阕，起家超迁为左春坊左谕德兼翰林院侍读，清理贴黄，寻充经筵讲官。张元忭出仕后，一直在努力为父亲平反，多次上疏为父亲申诉，甚至要求将朝廷给予自己的冠带恩荣贻赠给父亲，但朝廷一直不许。为此张元忭心情抑郁，曰："吾不可以下见吾父矣。武定之役，吾父躬擐甲胄，斩首虏千级，口碑具在。乃今幸事明主，而不能为父洗沉冤，长负吾亲，何以为后？"［（明）过庭训：《本朝分省人物考》卷51］加之年轻时为父受冤事奔波万里，心力交瘁，因此一病而卒。张元忭一生官位不显的一个重要原因是他出道较晚，享年不永。如果他能年登耳顺，凭他状元资历、身居被目为"储相"之地的翰林院，或可得跻膴仕。

张氏本质上是一位纯粹的学者，他对义理的兴味似乎超过了对仕途升迁的兴趣：

> 自以遭逢圣明，释屩取上第，廪廪期有以自树。日橐笔守官下，搜罗金匮宪典而研究之。词林故清署，第雍容以文墨相高，稍涉事，辄引代庖为解。乃独聚徒讲求世务人才，相与籍记之，户外屦常满。（《本朝分省人物考》卷51）

从中可见他对学问的爱好。翰林院丰富的典藏、同僚之间的谈论切磋，使张元忭沉浸在学问的海洋里，无暇旁及仕途的升迁。因此，谈迁称其"恬漠耽道，于进取泊如也"（《国榷》卷74），洵非虚语。大学士朱赓如此评价这位状元同乡："国朝科名以甲魁为卿相，勋德并懋，垂鸿无穷者无论已。乃位不越中大夫而名播寰宇，没世之后，犹蒙表章，则一峰罗公伦、梓溪舒公芬、念庵罗公洪先三君子之外，靡得而闻焉。三君子所谓不愧科名者也，岂其卿，岂其相哉？子荩之造即未知其所止，要之理学同、气节同、官不过五品又同，安知后世无表章子荩以继三君子之躅者乎？"（同上）言语中虽有对张元忭未能致身高位的遗憾，但将其与当时社会公认的名位不高而影响广泛的前辈状元罗伦、舒芬、罗洪先相提并论，隐隐然为能有这样一位状元同乡而自豪。

张元忭生性耿介，不屑夤缘钻营。他的座师是权倾天下的万历首辅张居正，张元忭作为张居正的状元门生，若能主动靠近、迎合张居正，致身高位、纡青拖紫不过是时间问题。但张氏对张居正若即若离，不卑不亢，有时甚至对张居正的所作所为颇不认同：

> （张元忭）持操端介，绝不喜婾婀事人，然坦焉蹦中庸之庭，亦不欲以奇行自是。盖初之进也，出江陵门下，当炎炎时，卑者蚁附，高者鸷鸣，而独不随不激，有以自守。尝语同门曰："某门人也，皂囊白简之事当以待他人，乃若丧请留、病请祷，即死弗为矣。"（《本朝分省人物考》卷51）

广西道监察御史胡涍因与张居正政见不合，上书弹劾，被逮入狱。张元忭出于公心，上疏为其申辩，不惜开罪张居正：

> 张元忭以星变陈言，救其给事御史，投揭江陵所内。传语曰："如此门生，十五年即望代我，何见小?"又云："疏上，我亦不为若地。"张曰："待为地者，不疏矣。"径出。江陵曰："是且病狂矣。"寝不报。（明黄景昉《国史唯疑》卷8）

张元忭这种耿直清高、不屑觍颜事人，义之所在、不知避忌的性格是很难见容于当时的官场的，因此他以状元出身而终其身官位不过五品也就不足为奇了。

张元忭也是一位纯粹的理学家。他年轻时就服膺王阳明心学，"尝读朱子格致章，覆卷思之，婴疑。已，闻王文成良知之说，乃洒然有悟，自是日究心于此学矣"（《长沙府岳麓志》卷3）。他是浙中王畿一派的弟子，学术上立足于"万事万物皆起于心"的心本体思想，主张"以万物一体为宗，而以明德于天下为愿"。他把朱熹、张载探讨的"太极之旨"也归结为心，可说是完整地继承了王氏"心即理"的思想。但张元忭并没有原封不动地照搬王学，也并不恪遵王畿之学，相反，他对王畿乃至王阳明的一些观点、思想表示怀疑，甚至提出批评。王学好议论，到万历年间，王学末流更陷入了空谈误国的泥沼。张元忭对此十分痛恨，常思有以矫正之，“宗文成而每病世之学文成者多事口耳，特以力行矫之，尝曰：知善知恶是良知，为善去恶是格物，此致良知宗旨也”（《本朝分省人物考》卷51）。在他眼里，良知、格物并不是一个玄虚的、不可捉摸的东西，它的本质体现在躬行实践之中。他认为，陆王之学与朱子之学并不矛盾，“朱陆之学本同一源，后人妄以意见分门户，滋生异议，乃取朱子诗文，摘其与文成合者，汇成一书，曰《朱子摘编》。书出而纷纷异同之说涣然矣”（同上）。他强调儒者的道德修养，要求研经通史和经世致用，实际上是要以朱学来药王学末流游谈无根之弊。因此，黄宗羲认为张元忭“谈文成之学而究竟不出于朱子”（《明儒学案》卷15），所说是切中肯綮的。

张元忭的伦理主张在其讲学岳麓书院时表现得最为明白。万历十年（1582），皇长子生，张元忭奉命颁告楚中六藩，被兵备道李天植敦请，主讲岳麓、惜阴二书院。他把在万历六年（1578）自己奉命教习内书堂所作的《内馆训言》中所阐述的儒家伦理教育思想带到了岳麓书院，这可从他为岳麓书院所作的《大成殿》《岳麓自勉》《朱张祠》《惜阴篇》等诗中看出来。张元忭在常课之外，特拟《训言八条》，曰：忠、廉、诚、慎、慈、俭、谦、和，并各系以诗。“又摘史传中贤宦事迹，名为训解，日取一条，令年长二人，宣读二遍，请童竖环立而听。”（《长沙府岳麓志》卷3）张元忭“天性忠孝，介然不苟取与”，所以他对“忠”的解释十分深刻，对“忠”“廉”“诚”之间的关系道前人所未道。他说：“且说如何为忠，只有一心为着朝廷，不为一己私图而已。”“人臣欲事君以忠，必守己以廉，其成败名丧节，未有不由贪者”“人生世间，处心行事，全以诚为主”，欲立“掀天揭地功业，也都从诚上起，若还不诚，则根本先坏，纵然用计用数，毕竟做不得好人，济不得大事”（同上），这就是说，要做到忠，关键是要廉，不廉必有所图，故不可能忠。忠是做人的目的，而廉是忠的保障。诚是做人的根本，无此根本，忠和廉都无从谈起。显然，张元忭想用“诚”的修养方法来挽救当时江河日下的世道人心，其伦理主张已不是王学那样的单纯内向求心所可包纳，这与湖湘学派的先察识后涵养的修养方法十分契合。因此，自张元忭受命主讲岳麓后，湖南讲学之风再度兴起，“士风翕然丕变，湖南正学，绝而复苏”（同上），这可说是张元忭对湖南书院教育的重大贡献。

张元忭还是一位优秀的史学家。由于长期供职于翰林院，而翰林院是当时文化精英的集中地，翰林院丰富的典藏、文化精英之间的谈论切磋，再加上自身天资颖悟，使得张氏迅速成长为广闻博识且明习朝章典故的优秀史学家，成为史书编纂的行家里手。他在翰林院任职期间利用翰林院丰富的文献资料编写了《馆阁漫录》10卷，该书至今完整保存，是研究明初至正德年间馆阁制度的第一手资料。他在史学上的最大贡献是参与了乡邦地志的编撰。万历三年（1575），他丁父忧家居，与徐渭合纂了《会稽县志》16卷。这是一部颇受好评的县志。该志以地、治、户、礼四书为纲，分统沿革、山川、风俗、官师等目。其中地书3卷，记载沿革、分野、形胜、山川、风俗、物产；治书1卷，记载设官、作邑；户书4卷，记载户口、徭赋、水利、灾异；礼书8卷，记载官师、宦迹、选举、人物、祠祀、古迹、寺观。同时，还专撰有4篇总论和19篇分论。4篇总论分别是地书、治书、户书、礼书总论；19篇分论分别为沿革论、分野论、形胜论、山川论、风俗论、物产论、设官论、作邑论、户口论、徭赋论、水利论、灾异论、官师论、宦迹论、人物论、选举论、祠祀论、古迹论、寺观论。这4篇总论和19篇分论对全书起了提纲挈领的作用。志书设论在旧志中甚至在新志中都是罕见的，这可以说该志在体例上的创新之处，同时该书以地、治、户、礼四书为纲，也有突出重点以清眉目的作用。因此后人评价此志：“四书具，而为邑之道略备矣，使禄于兹邑者因是而察地理之宜，兴治之要，拊循其民而导之以利。”①

万历十三年（1585），丁母忧在家的张元忭又受他的同年、绍兴知府萧良干之邀，与知名学者孙鑛同纂《绍兴府志》。这也是一部以体例精核、考证明晰、图文并茂而著称的方志佳构，在芜冗杂滥的明志中鹤立鸡群，史家称“《绍兴府志》《会稽县志》义严衮钺，足称一方信史”[（明）徐象梅：《两浙名贤录》卷4]，绝非虚誉。修志的关键在于体例，体例的好坏反映了编纂者史识的优劣，万历《会稽县志》、万历《绍兴府志》之所以能称誉于后世，其体例精核是重要原因。民国方志学家李泰

① 转引自李能成《试论万历会稽县志的学术性》，《中国地方志》2008年第4期。

棻在其所著《方志学》中十分强调修志体例。他认为，体例之于方志，譬如栋梁之于房屋，栋梁倒置，房屋焉能稳固？足可见体例在修志中的至关重要作用。《四库全书总目提要》评价此志云："是志分十八门，每门以图列于书后，较他志易于循览，体例颇善。末为序志一卷，凡绍兴地志诸书，自《越绝书》、《吴越春秋》以下，一一考核其源流得失，亦为创格。"即着重指出了该志体例上的完善。万历《绍兴府志》的优点，已有不少学者做了评述，此不赘论。这里需要指出的是，万历《绍兴府志》50 卷并非张元忭一人独纂，全书的体例是张元忭和孙鑛共同商定的。除《人物志》15 卷为张氏所撰外，其余均为孙氏所撰。据孙氏所作万历《绍兴府志·序志》所云："初，鑛欲任其草创，而以润色俟之子荩。既玩愒不克济，萧公虑杀青无日，乃又属人物于子荩，而俾鑛专地理焉。"则可知当初本拟由孙氏一人独撰，张氏修改润饰。萧良干担心杀青无日，故将《人物志》托付张氏。又孙氏《郡志小传》云："初，余与子荩分辑郡志，子荩专人物，其三篇有录无书，萧公复属余续成之。"从中又可知张氏所撰《人物志》15 卷也不全，有三篇亦由孙氏补撰。

张元忭是明代绍兴籍状元中学术成就最高、对中国文化贡献最多、影响最大的一位。明清以来，状元颇多，但真正对中国文化做出重要贡献的并不是很多。因为状元只是科举制度上的一个最高功名，本身并不代表能力、学识的出类拔萃。打个不恰当的比方，状元只不过是当今所谓的高考状元罢了，高考状元若想成才，还得经过长时间、各方面的淬炼，并不是每个高考状元都能成才的，科举史上的状元其实也是如此，所以中国历史上不少状元都默默无闻，无论在政治、军事，还是文化、经济方面，均无突出的建树和影响。而张元忭却不同，虽然他官位不显，但至少在理学教育上、乡邦地志编撰上都做出了一定的贡献。他留下的史学著作如《馆阁漫录》等也给我们研究明代历史提供了宝贵的资料，因此张元忭是中国历史上值得一书的人物。

（作者为绍兴文理学院越文化研究院副研究员）

《宗镜广枢》与陶望龄的佛学思想

李会富

【摘　要】 良知之学与禅悦之趣的会通，是阳明后学演化发展的一条重要路径，也是明代后期社会思潮的一个重要特征。而浙中王学的重要传人陶望龄在其中起了重要作用。他的重要著作《宗镜广枢》中进一步突出了心学倾向，实现了良知之学与禅悦之区的融合会通。由此，陶望龄也成为阳明学与禅学相融合、良知之学与禅悦之趣相会通的重要代表。

【关键词】 陶望龄　《宗镜广枢》　心学　禅悦

良知之学与禅悦之趣的会通，是阳明后学演化发展的一条重要路径，也是明代后期社会思潮的一个重要特征。陈垣先生曾指出："禅悦，明季士夫风气也。""万历而后，禅风浸盛，士夫无不谈禅，僧亦无不欲与士夫结纳。"[①] 在阳明学与禅学的融合过程中，泰州王学和浙中王学的重要传人陶望龄便是一个重要代表。他不仅出入寺院、结交僧侣，而且广读佛书、深研内典。其中，《宗镜广枢》一书便是他长期研究佛典的一个重要成果，也集中体现了他的佛学思想倾向和对佛教典籍的理解。本文试图对陶望龄《宗镜广枢》一书的编撰刻印过程和体例特点做以考辨，并就其中所表达的佛学思想进行探讨，以便整体展现陶望龄思想的佛学向度及其佛学思想的基本内涵。

---

① 陈垣：《明季滇黔佛教考》，京城印书局 1940 年版，第 84 页。

一 《宗镜广枢》的成书历程

《宗镜广枢》是永明延寿《宗镜录》的节删本。永明延寿是五代至宋初的高僧，被尊为禅宗法眼宗三祖、净土宗六祖，著述颇丰。《宗镜录》是其编纂的最为主要、影响最大的著作。全书内容鸿富，共100卷，博采禅、华严、天台、唯识、净土等以往诸宗之说，会归一心。永明延寿在《宗镜录序》中称："举一心为宗，照万法如镜。编联古制之深义，撮略宝藏之圆诠，同此显扬，称之曰录。分为百卷，大约三章：先立正宗，以为归趣；次申问答，用去疑情；后引真诠，成其圆信。"《宗镜录》在后世广为传布，产生了深远影响。北宋慧洪《林间录》卷下称："永明和尚以贤首、慈恩、天台三宗互相冰炭，不达大全，心馆其徒之精法义者，于两阁博阅义海，更相质难，和尚则以心宗之衡准平之。又集大乘经论六十部，西天此土贤圣之言三百家，证成唯心之旨，为书一百卷传于世，名曰《宗镜录》。其为法施之利，可谓博大殊胜矣。今天下名山莫不有之。"①

然而，《宗镜录》卷帙浩繁，一般信众难以通读。为便于提纲挈领掌握其核心要义，北宋释祖心（号晦堂，黄龙慧南法嗣）便"取《宗镜录》，总括精微，缀为一集，命之曰《冥枢会要》，庶学者简而易览，助发上机，默契正宗，不堕邪见"②。《冥枢会要》将百卷《宗镜录》择要删节为3卷，为读者掌握《宗镜录》的核心思想提供了方便，但是，将多达百卷的《宗镜录》大幅节删为3卷，难免要删去原书许多重要内容，为读者把握原书的整体思想造成了新的不便。关于《宗镜录》过于浩繁和《冥枢会要》等节本过于简略的问题，黄汝亨曾指出："粤惟吴越永明寿禅师，以应现身，观无尽意，挥霜毫于法海，探赤水之玄珠，举一心为宗，高悬法镜，照万法如镜，直显心宗。讵惟外道小乘之罢黜，永祛魔军；即合性相宗教而互融，顿销炉雪。妙矣！百卷灵文，何能一字增损？奈利钝之根不等，闻见之困难开，乐简则病其繁多，苦繁即艰于竟

① （宋）慧洪：《林间录》卷下。

② （宋）潘兴嗣：《冥枢会要序》，释祖心：《冥枢会要》卷首。

读。于是黄龙晦堂禅师撮其妙微，名曰《冥枢会要》，相传颂者百年，洵永明之嫡胤。而末学小智，未涉全文，焉知妙旨？譬堪舆不历，岂识龙沙？病略不详，与繁同病。”[①] 有鉴于此，陶望龄便在释祖心《冥枢会要》基础上对《宗镜录》进行再次节选，将原来3卷《冥枢会要》进行补充扩广，集为10卷。因为它是对《冥枢会要》一书的扩广，故称《宗镜广枢》；又因为它是对释祖心节删本《宗镜录》的扩广，故又称为《宗镜广删》。

正如有学者所指出的，“晚明掀起了一股研习《宗镜录》的热潮，其中，居士群体的广泛参预是前所未有的现象”[②]。万历以后，知识阶层中许多僧俗信众热衷于研读《宗镜录》。无论是憨山德清、云栖袾宏、蕅益智旭、紫柏真可等高僧，还是焦竑、董其昌、冯梦祯、袁宏道等居士，都曾研读《宗镜录》。正是在这样的时代背景下，陶望龄热衷于《宗镜录》研究，作成了《宗镜广枢》一书。尽管陶望龄早在万历十七年（1589）进士及第后就热衷于修习佛学，[③] 当时陶望龄在翰林院任职，其好友焦竑、袁宗道、黄辉都爱好佛学，陶望龄与他们一道出入寺院、阅读佛经；但是，从现有文献记载来看，陶望龄深研《宗镜录》则大约始于万历二十六年（1598）。袁宏道作于是年的《答陶石篑》有云：“石篑寄伯修书云：‘近日看《宗镜录》，可疑处甚多。即如“三界唯心，一切惟识”二语，三岁孩儿说得，八十岁翁翁行不得。’又问伯修：‘此事了得了不得？’”[④] 可见在这一年，陶望龄曾在家阅读《宗镜录》，思索其“三界唯心，一切惟识”之旨，并将自己的研读心得与袁宗道、袁宏道等

---

① （明）黄汝亨：《宗镜广枢序》，陶望龄：《宗镜广枢》卷首。

② 李小荣：《〈宗镜录〉宋元明清传播接受史略论》，《东南学术》2020年第3期。

③ 万历十七年（1589）之后，京师兴起一股佛学热潮，一批新进士人转向佛学。袁中道《石浦先生传》记载袁宗道转向佛学的历程：“先生官翰院，求道愈切。时同年汪仪部可受、同馆王公图、萧公云举、吴公用宾，皆有志于养生之学，得三教林君艮背行庭之旨，先生勤而行焉。己丑，焦公竑首制科，瞿公汝稷官京师，先生就至问学，共引以顿悟之旨。而僧深有为龙潭高足，数以见性质说启先生。乃遍阅大慧中峰诸录，得参求之诀。久之，稍有所豁。先生于是研精性命，不复谈长生事矣。”焦竑是年状元及第，入京在翰林院任修撰，对当时翰林院一些年轻学者产生了较大影响。焦竑在登第之前已学有盛名，且深受李贽思想影响，袁宗道兄弟、陶望龄转向佛学和尊崇李贽都受其影响。李贽之学能受到一些京师学人的推崇，大概也源于此时。

④ 钱伯城笺校：《袁宏道集笺校》卷21，上海古籍出版社1981年版，第735页。

人交流。

陶望龄之所以能在这个时期关注并研读《宗镜录》，是有其前期思想发展的铺垫的。正如前文所言，陶望龄早在万历十七年（1589）进士及第后，已无须为考取功名而深学时文、耗费精力，由此很自然地关注性命之学。当时京师禅风较盛，他便逐渐留心佛学。[①] 万历十九年（1591），因伯兄陶与龄去世，为慰藉父亲陶承学，而告病回籍。万历二十三年（1595）回京任职，当时袁宗道、黄辉等人在京任职，袁宏道进京谒选，陶望龄与他们成为好友。同年十月，以疾告归。万历二十四年（1596）九月，陶望龄偕弟奭龄赴吴县拜访时任县令袁宏道，交谈之中，语及永明延寿及其《宗镜录》之义。袁宏道在写给其兄袁宗道的信中记述了此历程："前陶石篑兄弟见访，自言为闻见所累。弟谓灵云见桃，此亦见也；香严击竹，此亦闻也。闻见安能累人哉？因语及永明寿次，弟谓永明见地未真。陶曰：'何以知之？'弟谓永明一向只道此事是可以明得的，故著《宗镜》一书，极力讲解，而岂知愈讲愈支，愈明愈晦乎？陶亦豁然有深省处。"[②] 万历二十五年（1597），陶望龄兄弟与袁宏道相会于杭州西湖，偕游西湖名胜。永明延寿编撰《宗镜录》之处净慈寺（原称永明寺）是西湖名胜之一，袁宏道《解脱集》中《南屏》一文便是当时游览南屏山下净慈寺时的游记，其文云："南屏峰峦秀拔，峻壁横披，宛若屏障。净慈在其下，永明和尚撰《宗镜录》处也。永明入处廉纤，欲于文字中求解脱，无有是处，后来念佛修净土，皆因解脱不出，心地未稳，所以别寻路径。今《宗镜录》中，可商者甚多，一见当知之。或曰：'永明，法眼嫡派，子何得横生异议？'余谓法眼举动若此，余犹将议之，况其孙耶？夫永明智慧广大，当时亲见作家，末路尚尔如此，吾辈粗根浮器，不曾见得一个半个知识，可轻易谈佛法哉！"[③] 这段文字表明，陶望

① 陶奭龄《先兄周望先生行略》云："岁己丑，以第一人举于南宫。廷对，擢第三人。授翰林院编修，与焦修撰弱侯读书秘馆，朝夕相激发。于是专致力于圣贤之学，寓书奭龄谓：'向时迷陋，视一科名为究竟地，正如海师妄认鱼背，谓是洲岸。弟聪明，宜蚤悟，勿似而兄。'"这里说陶望龄己丑登第后致力于"圣贤之学"，这是他从关注功名向关注人生真谛的转变，也是从科举之学向心性之学的转变，而在陶望龄关注心性之学、圣贤之学、人生真谛的过程中，佛学关于人生、心性等的深刻思想便很自然地成为他学习思考的重要内容。

② 钱伯城笺校：《袁宏道集笺校》卷 6，第 279 页。

③ 钱伯城笺校：《袁宏道集笺校》卷 10，第 433 页。

龄、袁宏道等人在游览西湖名胜过程中，曾到过净慈寺，亦当就永明延寿《宗镜录》进行过探讨。尽管袁宏道对永明延寿及其《宗镜录》的评价并不高，把《宗镜录》看作永明延寿未得解脱的证据，但是，这并不妨碍陶望龄通过与袁宗道等人的交流而亲近永明延寿和《宗镜录》。可以说，从现有文献记载来看，在万历二十六年（1598）前后，袁氏兄弟对《宗镜录》的讨论评判对陶望龄开始深研《宗镜录》发挥了诱导作用，而万历二十五年到净慈寺等西湖名寺的游览则使陶望龄亲见永明遗迹，抑或进一步激发了他关注、研读《宗镜录》的意向。

万历二十六年（1598）之后，陶望龄在研习心性之学的过程中，一直持续关注、研究《宗镜录》。《歇庵集》收有陶望龄写给周汝登的一通书信，曾明确提到他再次阅读《宗镜录》。其文云："左柱史在京师聚会时，跂仰殊切。下车而礼于贤者，此其夙诚耳。老丈方居庐，守礼重道，自不宜见，弟当敬致来指也。夏月病暑，偶看得一部史，遂尔过去。《宗镜》虽再阅，未曾契入，与不看同，遵教即当细览之也。"[①] 关于该通书信的写作时间，可从左柱史（即左宗郢，字景贤，陶望龄同科进士和好友）"下车而礼于贤者"和周汝登"方居庐，守礼重道"推知。《歇庵集·贺周太夫人寿序》称周汝登生母黄氏"以万历乙巳称九十"，[②]《周母黄太安人墓志铭》又称其在九十寿诞后，是年十月卒，十二月二十六日安葬。[③] 据此周汝登居庐守礼则始于万历三十三年（1605）乙巳年底。又《明德诗集序》称"万历丙午，友人左景贤氏来按两浙"[④]。由此可知，上述书信作于万历三十四年（1606）丙午。可见，至万历三十四年（1606），陶望龄仍在阅读《宗镜录》。据此可以推断，自万历二十六年前后到万历三十七年（1609）去世之前，陶望龄在反复阅读《宗镜录》，修习体悟《宗镜录》的思想，而《宗镜广枢》则是他长期研读《宗镜录》的一个重要成果。黄汝亨《宗镜广枢序》在记述该书的成书过程时说："惟我歇庵陶居士，土木形骸，妙明心性。《宗镜》百卷，磨勘十年；约

---

① （明）陶望龄：《陶望龄全集》，上海古籍出版社 2019 年版，第 879 页。

② （明）陶望龄：《陶望龄全集》，第 222 页。

③ （明）陶望龄：《陶望龄全集》，第 541 页。

④ （明）陶望龄：《陶望龄全集》，第 161 页。

束三章，昭融片念。恢《略节》以衍续，即《冥枢》而广删。析教阐宗，神理无毫发之憾；说详还约，脉络若元气之周。且复从旁点抹，如数发而抽丝；择要标题，似洞筋而吸血。使凡夫豁眼，智者开胸。自己销归，匪窃玄虚之目；老婆心切，宁为文字之禅。于黄龙，为开疆拓土之功臣；在永明，则缵绪传家之嫡嗣。万法之镜，将万古以常明；一心之宗，绍一真而不晦者已。”① 这里说陶望龄作《宗镜广枢》“磨勘十年”，则正是从万历二十六年到其去世之前，总计大约十年时间。《宗镜广枢》正是陶望龄经过大约十年研读《宗镜录》的成果，在一定程度上反映了陶望龄对《宗镜录》乃至佛学的最终认识、最终体悟。

二 《宗镜广枢》的刻印及现存版本

为了学习前贤之学，陶望龄生前曾删辑过多部前贤著作。其中，《慈湖金针》和《盱江语要》（又称《罗近溪语要》）都是在他生前定稿或刻印，而《宗镜广枢》则是陶望龄在十余年研读《宗镜录》的过程中逐步辑成的，在其在世时并没有正式刻印。

关于《宗镜广枢》的刻印，黄汝亨《宗镜广枢序》说：“歇庵之弟君奭氏，谊切天亲，道同佛子，爰出斯卷，不吝法施。汝亨不敏，因文觅性，如病目之炫空华；即性披文，等哑人之啖浆酪。友人宋化卿氏从维摩榻上字栉句磨，吴德聚氏于子墨林中镂文绣梓。”② 该序末署“明万历壬子夏，寓庸居士黄汝亨沐手书”。根据这段文字的表述可知，陶望龄逝后，《宗镜广枢》的底稿原存于陶望龄之弟陶奭龄处。陶奭龄是陶望龄的追随者和学术继承者。陶望龄逝后，陶奭龄自然成为其遗稿的主要保存者。陶望龄最主要的著作集《歇庵集》的刻印，最初的底稿就是由陶奭龄提供的。陶望龄逝后，《宗镜广枢》书稿自然亦由陶奭龄保存。为传承陶望龄之学，陶奭龄在陶望龄逝后立即着手整理出版其遗作，而刻印《宗镜广枢》便是其举措之一。陶望龄于万历三十七年（1609）六月去世，万历三十八年（1610）冬，由陶奭龄提供书稿的《歇庵集》便由余

① （明）黄汝亨：《宗镜广枢序》，《宗镜广枢》卷首。
② （明）黄汝亨：《宗镜广枢序》，《宗镜广枢》卷首。

懋孳、王应麟刻印。随后，陶奭龄便着手整理刻印《宗镜广枢》，将其书稿交给钱塘黄汝亨。黄汝亨是陶望龄生前之友，曾陪陶望龄同游天目山，当时正谪居杭州。黄汝亨率宋守一、沈守正等门人后学与陶奭龄、释大壑等人一起校阅书稿，并由其门人吴敬校刻成书。吴敬字德聚，是休宁商山人；其叔父吴继灼是黄汝亨好友，也是当时著名书坊武林西爽堂的主人。[①] 吴敬作为西爽堂传人，便担负起了刻印《宗镜广枢》的任务，于万历四十年（1612）壬子刻印成书。

《宗镜广枢》刻印后，并没有像《歇庵集》那样反复刻印、广泛流传。现存书目书中，祁承㸁《澹生堂藏书目》《明史·艺文志》等皆载陶望龄有《宗镜广删》10 卷，当即指万历四十年（1612）吴氏西爽堂 10 卷刻本。笔者在编校《陶望龄全集》过程中，曾广泛查阅全国各大图书馆，并未查到该书，故在编校说明中按佚书处理。随后发现日本国立公文书馆内阁文库藏有吴氏西爽堂版《宗镜广枢》一部，该书在藏入内阁文库前原藏于日本红叶山文库。全书共分元、亨、利、贞 4 册，10 卷。封面和各卷版心题有书名“宗镜广枢”四字。内封题“陶石篑先生宗镜广删”两行大字，中间题小字“西爽堂藏板”。双边白口，无鱼尾，半叶 10 行，每行 20 字。卷首有黄汝亨《宗镜广枢序》，该序末题“明万历壬子夏寓庸居士黄汝亨沐手书”，并钤有“黄汝亨印”篆字阴文方印、“鼎又氏”篆字阳文方印；黄序后，录有永明延寿《宗镜录序》。各卷卷端，首行题书名及卷次，第二、三行分别题“宋黄龙菴主释祖心删集”“明歇庵居士陶望龄广删”。卷 1 节选自《宗镜录》第 1—8 卷，末题“明武林黄汝亨贞父校阅”；卷 2 节选自《宗镜录》第 9—16 卷，末题“明武林宋守一化卿校阅”；卷 3 节选自《宗镜录》第 17—25 卷，末题“明会稽陶奭龄君奭校阅”；卷 4 节选自《宗镜录》第 26—34 卷，末题“明武林罗大冠玄父校阅”；卷五节选自《宗镜录》第 35—42 卷，末题“明武林胡胤嘉休仲校阅”；卷 6 节选自《宗镜录》第 43—52 卷；卷七节选自《宗镜录》第 53—66 卷，末题“明武林沈守正无回校阅”；卷 8 节选自《宗镜录》第 67—79 卷，末题“明南屏沙门大壑校阅”；卷 9 节选自《宗镜

① 关于吴继灼生平及其与西爽堂的关系，参见王裕明《〈虞初志〉刻家吴仲虚生平考辨》，《明清小说研究》2008 年第 2 期。

录》第80—92卷，末题“明云栖沙门广询校阅”；卷10节选自《宗镜录》第93—100卷，末题“右宗镜广删十卷，明休阳吴敬校梓”。该书当为存世孤本，对今人研究陶望龄佛学思想提供了重要文献依据，具有重要学术价值。

该书各卷，择要节选《宗镜录》，更加明显地展示了《宗镜录》的基本思想，此即黄汝亨序文所谓“择要标题，似洞筋而吸血”。另外更值得一提的是，该书还对节选内容进行了标点，不仅以大圈号分节、以斜点号（即现代标点顿号）断句，而且对提纲挈领的字句和重点句子进行了点抹，在重点句子的每个字的右侧标上了斜点号或小圈号（即现代标点句号）以示强调，在重要关节（主要是各层文义的起领词语）右侧标上了竖扁框或竖直线以便于把握各层文义，此即黄汝亨序文所谓“从旁点抹，如数发而抽丝”。经过陶望龄的节选和标点，《宗镜广枢》便解决了《宗镜录》过于浩繁、《冥枢会要》过于简略的弊端，为学者把握《宗镜录》的思想提供了方便。

三 《宗镜广枢》的核心思想与陶望龄思想的佛学倾向

《宗镜广枢》节选了《宗镜录》的主要内容，整体体现了《宗镜录》的思想，因而内容十分丰富。但总体来看，《宗镜广枢》突出了“举一心为宗”的核心思想，详细辨析“三界唯心，万法唯识”的道理和直悟本心、顿见真性的功夫。例如在《宗镜广枢》卷1中，在“立心为宗”“一切诸法，即心自性”旁，陶望龄便加上小圈以示强调。整个《宗镜录》都突出了以心为本的思想，“‘心’是永明延寿佛教思想的根本理念和核心主题，是他阐明禅教一致说的指导思想和理论基石”[①]。《宗镜广枢》更加直接地贯彻了这个思想，强调了“即心自性”、一心照见万法的理念。《宗镜广枢》卷1云：“若人法问答，言语往来，如宗镜中像；若般若智照，寂灭涅槃，如宗镜中明。所以若像若明，一切皆空。唯有镜体恒常披露，遍一切处，未尝出没。”按照这个说法，万法并不具有独立

① 方立天：《永明延寿与禅教一致思潮》，《哲学研究》2005年第3期。

的本性，而是即心自性。一心即是心体，又是万法的性体。所以，学习佛学、顿见真性，就是要使真心朗现。“若于诸相，常与实相相应，自然远离诸过，会第一义，清净真心朗然明彻，而无念著，即事即如，唯心直进，即佛之所许自觉之境矣。”[①] 而真心朗现，是一个真心自然本性的呈现，于真心、万法并无所加，“但了妄念无生，即是真心不动，此不动之外，更无毫厘法可得”[②]。

正如《宗镜录》以禅宗容摄各宗，“力使经教纳入禅宗范畴，进而倡导祖佛同诠，禅教一致”[③]，陶望龄《宗镜广枢》延续了这一思想特点，其佛学思想也以禅学为宗，强调禅教一致。陶望龄佛学思想的这一特点在与袁宏道的交流探讨中体现得非常明显。万历二十五年（1597）游览东南名胜时，袁宏道曾在写给其兄袁宗道的信中说“石篑无日不禅，间一诗；弟无日不诗，间一禅”[④]。他在万历二十六年（1598）写给陶望龄的信中又说：“得来札，知两兄在家参禅。世岂有参得明白的禅？若禅可参得明白，则现今目视耳听发竖眉横，皆可参得明白矣。须知发不以不参而不竖，眉不以不参而不横，则禅不以不参而不明，明矣。”[⑤] 由此可见，陶望龄热衷于参禅，体现出对禅学的兴趣；而袁宏道则认为禅是参不明白的，因而反对参禅。在禅净关系方面，袁宏道作《西方合论》，主张西方净土；而陶望龄则认为“心土一也。心净土净，心秽土秽”[⑥]，主张唯心净土，这便将净土融入了禅宗的思想体系。在对待永明延寿《宗镜录》的态度方面，他们也有很明显的分歧。袁宏道虽然也研读《宗镜录》，并编辑《宗镜摄录》一书，但正如前文所说，他对永明延寿及其《宗镜录》的评价并不高，认为永明延寿从文字中求解脱，恰恰说明他尚未解脱，所以其《宗镜录》中“可商者甚多”。陶望龄在早期研读《宗镜录》过程中虽然也一直有疑问，但并未怀疑永明延寿和《宗镜录》的权威性；因此，他最终还是坚持了《宗镜录》禅教一致的思想，既主张以心为宗、

---

① （明）陶望龄：《宗镜广枢》卷1。
② （明）陶望龄：《宗镜广枢》卷1。
③ 方立天：《永明延寿与禅教一致思潮》，《哲学研究》2005年第3期。
④ （明）袁宗道：《白苏斋类集》卷15，上海古籍出版社1989年版，第212页。
⑤ 钱伯城笺校：《袁宏道集笺校》卷21，第733页。
⑥ （明）陶望龄：《陶望龄全集》，第151页。

以禅摄教，又给经教保留了存在的合理性。万历三十五年（1607），极力宣扬永明延寿思想的净慈寺僧释大壑作成《永明道迹》一书，陶望龄为其作序。在该序中，他再次阐述禅教一致思想。序文云："众生之情，处处执著；菩萨教化，处处破除。辟之婴儿疾病，为乳所伤，良医审证，止乳与药，疾则旋已；又病久困，为药所伤，智人知之，遣医罢药，患亦随愈；然不妨乳有哺养之益，药有疗治之功。止乳是权，而概夺则馁死者必相藉矣；遣医是暂，而例遣则沉痼者必无幸矣。三乘对治者，疗烦恼之妙药也；众善齐臻者，养法身之乳湩也。滞之则碍正知见，故菩提达摩而降，皆绝言思以止遣之；废之则乖圆融门，故永明大师嗣兴，浑理事而以身范焉。大师，法眼之嫡孙，韶师之真子，妙契单传，亲蒙记莂。然禅宗不立文字，而师乐说无碍，百卷河悬；禅宗呵斥坐禅，而师跏趺九旬，鹨巢衣裓；禅宗指决唯心，无他净土，而师经行持念，角虎示人；禅宗但贵眼正，不贵行履，而师万善同归，勤行百八。所以抑虚滥，示之堤防；导因心，趣于极果。真金出冶，盛作庄严；大海吞流，不辞涓滴。真祖位大成之圣、法王金轮之尊者也。"① 这完全继承了永明延寿的禅教一致思想，认为经教是对治烦恼的妙药，既不可执着于经教，也不可废处经教。永明延寿力倡经教一致，才是正确的，是"祖位大成之圣、法王金轮之尊者"。

另外，由于《宗镜广枢》所阐释的思想与阳明心学的思想相契合，对一心的表述也与阳明学对良知的表述相一致，所以，陶望龄便很自然地将其与阳明心学融为一体。正如有学者所指出的，"晚明时期在中国思想史中，是自六朝以来儒、释、道'三教合流'的思想顶峰，而三教关系则可说是明末思潮的主体内容"②。陶望龄便是当时会通三教特别是会通儒释的一个重要代表，他说："学求自知而已。儒释皆津筏边事，到则舍矣。"③ 他在《重修阳明先生祠碑记》中阐述"良知"之意说："混同万有，昭察天地，灵然而独运之谓知；离闻泯睹，超绝思虑，寂然而万

① （明）陶望龄：《陶望龄全集》，第152页。

② 陈福滨、黄伟铭：《儒佛会通：晚明"居士佛教"与"阳明后学"》，《吉林师范大学学报》（人文社会科学版）2020年第3期。

③ （明）陶望龄：《陶望龄全集》，第898页。

应之谓良。"① 良知是"混同万有，昭察天地""离闻泯睹，超绝思虑"的本心，既能遍照一切是非善恶，又不离人伦日用。"万涂宗于一心，万虑宗于何虑。"② "心无体而靡事不心，事何依而无心不事。"③ 这些对良知本心的表述与《宗镜广枢》中对真心的表述是一致的。相比而言，《宗镜广枢》还包含了禅宗、华严宗、唯识宗等的思想，对本心的辨析更为详细、清楚。因此，陶望龄作为阳明后学的传人，在阐释其心学思想时便引入了佛学的思想，而在《宗镜广枢》中又进一步突出了心学倾向，实现了良知之学与禅悦之区的融合会通。由此，陶望龄也成为阳明学与禅学相融合、良知之学与禅悦之趣相会通的重要代表。

（作者为天津社会科学院办公室副主任、助理研究员）

① （明）陶望龄：《陶望龄全集》，第 367 页。
② （明）陶望龄：《陶望龄全集》，第 145 页。
③ （明）陶望龄：《陶望龄全集》，第 146 页。

刘宗周的慎独、诚意之说及其对心学、气学、理学的整合*

姚才刚　陈心仪

【摘　要】明末大儒刘宗周中年时期“以慎独标宗”，认为孔门相传“心法”即是慎独，由慎独而“天地位，万物育”。刘宗周晚年又极力倡导诚意之说，他主张“摄知归意”，将“知善知恶”的良知纳入好善恶恶的“意”中。慎独、诚意在刘宗周的学说中均处于核心地位，前者突出了对“独体”的静存与体察，它在统摄心体、性体的同时又凸显了性体，并由对工夫的倚重来矫正王门后学消解工夫的倾向；后者则是刘宗周晚年在辩驳阳明良知教的过程中逐步形成的，它将“意为心之主宰”作为基本的理论前导。两者又可融通为一。刘宗周的慎独、诚意之说对宋明时期的心学、气学、理学等思想做出了较有深度的整合。

关键词：刘宗周　慎独　诚意　整合

刘宗周（1578—1645），字起东，浙江山阴（今浙江绍兴）人。因讲学山阴县城北蕺山，学者称他为蕺山先生。他在融合诸家学说的基础上，又自立新说，极力倡导慎独、诚意之说，卓然成一家之言；同时广招门徒，开创了独树一帜的蕺山学派。刘宗周被后人称为“宋明理学的殿军”“中国17世纪最具原创性的思想家之一”。本文拟先剖析刘宗周的慎独、诚意之说，再略评他对心学、气学、理学的反思与整合。

---

* 基金项目：湖北省教育厅哲学社会科学重大项目“明代甘泉后学文献整理与思想研究”（18ZD012），湖北省道德与文明研究中心2021年度开放基金项目“明代心学伦理思想研究”。

一 以慎独标宗

慎独是传统儒家提倡的一种道德修养方法，也可以指经道德修养后达到的一种道德境界。先秦儒家典籍《礼记》中的两篇文献《大学》《中庸》开宗明义地倡导慎独思想。《大学》曰："所谓诚其意，毋自欺也。如恶恶臭，如好好色，此之谓自谦，故君子必慎其独也。"《中庸》曰："故君子戒慎乎其所不睹，恐惧乎其所不闻，莫见乎隐，莫显乎微，故君子慎其独也。"在战国至秦汉之际，慎独作为独立的范畴不仅出现于《大学》《中庸》中，其他如《礼记·礼器》篇、荆门郭店楚墓竹简与长沙马王堆汉墓帛书之儒家文献部分也有关于慎独的文字记载。"慎独"的字面意思并不难理解，即指人们在闲居、独处之时，最容易自我放纵，任情恣意，产生不符合"道"的行为，因此，每个人都需要在独处的时候自我防范、自我约束。中国历代学者都十分看重慎独范畴，进行了各自不同的阐发。汉、唐时期的郑玄、徐干、刘勰、孔颖达、李翱等都对慎独做了诠释。总起来讲，他们的慎独说大多尚停留在道德修养论层面之上，对"慎独"所做的字面疏解，基本上是忠于《大学》《中庸》的原意的。[①] 宋元明清时期的理学家对慎独学说加以阐发的就更多了。比如，北宋时期的程颢将慎独与理（天理）紧密联系起来，认为"洒扫应对便是形而上者，理无大小故也。故君子只在慎独"[②]。在他看来，人要体认天理，必须要做慎独的工夫。南宋时期的朱熹将"独"解释为"人所不知而己所独知之地"，[③] 他认为，当一些邪念在内心萌动时，尽管别人无法察觉出来，但自己此时却是非常清楚的。这个时候，就应及时做自我克制的修养工夫，此时把握好了自己，则可防患于未然，行为上不会出现大的偏差。明代中叶的王阳明则将良知解释为"独知"，认为"工夫到诚意，始有着落处。然诚意之本，又在致知也。所谓人虽不知而己

---

① 关于此点，请参阅拙文《传统儒家慎独学说浅议》，《求索》1999 年第 5 期。

② （宋）程颢、程颐：《河南程氏遗书》卷 13，《二程集》，中华书局 2004 年版，第 139 页。

③ （宋）朱熹：《四书章句集注·中庸章句》，中华书局 1983 年版，第 18 页。

所独知者，此正是吾心良知处”①。

明末大儒刘宗周在中年时期径直以慎独来标明学术宗旨，他对慎独学说的重视程度可以说是前所未有的，认为孔门相传“心法”就是慎独，由慎独之功出发，才有可能做到“修、齐、治、平”，由慎独而“天地位，万物育”。依刘宗周，慎独可融摄心性之学诸义，比如天人性命说、本体工夫说、性情理欲说等都可在慎独学说中加以体现。② 其高足黄宗羲说：“先生之学，以慎独为宗，儒者人人言慎独，唯先生始得其真。”③ 这种评价虽然不无过誉之处，但客观地讲，刘宗周的慎独学说的确是颇具特色的。

刘宗周极力倡导慎独学说，旨在祛除当时社会的弊病。他所生活的明王朝已呈现出颓废的气象，朝中官吏腐朽不堪，人心涣散至极，尤其在天启皇帝明熹宗执政期间，朝政大权为阉党人物所把持，朝堂之上充满着恐怖气氛，甚至可以用“天地晦冥，人心灭息”来形容。朝廷的乌烟瘴气也必然影响到当时的社会。刘宗周认为，当时整个社会的道德都出现了严重危机，礼教荡然，士风浮夸，纲纪崩溃。他对此忧心忡忡。当然，刘宗周也无法开出摆脱社会危机的良方，与大多数儒家学者一样，他也认为世道之祸酿于人心，而要对治人心之恶，则须阐明儒家圣学，而儒家圣学的精义在他看来就是慎独之说。

刘宗周的慎独学说，有一个逐步形成和发展的过程。宗周曾拜许孚远为师，受许师的影响，他早年在学术上趋近于程朱理学，认为“象山、阳明直信本心以证圣，不喜言克治边事，则不用学问思辨之功”④。万历四十一年（1613），宗周提出了初步的慎独主张；次年，撰写《心论》，倡导“天下无心外之理，无心外之学”的观点⑤，心学倾向愈来愈明显；万历四十五年（1617），撰写《论语学案》，进一步阐发了慎独主张；天

① （明）王守仁：《传习录》下，载《王阳明全集》卷3，上海古籍出版社1992年版，第119页。

② 关于此点，请参阅拙文《论刘蕺山对王学的修正》，《武汉大学学报》（人文社科版）2000年第6期。

③ （清）黄宗羲：《明儒学案》卷62，中华书局1985年版，第1512页。

④ （明）刘宗周：《刘子全书》（清道光刻本）卷40，《年谱》。

⑤ （明）刘宗周：《心论》，《刘子全书》卷23。

启五年（1625），刘宗周更是旗帜鲜明地确立了慎独之旨，将“独”与“心”相连。①

刘宗周虽属心学阵营，有以心为本的思想。但他又认为仅仅以心为本，很难避免产生种种流弊，所以他构造了一个“独体”的概念。“独体”是超越意义上的自我或主体，它既能泛应曲当、物来顺应，又丝毫不违天道、天理。② 刘宗周将“独体”与天道、天理紧密相连，试图以此补救陆九渊、王阳明所言之心因过于直截、显露而无所本的理论缺陷。“独体”与天理通而为一，因而具有道德理性和善良意志的内涵。

刘宗周认为，人在独处、闲居之时有“独体”，在大庭广众之下也有“独体”可言。当与他人同聚一处，能够吐露真心，不遮不掩，不欺骗他人，这即是“独体”呈现之时。当然，如果人心被私欲蒙蔽，“独体”便处于潜在的状态，无法充分显现。“独体”也是一“物”，但不是自然物体意义上的物，而是作为抽象的观念，存在于主体意识之中。且看刘宗周的阐释：

> 故意蕴于心，非心之所发也，又就意中提出最初之机，则仅有知善知恶之知而已，此即意之不可欺者也，故知藏于意，非意之所起也，而就知中指出最初之机，则仅有体物不遗之物而已，此所谓独也。③

“独体”（“独”）之为物，“本无一物”，但却“物物具焉”。刘宗周将《大学》“八条目”中的“心、意、知、物”逐步推溯，推到最后不能再推的地步，就是“独体”。它无形象可索，处于隐微之地而不可睹闻，不可名状，但却能知善知恶、好善恶恶。它是形而上者，人只有对自己、对他人没有丝毫的欺骗，才能真正呈现出这一真实无妄之体。

---

① 东方朔先生对刘宗周慎独学说的形成过程做了很好的分疏。参见东方朔《刘蕺山哲学研究》第五章第一节“慎独与心性”，上海人民出版社1997年版。

② 关于此点，请参阅拙文《刘宗周的“改过”说及其伦理启示》，《哲学研究》2014年第7期。

③ （清）黄宗羲：《明儒学案》卷62，中华书局1985年版，第1517页。

刘宗周将“独体”看成性体与心体的有机统一。他说：

> 独是虚位，从性体看来，则曰莫见莫显，是思虑未起，鬼神莫知时也。从心体看来，则曰十目十手，是思虑既起，吾心独知时也。然性体即从心体中看来。[①]

这里的“莫见莫显”来自《中庸》里的“莫见乎隐，莫显乎微”，“十目十手”来自《大学》里的“十目所视，十手所指”。“独体”是虚位，它即在性体与心体之中呈现，性体侧重于强调道德本体所具有的客观性与普遍性，心体则主要揭示道德主体的能动性与创造性。从性体的角度来看，“独体”即是体现了天命之性的至善存在。当然，突出天命之性，并非表示有个什么实体性的东西在操纵、主宰人类，而是人自己通过修身践德，体悟天地之道，并且依“道”而行。天命、天道需要诉诸人去成之、尽之，也即刘宗周所谓的“天非人不尽，性非心不体”[②]。从心体的角度来看，独体即是好善恶恶之“意”。意不可欺，“毋自欺”是消极的说法，而“自慊”则是一种积极的说法。慊，是快、足的意思，[③]也可以做诚、实来解。心体之意不能自欺，所谓“十目所视，十手所指”，令人戒惧，因此人要慎独。

刘宗周认为，性体与心体是紧密相连的。一方面，性体是心体的内容，若无性体，那么心只是虚灵空洞的主宰。心体既是心的自我超越，又是天命之性的灌注，唯其如此，心体才更具有形而上的意味。心体的主观活动才步步融摄于超越的性体之中，个体之心才不会任意妄作。另一方面，心体又是性体的主体。若无心体，性体则将成为悬空无实的虚构物，心体之外别无性体。若仅有高高在上的性体，虽然令人敬畏，但也必将失去其存在的意义，故性体最终要落实到心体上来讲。只有依赖心体的彰显，才能使性体得以实现。或者亦可说，人通过自身的克治之

---

① （明）刘宗周：《学言》上，《刘子全书》卷10。

② （明）刘宗周：《易衍》，《刘子全书》卷2。

③ （明）朱熹：《四书章句集注·大学章句》，第7页。

功及自律的道德实践，才能超越外在的形骸之障而与天沟通。天人合一即表现为人心与天理的内在统一，表现为心体的主观活动合乎性体之必然。

"独体"被刘宗周置于本体的地位，为至善。但现实中的人因为气质之蔽、物欲之障而沉溺于种种欲望之中，欲望过多就可能衍化为恶。也就是说，人虽然具备了成圣的先天根据，但并不意味着已是现成的圣人，人同时还受后天环境的制约，这就需要发挥人的主观能动性，自觉挺立道德人格，克己复礼，复还天理。有鉴于此，刘宗周不但阐明了"独体"的超越性，还凸显了"独体"的道德实践意义，要求人能慎独、谨独，以保持"独体"的常醒而不昧。

刘宗周的慎独学说强调了人在道德实践中的自主性，认为"慎之工夫，只在主宰上"，即呼吁人们在道德修养和实践中，做到自我反省和自我体认，在道德选择和价值取向中进行自我裁决。当然，刘宗周所讲的自我裁决与王门部分后学张扬个体意志的做法有所不同。刘宗周提倡慎独的目的是重振道德，其所谓的自我裁决是建立在道德规范约束的前提之下。而王门部分后学却"把王学固有的昂扬主体自觉的'独者'意识，发展到对封建纲常名教的权威的否定，王学理论的这种自我分化发展，竟走向了自己的反面"①。

刘宗周曾借《诗经》中的一些诗句来阐发他的慎独之说（这些诗句被《大学》引证过）。比如，他认为，由《诗经》中的"衣锦尚絅"② 一语可见"独体"之妙。"独体"之妙正在于从"不睹不闻"、至微至暗中发而为光风霁月，简约而不奢华。这种看法也反映了宗周注重内敛的学术品格。他十分重视涵养与省察工夫，坚决抵制王门后学因过分张扬个性而向异端发展的倾向。再如，宗周又由《诗经》中的"相在尔室，尚不愧于屋漏"③ 以及《诗经》中的"奏假无言，时靡有争"④ 来阐发慎独之功。他认为，慎独之功在于循序渐进，而不可操之过急。人在独处的

① 萧萐父：《吹沙集》，巴蜀书社 1991 年版，第 341 页。

② 《诗经·卫风·硕人》。

③ 《诗经·大雅·抑》。

④ 《诗经·商颂·烈祖》。

时候能够自我约束，自我监督，严格要求，并从一言一行、一颦一笑中做起，不断操存，“清明以养吾之神，湛一以养吾之虑，沉警以养吾之识，刚大以养吾之气，果断以养吾之才，凝重以养吾之器，宽裕以养吾之理，严峻以养吾之操”①，日久自然会培养出一种湛然、纯一的气象，这是一种典型的“内圣”之学。

二 “诚意”新说

刘宗周晚年的学说是以“诚意”为核心而展开的。他对“意”的理解与朱熹、王阳明都不同。朱熹说：“意者，心之所发也。实其心之所发，欲其一于善而无自欺也。”② 此处之“意”即指意念，有善有恶。王阳明与朱熹一样，也将“意”视为“心之所发”，意指应物而起、一时而发的意向和观念。在王阳明那里，未发的是没有私意的良知，即“心之体”，已发的是与具体物象接触后而产生的意念。

刘宗周是从“心之主宰处”来言“意”。他说：“心，一也，自其主宰而言谓之意。……心体所谓四端万善，参天地而赞化育，尽在意中见，离帝无所谓天者，离意无所谓心者。”③ “意”在刘宗周这里不是朱熹、王阳明所理解的经验之义，而是被赋予了形而上的内涵。在他看来，“意”是虚灵不昧之心的主宰。他常将“心”喻为舟，将“意”喻为舵；有时他又把“心”看成“盘子”，把“意”看成“定盘针”。无“意”则“心”无所向，只是“径寸虚体”，茫无头绪。刘宗周说：

> 意者，心之所以为心也。止言心，则心只是径寸虚体耳。著个意字，方见下了定盘针，有子午可指。然定盘针与盘子终是两物。意之于心，只是虚体中一点精神。仍只是一个心，本非滞于有也，安得去无？④

① （明）刘宗周：《学言》上，《刘子全书》卷10。

② （宋）朱熹：《四书章句集注·大学章句》，第3—4页。

③ （明）刘宗周：《学言》下，《刘子全书》卷12。

④ （明）刘宗周：《问答》，《刘子全书》卷9。

心作为一个浑然之体，也就是所谓的“虚体”，而“意”乃“虚体”中的“一点精神”。刘宗周以“盘子与定盘针”之喻阐明了“意”对心具有定向、主宰作用。

“意为心之主宰”并非为刘宗周所首创。如王艮的族弟王栋就强调“意”具有自主的品格和独立不倚的绝对自由的精神力量，是专一性与自主性的统一。他将“意”与“志”相结合，创造了比较完备的诚意理论，他也赋予“意”以本体的地位。而王栋与刘宗周不同的地方在于，王栋坚持了“现成良知”论。刘宗周则认为，不能泛泛地说个专一与自主，否则便会出现理论漏洞，如专注于逐物，则心为“逐物心”，此是心之外驰。所以，在刘宗周看来，同属心学，但差异却很大，有本心之学，有师心之学，有任心之学。本心之学是“儒门圣学”，承续孔孟道统；师心之学，索隐行怪，故弄虚玄，不可入于尧舜之道；任心之学无定则，不讲道德原则、人伦纲常的约束，蔑视必然之道，贬抑理性，而意志活动一旦脱离理智的制约，势必蜕变成盲目的冲动，流入无忌惮。在刘宗周看来，王畿与泰州学派等就属于任心之学。

刘宗周将“意”看成至善而无恶的。他说：“抑善恶者意乎？好善恶恶者意乎？若果以好善恶恶者为意，则意之有善而无恶也明矣。”① “意”既然是至善而无恶的，那么“诚意”在刘宗周学说中就是复还“意”之纯一不二的至善之体，即本体即工夫。而朱熹、王阳明将“意”看成善恶杂糅的，所以需要通过“诚”的工夫，以便使不善之“意”归于善。

也可以说，刘宗周所言之“意”是对超越的、纯粹至善的绝对肯定，“好善恶恶是这自肯之‘一机二用’，表现出来是好善恶恶之二用，而其背后那超越的根据却只是这纯一无二的自肯”②。“意”能自善其善，其好善恶恶的特性乃是出于对善本身的尊重。“意”的定向作用在于它能够对人的本能欲望起制约调节作用，使人自觉按道德规律去行事。这样一来，刘宗周所言之“意”强化了道德理性主义，这在一定程度上抑制了泰州学派任心而作的倾向，防止心学走向非理性主义。

---

① （清）黄宗羲：《明儒学案》卷62，中华书局1985年版，第1530页。

② 牟宗三：《刘蕺山诚意之学》，载项维新等主编《中国哲学思想论集》（宋明篇），台湾：水牛出版社1989年版，第313页。

刘宗周说："既自好自恶，则好在善即恶在不善，恶在不善即好在善，故好恶虽两意而一机。"[①] 所谓"两意而一机"，即是说，人能好善则必恶不善，人恶不善则必好善。当然，我们不能以个人的主观好恶来看待这个问题。其所好恶者不是指人顺着生理需要选择喜欢或不喜欢的对象，或者说，这里的好善恶恶不是指感性的内容，像甲喜欢吃青菜、乙喜欢吃白菜之类的好恶与"意"之好恶是不相干的。

刘宗周主张"摄知归意"，将"知善知恶"的良知纳入好善恶恶的"意"中。"知"的特征在于"圆而神"（牟宗三先生语），"意"如指南针，有定向作用，"意"对"知"加以贞定，从而试图堵住可能发生的情识之肆。刘宗周曾说："意蕴于心，非心之所发也，知藏于意，非意之所起也；又就知中指出最初之机，则仅有体物不遗之物而已。"[②] 显然，刘宗周此处将"致知"纳入了"诚意"之中，"知"与"意"成一合相。

刘宗周将"意"视为至善而无恶，但他也没有否认经验层面上的"恶"。因此，他又引入了"念"的概念，"念"为"意"的对立范畴。刘宗周说：

> 心为念，盖心之余气也。余气也者，动气也。动而远乎天，故念起念灭，为厥心病，还为意病，为知病，为物病。[③]
>
> 一念不起时，意恰在正当处。念有起灭，意无起灭也。今人鲜不以念为意者，呜呼，道之所以尝不明也。[④]

人受到功名利禄、声色犬马的诱惑，便会产生"念"。心、意、知、物是一路，均为至善，容不得有一"念"字存在。"念"迥异于心、意、知、物，有善有恶。刘宗周尝以气来比喻心的特性，说人心只是一气而已，以此来说明心体的周流不息和循环往复。心的运作过程与气的流转浑然为一，妙合无间。"念"与气是何种关系？在刘宗周看来，"念"是

---

① （明）刘宗周：《学言》下，《刘子全书》卷12。
② （明）刘宗周：《学言》上，《刘子全书》卷10。
③ （明）刘宗周：《学言》中，《刘子全书》卷11。
④ （明）刘宗周：《问答》，《刘子全书》卷9。

“心之余气”。在“气”之前加一个“余”字，表示它是因物而感、非正常运作之气。对此若不经过人的道德践履工夫加以贞定，一味顺着经验而流行，泄露的余气则会愈来愈多，时间一长就必然酿成心病、意病、知病、物病。心之余气又被称为“动气”，即浮动之气，浮动而为“念”。“念”逐物而驰，往而不返。

就“意”“念”之间的区别而言，“意”是人心之主宰，可防止人向感性欲望方向过度地倾斜。“意”的定向作用并不会随着时空的变化而有所改变，不左右摇摆，而是恒如其性，逐渐臻于至善，无泯灭、走失之可言，故“意无起灭”。而“念有起灭”，原因在于，“念”无主宰，着于此而不着于彼，着于彼而不着于此。它逐物而起，其好恶对象为感性事物，具有偶然性，忽起忽灭，变化不定，不像“意”那样恒定如一地好善恶恶，因此说“念有起灭”。

将不善之念归于善，需要有一个转化过程。刘宗周十分强调“化念归思”。“化念归思”也可以说是“化念归意”，也就是通过“意”的主宰作用来化除心之余气、浮气、暴气，以培养浩然之气，获得天理之正。这个转化有赖于主体的道德反思。刘宗周说：“思积为虑，虑返为知，知返为性，此圣路也。念积为想，想结为识，识结为情，此狂门也。”① 人贵在思，思则得之，不思则不得，思之作用正在于它突出了道德主体的能动性。而“念”的生起也是为人类现实的生存环境所决定了的，人不可能摆脱他作为经验实体赖以实存的经验世界本身，“念”的存在有现实的客观必然性。这时应高扬主体性，“思”是心体对其自身主宰的一种内在独觉，即所谓“常惺惺而不昧者”。“化念归思”就是要将不善之“念”转化为至善之“意”，它是心体内在独觉的外向开展。“化念归思”的极致便是“化思归虚”。虚即虚体，它与道体、中体、太极等名异而实同。“化思归虚”是在“化念归思”的基础上使心体进一步圆熟呈现，可以说是心体的最终实现及价值的最终还原，唯其为虚，方能灵明不昧，神妙而不测，“还虚”标志了下学工夫上达天德的最后境界，是上下俱彻的入圣化境。

以上展示了刘宗周的“意”“念”之辨及其对治“念”的方法。他

---

① （明）刘宗周：《学言》中，《刘子全书》卷11。

如此立论，乃是针对王学流弊有感而发的。也就是说，若像阳明那样训“意”为心之所发，有善有恶，则《大学》之诚意有用功于已发阶段之嫌，失却了未发之中的一段真工夫。这样一来，为善去恶将会随着生灭不已之“念”而转移。刘宗周说：“如谓诚意即诚其有善有恶之意，诚其有善，固可断然为君子，诚其有恶，岂不断然为小人？吾不意良知既致之后，只落得做半个小人。”[①] 刘宗周此处反驳不尽合理，其辩难显得滞碍不通。王阳明所诚之“意”是意念，属于经验层面；而所致之“知”是良知，属于超验的层面。致知即是使人人内心良知豁然、清明，当善即善，当恶即恶。诚意在阳明那里便是使感性意义上的意念接受良知的主宰，听命于良知的安排。而刘宗周本身即是从超验的层面来界定“意”的，“意”至善无恶，且能够好善、恶恶。两人对“诚”的理解自然也不同，王阳明所讲的“诚”在于“对治经验”，或者说抑制内心不好的念头；刘宗周所谓的“诚”则是按照“意”的本来面目而复还之，工夫在“化念归思”上。不过，若绕开文字上的纠缠，则可看出，刘宗周辩难王学的目的还是试图对王学加以修正。因为王阳明去世后，其部分后学对阳明心学做了过度发挥，突出良知“自然流行”的一面，一味追求所谓的清明本体，忽略工夫，甚至将念虑、情识当成良知，刘宗周斥责他们“辨意不清”，而王阳明混淆“意”“念”，已开其端绪。刘宗周为了堵住王学的流弊，突出了“意”的至善性与主宰、定向功能，其用心于此可见一斑。

刘宗周进而又以诚意诠释《大学》主旨，认为诚意是对《大学》思想精华的提炼和总结。他对“格致不离诚意”的思想有较多的阐发。刘宗周说：“格致者，诚意之功。工夫结在主意中，方为真工夫，如离却意根一步，亦更无格致可言，故格致与诚意二而一，一而二者也。”[②] 诚意是目的、宗旨或归宿，“格致”（即对《大学》“格物”“致知”的合称）是诚意的手段或方式。刘宗周主张以诚意为主脑来统率“格致”，在“格致”的过程中须常提取这个主脑，使之常醒不昧。“格致”论的落脚点则在“知本”，而“知本”又以诚意为本。刘宗周以诚意统率“格致”，与

---

① （明）刘宗周：《学言》下，《刘子全书》卷12。

② （明）刘宗周：《学言》上，《刘子全书》卷10。

王阳明在江西平藩之前的思路大体上是一致的。可是，阳明在平藩以后便又十分突出了“致知”（“致良知”）的地位。陈来先生指出，阳明“以致良知为宗旨，当倡自庚辰，时阳明 49 岁”[①]。这样一来，刘宗周与王阳明在有关《大学》思想主旨的问题上就产生了较大的分歧。其实，何为《大学》主旨，本无定见，刘宗周以诚意或慎独来诠释，王阳明以“致良知”来诠释，两者原本可以求同存异，并行不悖。因而，宗周与阳明辩解《大学》主旨，充其量只是表面之争。宗周觉察出阳明良知教的某些弊端而对其表现出强烈的不满才是问题的根本之所在。

这里需要说明的是，刘宗周晚年倡导“诚意”说与他中年“以慎独标宗”并不矛盾，诚意与慎独可通而为一。他说：“大学之道，诚意而已矣。诚意之功，慎独而已矣。意也者，至善归宿之地，其为物不贰，故曰独。”[②]“意”“独”为一，都是一种至善，都讲道德的自主与自律。诚意、慎独在刘宗周学说中均处于核心地位。慎独必由诚意，思诚即是诚意，亦是慎独，其间义理皆贯通为一体。若说两者有区别的话，慎独学说突出了对“独体”的静存与体察，它在主张心体、性体并立的同时又凸显了性体，并由对工夫的倚重来矫正王门后学消解工夫的倾向。诚意之说则是刘宗周晚年在辩驳阳明良知教过程中逐步形成的，它将“意为心之主宰”作为基本的理论前导。但总起来说，慎独与诚意无论是在理论或工夫的极致处都可融通为一。

三 对心学、气学、理学的反思与整合

刘宗周在建构思想体系的过程中能够博采众家之长，他对周敦颐、二程、朱熹、王阳明、罗钦顺等宋明诸儒的学说均有吸收借鉴，在此基础上开创了其独具特色的慎独、诚意之说。从总体上看，其学说属于心学系统，他受到了王阳明学说的直接熏陶。刘宗周曾自述道：“宗周，东越鄙士也，生于越，长于越，知有越人。越人知有道者，无如阳明先。

① 陈来：《有无之境——王阳明哲学的精神》，人民出版社 1991 年版，第 164 页。

② （明）刘宗周：《读大学》，《刘子全书》卷 25。

其所谓良知之说，亦即家传而户诵之。”[①] 宗周之子刘汋则指出，其父对阳明心学“始疑之，中信之，终而辩难不遗余力”[②]。依刘汋之意，其父早年对阳明心学之疑，是不满意阳明心学轻忽克治和学问思辨工夫而直证本心，从而怀疑阳明心学与佛教禅宗接近。应该说，刘宗周这个时期还只是通过阳明后学而反观阳明的，并未深入阳明心学的内核之中。天启六年（1626），刘宗周为了编《皇明道统录》，仔细研读了王阳明的文集，从而对阳明学说的某些部分较为欣赏，试图合着阳明的良知教阐发他的慎独说。晚年，刘宗周为了救正王学末流的流弊，对阳明心学本身也有所辩难。总起来说，刘宗周与阳明之分野，属于心学系统内部学术性格之差异。刘宗周为人庄肃严毅，表现于学术上，形成了收摄内敛的特色，在心性关系中较为关注性体的客观超越义和道德意志的定向性，不像阳明那样倾向于良知之发用流行的自主性。

刘宗周同时也受到罗钦顺气学思想的影响。罗钦顺在与风靡天下的王学和佛教禅宗哲学的辩难中，改造了程朱的“理一分殊”说，提出了以气为本的理气统一思想。刘宗周称赞罗钦顺“理气是一”的观点，认为罗钦顺“大有功于圣门”。[③] 只不过，他认为罗钦顺没有把理气统一贯彻到心性上去，他本人则试图将气学思想贯彻到心性论中，以气释心，以心摄性、以心摄理。刘宗周的著作也较多地涉及了理气、阴阳等问题，认为阴阳之理实是气机流行之道，然而此理本是即有即无，显乎阴阳之气，故而理须在气中指点，在气中看出，理即是气之理，气中即有理在。刘宗周将形上之理移落至形下之气来彰显，其目的乃是凸显形上本体的客观性，这是刘宗周理气论最突出的特点。当然，刘宗周“理为气之理”的观念还是为了说明心性，服务于心性，使心性之学不致流为空说，这是刘宗周立学的宗旨，至少是他试图借此使心性之学更富有客观性的一种尝试，以免使人走向蹈空骛虚之路。

刘宗周一生所处的时代既不允许他放弃心学立场，也不可能完全回到朱子，但同时也不容许他固守已有的心学架构，他需要兼容不同系统

---

① （明）刘宗周：《明儒四先生语录序》，《刘子全书》卷21。

② （明）刘宗周：《刘子全书》卷40，《年谱》。

③ （清）黄宗羲：《明儒学案·师说》，第10页。

的学问，以有助于堵塞王学末流“束学不观，游谈无根”之病。刘宗周早年对象山、阳明之学就不太感兴趣，认为他们“有上截而无下截工夫”。他说：“后世朱子之学似子夏，而弘毅过之；陆子之学似子张，而直截过之。看来，朱子较胜陆子。朱子学问笃实，晚年更彻的是下学上达之矩，庶几中矣。陆子见地尽高，只无下稍，其言曰：‘予于践履，未能纯一’，便是虚见，此其供状也。”① 从这里可以看出，刘宗周对朱子的赞誉溢于言表，认为他在工夫践履、下学上达方面做得较好，堪称后世楷模。刘宗周后来则将朱子的修养工夫论融入他的“慎独”学说之中。

刘宗周的思想学说在明末产生了很大的影响，追随者众多，及门弟子达数百人，后来逐渐形成了以刘宗周为首，以黄宗羲、陈确、张履祥等为中坚的蕺山学派。在明清易代之际，蕺山学派的主要人物大都能以气节自守，他们“或操戈抗清，或消发隐遁，或不食清粟，终老布衣，或殉节报国”②，较好地践行了刘宗周倡导的学说。

（作者姚才刚为湖北大学哲学学院教授、博士生导师；
陈心仪为湖北大学哲学学院研究生）

---

① （明）刘宗周：《论语学案》，《刘子全书》卷30。

② 衷尔钜：《蕺山学派哲学思想》，山东教育出版社1993年版，第108页。

地域学派应当如何研究？

——以张瑞涛《蕺山后学研究》为中心的讨论

张天杰

【摘　要】 在哲学史、思想史与学术史的研究之中，以地域学派为中心则是学界越来越重视的中观的研究视角。然而如何确定学派及其弟子籍，如何较多地展现该学派之大多数弟子，并选择适当数量的弟子来做个案研究，则有许多方法论问题值得探索。张瑞涛《蕺山后学研究》不但对蕺山学的研究极有贡献，还对学派研究的方法论做了较多的思考。

【关键词】 蕺山后学　地域学派　弟子考　个案研究　方法论

哲学史、思想史或学术史的研究，如何才能把握一个时代的脉搏？如何呈现一大批学者、思想家学术思想的总体特色？抓住该时代的重要学派，无疑是行之有效的方法。若是单一地研究重要学者、思想家而不关注其身后的学派绵延，则无法真正把握该学者、思想家学术思想之地位、影响，亦无法真正认识其学术的特质是什么，容易给人“只见树木不见森林”的刻板印象。故而学派研究，作为中观的视角，则已经越来越引起学界的重视了。

就儒学而言，则从宋代开始就出现了濂、洛、关、闽四大地域性的儒学学派。到了明代则又有崇仁、河东、白沙、阳明、东林、蕺山等学派，相比宋代更为丰富多彩。对于明代儒学之中的这些学派，最早则在蕺山学派后学之代表人物黄宗羲那里，就已经开始进行研究，其代表作《明儒学案》，就是开启中国儒学学派研究之先河的重要著作。再就明代学派而言，最为光彩夺目的无疑就是阳明学派，而其后学则被黄宗羲以不同的地域，再区分为不同的小学派，诸如浙中、江右、泰州等不同的王门学派。此后最为重要的学派就是东林学派与蕺山学派了，前者主要活动在无锡一带，而后者则弟子遍及两浙之间。晚明的这两大学派，其实又与王门学派有着很大的不同，王门后学往往各有各的代表人物，以至于实质上各自形成了新的学派；东林学派则在顾宪成、高攀龙之后，少有闻人，而蕺山学派则在黄宗羲之后，其实也形成了以经史考据为特色的新的学派。所以说，不同的学派，在其发展的历程之中，各自都有其不同于其他学派的特点。那么问题来了，学派到底应当如何界定？又应当如何来研究？此外，还有诸如学派是否必定只有一个学术宗旨？可以被纳入一个学派之中的人物，又当以什么标准来加以确认？

相关的问题确实很多，虽说近年来学界出版了多种以学派为中心的哲学史、思想史著作，比如吴光先生主编的《阳明学研究丛书》，其中包括了浙中、江右、泰州三大王门学派，以及黄宗羲与清代浙东学派、刘宗周与蕺山学派，一共有五种学派研究的著作，然而其中对于学派的界定，以及涉及人物与问题的多少等都不曾统一。[①] 也就是说，学派研究的方法论，尚有许多亟须探讨的问题。故本文将以新近出版的张瑞涛先生《蕺山后学研究》（以下简称“张著”）为例[②]，来谈谈对于学派研究方法论的一管之见。

一　何为学派？

首先，何为学派？较早对此问题进行阐述的就是黄宗羲，他在《明儒学案》之中指出：“以有所授受者，分为各案。”[③] 他所分的“各案”，就大致相当于后来所说的“学派”。黄宗羲还曾引了同门陈之问的观点，对于什么是学派做了更为具体的说明：“学在天地，有宗有翼，宗之者一人，翼之者数十人，所谓后先疏附也。”[④] 所谓“宗”就是“宗主”，学

---

① 吴光主编：《阳明学研究丛书》，中国人民大学出版社 2009 年版。

② 张瑞涛：《蕺山后学研究》，人民出版社 2019 年版。

③ （清）黄宗羲：《明儒学案发凡》，载《明儒学案》卷首，中华书局 2008 年版，第 15 页。

④ （清）黄宗羲：《陈令升先生传》，载《黄宗羲全集》第 10 册，浙江古籍出版社 2005 年版，第 600 页。

派的开创者、领袖人物；所谓“翼”就是“附翼”，也即学派的传承者、追随者，领袖人物的弟子或友人，传承该学派“宗主”的学术大旨。综合而言，有“宗”有“翼”，相得益彰，方才构成了有宗旨、有影响的学术团体，也即所谓学派。

通过学派的梳理，可以更好地认识儒学的发展脉络。然而需要说明的是，上述这些学派，基本都不是其开创者自己所标榜的，而是其后学所认定的。那么又有问题了，哪些人才可以被公认为该学派的成员？或者说，哪些人才是正式入门的弟子？

若去梳理一下前人的种种记录，就会发现他们通常所依据的标准主要有三：其一，是否行过拜师之礼；其二，是否听过老师的讲学；其三，是否有过会面记录或书信往来。依照这三条，则可分为入室弟子、听讲弟子、问学弟子，这三种亦可并称为亲传、亲炙或直系弟子。此外还有转相传授的再传弟子，与无缘亲见亲闻的私淑弟子之类，则是否可以归入该学派，往往会有争议。然而争议更大的则是，由于转益多师的情况经常发生，“双重”或“三重”门籍，又当如何来划分学派？比如《明儒学案》将周汝登列入泰州学案，就引发了后世的许多讨论。后世学者往往希望将转益多师者归入一个明晰的学派传承谱系之中，而这一问题却是该学者当年并未想到过的。当然也有学者曾做过一些表述，然大多含糊或矛盾，故难以分辨。

至于蕺山学派，刘宗周自然是蕺山学派的“宗主”，他生前就被学者尊称为蕺山先生或山阴先生，诸如黄宗羲等弟子则是该学派之“附翼”。因为刘宗周主要的讲学之地位于浙江山阴之蕺山，而影响力也以两浙为主，故而可以说蕺山学派是明清之际南方儒学的代表，正好与北方儒学的代表夏峰学派遥相呼应。而蕺山学派之名称的确立，则当是因为黄宗羲《明儒学案》之中作为殿军的《蕺山学案》，该学案写定之后也就确立了以刘宗周为代表的蕺山学派，这一点无可争议。有争议的问题则有二，一是该学派起于何时？二是哪些人可以列入该学派？这两个问题密切相关，故而都有必要先做一些讨论。

先看蕺山学派成立的时间问题。最早研究该学派的衷尔钜先生在《蕺山学派哲学思想》一书中说：“无论从它的学说体系特色看，还是从围绕其代表人物刘宗周有一批宗信者来看，它在明代末年就已经形成。”

"从时间上看，蕺山学派自明万历末年酝酿，到天启五年首次提出标宗的慎独学说，标志着这个学派正式形成。"① 后来还有何俊、尹晓宁两先生的《刘宗周与蕺山学派》一书则提出了不同的看法，他们认为蕺山学派的成立是在崇祯二年（1629）到崇祯四年（1631）："刘宗周的学术宗旨和学术特色已经基本形成。……他已经开始独自讲学，并且在他的周围聚集了大量弟子，……'蕺山学派'在证人社分裂时实质上已经创立了。"② 此处其实涉及如何界定学派之形成时间的问题，衷先生认为一个学派的宗主开始讲学，有了信徒，学派就成立了；而何先生他们则认为必须要等该宗主确立了自己的学术宗旨和特色，同时又有了忠实的信徒才可以说是创立了一个学派。

再来看宗周的讲学历程，最早是万历中期的讲授举子之业，恐怕算不得有自己的学术，也算不得学派。到了万历末年至天启五年（1625），这是其蕺山学逐步形成的时期，此时有了第一批弟子；崇祯初年，刘宗周开始独立讲学，于是身边围绕了一大批的弟子。至于刘宗周"慎独"之宗旨，天启五年（1625）提出，到了崇祯初年方才成熟，并以"慎独"教授弟子，期间的标志性时间节点，则学界也有不同的观点。所以说，将宗旨与信徒结合起来考虑，并将之视为一个动态的过程，则可以说万历末年就有了"蕺山学派"的开端，而其成熟、壮大则已是崇祯年间了。

二　何为"后学"？

刘宗周的讲学活动持续三十多年，登堂入室，行过拜师之礼的弟子人数众多，至于未行过礼的听讲弟子则人数就更多了，那么哪些人才可以算是真正的刘门弟子？也即能被列入，或不被列入某一学派的"后学"，应当如何认定？

说到蕺山后学之界定，黄宗羲曾作有《蕺山同志考序》，其中总结了钱德洪《阳明先生年谱》所立门弟子之"四证"："一证于及门之日，一

① 衷尔钜：《蕺山学派哲学思想》第3章，山东教育出版社1993年版，第64—65页。

② 何俊、尹晓宁：《刘宗周与蕺山学派》，中国人民大学出版社2009年版，第218页。

证于奔丧之日，一证于随地讲会之所，其人没则证之子弟门人。”[①] 黄宗羲说他依照这四个标准，已考索得蕺山弟子376 人且还有遗漏，然而遗憾的是，该文并未列出具体的名单。遗憾的还有黄宗羲《明儒学案》，其中大多学案都列了“宗主”以及“附翼”之门弟子多人，唯独《蕺山学案》除了“宗主”刘宗周之外未列任何“附翼”，若就该案黄宗羲的表述而言，似乎只有他一人才是合格的刘门弟子。

好在还有与黄宗羲关系较好的同门董玚，在与黄宗羲等人一同编辑《刘子全书》的时候，编撰了《蕺山弟子籍》，其中著录蕺山弟子 80 人、学人 66 人。[②] 该“弟子籍”只著录弟子姓名与籍贯，太过简明了。弟子 80 人，基本都有证据表明其或拜师或听讲之类，确实是亲传弟子；而学人如万斯选、陈赤衷等大多为黄宗羲的弟子，也即为蕺山学派的再传弟子。全祖望后来担任蕺山书院的山长，曾为刘宗周的祠堂议论过配享问题，故其所撰的《子刘子祠堂配享碑》，可以作为考证蕺山后学的重要材料，其中著录了亲传弟子 35 人，再传弟子 1 人，还对该弟子在师门中的地位与影响做了一个简介。其再传仅列一名弟子万斯选，他给出的理由是“尝游子刘子之门，公择兄弟并从黄氏称私淑，其最有功于子刘子之遗书”[③]，认为再传或私淑弟子太多太杂则不能遍及，于是选了虽师从黄宗羲但听过刘宗周的讲学，又参与编校《刘子全书》的万斯选，也较有代表性。此外，还有杜春生《刘子全书遗编钞述》以及现藏绍兴市图书馆的会稽董氏行综学会抄本《刘蕺山弟子考》等，都对刘宗周弟子进行了考订。进入现代学术，则有衷尔钜《蕺山学派哲学思想》之《蕺山学派其他传人》综合各史籍材料所载，选出部分有事迹和著述的传人，罗列弟子与传人共 116 人。[④] 还有黄锡云、傅振照《蕺山弟子考》同样综合各种记载，然后或简、或繁，或详、或略，或粗、或细，一并记录弟子、

---

① （清）黄宗羲：《蕺山同志考序》，载《黄宗羲全集》第 11 册，第 57—58 页。

② （清）董玚：《蕺山弟子籍》，载《刘宗周全集》第 6 册，浙江古籍出版社 2007 年版，第 614—616 页。

③ （清）全祖望：《子刘子祠堂配享碑》，《鲒埼亭集》卷 24，载《全祖望集汇校集注》，上海古籍出版社 2000 年版，第 443—449 页。

④ 衷尔钜：《蕺山学派哲学思想》，山东教育出版社 1993 年版，第 380 页。

再传弟子、学人共240 人。[①]

综合清人以及现代学者的研究，则有两大问题值得注意。一是体例不一，因为材料的限制，关于弟子考证的记录，大多只录存其名，部分著名弟子则还有小传；二是亲传、再传杂录，如上所述“弟子”一般指亲传弟子，而“学人”则指再传或私淑弟子，其中也存在不少混杂不明的记载。因为这两大问题，所以如何来梳理学派之后学（弟子、门人），确实需要再做一番规则之制定。

张著则根据前人相关研究所存在的问题，提出了如何来确定后学的原则。其一，入门标准的设定，也即弟子进入师门需要具体的史实证明，进一步则指出，或因听讲会而入门，或因慕名而纳贽，或因书信往来以问学，不同的弟子入师门的方式并不完全相同，故更需要研究者细心检索师弟子各自相关文献之记载。若就刘宗周弟子研究而言，其实《刘宗周全集》之中尚有较多资料未引起学界足够的重视。

其二，直系弟子与再传弟子应当分开，事实上，所谓“弟子”从来都是一个很宽泛的概念，直系弟子与再传弟子、私淑弟子差别很大，但从对师说的传承与嬗变角度来看，只有考察“师”与“直系弟子”之间的学术关系，才能反映该学派的独特思想及其影响与传播的状况。再就蕺山学派而言，则刘宗周的再传弟子，主要来自黄宗羲与张履祥，因为这两大刘门高弟的学术发生了转型，以至于形成了事实上的新的学派，与蕺山学其实相差甚远，故将之列入后学的意义不大。

其三，“双重”门籍问题。在刘宗周的弟子之中，有许多都是先入于他门，后又到刘门听讲的，比如越中的弟子王朝式、秦弘祐、史孝咸、史孝复，其实更多倾向于陶奭龄，属于浙中王门的三传四传之后学，然而他们也经常参与刘宗周的讲学活动，又多有书信往还，甚至比忠实于刘宗周的弟子书信往还更多；还有偶至越中听讲，或刘宗周在北京之时偶然相遇，比如陈子龙、魏学濂等人，因为较为出名，故蕺山弟子籍多有收录，事实上他们受刘宗周的影响并不大。所以说，转益多师的弟子，其门籍应当如何计算，确实是学派研究之一大难题，也是考察学派之影

① 黄锡云、傅振照：《蕺山弟子考》，绍兴县史志办主编：《越地春秋》（内刊）2009 年第1 期。

响的重要衡量指标。若是仅仅站在一个学派的角度思考，则往往会有先入为主的成见，其所见未必真实可靠。故而还有必要将不同学派之思想异同加以衡量，方能更加准确地对这些“双重”门籍的弟子，做出一个较为合理的归划。

为了避免人员的遗漏，张著真正做到了全方位细读《刘宗周全集》以及相关年谱与地方志，如此则可基本实现无所缺漏。因为只参考董玚、全祖望、杜春生等前人关于蕺山弟子的记载，则很难有真正的推进。所以张瑞涛首先细读了刘士林《蕺山先生行实》与刘汋《蕺山刘子年谱》、姚名达《刘宗周年谱》，比如年谱中还记载了一批响应刘宗周号召而参与赈灾的弟子，前人的弟子籍只著录小部分，而事实上这一批人应当全部列入刘门弟子。接着就是细读《全集》之中的书信集，曾经有过书信往还，请益学问的刘门弟子，依旧有多个是前人的弟子籍所遗漏的，故而有必要增补，也即只有书信问学之记载的弟子，自然也是不可或缺的。最后，还有地方志的记载，诸如《康熙绍兴府志》《康熙会稽县志》《嘉庆山阴县志》以及民国时期所编的《绍兴县志资料》，等等，其中多有刘宗周弟子们的相关记载。而且有意思的是，同一人物往往在不同的方志中都有记载且文字不一，故可以对比而补充；还有就是在检索某人之证明史料的同时，可能还会牵扯出另外的弟子。①

张著的上篇，显然在钱德洪《阳明先生年谱》所立门弟子之“四证”，以及黄宗羲、董玚、全祖望等人对于哪些人可以列为弟子的问题上，又有了新的方法论的尝试，特别是在入门标准、直系与再传的区分、“双重”门籍的考辨这三大点，以及文献的全方位掌握等方面的细致工作，最大限度地提升了“弟子考”的水平。最终考证出了刘宗周的弟子 174 位，则比董玚弟子籍记载的 80 人则多了一半多；并且在 174 人之中大多数都有较为详细的简介，比全祖望仅列 35 人的简介，则又多了五六倍。当然 174 人比起黄宗羲所说的 376 人来说，确实还有很大的不足，这一方面是因为时间的推移而资料缺失，另一方面当是因为标准的宽严。还需要说明的是，若与衷尔钜、黄锡云等人的弟子考相比，则张著所列仅为直系弟子，再传或私淑不再列入，从而保障了学派研究的严谨与规范。

---

① 张瑞涛：《蕺山后学研究》，第 1—3 页。

三 如何选择“后学”研究之重点人物?

接着上一问题，可以被列入“后学”的弟子，有了明确的标准之后，又有新的问题出现了。在上百或几百人之多的后学之中，真正值得展开学术研究的，又应当是哪几个人呢？当然已经排除了二传、三传或私淑弟子，因为若是研究该学派之核心学术传承问题，也就只能选择直系弟子。那么在直系弟子之中，又应当选择哪些人物？换言之，什么样的人物才有代表性？

再以蕺山学派为例，若是以学术上的贡献大小为标准，则往往集中于学界熟知的那些人物，比如蕺山学派，学界注意到的往往只是最具代表性的，所谓蕺山门下“三杰”的黄宗羲、陈确、张履祥。① 事实上这三位只是将蕺山学延续到了清初的学者而已，在明清鼎革之际就已经去世，然已经有一定影响的那一系列的刘宗周弟子，其实也应当加以研究。若是想要全面地研究该学派，则必然要考虑在甲申、乙酉两年就已去世的刘门高弟。事实上，黄宗羲也说过：“先师丁改革之际，其高第弟子如金伯玉、吴磊斋、祁世培、章格庵、叶润山、彭期生、王玄趾、祝开美一辈，既已身殉国难，皋比凝尘。曩日之旅进者，才识多下。”② 黄宗羲真正认可的刘门高弟应当是有过功名的金铉（伯玉）、吴麟徵（磊斋）、祁彪佳（世培）、章正宸（格庵）、叶廷秀（润山）、彭期生（观我）、王毓蓍（玄趾）、祝渊（开美），这八位都已经殉难，而剩下的弟子则“才识多下”。若是重视一下黄宗羲的这一段话，则可以突破仅仅研究“三杰”这一多年以来的蕺山学派研究之惯例。在张著中增加了金铉、吴麟徵、祝渊这三位的专题研究，也就大大突破了蕺山后学研究之现有框架，使得该学派的研究更为完整。当然若是再增加一些篇幅，能够将诸如祁彪

① 姜广辉：《走出理学》，辽宁教育出版社 1997 年版，第 145 页。诸如衷尔钜《蕺山学派哲学思想》等书，论及刘宗周的弟子，都只提及“三杰”。笔者曾在《蕺山学派与明清学术转型》一书之中，其实也仅仅研究了“三杰”，虽说是一个遗憾，然而与以往的大多学者一样，主要还是考虑到了蕺山学派在转型期的影响问题，详见拙作《蕺山学派与明清学术转型》，中国社会科学出版社 2014 年版，绪论第 1—4 页。

② （清）黄宗羲：《先师蕺山先生文集序》，《黄宗羲全集》第 10 册，第 55 页。

佳、章正宸、叶廷秀等也展开差不多篇幅的研究，则可以更加完美。

再看入清之后幸存的刘门高弟，其实就实际人数而言则自然比已经殉难的更多许多倍，他们是否真的如黄宗羲所言“才识多下”？其实黄宗羲本人的说法也不一致。比如他在《答恽仲升论子刘子节要书》中说：“先师梦奠以来，未及三十年，知其学者不过一二人。[①] 也就是说，他也认为真正知蕺山之学的刘门弟子，只有一二人而已。若就黄宗羲曾与恽日初有多次通信，且对其学术较为肯定而言，则恽日初当然算是知蕺山之学者。还有一个就是陈确，清初著名的“反理学”的儒者，黄宗羲曾四次给陈确撰写墓志铭，总的评价就是肯定其自得之学：“于先师之学，得十之二三，……虽不合于诸儒，顾未尝背师门之旨，先师亦谓之疑团而已。”[②] 也就是说，陈确所撰写的《大学辨》虽然遭到了张履祥、吴蕃昌、沈昀等多位刘门高弟的反对，但还是没有背离师门，因为老师刘宗周也认为《大学》一书多有疑团而已。

当然，若是排除了黄宗羲以及全祖望的偏见，则入清之后转向了朱子学的张履祥，必然也是后学之中的关键人物。诚如张瑞涛在书中所指出的：整体而言，蕺山后学弟子的为学旨趣异于蕺山，他们并非全部围绕蕺山心性义理之学而读书思辨，而是结合时代学术变迁，在适应新的人文语境的基础上，在自我学思体悟之中，选择了多元化的为学致力方向。[③] 故无论在黄宗羲以及他比较认可的恽日初、陈确，还是张履祥，他们都在入清之后，在为学方向上与他们的老师刘宗周有所区别，但是他们都是在老师学术的基础上做了调适而发展、开新的，所以都值得加以细致的研究。故笔者以为张著未将恽日初单列一章展开研究，则是一个较大的缺失。

四　如何选择“后学”研究之核心问题?

继续承继上一问题来讨论，研究该学派之“后学”，在确定了重要人

① （清）黄宗羲：《答恽仲升论子刘子节要书》，《黄宗羲全集》第10册，第225页

② （清）黄宗羲：《陈乾初先生墓志铭》（四稿），《黄宗羲全集》第10册，第374页。

③ 张瑞涛：《蕺山后学研究》，第4—5页。

物之后，还需要确定研究之核心问题。这就涉及如何寻求创新，如何避免与他人已有之研究“撞车”的问题了。因为这些重要人物大多是前人已有的成果相对较多，若依旧关注他们所涉及的重要议题去做重复研究，则没有太多必要；若不涉及这些常见议题，则又会给人偏离了主题。所以想要创新，就需要寻求新的研究路径。

可以采取的新路径之一，就是寻求一个创新的视角，从而开辟全新的研究领域。再以蕺山学派的研究为例，其实可以开辟的新领域很多，张瑞涛就在其书中指出，因为蕺山后学的文献保存较多，张著将其中被《四库全书总目》所著录的列表加以分析，发现经、史、子、集皆有，进一步则表明蕺山后学的经学、史学、文学、艺术、经世之学，都是可以展开研究的新领域。再以经学为例，刘宗周弟子之中有以陈确《大学辨》、黄宗羲《孟子师说》为标志的“四书学”；有以黄宗羲《易学象数论》、黄宗炎《周易象辞》、吴锺峦《十愿斋易说》、倪元璐《兒易内仪》《兒易外仪》等为标志的“易学”；有以姜希辙《左传统笺》、张岐然《春秋五传平文》为标志的“春秋学”；有以毛先舒《声韵丛说》《韵问》《韵学要指》等为标志的“音韵学”。[①] 故从四书学、易学、春秋学、音韵学等角度入手都可以有较大的创新。同样，研究他们的史学、文学、艺术、经世之学之类，也可以找到一个全新的天地。

然而从一个全新的视角来研究一个学派，还是会给人偏离了重要问题的遗憾，缺失了作为一个学派的标志性色彩，特别是活生生的人物个案，所能给人带来的深刻印象。故而还有必要重新思考研究的思路，而在张瑞涛这部《蕺山后学思想研究》之中，则将该学派之研究，分为梳理几乎全部的人物小传之考证，与部分人物之个案研究两个部分；又将后者人物个案研究再区分为两大类，一类为思想世界研究，一类为专门问题研究。这样也就很好地解决了人物个案与创新视角相互结合的问题。

《蕺山后学研究》的上篇为“蕺山门弟子考”，该部分又分为两部分，一是“蕺山门弟子概论”，讨论作为门人、弟子的保准，以及籍贯、科第、殉节、著述等问题，展现的是一个整体的研究；另一是“蕺山门弟子考编”，包括了 174 位直系弟子，他们作为弟子的依据以及他们各自的

① 张瑞涛：《蕺山后学研究》，第 25—28 页。

著述以及生平小传，部分也可以说是比较完整而简明的个案研究。

其下篇则为“蕺山后学思想研究”，选取了祝渊、吴麟徵、吴蕃昌、金铉、黄宗羲、陈确和张履祥这七位较有学术特色和人格魅力的刘宗周弟子，展开个案研究。这七位又分为两组，其一为祝渊、金铉、吴麟徵、吴蕃昌四人，这四人虽然都有文集存世，然而未被点校整理，也未见有相关学术论文，属于蕺山后学之中向来被忽视的冷门人物。因此张著选取他们的“思想世界”来进行个案研究，而其中所贯穿的原则为“主动创造性与客观逻辑性相统一”，较为系统地展开研究，从原始文献出发，将他们的生平以及对老师刘宗周思想学术的继承、个人学术的独创性、特殊性等多个方面进行研究，最后得出客观的结论。其二，也即刘门的“三杰”黄宗羲、陈确、张履祥，学界的成果较为充分，且不说作为晚明清初三大家之一的黄宗羲，就陈确与张履祥而言，亦有多部专著问世。[①]张瑞涛对这三位绕不过去的蕺山后学，最终采取的是把握他们各自最为独特的经典文本，运用“经学诠释学”的研究进路，研究他们的思想学术旨趣的专门问题，而其中所贯穿的原则为“文本与话题相统一”，也即研究的对象文献较多，无法全面涉及，则选择虽然重要但相对关注度不高的文献，并且把握较新的问题去进行研究。

在前一组思想世界研究之中，被称为刘门之“颜回”的祝渊，他在三十五岁的时候，即乙酉年刘宗周殉节之际，他也选择了殉节，在蕺山后学众多的殉道者之中，较有代表性，并且在改过之学上，实践且发展了刘宗周《人谱》的思想，其为学宗旨被同门陈确概括为“以知过改过为功，以兢兢无负其本心为要”，故其人生与学术都成为蕺山后学之中的典范之一，张瑞涛特意选择此人，点校其《月隐先生遗集》并展开其“思想世界”的研究极有意义。再如刘门弟子之中有多对父子，如管宗圣

---

① 例如陈确研究，较早则有詹海云《陈乾初大学辨研究》（台湾：明文书局 1986 年版）、邓立光《陈乾初研究》（台湾：文津出版社 1992 年版）、王瑞昌《陈确评传》（南京大学出版社 2002 年版），近年则又有汤建荣《陈乾初哲学研究：以工夫实践为视阈》（云南大学出版社 2010 年版）与申淑华《素位之学：陈乾初哲学思想研究》（中国社会科学出版社 2012 年版）；张履祥研究则有何明颖《晚明张杨园先生学术思想研究》（台湾：花木兰文化出版社 2009 年版）、张天杰《张履祥与清初学术》（浙江古籍出版社 2011 年版）、陈海红《乱世君子：理学大家张履祥评传》（中国民主法制出版社 2012 年版）、程宝华《理学真儒：张履祥学术思想研究》（中国市场出版社 2013 年版）。

与管而抑、徐奇与徐师仁以及吴麟徵与吴蕃昌，这一现象几乎可与孔门之曾皙、曾参父子相媲美，故很值得关注。张瑞涛对蕺山后学进行“思想世界”的研究，选择这对父子也极有价值，因为吴麟徵也属于殉道弟子群体，然却是死在甲申年的北京陷落之际，他还有事功之大、卫国之忠、杀敌之勇等功绩，故亦可与同为晚明名臣的刘宗周在立功、殉道等方面作对比，看其事功、节义精神之相互映照。至于吴蕃昌，其实在浙西传承蕺山之学，也是不遗余力的，曾刊刻过《人谱》，而其所著《祇欠庵集》被誉为“孝义之准则”，书中除了论及刘宗周以及其他蕺山后学的学术之外，还有对其父吴麟徵生平记载的年谱，故也是蕺山后学研究绕不过去的重要人物。[①]

而在后一组专门问题研究之中，黄宗羲在张著中分量最重，这也符合其实际。不过选择了一个政治哲学的新角度，也即从黄宗羲所著的《孟子师说》与《明夷待访录》这两种代表作之中发掘其传承于刘宗周的“匡正政治学”。刘述先先生指出，黄宗羲在主观愿望上一贯以乃师的思想纲领作为指导原则，绝无背离之事。[②] 其实研究《孟子师说》的论著颇多，然大多是从新兴义理的角度展开，从政治哲学角度发掘此书如何承继并发展刘宗周思想则尚不多见，故张著选择这一视角多有创新，认为黄宗羲在政治本体方面，强调“仁本政治”对政治主体施政方略的规制和引领；在政治主体方面，强调“君道”对人主君王、“臣节”对仕官辅臣政治修养的培育；在政治实践方面，强调君臣共治和民本政治，并以君民和乐、天下太平为政治理想，都是发前人所未发的重要收获。至于《明夷待访录》的研究，不多表彰该书对于民主、启蒙思想的贡献，而是从“君道”与“臣节”两个问题来阐述黄宗羲与刘宗周思想之异同，这种比较研究也是非常难得的创新。至于陈确与张履祥的研究，把握陈确的代表作《瞽言》对其传之刘宗周而又有实践与创新意义的“素位之学”加以疏解，虽未论及《大学辨》这部更有影响力的著作，然亦把握了陈确研究的重心，且避免了与他人研究的冲突；把握张履祥所编《近古录》

① 张瑞涛：《蕺山后学研究》下篇，第207—296页。

② 刘述先：《论黄宗羲对于孟子的理解》，《杭州师范学院学报》（社会科学版）2006年第1期。

一书，探讨明代儒士“君子人格”的问题，则揭示了蕺山后学重视社会教化的一面，也是前人从未涉及的文本与问题。[①]

当然，对于一个学派的研究，也是永无止境的，就展开蕺山后学之“思想世界”的研究来说，其实还有许多极有意思的问题，比如张著提到了有兄弟皆入于刘门的情况，如黄宗羲、黄宗炎和黄宗会为三兄弟，王绍兰与王绍美、王毓芝与王毓蓍、王毓芳与王毓兰、郑宏与郑景元等都是二兄弟一起听讲于蕺山的，若是展开一下他们各自的思想世界，比较他们受刘宗周影响之生平与学术的差异，当是极有意义的。至于从文本与问题出发的专题研究，陈确的《大学辨》其实也是绕不过去的，而张履祥真正具有代表性的著作其实还是《言行见闻录》《备忘录》及其书信，其中论及刘宗周本人思想学术指出极多，在这些文本之中才能见到刘宗周思想对其为人、为学的广泛影响，故就论蕺山学而言则更应当关注这些文本。

总之，研究一个地域性的学派，建立切实可行的方法论极为重要，从确定“后学”之标准，考订文献之范围，再到如何选择个案，如何既能把握重点又能开拓创新，这一部《蕺山后学研究》则对上述问题多有自己独特的思考，故其研究不仅对于蕺山学的研究极有贡献，还为我们研究地域学派提供了许多有益的启示。

（作者为杭州师范大学公共管理学院哲学系教授）

① 张瑞涛：《蕺山后学研究》，第330—426页。

潘平格的仁学思想
——兼论黄宗羲对潘平格的批评

张宏敏

【摘　要】本文主要从“求仁”宗旨、“致知格物”路径、“笃志力行”工夫三个方面切入，对清儒潘平格“浑然天地万物一体”的“仁学”思想予以梳理，进而对潘平格思想的理论特质做出系统衡定。并在此基础上重新考察黄宗羲对潘平格的批评，指出，与潘平格相比，黄宗羲的理论学术视野更为宏阔，遍及宋明诸儒、经史百家乃至佛老、西学等，进而为“往圣继绝学”。但是在强调圣学即儒学的“经世致用”这一点上，潘平格与黄宗羲之间并不存有实质性的分歧，两人只是在路径、学统上存有分歧。

【关键词】求仁　致知格物　笃志力行　黄宗羲

潘平格（1610—1677），字用微，浙江宁波慈溪人。

对于潘平格的生平学行，我们可以根据潘平格学术传人毛文强所撰的《潘先生传》来了解。在十五六岁之时，潘平格便以“豪杰”自命，谓“忠孝节义之事，我优为之”；十七岁，有必为圣贤之志，发出“我其不能为孔孟乎”的感慨，乃至有“入山修道”之念；二十岁，学宗程朱理学；二十五岁，从事于王阳明、罗洪先之良知心学；再转向老庄道学半年、释教禅学两年。① 由于受到明清易代，尤其是清兵南下后“杀人盈城，杀人盈野”“离乱之惨，杀戮之痛，不知多少无辜死于兵刃，死于蹂躏，死于水火，死于饥寒，死于恐怖，父子、兄弟、夫妻、老幼，或死

① （清）毛文强：《潘先生传》，（清）潘平格著，钟哲点校：《潘子求仁录辑要》，中华书局 2009 年版，第 4 页。

或掳，不得一见”的现实刺激，[①] “惭痛交迫者四十日如一日”，遂对往日所学程朱陆王、佛老之学产生质疑；进而悟出，以前所学皆不合“孔曾一贯之道”“孔孟之道”，遂以“浑然天地万物一体”之“仁学”为学问主旨。是年，潘平格三十八岁。[②] 后半生为宣扬“孔门之学，以求仁为宗”，潘平格主要从事讲学著书活动，先于绍兴讲学，后去昆山讲学，接着又在黄宗羲所创宁波证人书院宣讲其“求仁”之学，并有“朱子道，陆子禅”之论。

潘平格著有《求仁录》《著道录》《四书发明》《孝经发明》《辨二氏之学》《契圣录》等书，均佚。现存10卷本的《求仁录辑要》，为后人所辑。2009年，中华书局出版“理学丛书”本《潘子求仁录辑要》。潘平格的“浑然天地万物一体”之“仁学”，主要包括以“求仁”为宗旨、以“致知格物”为路径、以“笃志力行”为工夫三部分内容。兹择要述略。

一　孔孟之学以“求仁”为宗

在潘平格看来，孔孟圣学的核心宗旨是“仁”，而《大学》作为儒家经典就是一部“求仁全书”：“自孟子后，圣学久绝，诸贤各以意为学，各以意发明《大学》，而《大学》之道贸乱而无所适从。士苟有志，又不得不择善以为固执之地，而舍《大学》首章，则亦不必泛用其择也。”[③] 是说自孟子没后，圣人的学说便失传，后代的学者都各自用自己的观点来解释孔孟，以致违背了孔孟的原意。这里，潘平格有意以“求仁”为宗旨来传承孔孟道统，即以恢复孔孟圣学为己任，其“吾儒之道至孟子而绝，二千年来，我幸窥见一斑，忧叹彷徨，惟恐不得其人共明之”[④]，“某学问有年，几次出荆棘入荆棘，几次拔足迷途顿足迷途。一旦知孔孟之道昭昭乎揭日月而行，含悲茹痛，悯孔孟之大道而埋没者二

① （清）潘平格：《潘子求仁录辑要》，第223—224页。
② （清）毛文强：《潘先生传》，《潘子求仁录辑要》，第4页。
③ （清）潘平格：《潘子求仁录辑要》，第15页。
④ （清）潘平格：《潘子求仁录辑要》，第215页。

千年。……故不惮直敷心腹肾肠，昭告天下曰：孔孟之大道如是，孔孟之正学如是，其非孔孟之大道正学者如是”[①] 云云，亦可说明。

那么，在潘平格这里，其呼喊的孔孟圣学的主体内容是什么呢？

《辨清学脉》开篇有言：“孔门之学，以求仁为宗。仁，人性也；求仁，所以复性也。自后，孟子曰：‘仁，人心也，学问之道无他，求其放心而已矣。’不仁即放心，求其放心者，求仁也，孔孟之学，求仁而已矣。仁也者，浑然天地万物一体而充周于未发，条理于发见，吾人日用平常之事也。”[②] 在潘平格这里，“仁”是人之为人的本质属性，这种“仁”体还是“浑然天地万物一体”之“仁”：“吾性，浑然天地万物一体；吾人，本浑然天地万物一体之人。今之不能浑然天地万物一体者，即其一身亦不浑然一体也。”

潘氏“仁学”甫出，即受到同时代学者（主要指黄宗羲）的批判，认为其“有用无体”，[③]《潘子求仁录》的刊刻者郑性，也是黄宗羲的学术传人，则在《求仁录·序言》中予以反驳：“潘子以求仁为宗，以浑然天地万物一体为仁，充周于未发，条理于发见，体如是，用如是，真可谓表里无间，而终始一贯者矣。”[④]

应该承认，潘平格的仁学只是对孔孟仁学的一种“复归”，并没有太多的理论思辨成分。而其“浑然天地万物一体”之“仁”的求证，也是对孟子“亲亲而仁民，仁民而爱物”的重复阐释。对于如何“求仁”以实现“浑然天地万物一体”呢？潘平格引述了孟子以“人皆有不忍人之心”为中心的“四端说”来为自己的“求仁”说铺路。进而言之，他的“求仁”之学是把孔子的仁学，孟子的“四端”“良知”性善说，与宋明理学家延续孟子而提倡的“天地万物一体说”进一步地糅合而已。

《论语》以“孝悌”作为成就“仁”的根本途径，潘平格亦加以借用，主张从父子兄弟之间讲求的“孝悌”入手以成就“浑然天地万物一体”：“今人不能浑然天地万物一体者，正是其父子兄弟不能浑然一体也。

---

① （清）潘平格：《潘子求仁录辑要》，第185页。

② （清）潘平格：《潘子求仁录辑要》，第1页。

③ （清）黄宗羲著，沈善洪主编、吴光执行主编：《黄宗羲全集》第10册，浙江古籍出版社2005年版，第154页。

④ （清）潘平格：《潘子求仁录辑要》，第3页。

若父子兄弟已浑然一体，有不浑然天地万物一体乎？自然而爱，真爱油然；自然而敬，真敬盎然。浑然父子兄弟一体，浑然天地万物一体。”①如果仁爱之心在父子兄弟之间打通，借此凭借人人皆有的“不忍人之心”即同情心、恻隐之心，就可以促成毫不相干的两个人“浑然一体”：“夫今之不能浑然天地万物一体者，止是彼我两人不浑然一体也。彼我两人浑然一体，则天地万物无不浑然一体矣。今人乍见孺子将入于井，岂非彼我两人哉？而怵惕恻隐之心，则浑然天地万物一体者也，故扩而充之，足以保四海。”② 这是说，人与人之间只要将心比心，以“恻隐之心”即“仁心”为浑然相处的基本原则，就可以达至“浑然天地万物一体”之境。

在潘平格这里，实现“浑然一体”并不是抽象的，而是具体的，不是可望而不可即的，而是在当下就可做到的，故而：“吾人处人伦日用中，时时有所不忍不为，即是真心之发见。能固守此不忍不为于一节一事，亦即是工夫之保慎。”③

二 “致知格物”新论

如上所述，在潘平格这里，《大学》是“求仁全书也，而造道之要，在于格物”④。“格物致知”作为《大学》的重要命题，“格物”“致知”应该如何阐释，以及二者之间的关系如何？这是任何一位儒家学者都无法回避的话题。

《致知格物篇》说：“格者，通也。”“物者，身、家、国、天下也。身、家、国、天下，浑然一物。”“物，即物有本末之物。……本者，身也；末者，身、家、国、天下也。”“格物，即格通身、家、国、天下也。”⑤ 这里，潘平格训“格”为“通”，训“物”为身、家、国、天下；“格物”就是使身、家、国、天下四者浑然一体，使其成为一个和谐相处

① （清）潘平格：《潘子求仁录辑要》，第153页。
② （清）潘平格：《潘子求仁录辑要》，第7—8页。
③ （清）潘平格：《潘子求仁录辑要》，第27页。
④ （清）潘平格：《潘子求仁录辑要》，第54页。
⑤ （清）潘平格：《潘子求仁录辑要》，第54页。

的生命有机体。

在明了“格物”的内涵之后，我们再看潘平格对“致知”的理解。《致知格物篇》说：“知，吾性之良知也。孟子所谓不虑而知者是也。”“致知，即是扩充四端，四端非悬空无事而扩充之也。故孟子曰：‘人皆有所不忍达之于其所忍，人皆有所不为达之于其所为。’此‘致知在格物’之旨也。”① 可见，在潘平格这里，“知”即是孟子所言的“良知”；“致知”便是扩充道德主体即人自身的仁、义、礼、智四端，使良知之体与家、国、天下相连接，即从主体出发调整自身与世界的关系，将自身与天下万物“浑然一体”。

《辨清学脉篇》也有对“致知在格物”的全盘疏解：“‘致知在格物’，盖有是明明德于天下之欲，自能直追病源，知平日人我习见之为碍，必务格而通之也。知即良知，……格者，通也。物即‘物有本末’之物；‘物有本末’之本末，即‘本乱末治’之本末。本者，身也。末者，家、国、天下也。格物，即格通身、家、国、天下也。不忍觳觫之牛，良知也；致不忍觳觫之知，在推恩以及百姓。乍见孺子之怵惕恻隐，良知也；致乍见恻隐之知，在扩充以保四海。孩提稍长之爱亲敬长，良知也；致爱亲敬长之知，在达之天下。推恩以及百姓，扩充以保四海，仁义而达之天下，格物也。……‘物格而后知至’也。知至，而后意之存于中者无伪，运于事者必慊无自欺可知。意无自欺，而后心复其浑然寂然周流四达之体无所可知。心无所，而后无亲爱贱恶敖惰之辟，而身修。身修，而后宜其家人，为父子兄弟足法，而家齐。家齐，而一国兴仁兴让，国治矣。国治，而好民好、恶民恶，彼我之间各得分愿，上下四旁，均齐方正，而天下平矣。”② 由此可见，“致知在格物”的完整意涵，就是扩从仁、义、礼、智的四端之心（“良知”），使之成为沟通身、家、国、天下的枢纽。在潘平格这里，还特别强调对人与人彼此之间的体谅与感通，强调人与人互为主体；正是因为“我”与父子兄弟、天下国家具有同性体，所以如果要想达成“吾之真性”，须奋而将天下国家的混乱痛苦一并解除，才算成就了“吾之真性”。

---

① （清）潘平格：《潘子求仁录辑要》，第56页。

② （清）潘平格：《潘子求仁录辑要》，第2—3页。

为顺利使“四端之心”“仁”“良知”贯通身、家、国、天下，潘平格还主张以“恕道”贯通之。如有“不恕”，即是有人我之私，这也是不能实现“格物致知”的主要障碍，因此，“格物”便需要“强恕反求”：“浑然天地万物一体者，仁也；格通人我者，恕也。人能‘己所不欲，勿施于人’，当下人我浑然一体。此所以求仁必在于恕。”① “格物全是恕物，格则仁矣。故孟子云：‘强恕而行，求仁莫近焉。’”② 求仁的道路，就在于按推己及人的“恕道”去日用实践。

进而言之，需要通过加强自我的修养来克服私心，消除“人我之分”。如此一来，在“修身、齐家、治国、平天下”四者之间，“修身”处于第一位：“重在修身，则物格、知致、意诚、心正，永无渗漏，而可谓齐、治、平之基。……自天子以至于庶人，壹是皆以修身为本。天子庶人，皆是一贯。……一贯者，一身以贯乎家国天下，一修身以贯乎齐治平，尽吾浑然天地万物一体之性也。格物者，贯身、家、国、天下为一物，贯修身、齐家、治国、平天下为一事，所以复吾浑然天地万物一体之性也。”③“修身”便也成了格物、知至、齐家治国平天下的关键。

行文至此，我们可以看出潘氏主张以“恕道”贯通身、家、国、天下：“吾性浑然天地万物一体，故吾道一以贯之。一以贯之者，一身以贯乎家国天下，一修身以贯乎齐治平也。而其机在于格通人我。格通人我者，所以贯其不贯，而复吾浑然一体之性也。‘己所不欲，勿施于人’，则贯所不贯矣。故曰‘夫子之道忠恕而已矣’。”④

三 “笃志力行”的工夫论

为更好地达成“求仁”之“体”，潘平格在《读书篇》《笃志力行篇》中，格外强调“立志”“力行”的重要性：“志立则体已立，笃志力行，则体常立而不失，笃志力行之久，久则本体粹然无迷复之虞。”“立

① （清）潘平格：《潘子求仁录辑要》，第8页。
② （清）潘平格：《潘子求仁录辑要》，第9页。
③ （清）潘平格：《潘子求仁录辑要》，第24页。
④ （清）潘平格：《潘子求仁录辑要》，第20页。

体在于立志，志立则体立。立志自不容不力行，所谓体力而用行者如此。”[1] 他十七岁时便“自叹曰：我其不能为孔孟乎”，即决心立志成为孔孟式的圣人。后来他有回忆：“愚少时嘐嘐进取，或有以‘圣贤皆天生’为讥者。愚闻之，大书壁云：‘我自为之，何必是天所特生，我能为之，何必非天所特生？’”[2] 这就类似于《论语·述而》中的“子曰：仁远乎哉，我欲仁，斯仁至矣”，这是儒家成圣成贤的内在道德动力说，因为：“人若知得宇宙内事，皆我分内事，家国天下俱系属在吾身，志愿焉得不大，自任焉得不重，力量焉得不厚，精神焉得不紧切？”[3]

在潘平格这里，“致知”的“致”，就是“力行”，所谓力行，就是齐家、治国、平天下，“若不足以该齐、治、平，则不可谓之修、正、诚”[4]。否则，这种修身，正心、诚意的道德修养，“要不过腔子中照摄而已”。潘平格还认为，程朱理学家所说“敬”的工夫，也应该是作“笃行”“力行”讲，“笃志即是敬，曰敬字即是志字”[5]。总之，潘氏认为应该在齐家、治国、平天下的社会实践中来修养自己的道德，进而反对理学家提倡的“提省、照管、操持、涵养之工夫”和“喜静为立体工夫”。[6]

在《笃志力行篇》中，潘平格还认为：“说笃志处，即是说力行；说力行处，仍是说笃志。盖未有笃志而不力行者，亦未有力行而非笃志者，何可分也！”[7] “笃行”，主要是反对宋明诸儒的清淡、空疏、苦思冥想，以及仅在书册、言语上做学问。“笃志、力行”，同时做到了，那么，人人都能成为圣人。进而言之，作为读书人不能只知读书，而且要事事力行，学以致用。这种反对坐而论道、强调躬行实践的学风，充分体现了潘平格儒学思想的“实学”性格。

在《读书篇》中，潘平格指出，“立志”当在读《四书》上下功夫，

---

① （清）潘平格：《潘子求仁录辑要》，第 27 页。
② （清）潘平格：《潘子求仁录辑要》，第 246 页。
③ （清）潘平格：《潘子求仁录辑要》，第 241 页。
④ （清）潘平格：《潘子求仁录辑要》，第 18 页。
⑤ （清）潘平格：《潘子求仁录辑要》，第 197 页。
⑥ （清）潘平格：《潘子求仁录辑要》，第 31—36 页。
⑦ （清）潘平格：《潘子求仁录辑要》，第 274 页。

而反对读佛道二氏及宋明诸儒之书。潘平格之所以反对读程朱、陆王之书，是因为“朱子道，陆子禅”，就朱陆之论与佛道关系密切而诋毁之，比如在《致知格物篇》中有这样的言论：“后世之学者不明乎知之所以为知，或曰知即知识，或曰知体本空。知即知识，是俗学也。知体本空，是佛学也。”① 显然，潘平格在这里把程朱的“致知”之“知”即“即物穷理”说，理解为俗学中的知识；而阳明学语境中的“知体”即“良知本体”，则是佛学中的“知体本空”。

为进一步驳斥阳明学，潘平格以为自己对“格物”的理解，即训“格”为“通”比王阳明训“格”为“正”更符合孔孟圣学本意：“格通人我者，其本在明明德于天下；正事者，欲在修身，是志所发不同也。格通人我者，浑然一体之仁；正事者，则灵明耳，是当体之所运不同也。”② 进而认为阳明学中的“良知”非孟子“良知”之本意，而是佛家的虚空本体：“孟子良知即是仁义，其根则性善；后世之言良知者，曰无有本体，曰当体本虚空，而其根则无善无恶。一为吾儒之道，一为佛氏真性，相去不啻天渊。”“后世之言良知，只是非之心者。曰良知知是知非，而未尝有是非，则佛氏之空慧，非孟子良知矣。”③ 与此同时，潘平格还把阳明晚年与弟子所言“四句教”之“无善无恶心之体”归为佛教的虚空之体：“子不见提宗四语，首是‘无善无恶心之体’乎？又不见‘良知本体原来无有本体’乎？其他如‘良知之虚、良知之无’，‘老氏说虚，圣人岂能于虚上加得一毫实？佛氏说无，圣人岂能于无上加得一毫有？’‘目无体以万物之色为体，耳无体以万物之声为体，心无体以万物感应之是非为体’，语语说无。四无之说，岂待其门人而后发耶？但为师者引而不发，以待学者之自悟；学者一悟之后，非四无不言。谓有违于其师之教则可，遂谓出自门人非其师之学，则不悟良知本无知，而欲以是护其门望者也。岂实论哉！”④

总之，鉴于程朱陆王之学“若（佛老）二氏舍国家天下”，潘平格才

① （清）潘平格：《潘子求仁录辑要》，第56页。
② （清）潘平格：《潘子求仁录辑要》，第72页。
③ （清）潘平格：《潘子求仁录辑要》，第72页。
④ （清）潘平格：《潘子求仁录辑要》，第73—74页。

“笃志”于孔孟的“求仁”之学。应该指出，潘平格对程朱陆王之学存有误解，因为程朱理学、陆王心学作为传统儒家的“内圣外王之学”，也有强调道德实践的“践履”一面与突出经世致用的“事功”一面，不应一概否认。

四 黄宗羲对潘平格的批评

最后要说明的是，与潘平格同时代的阳明学、蕺山学传承者，也是宋明理学的系统批判总结者黄宗羲，并不认可潘氏提出的“浑然天地万物一体”之论。

黄宗羲高足万斯同，在师从黄宗羲研习经史之学的同时，也一度服膺于潘氏之论，黄宗羲则不悦。万斯同曾有言：“吾少从游黄梨洲（宗羲），闻四明有潘先生者，曰‘朱子道，陆子禅’，怪之，往诘其说，有据。同学因轰言予叛黄先生，先生亦怒。予谢曰：‘请以往不谈学，专究经史’”① 黄宗羲另一爱徒毛文强，因受万斯同影响，也对潘氏“求仁之学”产生兴趣，也受到同门的责难，其《潘先生传》有云：“余少受业于南雷黄先生，学蕺山刘子之学。癸丑岁［康熙十二年（1673）］，馆于宁城，因万季野得（潘平格）先生书数帙，一见而嗜之。同学者皆非余，余信之益笃。”② 同时，在毛文强的鼓动之下，黄宗羲高足郑梁也对潘氏之学产生兴趣，郑梁之子郑性还协助毛文强刊刻了《潘子求仁录》。郑性所撰《求仁录》“序”文，也认可潘氏“以求仁为宗，以浑然天地万物一体为仁”之论，对毛文强说：“儒门之有潘子，犹释氏之有观音也。观音欲使天下之人无一不为佛，有一不为佛即从而慈悲之；潘子欲使天下之人无一不为圣人，有一不为圣人即从而恻隐之，一也。观音之说，释氏不能磨灭；而谓潘子之说，儒门独能磨灭乎？”③ 在郑性看来，潘氏之仁学，具有超越时空的普适性。

---

① （清）李塨：《恕谷后集》卷6《万季野小传》，见《李塨文集》（《颜李学派文库》本），河北教育出版社2009年版，第769页。

② （清）潘平格：《潘子求仁录辑要》，第5页。

③ （清）潘平格：《潘子求仁录辑要》，第3页。

与万斯同、郑梁、毛文强“同情”“接受”潘氏之论不同，黄宗羲在通读潘氏著作之后，则撰《与友人论学书》驳斥潘氏诸说。[①] 郑性去世后，全祖望所撰《五岳游人穿中柱文》中有这样的记载：“南雷最斥潘氏用微之学，尝有书为万征君季野驳之，凡数千言。”[②] 故而黄宗羲这通“凡数千言”的“与友人论学书”中所云“友人”，可能就是万斯同、郑梁、毛文强。

先是黄宗羲撰《与友人论学书》之前，其高足万斯同尚在绍兴姜希辙家，为姜氏子弟教书；于是黄宗羲写信给同门姜希辙（与黄宗羲同门，亦系刘宗周弟子），成《与姜定庵书》，对潘平格“诋毁先儒”之论予以评议。但是，仍有学人以为黄宗羲是“执成见”“未毕其说，便逆而拒之”，为坚持己见，黄宗羲反复阅读潘氏之论著，在全盘了解潘氏之学的内涵之后，再有《与友人论学书》，坚持认为潘氏诸说皆“诋毁先贤”，此处“先贤”指程朱陆王包括刘宗周等宋明诸儒。

首先，黄宗羲直斥潘氏论著行文用语之病：“用微之言，不过数句而尽，而重见叠出，唯恐其不多，此是兔园老生，于文义不能甚解，固无足怪。”也的确如此，我们今天阅读《求仁录辑要》，也有“重见叠出”即前后行文说理重复的感觉。进而黄宗羲对潘氏论学的核心要旨予以总结：“浑然天地万物一体者，性也；触物而浑然一体者，吾性之良知也；吾儒讲明此学，必须知耻发愤，立必欲明明德于天下之志；故其功夫，在致其触物一体之知，以格通身家国天下之物，使浑然而为一体，谓之复于性善；未有舍家国天下见在事，使交从之实地，而悬空致我一体之知者。”[③] 应该承认，黄宗羲通览潘氏之著后对潘氏之论的总结是到位的。而在黄宗羲看来，这些言论其中存有谬论，故而一一予以驳斥。[④]

基于理气心性圆融一体之论，黄宗羲认为潘氏之学有“三蔽”，即“灭气”“灭心”和“灭体”。基于潘平格诋毁先贤的“朱子道、陆子禅”之论，黄宗羲以佛教“如来禅”“祖师禅”之分来驳斥潘氏之论，意在为

---

① （清）黄宗羲：《黄宗羲全集》第 10 册，第 150 页。

② （清）全祖望著，朱铸禹汇校集注：《全祖望集汇校集注》，上海古籍出版社 2018 年版，第 379 页。

③ （清）黄宗羲：《黄宗羲全集》第 10 册，第 150 页。

④ （清）黄宗羲：《黄宗羲全集》第 10 册，第 150—152 页。

先贤正名。[1] 应该指出，黄宗羲对潘平格的批评是中肯的，但也有维护“师说”（蕺山之学）的意气用事的成分在其中。其实，黄宗羲提倡儒者“经纬天地”的“豪杰精神”，潘平格也有“担当圣学”：“世界有此豪杰，方能昌明二千年不续之圣学，方能拯救数百万涂炭之生灵，此个担子是吾性分中具足，不是外来，是人人具足，不是他能我不能。虽然，岂概责之农工商贾与下流小人，大约是吾辈事，若吾辈不担当，圣学何时明？人心何时正？生民涂炭何日起？天下泰平何日见？岂不诚可哀哉！痛哉！诸君子担当世界，即是担当圣学，担当圣学，即是担当世界。千古圣人，只担此担子；千古圣学，只为此担子。担上此担子，才是学问，肯担此担子，方是豪杰。”[2] 只不过是，黄宗羲的理论学术视野更为宏阔，遍及宋明诸儒、经史百家乃至佛老、西学等，进而为“往圣继绝学”。此外，在强调圣学即儒学的“经世致用”这一点上，潘平格与黄宗羲之间并不存有实质性的分歧，只是路径、学统存有分歧，对此，钱穆《中国近三百年学术史》就认为：“梨洲对用微之严斥深非，无亦有其党人文人习气之用事，犹未脱讲学家传统门户之见者为之乎？”[3]

（作者为浙江省社会科学院哲学研究所研究员）

---

① （清）黄宗羲：《黄宗羲全集》第 10 册，第 155—157 页。

② （清）潘平格：《潘子求仁录辑要》，第 224 页。

③ 钱穆：《中国近三百年学术史》，商务印书馆 1997 年版，第 58—59 页。

试论万斯大《周官辨非》中的经国爱民思想

黄宁宁

【摘　要】万斯大身处明清社会与学术转型之际，在《周官辨非》一书中通过批判《周官》中的内容，来表达经国爱民的经世志向。在国家体制的建设方面，注重以君臣关系为核心的名分之道，批评冗官的设置，反对严刑峻法，注重男女之别和婚嫁之礼。在爱民方面，主张君民一体论，主张省官以养民，反对劳役过甚，以纾民困、养民志，并谴责对百姓的横征暴敛。万斯大的主张是对周孔之道的坚持，代表了文化上的正统，也有着对此后经世之术的期望与指导。

【关键词】万斯大　《周官辨非》　经国　爱民

万斯大是清初著名的思想家，在经学尤其是礼学方面倾注了很多的心血，并取得了较大的成就，在当时即得到学人的称许。对于《周礼》一书，万斯大认为其并非周公所作，也不是能够治国安民的经世宝书，对其做出了较为严厉的批判，并在批判中处处体现了他的经国爱民之心。林庆彰、方祖猷主要讨论了万斯大《周官辨非》中的辨伪考证，林颖政、梁勇简要地指出了万斯大《周官辨非》中的经世之意，① 本文在前贤研究的基础上从经世之志、经国之制、爱民之义三个方面对万斯大在《周官

① 上述研究具体为：林庆彰：《万斯大对〈周礼〉的考辨》，《清初的群经辨伪学》，文津出版社 1990 年版；方祖猷：《万斯大评传》，南京大学出版社 1996 年版；林颖政：《万斯大及其经学研究》，硕士学位论文，台湾：高雄师范大学，2006 年；梁勇：《万斯大及其礼学研究》，硕士学位论文，中国社会科学院研究生院，2000 年。

辨非》中所体现出的经国爱民思想做出较为全面的梳理与分析，敬请方家批评指正！

一 经世之志

《周官》一书在历史上一直有着很多的争议，有的学者认为它是周公所做的平治天下之宝书，有的学者认为它是战国时期的作品，有的学者则认为它是刘歆所伪造，用以帮助王莽篡夺政权。万斯大坚决否定《周官》一书为周公所作，将该书从儒家经典中排除出去，并在对《周官》的批判中表述其经国爱民的经世之志。

以经释经是万斯大重要的为学宗旨，他的礼教之学，重在探究礼意与礼义，由礼之数而求礼之原，正如他在《学礼质疑序》中所述："礼教弘深，学者务使礼经与诸经传逐节关通，如大海之潮，百川支港，周流灌注，从是而求之，庶有以得乎恭敬之原，而因以见先王制礼之义焉。"①万斯大对《周官》的批判，重点不在其书是否为刘歆等伪造，主要是认为该书主旨不符合儒家之义理，不可能是周公所作安天下之策，不是儒家之"圣经"，并不能治国安天下。

万斯大首先以该书是否为周公所作来评价《周官》，他引述《左传·文公十八年》中的内容来佐证自己的观点，"吾考鲁史克有言：先君周公制《周礼》，曰则以观德，德以处事，事以度功，功以食民。今观《周礼》无此言，则知周公之《周礼》已亡。而今之所传者，后人假托之书也"②。万斯大以《左传》中的记载为标准，认为周公所作的《周礼》已经亡佚，现在所存之书是他人所假托。其次万斯大辨析《周官》在思想理念上是否与"五经、《论》、《孟》"等儒家经典中所表述的思想观念相合，但他发现《周官》中的内容与儒家之经典多不相合，"其法制典章，取校于五经、《论》、《孟》，殊多不合。夫不合于五经、《论》、《孟》，则是非有在矣"③。

① （清）万斯大著，曾攀点校：《万斯大集》，浙江古籍出版社 2016 年版，第 360 页。

② （清）万斯大著，曾攀点校：《万斯大集》，第 189 页。

③ （清）万斯大著，曾攀点校：《万斯大集》，第 189 页。

万斯大以将《周官》中所述思想主张付诸实践的结果作为评价该书的重要依据，“无伤于国体，无害于民生，即不置是非焉亦可也”[①]。但他认为历史上王莽、王安石利用《周官》以治国都以失败告终，“乃其猥琐不经，掊克无艺，一由其道，丧亡之至，如影随形”[②]。正如李邺嗣在《周官辨非序》中所说万斯大“今特为《辨非》一卷，使天下后世读之晓然，知此书一用之为刘歆，再用之为王安石，其效可见已若此。从此安石之后，当不复更有安石”[③]。通过对该书全面的检验，万斯大认为《周官》中的内容也是自相矛盾的，“吾就其本文详析，多自相谬戾，弊害丛生，不可一日行于天下。周公之书，绝不如此，故断然还其名曰《周官》”[④]。并认为“先儒以《周礼》为战国阴谋之书，有以也”[⑤]。

万斯大严厉批评《周官》中的内容，通过非《周官》之典制以明周之典制，反向表达自己的安定天下之志，“虽然，置其非而存其是，典章法制乃有可观。即谓予非《周官》为是《周官》也”[⑥]。林颖政指出万斯大作《周官辨非》并非只为学术，而是有经世致用的理性赋予其中，“我们大概知道了万斯大创作此书的动机与目的，皆是有其关乎人事，系乎经世之用”[⑦]。梁涌也指出万斯大著《周官辨非》旨在经世致用，“《周官辨非》正是万斯大通过考辨《周礼》来反思明亡历史，探讨治乱之源的经世之作”[⑧]。

万斯大以批判、否定的方式来阐述自己的经世之志，以周孔之道为正途，以经国、爱民为主要内容，与其说这是周公之制，不如说这是万斯大借批评《周官》来阐述他心目中理想的制度之建设。林庆彰指出万斯大以理想中的周公之制作为预设的标准来评断《周礼》，所以对《周礼》一书多有批评，不仅立场不客观，而且使得自己的观点迂阔不近情

① （清）万斯大著，曾攀点校：《万斯大集》，第189页。
② （清）万斯大著，曾攀点校：《万斯大集》，第189页。
③ （清）万斯大著，曾攀点校：《万斯大集》，第379页。
④ （清）万斯大著，曾攀点校：《万斯大集》，第189页。
⑤ （清）万斯大著，曾攀点校：《万斯大集》，第195—196页。
⑥ （清）万斯大著，曾攀点校：《万斯大集》，第189页。
⑦ 林颖政：《万斯大及其经学研究》，第132页。
⑧ 梁勇：《万斯大及其礼学研究》，第20页。

理，[①] 林颖政指出万斯大预设了周公为圣人的前提，认为他不可能制定出有伤于国体、有害于民生的典章制度，虽然在理论前提方面有些问题，但也并不是毫无可取之处。“似乎落入泛道德论中，在逻辑论证上有点站不住脚，但对于传统中国知识分子而言，这两点立论根据，乃具有其特殊意义价值。”[②]

万斯大之所以有这种观点，既是对历史经验教训的总结，又有着浓重的现实考量，尤其是惩于明代的现实而提出。如四库馆臣所说：“斯大徒见刘歆、王安石用之而败，又见前代官吏之滥，赋敛之苛，在在足以病民，遂意三代必无是事。”[③] 林颖政也指出：“这些成分实由对自身经历的具体浓缩，从伪《周礼》论及到周代之制，进而表达出他对时代所应负起的责任，陈述国家、社会、个人所应遵守的伦理道德规范，普世价值的恢复，社会正义的提升，而不自觉地或自觉地以‘经世致用’的理想，藉由辨伪《周礼》的过程，反映到现实人世上。”[④]

二　经国之制

万斯大认为辨析《周礼》的重要内容是法制典章，以明国家体制之原。方祖猷指出了万斯大以《周礼》制度有伤于国体而辨其非，[⑤] 四库馆臣指出万斯大对《周官》一书的批判“大旨病其官冗而赋重”，[⑥] 而总的精神即如李邺嗣在《周官辨非序》中所说：“善治莫如省官，善政莫如薄敛。古今图治之本，斯二者而已。”“惟《周官》一书，所列官冗而敛重，即末世亡国之弊，亦无过此者。”并认为万斯大《周官辨非》一书“凡五十余节，大略惟官冗而赋重，此则其为害之大者也”[⑦]。下面做出比较具体的分析。

---

① 林庆彰：《万斯大对〈周礼〉的考辨》，《清初的群经辨伪学》，第353页。

② 林颖政：《万斯大及其经学研究》，第134页。

③ （清）纪昀总纂：《四库全书总目提要》，河北人民出版社2000年版，第606页。

④ 林颖政：《万斯大及其经学研究》，第145页。

⑤ 方祖猷：《万斯大评传》，第348页。

⑥ （清）纪昀总纂：《四库全书总目提要》，第606页。

⑦ （清）万斯大著，曾攀点校：《万斯大集》，第379页。

万斯大注重对君臣之道的思考，主张君尊臣卑，“黼黻皆绣于裳，君尊而臣卑，衣尊而裳卑，故天子以衣之龙名，诸侯大夫以裳之黼黻名，而通谓之裨冕”①。万斯大注重对国君的教育与引导，因此他批评大府、玉府之职是在诱导国君耽于娱乐，这样将大有害于国政，“此明以逸欲导人主，尤为不经”。“周公肯建官掌此，道人主以纵欲如此哉？越裳白雉，且却而不受，吾于是知周公之心矣。”② 万斯大也非常重视卿大夫的地位，认为夏、商、周三代皆有六卿之设，“天子设官分职，首慎六卿。卿者，所以佐王出治者也”。“观夫王朝卿士，出为牧伯。列国诸侯，入为卿士。卿之选，何其重与？”③ 万斯大认为卿一职关系重大，不能随意设置，“《周官》于六官有六卿矣，于六乡又有六卿，已疑非先王之制，奈何于后宫复有卿乎？”④。

万斯大在官制方面注重男女之别、内外之辨，万斯大认为妇人不得有爵位，“内、外宗皆妇人也。《昏义》云：‘妇人无爵，从夫之爵。’非专官，安得隶此。”⑤《周官》中有世妇一职，“世妇：每宫卿二人，下大夫四人，中士八人”，万斯大批评将卿职设于后宫妇人之中，“天官之属，列九嫔世妇女御，识者已讥其无内外之辨，兹乃复列世妇于春官，而置之卿士。嘻！后宫之属，其得以卿大夫士男子与其间邪？”⑥。“王朝卿止六，而后宫反倍之，纵曰后宫之卿即天子之卿，吾未闻天子之卿至有二十四人之多也。”⑦ 万斯大认为外朝与后宫之间的职责有着明确的区分，不能混淆与越界，“后宫之世妇，视王朝之大夫，外内秩然，不容或混。置卿于后宫而以世妇名，其亵已甚，奄与非奄，更可弗计”。“王后不预祭，而宗伯摄，则外小臣赞之可也，奈何以妇人共职乎？”⑧ 正如方祖猷指出“以世妇称卿，违反了《礼记·昏义》别内外之官的制度，把内外

① （清）万斯大著，曾攀点校：《万斯大集》，第 217 页。
② （清）万斯大著，曾攀点校：《万斯大集》，第 191 页。
③ （清）万斯大著，曾攀点校：《万斯大集》，第 217 页。
④ （清）万斯大著，曾攀点校：《万斯大集》，第 217 页。
⑤ （清）万斯大著，曾攀点校：《万斯大集》，第 218 页。
⑥ （清）万斯大著，曾攀点校：《万斯大集》，第 217 页。
⑦ （清）万斯大著，曾攀点校：《万斯大集》，第 218 页。
⑧ （清）万斯大著，曾攀点校：《万斯大集》，第 218 页。

官制混淆起来”[1]。

万斯大对宦官干政有着严厉的批评，《周官·内小臣》中称：“奄，上士四人。”万斯大反对文中将士人的名号加于阉人之上，“奄人，自宫之人也。为内小臣，以供宫中之使令，不得预外廷之事。即令贤而有功，厚其赏赉可矣，安得假以士君子之名而称上士也哉？夫天子之上士，其命三，其受位，其禄视子、男，秩非卑矣。以加奄人，不甚羞我士君子乎？孔子曰：‘惟名与器不可以假人。’奄人而假以士君子之称，名器之滥极矣”[2]。这应该是万斯大对中国政治中痼疾的批评反思，宦官干政问题贯穿于中国历史，但到明代的时候宦官擅权祸国达到了非常严重的程度，与士大夫中的清流形成了严重的对抗，而且借助专制皇权对不合作的士大夫进行迫害，这为当时即此后的士人所痛恨。

万斯大也注重对国家体制的疏通，重视对政治制度、官僚机构设置的分析，如建国封邦之制、六乡之制、土田赋税之制等，这都蕴含着万斯大对公私之辨的思考。万斯大严厉批评《周官》中设官之繁芜与不当，《周官》中校人主管马政，万斯大认为该机构管理人员过多，“是人之数几倍于马之数。呜呼！此即《孟子》所谓庖有肥肉，厩有肥马，民有饥色，野有饿殍之世，恐不至是”[3]。《周官》中有闽隶、夷隶、貉隶等养畜之职，万斯大认为这些官职无助于国计民生，“此三隶者，受役于养畜鸟牧人等官可也。乃使之教扰，且令与鸟言兽言，何邪？拘儒救此失，必将曰公冶贤人解鸟语，葛卢远人谙牛鸣，不可谓无其事。不知此亦其偶然天得之巧，不可强也，非可学也，曷为设隶以掌之？今即令能鸟言兽言，岂有益于民生，有裨于国政邪？直儿戏耳”[4]。

万斯大对于《周官》中设官之弊有着沉痛的斥责，“自有君臣以来至于今，设官之多，无有如《周官》者。试观此诸官所掌何事邪？不过此鸟兽草木虫蠹之末务，即欲除之，数隶人可毕者，而设官置役，周详如此，遍地皆官，遍地皆豺狼也。吁！读《地官》之属，民不聊生矣。读

① 方祖猷：《万斯大评传》，第349页。
② （清）万斯大著，曾攀点校：《万斯大集》，第191页。
③ （清）万斯大著，曾攀点校：《万斯大集》，第222页。
④ （清）万斯大著，曾攀点校：《万斯大集》，第226页。

《夏官》《秋官》之属，物不得所矣。其诞漫不经，至于神可杀，渊可为陵，不见之鸟兽可射，以此为礼，是语怪之书也。而谓周公为之乎？”①。

关于法律方面，万斯大认为刑罚的实施应该随着时势的变迁而变化，“盖随世而为轻重，即《吕刑》所谓刑罚世轻世重之意。”但《周官》中所记载的刑罚非常重，殊非治国之良法，“使《周官》而果周公之制，是刑新国用重典，而《吕刑》之刑乱国反改而用轻典矣。岂世轻世重之谓乎？固谓《周官》为烦刑重敛之书，良不诬也”②。

万斯大以尊贤明德的立场赞成《礼记》中“刑不上大夫”的观点，“先王之用人，选贤举能，大夫必有德而后进。故人之入官者，四十而强，始仕为士；五十而艾，乃为大夫。盖四十时道明德立，更十年则练达老成，足堪大夫之任。其慎重如此，使预设刑书，则是君不知贤也”。“大夫预闻国政，其位崇、其责重矣。鞭刑见于《舜典》，乃官府之刑，所以待罪之轻者，使之知戒。使上及大夫，其辱已甚。士可杀不可辱，况大夫之尊贵者乎。”③ 万斯大认为春秋时期，刑罚无常，才会专杀大夫，而鞭刑等也只是施于地位低下者，这种刑罚都不应该出现在周公所制定的刑罚典制中，也不应该成为通行的刑罚。

万斯大认为车裂是春秋战国时期乱世才有的刑罚，不是周公之法，“按车轘即车裂，刑之最酷虐者也。唐虞三代未之有。”“车轘，叔世之淫刑也，岂周公之法乎？”④ 他还批评以财物赎罪之说，认为这有违于治国之常法。⑤ 万斯大主张偃武修文之义，《周官·质人》中列数市场上售卖的兵器，万斯大认为这是春秋战国时期的事情，而不是圣王当政时所有，“武王克商之后，放牛归马，偃武修文，倒载干戈，包之以虎皮，示天下不复用。则知太平之世，有天下者，尚不轻言兵器，矧敢粥之于市乎？故《王制》曰：戎器不粥于市，兵车不粥于市”⑥。

万斯大注重男女之别、婚嫁之礼。春秋时期的婚恋观念相对较为开

① （清）万斯大著，曾攀点校：《万斯大集》，第227页。
② （清）万斯大著，曾攀点校：《万斯大集》，第225页。
③ （清）万斯大著，曾攀点校：《万斯大集》，第226页。
④ （清）万斯大著，曾攀点校：《万斯大集》，第226页。
⑤ （清）万斯大著，曾攀点校：《万斯大集》，第224页。
⑥ （清）万斯大著，曾攀点校：《万斯大集》，第204页。

放，所以《周官·媒氏》中说道："中春之月，令会男女。于是时也，奔者不禁。若无故而不用令者罚之。"万斯大则根据后世的观念批评这种男女相奔之事，"愚按，'奔者不禁'之言，败礼伤教之尤者也"①。万斯大认为男女婚配必须要有媒妁，"媒氏为万民而设，庶人之昏娶必由媒氏。由媒氏者曰会，不由媒氏者曰奔。会则为礼，奔则为私"②。"其言'奔者不禁'，则作《周官》者，见周末时俗有男女相诱，如《溱洧》诗所云者，而官不禁，误以为周礼固然，而遂笔之。不知其大乱先王之教也。呜呼！三女奔而密灭，奔果得为礼乎哉？"③"奔而为礼，是放辟邪侈者无非由礼之人。而经礼三百，曲礼三千，觉圣人之为多事矣。"④

万斯大认为应该实行简约的婚嫁之礼，"三代盛时，井田法行，无不受田之家。庶人无甚富，亦无甚贫者。且昏礼惟纳徵用束帛俪皮，余礼止用雁。甚费财也有节，不若后世之繁缛"⑤。万斯大出于节义的考虑，赞同鳏寡守护贞洁，"先王于夫妇之道，生则教之有别，死则勉之有守，故节义风行而淫僻不作。世衰道降，鳏寡复求配偶，礼虽不之禁，要当各如其志，盖'民之秉彝，好是懿德'。故《柏舟》之诗，志之专一。即父母尚不能夺，今乃取无夫家者而会之，是使鳏必再娶，寡必更嫁人，谓可使无怨旷，吾恐节义之风微矣"⑥。这让人想起了万家祖上被称为"三节一义"的感人事迹，万文去世时，留下了遗腹子万全，在这种艰难的境况中，万家四位女性担负起了支撑家庭的重任，即万钟妻曹氏、万武妻陈氏、万文妻吴氏，尤其是万文的姐姐万义颛一生不嫁人而专力于扶持万氏家业，这无疑对万斯大的思想会产生重大的影响。

三　爱民之义

万斯大在《周官辨非》中充满着重民爱民的思想，认为国君与民众

---

① （清）万斯大著，曾攀点校：《万斯大集》，第 201 页。

② （清）万斯大著，曾攀点校：《万斯大集》，第 202 页。

③ （清）万斯大著，曾攀点校：《万斯大集》，第 201 页。

④ （清）万斯大著，曾攀点校：《万斯大集》，第 203 页。

⑤ （清）万斯大著，曾攀点校：《万斯大集》，第 202—203 页。

⑥ （清）万斯大著，曾攀点校：《万斯大集》，第 203 页。

是有机的共同体。在讨论《诗经·小雅·大田》中“雨我公田，遂及我私”的诗句时，万斯大认为：“古者君以足民为心，故省耕省敛而行其补助，民以急公为念，故愿天雨于公田而遂及其私。于此想见君民一体，百姓足，君孰与不足之意。”①

万斯大认为官多则害民，主张省官以养民。“有官即有禄，《周官》则以稍地任大夫之采邑，以县地任卿之小都，以畺地任公之大都矣。然以《孟子》所谓天子之卿受地视侯，大夫视伯，元士视子、男推之，即数王畿犹不足，即如《王制》所谓天子三公视公、侯，卿视伯，大夫视子、男，元士视附庸推之，亦恐未足以给也。又况中士下士，如是其多，而府史胥徒之属，且不下数万，将何以畀之？故吾谓官多则糜禄，糜禄则财匮，财匮则聚敛，聚敛则伤民。呜呼，生之者众，食之者寡，《大学》生财之道也。作《周官》者曷亦思之乎？”②《大学》生财之道的内涵是以民生为本，而《周官》的弊端则是聚官以害民。

万斯大重视养老，反对劳役过甚，以纾百姓之困。“愚按，养老之典，王政所先，故西伯善养老而天下归心。其所谓养老者，制田里，教树畜，使庶人之老，五十者衣帛，七十者食肉，且谨庠序之教，俾斑白者不提挈，如是而已。”“先王之世，其所以优老者，不一言而足，岂尚使之给公家之事乎？春秋战国，兵革不休，民力大困，至有役及五十、六十者，而作《周官》者遂援以为制，多见其伪也。”③ 万斯大反对加于民众过多的劳役，他批评《周官》中均人之职，“使如此均人所均，一旬而用民三日，则三时之害者多矣。民力几何，安能尽力于农亩，其不至民有殍而父子离者几希”。“有天下者，力役固不能无，要当有限制，使民不困。”“惟《王制》云‘用民之力，岁不过三日’，洵圣王之制，万世不易之经也。”④

万斯大批评《周官》中所载有些官职大有害于民生，于太宰之职批评其横敛百姓，“圣人之治天下，利民之事，丝发必兴，厉民之事，毫末

① （清）万斯大著，曾攀点校：《万斯大集》，第 211 页。
② （清）万斯大著，曾攀点校：《万斯大集》，第 197 页。
③ （清）万斯大著，曾攀点校：《万斯大集》，第 198 页。
④ （清）万斯大著，曾攀点校：《万斯大集》，第 200 页。

必去。关市之赋，厉民之甚者也。周公制礼，其肯笔之于书以为常法哉?”。并倡言孟子所主张之“仁政”，“悉孟子言仁政，曰：‘关讥而不征，市廛而不征，发而不廛。’尝悼虐政之害，曰：‘古之为关也，将以御暴。今之为关也，将以为暴。’使周公时已赋及关市，则已为暴矣，孟子何以有古今之叹哉?”[①]。万斯大认为横征暴敛为“虐政”，严厉批评《周官》“举末世之弊政，诬圣人之制作，流毒当世，贻祸无穷，为此言者，古今之罪人也”[②]。万斯大批评载师之职，主张轻取税于民，认为夏商周三代所实行的都是什一之税，“迨乎春秋，兵赋繁兴，国用不足，乃重敛以病民。如鲁之税亩，在宣公之时。郑之丘赋，在昭公之世。十二之始，经传昭然”。“然则载师所言，岂待辨而知为聚敛小人之说乎?”[③]

万斯大主张国君与民众共利，反对过分征利。《周官》中记渔人之职“凡渔征，入于玉府”。万斯大认为“按古者泽梁无禁，文王之政也。川泽以时入而不禁，《王制》之言也。皆不闻有征”[④]。“今稽渔人之官，胥至三十人，徒至三百人。马融云：‘池圃取鱼处多也。’然则渔人自取，足供王国之用，奈何复以征为哉?”[⑤] 万斯大既批评《周官》中山虞、林衡等官职之多，又认为山林川泽之利，应该与民共享，不应该加赋于民，“按山林川泽，民之所以取材用也。或恐其不时而入，则物或易尽，为之设禁以守之，特数有司之事耳。曷为而官吏若是其多乎？既官吏若是其多，则凡山泽之所出足资国用者，官取之可矣，曷为而赋于民乎?”。“数十百官吏，结网罗、置陷阱于山泽之中，民生其间，真一步不可行，一物无所有。累然桎梏之人耳。”《孟子》曰：“‘王者之民，皞皞如也’，岂其然哉?”[⑥] 这很大程度上是万斯大对孟子思想的继承与发展。

浙东地区的学者比较重视维护工商业者的利益，宋代浙东学派的叶适等人提出了扶持工商的主张，王阳明提出了“四民异业而同道”的观点，万斯大的老师黄宗羲也提出了“工商皆本”的主张。万斯大认为正

① （清）万斯大著，曾攀点校：《万斯大集》，第 190 页。
② （清）万斯大著，曾攀点校：《万斯大集》，第 190 页。
③ （清）万斯大著，曾攀点校：《万斯大集》，第 199 页。
④ （清）万斯大著，曾攀点校：《万斯大集》，第 190 页。
⑤ （清）万斯大著，曾攀点校：《万斯大集》，第 191 页。
⑥ （清）万斯大著，曾攀点校：《万斯大集》，第 212 页。

常的工商业之道应该是“《易大传》曰：‘日中为市，致天下之民，聚天下之货，交易而退，各得其所。’由是观之，先王之世，即市道之交亦坦坦夷夷，无虞无诈，何其盛也”[①]。

万斯大对《周官》中的征税制度多有批评。《周官·司市》中说道：“国凶、荒、札、丧则市无征。”万斯大认为：“《孟子》曰：市廛而不征，法而不廛。此王政也。司市言凶、荒、札、丧则市无征，知非凶、荒、札、丧皆征矣。岂周公之制？”[②] 因此他主张少征税，以助于工商业的发展。《周官·廛人》职掌“敛市絘布、总布、质布、罚布、廛布而入于泉府”，万斯大认为：“此廛人所掌，言利析秋毫矣，民无所措手足矣。其何以堪乎？”[③]《周官》中认为：“凡屠者，敛其皮、角、筋、骨，入于玉府。”万斯大批评道：“皮、角、筋、骨，屠者之所赢以资生者也，而亦敛之。噫，敲民骨，取民髓，是不留一毛之利于民，民何乐乎有生？”[④]

《周官》中肆长职掌“敛其总布”，万斯大认为“敛布已非矣，无肆立持之人，复贩之徒也，何罪而不免罚乎？桑、孔不如是暴也”[⑤]。桑弘羊、孔谨是汉代著名的理财之人，万斯大认为即使是他们也不如《周官》中所记载的那样横暴。“一市中官与庶民在官者，不下数百，纷纷扰扰，刑敛商民。嘻，市有虎矣。”[⑥] 万斯大认为廛人言利过严过细，会导致百姓无法进行正常的经济活动。这也让人想到明代万历年间的矿监、税监，横敛鱼肉百姓，极大地损害了百姓的利益，也加速了明王朝的衰亡。

万斯大批评关市之税过于繁多沉重，《周官》中司门职掌“几出入不物者，正其货贿”，万斯大认为：“一商也，市征之，关征之，门复征之。一门也，出征之，入又征之，商苦于频征，不得不增其直。直增而售者病，然则非特商困也。”[⑦]《周官》中司关职掌“凡货不出于关者，举其货，罚其人”，万斯大感叹道：“此何异御人于国门而夺之者乎？商人逐

① （清）万斯大著，曾攀点校：《万斯大集》，第 205 页。
② （清）万斯大著，曾攀点校：《万斯大集》，第 204 页。
③ （清）万斯大著，曾攀点校：《万斯大集》，第 204 页。
④ （清）万斯大著，曾攀点校：《万斯大集》，第 205 页。
⑤ （清）万斯大著，曾攀点校：《万斯大集》，第 205 页。
⑥ （清）万斯大著，曾攀点校：《万斯大集》，第 205 页。
⑦ （清）万斯大著，曾攀点校：《万斯大集》，第 205 页。

锥刀之末，得寸则其寸，得尺则其尺，岂乐输税于官？惟我行宽大之政，讥而不征，则天下之商贾皆欲藏于王之市，熙熙穰穰，于兹称盛。奈之何征税以困商。商困而思辟税，或有不出于关者，即举其货、罚其人，是不以商视商，而以盗贼视商。以盗贼视商，而已即以盗贼之行待商也。呜呼，'谁生厉阶，至今为梗'。"① 万斯大认为无礼对待商贾的人即为盗贼，这是在非常严厉地批评税官。

万斯大反对国家与民争利，认为有损于国体，"操奇赢，权子母，此商贾贱丈夫之所为也。王者以天下为家，而锱铢取息于民，无论足为民病也。其如国体何？噫，王莽计赢以受息，安石青苗而败宋，其祸盖本于此"②。这让人想到了明代皇室设田庄，置产业，派遣矿监、税监，与民争利，对百姓横征暴敛，殊非一国之体所当有，非一国之君所当为。

结 语

万斯大身处明清之际社会巨变与学术转型的重要时期，尤其在当时实学、辨伪学兴起的思潮中，他对《周官》一书中典章制度等内容的批判性研究，既体现了学术的转型，又表达了自己的经世之志。万斯大在理论上有着先入为主的缺点，但对经国、爱民的强调，则是对周孔之道的坚持，代表了文化上的正统。同时也是基于明清鼎革之际社会动荡的沉痛经历，对明朝灭亡的深刻反思，对清廷入主中原的内心排斥，是当时启蒙思潮中的有机组成部分，因而显得意义更加重要，也是对此后经世之道的期望与指导。

（作者为绍兴文理学院越文化研究院助理研究员、博士）

① （清）万斯大著，曾攀点校：《万斯大集》，第 206 页。

② （清）万斯大著，曾攀点校：《万斯大集》，第 205 页。

商景兰与明末清初山阴祁氏家族文学

邢蕊杰

【摘　要】明末清初女文学家商景兰对山阴祁氏家族文学的影响，体现在两个方面：一是作为重要参与者，支持辞官归乡的丈夫祁彪佳设计修筑寓园，并邀亲朋、文友等在此集社会诗，形成寓山吟咏系列，享誉晚明文坛；二是在丈夫自沉殉国之后，于逆境中转过身来，由背后的支持者成为家族精神的主导者，作为领军人物开创祁氏女性文学的新局面。

【关键词】商景兰　祁氏　文学　山阴

商景兰与祁彪佳，才子佳人，伉俪情深，有“金童玉女”之誉，被视为明清之际士林文苑的婚姻典范。清嘉道年间，人们称颂汪端陈裴之婚姻时，仍以祁商夫妇为比，可见其影响。商景兰对山阴祁氏家族文学的影响，体现在两个方面：一是作为重要参与者，支持辞官归乡的丈夫祁彪佳设计修筑寓园，并邀亲朋、文友等在此集社会诗，形成寓山吟咏系列，享誉晚明文坛；二是在丈夫自沉殉国之后，于逆境中转过身来，由背后的支持者成为家族精神的主导者，作为领军人物开创祁氏女性文学的新局面。那么，面对急转而下的祁氏家族，商景兰组织诗会的信念感源自哪里？商景兰时代的祁氏家族诗会的运作机制又是怎样的？参与诗会的祁氏子女的诗歌创作特色如何，本文拟对这些问题进行深入探讨。

一　信念的建立：商景兰对“贤妻”“母教”的自觉确认

清顺治二年（1645）祁彪佳的尽忠殉国，也开启了商景兰人生中另一个重要阶段——寡居持家时期。商景兰于明万历四十八年（1620）嫁入祁氏，时年十六岁。从十六岁到四十二岁，她与祁彪佳共同度过了她生命中，也是祁氏家族发展过程中最为美满安定的生活。这二十五年间，商景兰多次陪祁彪佳外任地方，在家庭管理上具有出色的相夫教子能力，深受祁彪佳倚重。祁彪佳离仕回乡后，商景兰陪他宴客、游园、联吟，又充分体现了文学上的“夫唱妇随”。商景兰父商周祚一生仕宦顺畅，最终官至吏部尚书，辞官回乡后建有“咏雛堂”，商景兰晚年对商氏故居曾有深情追忆，“春入华堂，玉阶草色重重暗，寒波一片映栏杆，望处如银汉。风动花枝深浅，忽思量时光如箭，歌声撩乱，环珮玎珰，繁华未断”[①]，可见她本就成长于经济优渥且文化气息浓厚的家庭之中。

母家与夫家的文化特征都决定了商景兰对维持世家文化声望有着深刻感受和自觉认知。因此，在清初祁氏因现实政治因素影响而几番产生变故的过程中，商景兰均表现出忍痛持守的坚毅性格，理性而孤独地对抗各种打击，维持祁氏一门不至于衰落破败。从商景兰与祁彪佳夫妻层面而言，商景兰节哀抚孤亦是在回应着祁彪佳期望她成为“一家男女依靠”的重托。

祁彪佳和商景兰“金童玉女”式的婚姻不仅是家世身份、才学修养的相得益彰，而且还有深厚的情感与信任包含在其中。这在祁彪佳绝笔《别妻室书》中有集中体现：

> 自与贤妻结发以后，未尝有一恶语相向，即仰事俯育，莫不和蔼周详。如汝贤淑，真世所罕有也。我不幸值此变故，致于分手，实为痛心。但为臣尽忠，不得不尔。贤妻须万分节哀忍痛，勉自调

① （清）商景兰：《烛影摇红·咏雛堂忆旧》，载《锦囊集》，《祁彪佳集》后附，中华书局1960年版，第288页。

理，使身体强健，可以区处家事，训诲子孙，不坠祁氏一门。则我虽死犹矣。一切家务应料理者，已备在儿子遗嘱中，贤妻必能善体我心，使事事妥当。至其中分拨多寡厚薄，我虽说如此，还得听贤妻主张。婢仆非得用者，可令辞出。凡事须较前万分省俭，万分朴实，处乱世不得不尔也。贤妻闻我自决，必甚惊忧，虽为我不起，亦是夫则尽忠，妻则尽义，可称双美，然如一家男女绝无依靠何。切须节哀忍痛，乃为善体我心也。世缘有尽，相见不远。临别惓惓，夫彪佳书付贤妻商夫人。①

祁彪佳以“贤妻”称商景兰，并以“贤淑”赞商氏惠德，认为其“淑”体现在二人之间从无恶语相向的情况，其“贤”体现在商景兰持家育子，和蔼周详，因此他特别感慨“致于分手，实为痛心”，可见夫妻间的情深义重。祁彪佳把商景兰视为传续祁氏家风的关键人物，特意嘱咐她“勉自调理，使身体强健，可以区处家事，训诲子孙”，并要以俭持家，决断处理家内大小事宜。“不坠祁氏一门”“贤妻必能善体我心，使事事妥当”“我虽说如此，还得听贤妻主张”等嘱托，已然反映出商景兰在家庭中已确立的重要地位。从夫妻情感的角度而言，商景兰与祁彪佳相扶相持的美满，祁彪佳对商景兰的高度信任，都令商景兰义不容辞地接受丈夫遗愿，为了教导子女而继续坚强地活着。

商景兰父商周祚同祁彪佳一样，也是明末殉国烈士，按照古代社会的伦理道德价值取向，忠臣烈女都是古今歌颂的对象，且传统社会的女性本就有殉死守贞的传统。作为忠臣之后、忠臣之妇，亲身经历国破家亡的商景兰，亦可能受周遭男性亲属尽忠孝而彰大义的品性特质的影响，面临是以死成就节妇还是求生而为寡妇的矛盾心理。故国的沦丧，亲眷的逝去都令她悲痛不已，《哭父》诗云：“南云烽火靖，乔木世家残。国耻臣心切，亲恩子报难。衣冠留想象，几杖启蕉兰。郁结空庭立，愁看星落繁。”② 诗以商氏家残为缩影表达黍离麦秀的兴衰之感及对故国故亲的眷恋之情，“愁看星落繁”隐约透露出她内心的忧愁困惑。然而，商景

① （明）祁彪佳：《别妻室书》，《寓山注》附录，清光绪二十五年（1899）刻本，第2页。
② （清）商景兰：《哭父》，《锦囊集》，《祁彪佳集》后附，第265页。

兰最终的选择是以祁氏遗孀的身份继续活下去。《悼亡》诗云："公自成千古，吾犹恋一生。君臣原大节，儿女亦人情。折槛生前事，遗碑死后名。存亡虽异路，贞白总相成。"① 传统的"悼亡"之作，大多都是男性写给亡故的夫人，商景兰却反其道而行之，直接以"悼亡"命题，悼念亡夫，明确肯定祁彪佳之举必将流芳百世，"公自成千古"与"吾犹恋一生"的对比，也流露出自己未能从夫以死明志的一丝遗憾。但是，这首诗"彻底表达了一个亲自经验到寡妇困境的女性所发出的真实感悟"，是把寡妇的选择与忠臣命运相提并论的最佳范例。② 对于自己的恋生，她做出了明确解释，"儿女亦人情"，这是对祁彪佳《遗言》所云"余家世簪缨，臣节皆罔替。幸不辱祖宗，岂为儿女计"③ 的积极回应。在商景兰看来，丈夫的选择为实现君臣大节，是政治场域的道德实践，可以赢得身后不朽的赞誉，而自己则是在家庭场域承担相应的责任，亦是在践行完善自身的道德哲学。既然无法"聊尽洁身志"，那么就按照丈夫的遗愿，继他之后成为祁门女家长，以保证祁氏后辈不坠家风。商景兰七十二岁时作《琴楼遗稿序》，亦言"乙酉岁，中丞公殉节，余不敢从死，以儿女子皆幼也"④，再次申明是自己为了延续祁彪佳的志节，成为一家男女依靠的中心而选择了寡居于世。

中国家族联姻文化中本就有母教传统，尤其是文化家族的联姻中，嫁入男方家族的女性大多是闺秀之才，母亲的学识可以对幼年子女进行蒙学教育，母亲的行事准则也会对子女产生潜移默化的影响。对此商景兰也有明确认知，《悼亡》诗称"存亡虽异路，贞白本相成"，直接表明心志，虽没有从夫殉国，但持家教子同样是守正清白之举。商景兰所属的商氏及其夫家祁氏，都以道德精神为根本追求。因此，祁彪佳"不坠祁氏一门"的嘱托成为支撑她人生后半段的重要信念，从家族道义而言，她主动承担身为遗民家庭家长、教导儿女媳妇的责任，也会对祁氏子孙产生重要影响。商景兰主要通过文学的方式实现存续祁门家族文化的宗

---

① （清）商景兰：《悼亡》，《锦囊集》，《祁彪佳集》后附，第260页。

② 孙宜康：《寡妇诗人的文学"声音"》，载《古典与现代的女性阐释》，台北：联合文学出版社1998年版，第85—109页。

③ （明）祁彪佳：《遗言》，《祁彪佳集》，第221—222页。

④ （清）商景兰：《琴楼遗稿序》，《锦囊集》，《祁彪佳集》后附，第289页。

旨，组织家族诗会，引导家族子女吟咏性情，彼此唱酬，故而人们谈到祁氏女性文学群从的文学成就时，总以从母商夫人学诗的角度追溯根源。祁氏于晚明本就以文著称，商景兰自己早在晚明就开始了创作活动，她以妻子和母亲的身份为媒介，恰好实现了祁氏家族文学的传续和转移，也令自己的寡居生活获得了些许精神慰藉。

虽然商景兰以“我本松柏姿，甘与岁寒敌”① 的傲骨之态，引领家族的子女媳妇等开辟了清初祁氏家族文学的新阶段，但她却未能通过文学教导阻止甚至扭转祁氏家族的衰败。商景兰曾在诗歌中训诫自己的两个儿子，“我家忠孝门，举动为世则。行当立清标，繁华非所识。事事法先型，处身如安宅。读书成大儒，我复何促刺”②。然而祁理孙、祁班孙还是对堂兄祁鸿孙“将兵海上，思以申忠敏之志”③ 的抗清事业倾家饷之。以故国乔木自居的祁氏兄弟还与抗清志士魏耕成为莫逆之交，山阴梅市祁家成为策动反清复明起义的大本营。朱彝尊就曾前往祁氏家族参与秘密抗清活动，并与祁氏兄弟有诗歌往来，文酒之乐。清顺治十八年(1661)，魏耕因秘密联系郑成功、张煌言等人，支持海上抗清义军而被捕，祁理孙、祁班孙被视目为其同党而系狱，“山阴之梅墅乃其死友所啸聚”④。兄弟二人手足情深争承其罪，商景兰倾家筹资，营救二人，族人最终以贿赂方式保住了祁理孙，祁班孙则遣戍宁古塔。本来就非奢华豪富之家的祁氏家族，因此而更加资财乏困。到祁理孙子祁昌徵时，祁氏子弟只能靠“佣书官幕”为生。步入晚年的商景兰，本该安享天伦之乐，却再次因二子的遭遇身陷愁海，“迢迢子去伤离别，空亭寂寞愁心结，愁心结，梨花飞碎，香飘尘绝”⑤。身为母亲，几乎无法承受这样的痛苦，“焚弃笔墨，几三十年”⑥。两个儿媳张德蕙、朱德蓉，“苦节数十年，未尝一出屏宁间”。朱德蓉领养的祁氏女后嫁杭州赵昱（原名殿昂，字功千，号谷林)，其子赵一清曾忆：“祁氏之先参政公讳承者，构澹生堂，

---

① （清）商景兰：《五十自叙》，《锦囊集》，《祁彪佳集》后附，第272页。
② （清）商景兰：《五十自叙》，《锦囊集》，《祁彪佳集》后附，第272页。
③ （清）全祖望：《祁六公子墓碣铭》，《祁彪佳集》后附，第319页。
④ （清）全祖望：《祁六公子墓碣铭》，《祁彪佳集》后附，第319页。
⑤ （清）商景兰：《忆秦娥·初春剩国忆子》，《锦囊集》，《祁彪佳集》后附，第287页。
⑥ （清）商景兰：《琴楼遗稿序》，《锦囊集》，《祁彪佳集》后附，第289页。

藏书甲海内。忠敏公以儒雅饬吏治，婚姻是缔，阀阅侔高。公子理孙、班孙，文章世德，号称学者。王母曾为某辈言，少时见诸姑伯姊，岁时过从，笺题酬唱，娴令有则，风规礼法，彬彬盛矣。”① 对祁氏昔日家族文化多有向往，也包含着无限感慨。

祁彪佳殉国后，商景兰深刻意识到，自己身上所肩负的不只是单纯的母亲职责，作为前朝簪缨之家的遗孀，她必须维持起这个曾经耀于一时的文化仕宦之族的正常运转。她谨遵祁彪佳留给贤妻的遗志，政治上坚守遗民家庭的典范，深居简出，经济上以俭持家，必返纯朴，精神上以读书作诗对时危世乱。清初顺治年间祁氏家族文学于风雨飘摇中仍能绚烂一时，主要归功于女家长商景兰家族信念感的建立。

二 诗会的运作：商景兰对祁氏子女的教导

清初围绕在商景兰身边的祁氏文学群包括：子祁理孙、祁班孙，媳张德蕙、朱德蓉，女祁德渊、祁德琼、祁德茝。朱彝尊《静志居诗话》称：“（祁）公怀沙日，夫人年仅四十有二。教其二子理孙、班孙，三女德渊、德琼、德茝，及子妇张德蕙、朱德蓉。葡萄之树，芍药之花，题咏几遍。经梅市者，望若十二瑶台焉。”②

“十二瑶台”吟咏的盛况的产生，首先离不开商景兰对女性文学的认知和引导。在为女诗人张槎云《琴楼遗稿》所作的序中，商景兰谈及对“女才”的见解：

> 余七十二岁嫠妇也，濒死者数矣。乙酉中，中丞公殉节，余不敢从死，以儿女子皆幼也。辛丑岁，次儿以才受祸，破家亡身，余不即死者，恐以不孝名贻儿子也。未亡人不幸至此。且老，乌能文？

① （清）赵一清：《外氏世次记》，《东潜文稿》卷上，辽宁教育出版社 1998 年版，第 29 页。

② （清）朱彝尊：《静志居诗话》卷 23，上海古籍出版社 1991 年版，第 727 页。（商景兰与祁彪佳共育有四女，二女德玉早亡）

有乌能以文人耶？但生平性喜柔翰。长妇张氏德蕙、次妇朱氏德蓉、女修嫣、湘君，又俱解读书，每于女红之余，或年题分韵、推敲风雅，或尚溯古昔、衡论当世，遇才妇淑媛、辄流连不能去，心不啻如屈到之嗜芰，嵇公之好锻也。迩焚弃笔墨，几三十年。偶于儿子案头见《琴楼遗稿》，乃武林张槎云所作。槎云才妇而孝女，故其诗忠厚和平，出自性情，有三百篇之遗意。反覆把玩，不忍释手，因顾女媳辈言曰："槎云之才，知汝辈能之；槎云之孝，知汝辈能之。槎云之才美，槎云之孝纯，汝辈其勉之。"女媳辈曰："以槎云之才之孝，天胡不假之年，以富其学而副其德？"余笑曰："此非汝辈能知者也。大抵士之穷，不穷于天而穷于工诗；女之夭，不夭于天而夭于多才。是盖有莫之为而为者。使槎云享富贵、寿耇颐，而无所称于后世，有何以为槎云者乎？"女媳辈咸悲惋不能自持。①

这篇文章其实重点讨论了关于女性创作的两个问题。一是文学能给女性带来什么？就商景兰看到《琴楼遗稿》引发的回忆而言，无论寿命的长短，文学都丰富了女性文人的生活，使女性拥有了属于自身的精神空间。二是才学与德行相较，哪一个对于女性更为重要？对于这个问题的讨论，商景兰采用了与女媳辈对话的方式，一问一答中，她肯定的是女才，女性的才华不仅使张槎云赢得了名声，也获得了比生命更为长久的存在，如果令她享受富贵长寿，反而可能湮没无闻。商景兰虽然肯定"才"是体现女性主体意识的重要价值标准，但她也深深感叹于女性文学生命历程中普遍存在的才命相妨。

清初祁氏诗会不仅自限于商氏与祁氏兄弟姊妹之间，还有一些女性亲友的参与，如商景兰的好友黄介媛，商景兰妹商景徽及景徽之女徐昭华，商景兰侄女商采等。祁德琼《未焚集》中的《喜吴夫人过访》《吴夫人上元燕集以病不克与遥和黄皆令原韵》等表明了祁氏女性文人宴集的开放性。这也是商景兰以"才"观照品评女性的重要辅证。

正是基于对女性立言同样可以使之不朽的明确意识，商景兰才会

---

① （清）商景兰：《琴楼遗稿序》，《锦囊集》，《祁彪佳集》后附，第289页。

"每暇日登临，则命媳女辈，角韵分题"[①]。每有空闲，祁门子女儿媳便从商景兰母命"角韵分题"，开始分韵创作，"载笔床砚匣以随"说明这样的创作活动具有组织性和引导性，类似家族内自发式的诗社活动。商景兰与其子女儿媳的诗作中，颇多歌咏同一情景的诗作，及相互之间的和诗，说明这种即兴又群体的创作时有发生，比较频繁。祁德琼《未焚集》中存留的《和楚佩游寓山》《喜弢英姊移居梅市》《和湘君韵》《剩国听雨和仲兄韵》《春夜同诸姊妹分韵》《和诸姊妹》等便是极好的证明。祁彪佳生前修筑的寓山园林，按其遗嘱，山下的部分捐为寺院，山上及山坡部分建筑仍属祁家。商景兰曾带着儿子、媳妇、女儿登临寓山，在追忆凭吊中，引领他们实践祁彪佳"既不能尽弃梅市旧居，亦须在乡日少，在山日多"的遗愿。[②] 商景兰有《春日寓山观梅》《寓园》《寓山看牡丹》等诗，《如梦令·寓园有感》《卜算子·初春由寓山看花》等词，祁德琼有同题诗《寓山看梅》二首及《寓山看桃》《和楚佩游寓山》等，应是母亲组织的诗会中的联吟之作。显然，商景兰将文学技艺作为承先启后的凭借，以文学聚会维系家庭的凝聚力，培养新的家风。

商景兰不仅通过自发组织诗词唱和，带动子女儿媳维持祁氏文学盛况，而且还积极利用自己的交游网络，将男性名士、女性名师延请至家，给予家族女性创作者实际有效的指导。毛奇龄《徐都讲诗集序》称："弱冠时，过梅市东书堂，忠敏夫人出己诗与其子妇张楚纕、朱赵璧，女湘君四人诗合作编摘，请于点定。"商景兰与两位儿媳及四女的诗作集《东书堂诗稿》现已失传，但根据毛奇龄的叙述可以推测的是，这个集子很有可能就是商景兰利用家庭诗会形式课教子媳女儿的成果集，她特意请毛奇龄给予指导点评。商景兰还曾邀请清初闺塾师黄介媛过往山阴，担任祁氏闺门教师，《两浙輶轩录》称"闺秀黄皆令，入梅市访商景兰，赠送唱和甚盛"[③]。又据祁德茝"画阁联吟恰一年"[④] 的叙述，黄介媛不仅与商景兰有文学交往，与祁氏诸女亦以诗唱酬持续近一年。黄介媛于顺

---

① （清）阮元、杨秉初：《两浙輶轩录》卷40，浙江古籍出版社2012年版，第2884页。

② 曹淑娟：《流变中的书写——祁彪佳与寓山园林论述》，台北：里仁书局2006年版，第303页。

③ （清）阮元、杨秉初：《两浙輶轩录》卷40，第2899页。

④ （清）祁德茝：《送别黄皆令》，《祁彪佳集》后附，第292页。

治十一年（1654）离杭入绍，顺治十五年（1658）将与商景兰一家及山阴当地诸家名媛唱和的诗集结成《越游草》，黄介媛现存《同祁夫人商媚生、祁修嫣、湘君、张楚纕、朱赵璧游寓山分韵》《同谷虚修嫣湘君赵璧游密园遇雨集韵牌》《春王五日同媚生祁夫人诸姊姒宴集世经堂观鲜云童剧》《采菱同祁修嫣湘君赵璧》等诗，祁德琼亦有《喜黄皆令过访》《同皆令游寓山》《送黄皆令往郡城》《采菱和黄皆令》等作。黄介媛离别时，商景兰还组织了践行诗会，诸女皆有题咏，长女祁德渊有《送黄皆令归鸳湖》，三女祁德琼有《送黄皆令归鸳水》，四女祁德茝有《送别黄皆令》，长媳张德蕙有《送别黄皆令》，次媳朱德蓉有《送别黄皆令》。

商景兰对两个儿子的教导，还侧重于德行层面重塑他们的生活目标。清顺治五年（1648）商景兰作《喜得次孙兼示长儿》："令节尽三春，吾儿意气发。殷勤养后嗣，怀哺念前人。庭树堪吾老，园葵欲汝贫。若能逢武汉，当复傲平津。"① 首先，商景兰告诫子孙要以"孝"为先，在家国同构的封建社会，忠孝并行，在家尽孝相当于为国尽忠。其次，她也希望祁氏子孙不坠家风，若生逢盛世明君，当为国效力，"若能逢武汉，当复傲平津"。按祁彪佳的遗愿，祁氏入清后一直以遗民之家自居，饱读诗书不再为科业仕宦，而是为涵养心性。《喜次儿读书紫芝轩》称："莲花争笑日，佳客解悲愁。水绿香迷院，花红影动楼。凤毛池上出，鹤发镜中愁。万卷如能破，空阶月未收。"② 希望性格豪迈的次子能读书破万卷，修身养性。

在商景兰的引导下，祁家一门四女二媳的读书风气还延续到了下一代："谷林母孺人朱氏为处女时，尝追随中表姑湘君辈读书旷园，既嫔于赵，时时举梅里书籍之盛以勖诸子，故谷林兄弟藏书，确有渊源，而世莫知也。"③ 杭州藏书家赵谷林兄弟的母亲是祁班孙因祸离家后朱德蓉所收养的女儿。从这段记载可以发现，祁家第三代女性，主要是跟着未出嫁的姑姑祁德茝一同读书，续接了商景兰课教诸子女读书作诗的文化传统。但令人深感惋惜的是，随着商景兰生命的凋零，祁氏女性文学从群

---

① （清）商景兰：《喜得次孙兼示长儿》，《锦囊集》，《祁彪佳集》后附，第 269 页。

② （清）商景兰：《喜次儿读书紫芝轩》，《锦囊集》，《祁彪佳集》后附，第 265 页。

③ （清）徐珂：《清稗类钞》，中华书局 1984 年版，第 3035 页。

也迅速衰落，“自忠敏夫人亡后，其家并穷寂不复此事矣”①。是这个女性创作诗群在商景兰死后便盛况不再。曾参与祁氏家庭诗会的、商景兰外甥女徐昭华对此感慨颇深：“木落南园冷绣帷，空亭弥望使人思。不堪洛浦乘流去，还忆平湖放棹时。风转碧芦啼鸟静，霜催玉树落花迟。可怜豸抚今宵月，曾照夫人两鬓丝。”② 最令她印象深刻的还是当年平湖放棹，诸女游湖联吟的情景，可惜好景难再。

商景兰教导下所形成的祁氏闺阁文学唱和群在清初享誉一时。陈维崧《妇人集》称：“黄名运泰毛名奇龄，撰《越郡诗选》一书，其凡例曰：闺秀则梅市一门甲于海内，忠敏擅太傅之声，夫人孕京陵之德。闺中顾妇，博学高才，庭下谢家，寻章摘句。楚纕赵璧，援妇诫以著书，卞客湘君，乐诸兄之同砚。其他巨室名姝，香奁绣帙，董陶徐郑，咏览颇多。玉映静因，流传最久，编题姓氏约十二家。闺阁风流莫此为盛，识者以为实录云。”③《妇人集》中录有祁门女诗人诗作包括：长媳张德蕙《斗牌》：“难遣离恨白昼昏，红牙牌里强争论。不因娇嫩无情绪，轮却金钗未敢言。”次媳朱德蓉《和湘君》：“海棠枝上落深红，花片随香散碧空。但得与君同转侧，不愁此夜逐春风。”四女祁德茝《夜坐》：“夏雨初晴后，长空万里天。花间吹玉笛，月下数金钱。宿燕惊犹语，檐榴堕欲然。齐纨裁自好，弃置是何年。”祁氏一门“十二瑶台”吟咏的盛况由此可见。

三　成果：商氏引领下的清初祁氏群从的诗艺与诗风

长女祁德渊，初名贞孙，字弢英，有《静好集》，但未能行于世，殉葬于棺木之中。适余姚姜廷梧，与夫婿感情融洽，常以诗文相唱和。王晫《今世说》称：“姜名廷梧，浙江会稽人，大司农一洪仲子。幼给捷

① （清）毛奇龄：《徐都讲诗序》，（清）徐昭华：《徐都讲诗》卷首附，清康熙年间萧山陆氏凝瑞堂西河合集本，第2页。

② （清）徐昭华：《秋日过密园怀从母祁大中丞夫人》，《徐都讲诗》，清康熙年间萧山陆氏凝瑞堂西河合集本，第3页。

③ （清）陈维崧：《妇人集》，中华书局1985年版，第20—21页。

行，文不起草，口所诵即成句。论者谓其诗类何景明。近为诗者莫过也。妇祁氏名弢英，忠敏公长女，贤有文章。每与姜倡和，或姜远游，则必诒诗相问询。”[①] 姜廷梧病逝后，祁德渊本欲同其母一样，以寡母之姿教养小孩，以“缟素”持续祁氏遗民心志，后经毛奇龄劝说才肯易服。《名媛诗纬初编》称祁德渊“为诗从无艳态，一归大雅。盛唐气格，直接蛾眉。忠敏之家，教使之然也”[②]。《送黄皆令归鸳湖》：“西湖江上雁初啼，水落寒塘一棹轻。绕径黄花归故里，满堤红叶送秋声。片帆南浦离愁结，古道河梁别思生。此去长途霜露肃，何时双鲤报柴荆。”[③] 及《访黄皆令不遇》：“漫传佳客至，急放木兰舟。阔岸千山远，寒波夹浦流。怀人追仿戴，作赋慕登楼。更惜缘仓卒，空帘静玉钩。”均气质高华，情思流畅，感情真挚，语言典雅，情境结合的描写生动、细腻。

三女祁德琼，字昭华、卞容，号修嫣，今存《未焚集》，集诗歌六十六首。据商景兰序称，“吾女自幼工诗，每得句即为先忠敏所称赏”[④]。祁德琼诗众体兼备，有五古、五律、七律、五绝、七绝，其中存留数量最多的是五律和七绝，以赠别、寄怀、和韵为主题。相对于祁氏其他几位女儿，祁德琼著作反映了她与姐妹、兄嫂之间的文学交往。姐妹之间或分韵或和韵，如《春夜同诸姐妹分韵》：“遥天月色照华堂，酒罢幽窗待晚妆。雪散庭前香气暖，风开玉树斗芬芳”[⑤]，平正典雅，又如《和诸姊妹》：“独倚栏杆动远思，忽凭燕语报新诗。日长春去愁无尽，空对斜阳弄柳枝”[⑥]，祁氏姐妹虽因出嫁而分离，但却时常以诗维系亲情，文学成为她们互相传递牵挂的重要手段。祁德琼与兄嫂也保持了这样的文学联系，如七律《剩国听雨和仲兄韵》五古《寄怀仲兄客游姑苏》，七绝《坐仲兄紫芝轩书室》《送仲兄游禾中》等。寄怀仲兄之作，既表达了对兄长羁游他乡的同情，“暮宿青楼上，春风任潦倒。落月旅灯寒，晓雾帆樯饱”，又对其才华表示肯定，“男儿志四方”“仲兄天下才”，并以“功

---

① （清）王晫：《今世说》卷 1，清康熙二十二年（1683）霞举堂刻本，第 11 页。

② （清）王端淑：《名媛诗纬初编》卷 14，清康熙六年（1667）山阴王氏清音堂刻本。

③ （清）祁德渊：《送黄皆令归鸳湖》，《祁彪佳集》后附，第 290 页。

④ （清）商景兰：《未焚集序》，《祁彪佳集》后附，第 297 页。

⑤ （清）祁德琼：《春夜同诸姐妹分韵》，《未焚集》，《祁彪佳集》后附，第 314 页。

⑥ （清）祁德琼：《和诸姐妹》，《未焚集》，《祁彪佳集》后附，第 315 页。

名不厌早"[①]鼓励兄长，这也反映了祁德琼的旷达性情。《寄怀楚攘》致长嫂张德蕙云，"旧侣梦中见，新词枕上歌。鸾笺何处达，归雁过前坡"[②]，一片深情。《别赵璧》："泪共青山远，孤舟别路径。凄凄林外鸟，多半断肠声。"[③]送别朱德蓉嫂，哀怨不舍。《寄怀楚纕赵璧》表达对家中诸嫂的思念之情："怀人独自倚高楼，无数相思待远舟。遥远江山催暮色，莺娇花舞总离愁。"[④]《喜弢英姊移居梅市》贺长姊夫妇迁居，《步月怀弢英》表达对长姊的关心。

祁德琼与妹妹祁德茝、女师黄介媛的唱和之作最多。存留诗作包括：《赠妹湘君》、《赠湘君晚妆》、《夜雨怀湘君》、《和湘君韵》、《寒夜怀湘君》（两首）、《春夜怀湘君》、《喜黄皆令过访》、《同黄皆令游寓山》、《送黄皆令往郡城》、《和黄皆令游密园》、《寄怀黄皆令》（两首）、《同皆令登藏书楼》、《初寒别黄皆令》。这些诗作充分反映了姐妹情深，友朋真挚，也为我们还原了清初顺治年间闺秀名媛间文学互动的频繁性。总体而言，祁德琼诗歌内容以抒写亲情为主，这与古代女性闺阁生活空间狭隘有密切关系。偶尔她也有对今昔盛衰的感慨，如《同皆令游寓山》"堂构今零落，无心整翠钿"[⑤]，《登庆兄藏书楼》"寂寞追往事，空负谢家名"[⑥]，《和黄皆令游密园》"十年乱事悲星散"[⑦]等，但毕竟祁彪佳殉国时，祁德琼只是十几岁的少女，对于时代悸动、家国悲痛并没有太深刻复杂的体验，故而在短暂悲慨之后，便以"千里交情喜月圆""松径犹能邀令客"宽慰自己，[⑧]更乐于享受眼前生活的欢欣。

四女祁德茝，字湘君，有《寄云草》，然未行于世。祁彪佳殉节时，她才九岁，是跟在商景兰身边时间最久的一个女儿，受母亲的诗学指导也最多，但她现存诗歌仅二十余首。《祁彪佳集》录十首，《名媛诗纬初编》录八首，《撷芳集》辑佚两首，《晚晴簃诗汇》辑佚一首。《全浙诗

---

① （清）祁德琼：《寄怀仲兄客游姑苏》，《未焚集》，《祁彪佳集》后附，第298页。
② （清）祁德琼：《寄怀楚纕》，《未焚集》，《祁彪佳集》后附，第300页。
③ （清）祁德琼：《别赵璧》，《未焚集》，《祁彪佳集》后附，第308页。
④ （清）祁德琼：《寄怀楚纕赵璧》，《未焚集》，《祁彪佳集》后附，第316页。
⑤ （清）祁德琼：《同皆令游寓山》，《未焚集》，《祁彪佳集》后附，第301页。
⑥ （清）祁德琼：《登庆兄藏书楼》，《未焚集》，《祁彪佳集》后附，第301页。
⑦ （清）祁德琼：《和黄皆令游密园》，《未焚集》，《祁彪佳集》后附，第305页。
⑧ （清）祁德琼：《和黄皆令游密园》，《未焚集》，《祁彪佳集》后附，第305页。

话》称："越州闺阃工诗者又莫胜于祁氏……三女皆善诗，而德茝为尤胜。"[①]《古意》应是早年拟作，模仿古诗十九首诸作，抒写相似闺情，诗笔清秀："忆昔与君别，杨柳丝堪结。芳草积如烟，飞花乱成烟。数载客京华，念君远别家。欲知遥塞雪，但看故园花。芳时处幽独，蜘蛛网金屋。细雨昨夜零，春苔上阶绿。对镜厌孤鸾，凌云怨黄鹄。憔悴玉台人，肠断珠帘曲。为幢须忆故，为衣莫道新。愿持江国月，流照苏门春。"[②] 另有咏花诗两首，一首七言古诗写桃花："阳春三月东风起，灼灼桃花映秾李。远翠深山抹晓霞，游人错认桃源里。今年花似去年红，年年人醉桃花中。油壁青骢罗绮艳，碧桃花底长相逢。忽然春雨连宵急，春风漂泊娇无力。桃叶桃根绝可怜，鲜香万树空颜色。人生盛衰各有时，恨不花前进酒卮。昔日繁华更何处，为问桃花知不知。"[③] 借年年花相似，岁岁人不同的景象抒发人生盛衰之感。另一首七律体咏鸡冠花："肯把秋容让菊花，满埘绛帻斗繁华。窗前谈罢潇湘雨，坊外呼来片片钱。禁苑晓筹无复报，后庭玉树亦堪嗟。且教点染东篱脚，不隶朱家与祝家。"[④] 借物喻人，用典贴切，意蕴深厚，语言典雅。

长媳张德蕙，字楚纕，现仅存诗十余首，《祁彪佳集》录五首，《名媛诗纬初编》辑佚六首。张德蕙诗风与祁德渊相近。次媳朱德蓉，字赵璧，同张德蕙一样无作品结集的记载。《祁彪佳集》收其诗十首。二人有多首同题之作，题咏内容与祁氏亲友相关。如黄介媛离绍时，二人都作有送别诗。张德蕙诗形式精美，以景写情，诗风更为绮丽："一曲骊驹送酒卮，离亭斜日影迟迟。王孙芳草归途见，驿使梅花去后悲。秦望云深遮客棹，吴江枫冷系人思。遥知月照孤帆处，正是风吹悬榻时。"[⑤] 朱德蓉诗形式古朴，语言质实，诗风更为苍劲："青青杨柳枝，飘摇大道旁。大道多悲风，游子瞻故乡。执杯送行客，泪下沾衣裳。忆昔弭远棹，明月浮景光。壶觞极胜引，歌舞开华堂。好鸟得其侣，举翼齐翱翔。胶漆

① （清）陶元藻：《全浙诗话》卷37，《续修四库全书》第1703册，上海古籍出版社2002年版，第526页。

② （清）祁德茝：《古意》，《祁彪佳集》后附，第291页。

③ （清）祁德茝：《雨中忆凌家山桃花》，《祁彪佳集》后附，第291页。

④ （清）祁德茝：《鸡冠花》，《祁彪佳集》后附，第291页。

⑤ （清）张德蕙：《送别黄皆令》，《祁彪佳集》后附，第293页。

两不解，金石安可方。分袂起仓卒，永夜生悲伤。吴山何渺渺，越水亦茫茫。芙蓉被秋渚，采采有余芳。愿言赠所思，曰归纫为裳。”二人还都有悼念祁德琼的诗作。张德蕙《秋日哭修嫣》：“丽华白雪斗芬芳，风雨摧残一院香。惟有妆台杨柳叶，春来还欲比眉长。落叶梧桐满院秋，秋蝉竟不解人愁。可怜人已悲纨扇，犹送秋声上画楼。”[①] 亦是诗风绮艳之作，又添染浓重哀色。朱德蓉《哭修嫣》仍采用五言古体形式，诗风苍凉悲古。朱诗中“酸风射两眸，动止俱成泣。自期长为欢，谁怜永幽隔。含泪忆故姿，容光在瞬息。忽严委尘土，无由见彩笔。愁深不忍言，忧思日盈积。此意欲诉天，天高安可悉。舒愤寄短章，哀响迷云日”等句，不仅哀痛伤心，更有愁思难解之意，这恐怕与朱德蓉当时的境遇相关，祁德琼去世的同年祁班孙被遣戍辽，朱德蓉既失感情上的伴侣，又失诗学上的伙伴，正处于不知生活该去向何处的困惑与无助之中。张德蕙、朱德蓉还有与祁德茝相关的诗作，张德蕙《怀湘君》：“晴烟袅袅正清明，不耐春光满院生。风送谢楼双燕舞，月含梁苑百花轻。闺中少妇杼机懒，陌上王孙芳草平。空有黄莺歌伐木，无人解诗断肠声。”朱德蓉《和湘君》：“海棠枝上落深红，花片随香散碧空。但得与君同转侧，不愁此夜逐春风。”

祁理孙，字奕庆，祁彪佳长子。现存诗四首。《折杨柳词》是仿民歌之作：“游鱼须大海，猛虎须深山。本是同根花，何为两容颜。”[②] “同根花”和“两容颜”的对比，可能是盛衰今夕有别之意。《垓下吊项王》是怀古凭吊之作，借楚汉争霸表达历史兴亡之感，“鸿门不杀宜垓下，成败论人惟儒者。兴国贵以义，亡国重以气。吴江汉阙等有死，我弗为彼宁为此”[③]。《蹴鞠行》以铺陈之法描写众人玩蹴鞠的景象：“联翩蹴鞠竞相戏，落月奔星到平地。五步七步军容开，左御右掣呈翘材。白打分钱过寒食，气球约住芳尘力”，以白描为主，形态逼真，诗歌结尾称“莫以儇才嗤健儿，少壮为欢能几时”，[④] 隐约透露当及时行乐的消极思想。《喜

① （清）张德蕙：《秋日哭修嫣》，《祁彪佳集》后附，第 293 页。
② （清）祁理孙：《折杨柳词》，《祁彪佳集》后附，第 317 页。
③ （清）祁理孙：《垓下吊项王》，《祁彪佳集》后附，第 317 页。
④ （清）祁理孙：《蹴鞠行》，《祁彪佳集》后附，第 317 页。

金大来归自娄东》："人生最愁苦，会短别日长。鸿鹄飞千里，终复归故乡。君子志四海，遨游固其常。祇恐乏根荄，展转随风扬。东山有盘阿，西山有连冈。与尔结系带，偃卷慎勿忘。青云及时至，鸿鹄仍翱翔。伏龙处陇中，谁谓非世祥。"① 语言质朴，意蕴深厚。

祁班孙，字奕喜，祁彪佳次子，全祖望为其撰写的墓志铭称其有《紫芝轩集》，然今仅存从《越三才子诗录》中辑佚而成的《紫芝轩逸稿》。祁班孙现存诗歌以古体为主，多荒凉变徵之音，而自抒抑塞不平之气。其诗中有吞声咽肺腑、未可劝加餐之句，令人不忍卒读。此类风格的作品主要是与戍边相关的诗歌，如《广宁城医巫闾山北镇》"砂碛残辽蓟，山灵空典坟。颓城孤大漠，断石灭奇勋。绝巘迴车近，荒镇揽辔闻。虎乘风肃飒，龙薄气氤氲"②，《灰摆国旧城》"城古烟云淡，风多草木番。荒庐焚六麓，疲马散高原。地慨兴亡迹，心悲野老言。千年故俗改，百里废墟存"③，《戍所》"携酒古台上，一悲节候更。荒途知历日，感此野人情，茱萸不解佩，丛菊颇流馨。聊与习味噏，击缶或可听。鸿雁起沙中，南向而哀鸣"④，皆是景象荒凉，声情凄厉。祁理孙的《青春行赠女弟茝》是可证祁氏兄妹之间有诗歌往来的重要作品。《得内信作》当为戍边时思怀妻子朱德蓉所作，诗风凄美，语辞哀艳，"尺书昨岁悲空寄，征衣欲敝应难弃。凄雪偏从马上塞，朔风还向行间吹"⑤，一写想象中的妻子的牵挂，一写现实中自身的苦寒，双线并行，可见祁班孙的才情。

（作者为绍兴文理学院人文学院副教授）

---

① （清）祁理孙：《喜金大来归自娄东》，《祁彪佳集》后附，第317页。

② （清）祁班孙：《广宁城蹔巫闾山北镇》，《紫芝轩逸稿》，《祁彪佳集》后附，第325页。

③ （清）祁班孙：《灰摆国旧城》，《紫芝轩逸稿》，《祁彪佳集》后附，第327页。

④ （清）祁班孙：《戍所》，《紫芝轩逸稿》，《祁彪佳集》后附，第342页。

⑤ （清）祁班孙：《得内信作》，《紫芝轩逸稿》，《祁彪佳集》后附，中华书局1960年版，第357页。

清代是越台人文交流的黄金时期

何有基

【摘　要】清代，是越台两地人文交流的黄金时代。不但是赴台交流人员数量多、素质高，而且事业心强，忠于职守，有些人甚至殉于任上，可歌可泣。诸如清代首任台湾知府蒋毓英，原是福建泉州知府，入台后，精心经营，四年下来，宝岛台湾治理得井井有条。任满调离时，台湾官民再三挽留。留任一年后，离台时有“数千人攀辕相送”，依依惜别。时任福建总督姚启圣，为台湾回归是呕心沥血。他亲自制定“平台方略”，在组建平台水师时，自己出钱出力；为瓦解敌军，建立“修来馆”；为施琅出任水师提督，以“全家百口性命”向康熙做担保；当施琅率军平台时，姚启圣以“钱粮官”身份，为施氏保驾护航。最后，姚氏因积劳成疾，回福州“背疽”发作而死在任上。俞明震出任台湾布政使月余，日军凭借一纸《马关条约》犯台。日本舰船以强大兵力优势妄图突破台北防线。俞明震临危不惧，率领军民为“抗日保台”打响第一枪。在激烈的炮战中，军民死伤惨重，俞明震亦不幸头部负伤。但他继续指挥战斗，直至晕倒而被抬下火线……在清代，此类故事举不胜举。由此可见，越地名士乃至于他们的先人，为台湾的开发、建设及安全是鞠躬尽瘁死而后已。

【关键词】越台　人文交流　清代

清代，为越台两地人文交流的黄金时代。主要表现在越地名士赴台任职者众，且层级高，业绩丰硕，有的殉职任上，可歌可泣。据历史资料披露，越地名士赴台任知府及以上职务者有十六人之多。诸如“一代良吏”、台湾首部《府志》编纂者蒋毓英；巡台御史、《重修台湾府志》的范咸；巡台道员、《续修台湾府志》26 卷本的余文仪；《重修福建台湾府志》20 卷本作者之一的知府钱洙、范昌治；巡台御史兼理学政、书法名家张湄；“政绩颇佳”的台湾道员、知府方帮基；巡台御史、诗人钱琦；巡台道员、知府孙景燧为“保一方平安”殉职任上；接任孙景燧的台湾知府杨绍裘，以一举之力平息台地乱象；“治绩优秀”由淡水抚民同知升任台湾知府的徐梦麟；台湾兵备道、《厦门志》、《金门志》主修周凯，为平息张丙起事而卒于任上；为“台农”说话的知府程起鹗；台湾建省后，首任布政使邵友濂；被刘铭传赞誉为“劳绩最著”的台湾第二任布政使沈应奎；因平息台地暴乱殉职而被追赠台湾知府的方振声等。另外，还有为郑成功收复台湾献宝图、又有“台湾孔子”之誉的儒学大师沈光文；以亲历写就台湾第一部游记《裨海记遊》的郁永和；为“抗日保台”打响第一枪的俞明震；为阻止日军南侵而英勇献身的吴彭年等。更有意思是，秋瑾在少年时代曾赴台探亲，探望她在台任职的父亲秋寿南。在秋瑾的祖辈中，还有二人在台任职，其伯祖父秋曰觐殉职在任上。在连横《台湾通史》中，越地名士被列传的有二十多人。由此不难看出，越台两地人文交流之盛况。今择其一二，谨请指教。

（1）姚启圣精心制定“平台方略”，并不惜“全家百口性命”保举施琅为福建水师提督；施提督率以“姚家军”为主力的清军大败郑军于澎湖，郑克塽识时务降清，台湾入中国版图。

17 世纪 80 年代，海峡两岸爆发了一次不小的军事冲突，水师提督施琅率领以“姚家军”为主力的清军，大败郑军于澎湖。郑克塽在“兵临城下”局势面前，选择率部属降清，使饱受战乱之苦的国家终于实现了统一，台湾回到祖国怀抱。因此，人们提起清朝收复台湾的最大功臣是水师提督、靖海侯施琅，是他创立“以武促统”解决台海问题的“施琅模式”。然而，人们忽略了另一位大功臣福建总督、平台“后勤部长”姚启圣，而他才是“以武促统”模式的原创者。我们从平台的全过程来观察，可以说，姚启圣为台湾所做出的贡献不在施琅之下，但因得罪了清廷某些权贵，告了姚启圣的黑状，康熙帝受蒙蔽，才做出不合情理的决断。导致“平台”关键时刻，姚启圣“平台权”旁落，功绩被刻意抹杀，差点成了“阶下囚”。所以，在清代收复台湾的问题上，很少有人会想起姚启圣。

姚启圣（1624—1683），字熙止，号忧庵，浙江绍兴人。他曾改隶汉军镶红旗，于 1663 年（康熙二年）通过八旗乡试，授广东香山知县。1669 年（康熙八年），因“擅开海禁”遭罢官。此后，以经商为业，赚下了大钱。过了五年，因平定耿精忠叛乱立功，被重新起用授福建布政使。1678 年（康熙十七年），郑经在福建沿海大败清军，康熙大怒，罢免了原任福建总督，任命姚启圣为新任福建总督，专责平台事宜。姚启圣在福建总督（1678—1683）任上，有更多时间和精力来考虑平定台湾事宜，经一段时间的温酿，一个比较完整的平台方案形成。姚总督清楚地认识到：“海禁”不解除，浙闽经济难发展；台湾不回归，东南沿海难安宁。为此，姚启圣郑重提出“剿、抚并用”的平台方略，以实现国家之统一。姚氏“平台方案”上报后，即获康熙帝的“恩准”。

姚启圣平台之方略，主要内容归纳下列五方面。

其一，在军事上，重拳打击郑军对闽浙沿海的袭扰，将其势力压缩至台澎海岛，为平台扫清道路。1678 年，郑军刘国轩部再次突击福建沿海，攻陷漳州门户海澄。之后，刘国轩率军海、陆北上，连下数十镇。刚上任的总督姚启圣，指挥人马以迎头痛击，很快扭转了败局，迫使刘国轩部收缩兵力于漳州附近。[①] 在姚部的军事打击下，郑氏集团开始分化，内部“和”与“战”争执不下，一时间“和平谈判”成了主旋律。刘国轩在郑氏集团授意下，与姚启圣展开试探性和谈。刘国轩提出，台湾问题可以遵照“瑠求模式”来解决，即每年向大清纳贡；姚启圣则坚持“剃发易服”，郑氏官员可到中央政府任职。后因在“剃发易服”问题上谈不拢，导致和谈搁浅。至 1680 年，姚启圣攻克海澄，收复金门、厦门，郑经被迫退至台、澎。至此，郑氏集团丧失在大陆的全部据点。[②]

其二，在实行军事打击的同时，采取多项举措招抚郑军官兵，从郑经集团内部分化瓦解削弱其势力，为平台减少阻力。姚启圣于 1679 年，在漳州设立“修来馆”，并颁布归降的各种不同奖励事项。[③] 修来馆委派

---

① 田珏、傅玉能：《台湾史纲要》，福建人民出版社 2012 年版，第 78 页。

② 田珏、傅玉能：《台湾史纲要》，福建人民出版社 2012 年版，第 79 页。

③ （清）蒋毓英：《台湾府志》，香港远流出版公司 2004 年版，第 36 页。

郑军降将黄性震主持，使招降工作开展顺理，先后有陈士恺、郑奇烈、朱天贵等名将携所属官兵近五万人投诚。其中，明郑官员 5153 名，士兵 35677 名，或就地入伍御敌，或随行征剿，使其成为一股不可小瞧的平台力量。正如时人感叹，姚启圣“间（谍战）成效显著矣”。

其三，大力扩编福建水师，从实战出发加强海上训练，为平台做军事准备。清军一贯以骑兵见长，水军力量单薄，解决台湾问题没有强大的水师做后盾等于是一句空话。姚启圣上任后，请求朝廷扩编闽地水师，加强舰船的火力配备。康熙准奏，并同意从姚部标下调拨万人，充实福建水师。又从江浙选战船百余艘，从湖广拨发新式西洋火炮 20 门，以加强福建水师的战斗力。姚启圣下令福建所有水师船只限时“鸩工修理”，所有官兵“按期操演”，以提升海上作战能力。姚启圣自己捐资修造战船 70 余艘，捐募兵勇 3200 名，其配备之军械、军士犒赏等费用皆有姚氏捐办。在姚启圣的统筹下，到 1682 年 10 月，在闽清军水师已有“精兵二万余，战船三百艘”，为施琅成功复台做好了军事准备。

其四，发展地方经济，保护百姓利益争得民心，使平台凝聚人心有了物质保障。收复金厦及沿海岛屿后，姚启圣上书恳请“开海界，复民业”，以使闽人重获“耕渔衣食之资”，最大限度地恢复因连年征战以及“迁界禁海”政策而遭受破坏的地方经济。1680 年 2 月 7 日，清廷批准姚启圣等人请展界奏疏，许沿海百姓复业。于是，自福宁至诏安界禁开放。① 与此同时，姚氏捐资为各府、县购置学田一千亩，开浚河道，修缮桥梁等。另外，姚启圣在处理汀州盐政问题上合理得当，解决了当地百姓吃高价潮盐的问题，保护了百姓的利益，赢得了民心。

其五，荐举施琅为福建水师提督，使闲居十二年的海霹雳重披战袍，为平台迈出了关键性一步。姚启圣曾三次保举海霹雳施琅（原系郑成功部属、降将）出任福建水师提督。1681 年（康熙二十年），为解除康熙在用人上的疑虑，姚启圣以“全家一百二十一口人的性命”做担保，再次保荐施琅出任福建水师提督（第四次保举），姚启圣称：“破台湾非水师不可，习水师非琅不可，请用琅为水师提督。”② 同年 7 月 28 日，康熙

---

① 田珏、傅玉能：《台湾史纲要》，第 79 页。

② 田珏、傅玉能：《台湾史纲要》，第 83 页。

下旨任施琅为福建水师提督总兵官，加太子少保。10月，施琅抵厦门赴任。施琅复出后，原福建水师提督万正色改任陆路提督。由此，万氏对姚启圣心怀不满，并把火全发在姚启圣身上。万正色串通左都御史徐元文对姚启圣进行攻击、诬陷，这为日后康熙帝不信任姚启圣种下了祸根。

施琅出任福建水师提督，与姚启圣在平台的大政方针上是一致的，但在具体攻取时间及路线上发生了分歧。施琅主张在夏季南风盛发时出兵，先攻取澎湖，后取台湾；而姚启圣则主张在冬季北风猛烈时进兵，兵分二路，一路由施琅率领攻取澎湖，一路由他率领攻取台湾北部的淡水等地，这就是历史上"督提之争"。最后，康熙支持施琅，让他独掌水师；而姚启圣居后，为施琅水师"催趱粮饷"的差使。

1683年（康熙二十二年）6月14日，施琅率战船230艘、官兵2万余人从铜山港（今东山）出发，沿正东方向直取台湾门户——澎湖。姚启圣为顾全大局，精选姚家军3000人满载粮草器械，亲自配合施琅出征台澎。姚启圣在开赴澎湖的征途中，就"平台善后事"，连上八本奏疏，足见姚公对平台事宜的热心与关怀。澎湖一役，施琅大获全胜。[①] 郑家军在澎湖之战中几乎全军覆灭，只有刘国轩等数十人坐小船逃回台湾。澎湖海战结束后，施琅、姚启圣继续贯彻"剿抚"并举的平台方略，下令暂停军事进攻，禁止杀戮，张榜安民；优待俘虏，伤者治疗后放其回台湾；向台湾军民发布《安抚谕诚示》，宣扬清政府宽大优惠政策；又派人劝说郑克塽投诚等。施琅还郑重声明"断不报仇，当日杀吾父者已死，与他人不相干"。8月13日，以郑克塽（郑成功之孙）、刘国轩为首的郑氏集团完全接受了清政府的和谈条件，放弃抵抗，向清政府投降。20日，清军台湾登陆，接管台湾全境，中国实现了统一。[②] 康熙得报后，加封施琅为靖海侯，爵列第一；而姚启圣，仍保留原爵位。

施琅与姚启圣为平台合作伙伴，同为平台功臣，但对这样的安排国人议论纷纷，大都为姚公鸣不平。据陶元藻《全浙诗话》称："迨台湾之乱，冲锋陷阵，虽施琅功，然运筹帷幄，决胜千里，应时以输军饷，重犒以收士心，俾琅用兵多寡，出师缓急，靡不如意者，皆少保（姚启圣）

① （清）蒋毓英：《台湾府志》，第36页。

② 田珏、傅玉能：《台湾史纲要》，第87页。

之力也。刘国轩败，澎湖凯旋，施琅于海道奏捷，七日抵京师，而少保遣飞骑由内地驰报，迟琅二日，琅已先封靖海侯矣！”另外，《闽颂汇编》《总督大老爷恩德述略》《总督姚公平台传》《八旗诗话》等，对姚启圣的功德有更详细的记述。

姚启圣为国家统一大业呕心沥血，兢兢业业，因劳累过度而吐血。初入闽时，54岁的姚启圣须发浓黑，两眼如炬，任总督仅几年，鬓发皓白。1683年，身心俱疲的姚启圣从台湾返回福州不久，因“背疽”复发，溘然与世长辞。在平台期间，姚启圣倾其所有，捐银达十七万两。姚启圣病故时，已“囊无数千之积”，是其子姚仪借钱才把他父亲安葬。姚启圣在《清史稿》《台湾府志》《台湾通史》中有传。其本人有《忧畏轩遗稿》《忧畏轩奏疏》及诗文多篇。

（2）台湾首任知府蒋毓英为建设宝岛呕心沥血，离任时数千人“攀辕”相送；蒋知府编就第一部《台湾府志》，台岛自此步入有史时代。

1684年5月（康熙二十三年四月），清廷正式宣布：台湾“设一府三县。台湾府下设三县，分原万年州为台湾、凤山二县，改旧天兴州为诸罗县。台湾府治则设在东安坊（今台南市），以台湾县为附郭。澎湖设巡检，置台厦兵备道（兼辖厦门）及总兵，隶福建省”[①]。与此同时，规定“台湾、澎湖设兵防守。设总兵官一员，水师副将一员，参将二员，兵八千，分为水陆八营，驻防台湾。澎湖设副将一员，兵二千，分为二营。每营各设游击、守备、千总、把总等官”[②]。由此，台湾隶属清廷中央政权管辖下。

台厦兵备道道员，是台湾品秩最高的文官（正四品），除了治理台湾之外，也分管厦门。[③] 按照清制，道员的职权主要是纠举下属有无失职。但虑及台湾地位特殊，道员又授予密奏、兵备岁科二试、督造水师战船之权。[④] 知府，系仅次道员的台湾高官，官阶“从四品”，职权在于掌一府之政务，包括向下属宣布国家政令，征收所属府县赋税，考核下属官

① （清）蒋毓英：《台湾府志》，第36页。

② （清）蒋毓英：《台湾府志》，第70—71页。

③ 刘良璧：《重修福建台湾府志》，《台湾文献丛刊》第74种，第29—30页。

④ 余文仪：《续修台湾府志》，《台湾文献丛刊》第121种，第119页。

吏及其审决讼案、稽查奸宄等。知府之下有同知、通判。知府衙门的内部组织机构主要由府堂、经历司、司狱司等组成。台湾是中国的门户，海疆之重地，其地位之重要可想而知。经多方推荐、考察，时能守台者“非集公不可”。“集公”何许人也？他是浙江诸暨人蒋毓英。

蒋毓英（？—1707 年），字集公，出生于浙江诸暨店口七里村（古称戢里村），祖籍锦州府。是清代首任台湾知府，也是首部《台湾府志》的编纂者。1679 年（康熙十八年），蒋毓英出任福建泉州知府，任上各项工作“游刃有余”，皇上特赐“一品服”予以褒奖。1684 年，蒋毓英奉命由泉州府调任台湾府，出任清治时期台湾第一任知府。

台湾回归，百废待兴。蒋毓英上任后，虑及台湾府之特殊，即刻深入民间进行调查研究，并在此基础上，提出一整套治理台湾的积极主张与方案，使府治运作渐入佳境。

第一件事，划定疆域，分级管理，充分调动各级主管的积极性和创造力，为台湾建设打下扎实基础。

遵照清廷在台设立一府三县之规定：新设台湾县居中，所以又称“中路”，县境东到大山，西到大海，南到二层行溪的北支界凤山县，北到现在的盐水镇与诸罗县为界。台湾县除管理本辖区之外，澎湖亦属其管辖。凤山县在府治南方，称为“南路”，县界北以二层行溪与台湾县为邻，南到现在的恒春猫鼻头，东界山，西临海，东北界诸罗县。诸罗县又称“北路”，东系大山，西抵大海，南与台湾、凤山二县交邻，北到大鸡笼（今基隆市），宜兰、花莲、台东也划归诸罗县管辖。[①] 当年，新任县令有沈朝聘、陈瑸、季麒光三人，依据府治相关规划要求，结合所在辖区的实际情况，各展其才，皆取得良好政绩。尤其是地广人稀，境内大多为高山族居住的诸罗县，政绩更为卓越。该县县令季麒光，在“安抚土番（今高山族）、创立义学、赈恤穷黎……”等方面都有突出的表现。这里除了季县令本人的智商及努力外，或许还有浙江鄞县人沈光文的协助。沈光文来台数十年，曾协助郑成功赶走荷兰殖民者，收复了台湾；更为出色的是他为中华文化扎根台湾不遗余力。今定居诸罗目加溜湾，年七十有余，与季麒光关系热络，皆为诗社的主要成员之一。据说，

① 陈捷先、阎崇年：《清代台湾》，九州出版社 2009 年版，第 10—11 页。

季县令对沈光文十分崇敬，每月都会带上礼物上门探视，嘘寒问暖。沈光文乃是出了名的台湾通，对诸罗县的情况更为熟悉，创办义学成绩斐然，在高山族同胞中享有很高的威望。季麒光初来诸罗时，人生地不熟，但有了沈光文这位高人的指点，哪有办不成的事。

第二件事，引进农业劳动者，复耕复种，促进台湾农业经济的复苏与发展。

回归之初，为确保台湾社会安宁，有大批郑氏军民需转移到内地安置。一时间，台湾汉族人口锐减，一些已开发的土地重新荒芜。施琅在《壤地初辟疏》称：一年内，从台湾迁往大陆的人口“近有其半”。这是说从明郑时期十多万汉族人口中，迁居内地高达 5 万余人，以致台湾出现“人去业荒”的景象。为此，蒋毓英通过各种渠道及各类奖励措施，在上任头一年里，招来大陆劳工计 3550 人。各县见此纷纷仿效，不但止住了土地抛荒，而且提高了台湾人口的增长率。如 1684—1782 年，全国人口年均增长率为 1.276%，福建为 0.817%，台湾则为 2.655%。[①] 之后，随着闽、粤移民的涌入，为台湾土地开发提供了最为重要的生产力，土地开发大有一日千里之势。

第三件事，广泛采用“轻租薄税”政策，对现有耕地实行“相土定赋”措施，减轻杂役，促进海岛农业经济恢复及发展。

蒋毓英深谙“为政之道，首重利民”的道理。因此，他在“轻租薄税”政策上向“利民”方面倾斜，尽量减轻农民负担。就从当时台湾地租上说，远较大陆各省为低，一般只占收成的 10%—20%。农民除耕种地主土地之外，还可以私垦土地，收获大都归己，使生产积极性大大提高。[②] 蒋知府对耕耘中的土地，依据耕地土质之肥瘦、水源之远近等要素，把土地分成若干等级，再来核定赋税之轻重，尽量减轻耕者的负担。对那些抛荒的土地，蒋氏鼓励当地农民或流民认耕复种，并按认耕之多寡，给予免税或奖励等。由于采取以上多种灵活举措，使台湾的农业经济在较短时间内得以恢复，农民得到了实惠，政府的税收亦略有增长。如清初，台湾一府三县的正供杂税，年收入为 8.8 万多两，军政支出仅

---

① 田珏、傅玉能：《台湾史纲要》，第 93—94 页。

② 田珏、傅玉能：《台湾史纲要》，第 94 页。

3.7 万两，岁有盈余。[①]

第四件事，推动两岸商贸往来，增进台湾“一府二鹿三艋舺”商业中心格局初现。

清初，中国东南沿海不宁，清政府在福建强推“迁界禁海”政策，使闽台两地百姓苦不堪言，经济停滞不前。1683 年，台湾平定“海禁”解除，允许商民出海贸易，渔民出海捕鱼。1684 年，蒋毓英抓住这个有利时机，以府城台南（今台南市）为商业中心，开展对大陆与日本、南洋的贸易活动。此时的台南，既是台湾的行政中心，也是商业中心，又是台湾最早文化发祥地。它的周围也是台湾最早开发与经济较发达的地区。大家从台湾南北把糖、米、龙眼干、姜黄、樟脑、硫黄、煤等产品集中到这里，又把它输往大陆；大陆的绸缎、丝线、纺葛、绢布、罗纱、棉花、药材、烟、酒、茶、木材、石料、砖瓦、瓷器、纸张，还有杂货也从这里输往台湾各地。[②] 随着商业繁荣，在台南商业中心的引领下，彰化鹿港镇（又称鹿子港）逐渐成为台湾中部的货物集散中心。艋舺（今台北万华）也逐渐成为台北盆地货物的集散中心。由此，台湾“一府二鹿三艋舺”三大商业中心格局初步形成。与此相对应的商埠不断扩大，如台湾与大陆的商贸已达福建的漳州、泉州、厦门、福州；浙江的宁波、绍兴、温州；广东的汕头、湛江；还有上海、苏州、天津、烟台、牛庄（营口）以及远至关东等地。与此同时，台湾岛外贸易得到迅速的发展，台船每岁出入数千，贸易地区伸展到日本、吕宋诸国。

第五件事，加强与高山族的联系沟通，努力维护其权益，使台湾高山族渐渐融入汉人社会。

随着祖国大陆汉族人不断迁居台湾，使台湾社会的民族构成发生了深刻的变化，即从原来青一色的高山一族，而成为以汉人为主体的多民族社会。经过漫长的民族交流融合，其中，高山族汉化深者称为“熟番”，未汉化的称为“生番”。蒋毓英承明郑之后，在各番社（主要是熟番）设置土官，由高山族耆老公举，再经官府认可产生，并由政府发给戳记，以约束“番众”。各社又置通事，以疏通政府与先住民间的关系，

---

① 田珏、傅玉能：《台湾史纲要》，第 94 页。

② 田珏、傅玉能：《台湾史纲要》，第 99 页。

传达政令。后来，由于扩耕开荒，一些原住民的猎场被侵占，引起汉、“番”间的矛盾。经过调解协商，双方处得和解，汉人得到了耕地；先住民在得到补偿的同时，还输入犁耙锄斧镰刀等先进生产工具，并教以耕作方法和引水灌溉等生产技术，使农业增产增收。蒋毓英是位儒学大家，亲自捐俸创办义学，让高山族孩童接受中华文化教育，背诵儒家经典，行文知礼，作字有法，参加科举考试；提倡孝悌，规范民风民俗。通过上述“抚番”政策，致使部分少数民族地区出现居处、饮食、衣饰、婚嫁、丧葬、器用之类，半从汉俗，遵汉人礼仪的现象。由此，说明台湾高山族开始融入中华民族大家庭。

第六件事，重视宝岛文化建设，改建孔庙，编纂首部《台湾府志》，台湾自此步入了有史时代。

台南孔子庙是建于明郑时期的 1665 年，为台湾首座孔庙，它的建立标志着儒学正式在台湾扎根。初建时，仅有大成殿，用来祭祀孔子。1685 年，在蒋毓英主持下对孔庙进行改建，增设明伦堂，作讲学之用，成为全台之首学。孔庙又称“先师庙”，俗称“文庙”。它不仅是纪念孔子的重要场所，也是台湾第一所高等学府，成为台湾教育发展史上的一个重要里程碑。

1685 年底，恰逢清政府通令全国纂修地方志，以备“一统志”的采辑汇编。于是，蒋毓英与诸罗县令季麒光、凤山县令杨芳声等合修《台湾府志》。有道是方志为“博物之书”，“一方之全史”，其难度是不难想象的。首部《台湾府志》（后人称《蒋志》）初稿于第二年完成，几经修改，遂呈送台厦道，此即后来康熙《福建通志》辅刻本的主要依据。仅一年时间，完成台湾首部府志的编纂，效力可谓奇高。笔者并不怀疑蒋知府的领导及组织能力，而突然想起一个人来，他就是蒋毓英的同乡沈光文。沈光文时年七十五岁，住诸罗目加溜湾，与该县县令季麒光是诗友，关系亲密。据说，季氏每月都会带礼物上门探访沈光文。季麒光是蒋毓英最得力的修志干将，而沈光文是编纂台湾地方志最有发言权的重量级人物。至于沈、蒋有否被引见？沈光文的《台湾赋》是否成为《台湾府志》的蓝本等，至今仍是个谜。然而，如有隙去细察蒋毓英的《台湾府志》，那么，沈光文《台湾赋》的影子随处可见。难道这是巧合，还是心有灵犀一点通？《台湾府志》成文后，未能及时刊刻，至 1689 年在蒋毓英调大陆后，由其眷属在大陆刊行。

《蒋志》为纲目体，全书分：沿革、叙山、叙川、物产、风俗、岁时、户口、官制、人物、古绩10卷，每卷立有数项支目。该志书的刊行，为后人了解当时台湾社会、经济、文化及民俗风情提供了翔实的历史资料，为探讨海峡两岸交流史提供了可靠的历史依据。蒋毓英与他的《台湾府志》在台湾文化史上留下了不朽的篇章。

蒋毓英在台湾只短短的四五年时间，但在当地老百姓心中却留下了极为深刻的印象。1687年，蒋毓英任满将升任湖广郎鹾道。消息一经传开，让“台人士惶惶若失，涉大洋反复恳求大吏告留，大吏特疏奏请予留一年。去之日，攀辕走数十里，送者至数千人，……”。由此，蒋毓英与台湾同胞间的“鱼水之情”可见一斑。连横在《台湾通史》中称蒋毓英为“一代良吏也”。时至今日，在台南仍有一方刻着“台湾郡侯蒋公去思碑记”古迹留存，足见蒋公影响之久远矣！

（3）俞明震为“抗日保台”打响第一枪，使日军侵台锋芒严重受挫；俞氏补写《台湾八日记》，为研究台湾近代史提供了珍贵史料。

1894年，由于清政府的腐败无能，竟然将宝岛台湾割让给日本。割台噩耗传到台湾，全省震惊，激起包括高山族同胞在内的所有台湾人民的极大愤慨，反割让浪潮迅速席卷全岛。在这场悲壮的“抗日保台”史诗中，我越地名士与台湾同胞一道奋勇当先，给日本侵略者以沉重的打击。

1895年5月底，日军在炮舰的掩护下，于台北基隆澳底强行登岛。时任台湾布政使的俞明震亲临第一线，与当地军民同入侵者展开激烈的炮战，为“抗日保台”之战打响了第一枪。俞明震等抗日精英，在孤立无援的情况之下，敢于同舰坚炮利的日军英勇搏杀，充分体现了中华民族不畏强暴的大无畏精神，可歌可泣。

俞明震（1860—1918），字恪士，号觚庵，浙江山阴（今绍兴）人。出身于绍兴斗门俞氏，为名门望族。从曾祖父俞世琦始，寄籍顺天宛平。其父俞文葆，曾出任湖南兴宁、东安知县，住湖南善化县（今属长沙市沙县）。子俞启威，原名黄敬，新中国成立后，曾任国家技术委员主任兼第一机械工业部部长、天津市委书记。孙俞正声为原全国政协主席。侄儿俞大维，前台湾国民党军主要负责人，与蒋经国为儿女亲家。俞明震曾任江南水师学堂总办（校长），亲率鲁迅、俞大纯等赴日本留学。鲁迅称其为“恪士师”。

1894 年，中日甲午战争风烟骤起，孤悬海外的宝岛台湾局势随之吃紧。台湾不仅因为她本身的美丽富饶，还因其地理位置十分重要而使日本垂涎三尺。当时，清驻台湾文官，大都“流连诗酒，不恤军事”；武将，有志者“不受重用”，平庸者“各自为政，争功夺利”；士卒“不知教练，炮械不谙养护”。台湾巡抚唐景崧深知事态之严重，即奏请朝廷调时任刑部主事的俞明震前来台湾协办防务。1895 年 4 月，俞明震奉调赴台湾出任布政使，负责全台营务。

俞明震来台湾上任没多久，中日甲午战争即以清政府的失败而告终，根据丧权辱国的《马关条约》，清廷除高额赔款外，还将宝岛台湾等地割让日本。消息传来，台湾民众义愤填膺，同仇敌忾。在《马关条约》签订后的第三天，台北市民鸣锣罢市，纷纷涌向台湾省巡抚衙门，示威抗议，怒斥清廷卖国行径，痛骂李鸿章之流是贼臣，应杀之以谢天下。许多有识士绅、民众悲愤激昂，致电清廷，慷慨陈词：“与其生为降虏，不如死为义民”；丘逢甲血书“抗倭守土，愿与台地共存亡！”。并代表全台绅民三次上书，请求朝廷“废约再战”；唐景崧、俞明震等人，38 次上书请战。[①] 光绪皇帝的老师翁同龢在其日记中写道：“得到台湾门人俞明震、丘逢甲电，字字血泪，使我无面目立于人世矣！”然而，清廷对此麻木不仁，其复电云：“凡在台大清官兵，分批撤回内地。”

为了抗日自保，在无援、无奈的情况下，丘逢甲、陈季同、林朝栋等人提议，建立“台湾民主国”，推举巡抚唐景崧为“大总统”，任命丘逢甲为义军统领、刘永福为大将军、俞明震为“内务大臣”等，以带领台湾军民抵御入侵者。这个“民主国”宣示，“仍感念清朝历代皇帝的旧恩，奉清廷为正朔，遥做中国大陆的屏障”云云。[②] 据悉，今台湾某些别有用心的人，借所谓“台湾民主国”说事，为其“台独”张目，那也是徒劳的。

当甲午战争的炮声尚在大陆上空回响，日本海军舰队立刻集结南下，

---

① 田珏、傅玉能：《台湾史纲要》，第 182 页。

② 田珏、傅玉能：《台湾史纲要》，第 183 页。

先下澎湖，紧接着摆开阵势要攻取台湾本岛。据俞明震《台湾八日记》载：1895年5月28日，日本战舰29艘游弋于台北海面。经多次试探，日军试图先从基隆五十里的澳底登陆。俞明震不愧为一员儒将，面对凶残的日本侵略者亲赴前线督战，并与守土军民一起同日本精锐师团展开空前激烈的炮战，这为宝岛人民"反割让，保台湾"开了第一枪，成为中国人民抗日战争诗史中不可少的一部分，其意义不容低估。但由于义军兵力不足，武器落后，又缺乏训练，致使日军精锐主力近卫师团第一旅团有机可乘，屡屡得手。

俞明震不顾个人安危，坚守在前沿阵地。在炮战间隙，登陆与反登陆的战斗更加惊心动魄，惨烈无比，在血与肉的拼搏中，有兵勇竟然临阵脱逃，使局势万分危急。俞明震冲锋在前，果断地指挥亲兵手刃逃兵，才稳住阵脚。残酷的战斗使守军死伤惨重，俞明震也被日本炮弹击伤头部，血流满面。但俞明震强忍伤痛，继续指挥作战，其爱国耿耿忠心、烈烈气概激励着台湾军民，一时传为佳话。

澳底一战，守土军民死伤惨重，光官兵战死者多达二百余人，俞明震因流血过多身体不支亦被部下抬下火线，转至狮球岭阵地。不多久，基隆及狮球岭炮台相继失守，台北城危在旦夕。俞明震带着伤痛及虚弱的身体面见唐景崧，力劝退守新竹，依靠刘永福、林朝栋的力量争取东山再起。然而，此时的唐景崧对守台已失去了斗志和信心，根本听不进俞明震的意见。[①] 至傍晚，当守军退入台北城时，见抚署起火，各局、所不见人影，连俞明震的住所亦遭人洗劫，局势凶险危急。

6月4日，台北发生"兵变"，这使本来十分艰苦的"抗日保台"之战雪上加霜。[②] 也就在这一天，唐景崧化装逃至沪尾，乘船回大陆。此时，俞明震饱受失地的苦痛和肉体上的痛处煎熬，已精疲力竭的他只好带上历次电奏朝廷的草本，烧毁了与各地往来的密电之后，含恨离台，内渡厦门。正如丘逢甲一诗叹道："宰相有权能割地，孤臣无力可回天。"至此，抗日的领导责任主要落在了丘逢甲、刘永福等人肩上。

俞明震回内地后，仍心系台湾同胞的安危。他静下心来补写了1895

---

① 田珏、傅玉能：《台湾史纲要》，第185页。

② 田珏、傅玉能：《台湾史纲要》，第185页。

年 5 月 28 日之后的战事日记，即《台湾八日记》，记载了中、日两军数日间的战况，以及 6 月 4 日“台北兵变”之情形。与此同时，俞明震还将他与唐景崧向朝廷请战的 38 件文书附录于《台湾八日记》之后，这为后人研究台湾近代史提供了十分难得而珍贵的历史资料。

（作者为绍兴市台办原主任）

近代浙江文人新知识统系之建构与越人新学书目的互见*

——以夏曾佑的阅读记录为中心

梁苍泱

【摘　要】考察第一代具有系统的新学创作能力的文人知识仓库的更新，夏曾佑自编藏书目与日记中的阅读记载是典型个案。夏曾佑的阅读关乎新旧书目选择的眼界，关乎具体的读法，更落实于面向社会现实的写作。在旧学功底已然扎实的情形下，夏曾佑自觉从多面向开展新学阅读。其读书方法的创新和读书眼光的时新，亦有力促进了其划时代的"新史学"写作，及其身边的浙籍新学阅读与知识共同体的形成。夏氏之新学成就或许不如更年轻辈的梁启超等，路径却是共通的，并有前后浪互相激发之力。

【关键词】夏曾佑　新史学　西学东渐　阅读史

自1815年英国传教士米怜（William Milne，1785—1822）在马六甲创办世界上第一份中文刊物，晚清识字阶层即逐步进入一场内容与形式并举的"阅读革命"，或曰"知识仓库"的重建。① 简言之，便是阅读对象从以《四库全书》及其存目为代表的中国传统学问（旧学），延伸到，

---

* 本文为2019—2020年度浙江省高校重大人文社科攻关计划青年重点项目"'阅读革命'与近代浙江新学文化空间的生成"（编号2021QN024）；2019年浙江省越文化传承与创新研究中心自设课题一般项目"浙江近代文化转型人物研究——以夏曾佑、项兰生、魏易为中心"（编号2019YWHJD15）的阶段性成果。

① 参见潘光哲《晚清士人的西学阅读史（一八三三—一八九八）》，台湾"中央研究院"近代史研究所，2014年。

甚至转向以“西学”“东学”为核心的“新学”,[①] 阅读载体从传统的线装书转向现代书籍报刊。[②]

不难想见，学人既有的知识仓库越是充盈，原有知识和社会地位越高，更新的激励就越弱，更新过程就越艰难。所以，知识仓库的更新与人类自然的代际更替紧密相连，年轻人往往是吸收新学的主力。而老一辈旧学精英自我发起阅读革命、更新知识仓库的努力，也就显得尤为可贵和值得关注。

本文主要考察对象夏曾佑（1863—1924），杭州人，1890 年光绪庚寅科会试会元。他不仅是科举胜者，且浸淫佛学，经学功底也很深厚，被时人视为“（龚）定庵嫡派”“（黄）梨洲化身”。[③] 同时，夏曾佑又鼓吹维新，想往新学，对晚清的“诗界革命”“小说界革命”“史界革命”皆有参与或响应，被梁启超赞为“近世诗界三杰”[④] 之一、“晚清思想界革命的先驱”[⑤]。他还是“巨手主笔”[⑥]，作有数百篇报章文与一部新历史著作传诸后世。可以说，较诸梁启超等后辈，夏曾佑有更为深厚与系统的旧学背景，观察其自我施加的阅读革命与知识转型因而别具价值。

更为难得的是，夏曾佑留下了两百余条日记与包含大量新学书籍的私藏书目，为后世探究晚清文人新学阅读时的“内心世界”及其作用于“外部世界”的公开撰著的意义，提供了难得的样本。本文试图揭示夏曾

---

① 本文将传统中学四部之学之外的书刊等统称为“新学”。这一概念不仅包含西学，亦且包含（日本）东学与佛学，但以“西学”为主。熊月之编《晚清新学书目提要》已将有关译述著作都称作新学。需要特别强调的是，在过去对夏曾佑的研究中，另有一“新学”的说法极受重视，亦即各经正文和周秦诸子、教会译书以及杂糅宗教哲学科学文学的理想的混合性学理或思想。其对立面为“旧学”——汉以后的学问，主要指古文经学。尽管该“新学”概念实际上空漠而不确定，但经梁启超《饮冰室诗话》与《亡友夏穗卿先生》的宣扬，在夏曾佑研究中常被提及。

② 闾小波：《论晚清阅读革命的兴起与政治功效》，《徐州师范大学学报》（哲学社会科学版）2012 年第 2 期。

③ （清）宋恕：《致夏穗卿书》（1895 年 5 月 3 日），载胡珠生编《宋恕集》上册，中华书局 1993 年版，第 526 页。

④ 梁启超著，郭绍虞、罗根泽主编：《饮冰室诗话》，人民文学出版社 1959 年版，第 21 页。

⑤ 梁启超：《亡友夏穗卿先生》，《晨报副镌》1924 年 4 月 29 日。

⑥ 严复：《与熊季廉书》，载孙应祥、皮后锋编《〈严复集〉补编》，福建人民出版社 2004 年版，第 242 页。

佑如何自觉确立新的阅读对象，采用新的阅读眼光，形成新的思考理路，建构自己的新知识统系，形成转型的内在动力。以及他如何在后来的著述活动中，运用新的写作资源，融汇新知与旧学，并将之压在纸背，促成自身思想和学养的内在转型。

一 时文到新学：阅读重心的转向

后辈学人多有系统阅读、研习新学的机会，如就读新式学堂，参加新学人士精心组织的考课，甚至到了科举制度的末期，科举试题也推动着学子们关注新学。但夏曾佑这样早已成为进士，已经有身份地位的旧学“老人”，多半以自觉的个人阅读为汲取新学的基本方式。

最迟在1894年，已过而立之年的夏曾佑抄有一份《生平所学》书单，收书552种，做了比较明显的佛学、新学和其他四部书的类目区分。1899年左右，夏氏又列出一份藏书书目（内含两种书目），收书总计607种。相隔五年，前后两份书单出入不大，最大变化是后者未列部分时文（八股文）书籍，增补了数十种新学（包括著作与报刊）以及佛学、戏曲书目。①

书目是读书人知识积累与阅读经验的阶段性总结。可见，夏曾佑此时以中学为主体和根底，以新学和佛学为辅翼的知识仓库已大体形成。此前，夏曾佑二十余年日记中的访书、借书、购书与读书相关记录，与友人的信札往还，大致呈现了夏氏“知识仓库”建构的线索。

夏曾佑日记起自1881年，迄于1905年，有读书记录两百五十余条。首、尾两条阅读记录发生在1881年、1901年。其阅读书目与学业侧重、生活经历基本相当，有两个密度较大的“十年”：1881年至1890年中进士之前，即求学时期；1891年至1901年，即行走仕途时期。在仍有日记的1902年至1905年，夏曾佑以大量精力投入撰述，其间必有阅读行为，只不过已不再对此做专门记录。夏氏“两个十年”阅读重心崭然有别，状态亦不尽相同。

1876年，十四岁的夏曾佑进学为钱塘县廪生，后曾就读或应课杭州

① 杨琥编：《夏曾佑集》下册，上海古籍出版社2011年版，第1110—1144页。

五大书院。他好学深思，或一二日读书一部，或一日二三部，随后掩卷与人讨论，便能备述书内要旨。其购书以制举用书为中心，将大量时文总集与别集悉数纳入囊中；[①] 阅读与窗课直接相关的制艺文章外，也泛览《史记》《五代史》《北史》《明纪纲目》等有助识见与策论写作的史著，关注《文选》《杜诗》《古诗源》《唐诗别裁集》《红楼梦旨咏》等文学著作。[②] 此类以前人世界为导向的，偏于内省而非向外探索的读书结构与审美偏好亦可见于不少浙籍士子的学业，如张棡、孙宝瑄的日记之中。[③]

1890 年，夏曾佑考中会元，又通过殿试，成为进士。行走仕途的头两年，夏曾佑忙于入职与酬酢，人际往还多，读书记录少。从 1893 年起，才频繁阅读且重心转移。新学、佛学书籍与经学、史学著作成为他日常含咀之英华。

早在求学时期，夏曾佑已开始零星涉猎新学相关书籍，如 1885 年底购阅了徐继畬的《瀛环志略》。其最早的新学阅读记录是 1882 年，在杭州教会翻阅泰西侯失勒“天算书”。[④] 此书即英国天文学家 John Herschel（今译约翰·赫歇尔）的《谈天》（*The Outlines of Astronomy*）18 卷。据其后人称，童年夏曾佑不仅爱不释手地阅读《谈天》，且理解其中内容，得到西人欣赏，获赠该书。[⑤] 此类拔高，或与史实有出入，因七八年后，夏曾佑仍自道：“读《谈天·测量之理》一卷，究不能通。”[⑥]《谈天》中文版为英人伟烈亚力（Alexander Wylie）口译，夏曾佑藏有李善兰笔述（墨海书馆 1859 年版）和徐建寅增订（江南制造局 1874 年版）的两种本子。[⑦] 该书以全新方式介绍了天体模型、天体坐标系、天文投影原理及球面三角形基础，总结了影响天体视位置的各种因素；又重点介绍了太阳

---

① 杨琥编：《夏曾佑集》下册，第 577 页。

② 前述夏曾佑阅读购书情况，参见光绪七年（1881）至十三年（1887）日记，杨琥编：《夏曾佑集》下册，第 526—593 页。更全的时文文集记录集中见于光绪十一年（1885）九月初五日日记，杨琥编：《夏曾佑集》下册，第 579—580 页。

③ 卞冬磊：《古典心灵的现实转向：晚晴报刊阅读史》，社会科学文献出版社 2015 年版，第 39—50 页。

④ 光绪八年（1882）重阳节日记，杨琥编：《夏曾佑集》下册，第 536 页。

⑤ 夏元瑮：《夏曾佑传略》，杨琥编：《夏曾佑集》下册，第 1146 页。

⑥ 光绪十九年（1893）九月初十日日记，杨琥编：《夏曾佑集》下册，第 656 页。

⑦ 《生平所学》，杨琥编：《夏曾佑集》下册，第 1112 页。

系及其外的天体层次。是书之内容基于哥白尼日心地动说、开普勒三定律以及牛顿的万有引力定律，三者都是18世纪后西方天文学公认的理论基石。但清代以阮元为代表的一大批学者尚坚持抵制哥白尼学说，否定行星运行轨道运动的真实性。故知识性普及之外，《谈天》对晚清学人更大的意义在于，西方天文学在一百年后再次传入中国，是对中国天文学理论的纠偏。[①] 夏曾佑大约并不能真正理解《谈天》的精义，但是该书对他的“新学”冲击可以想见。

夏曾佑真正浸润新学，并将之作为知识仓库更新的基石，则是在1893年以后，尤其是1893年至1896年数年中。其手抄家藏书目包含佛学书籍上百种，新学一百三十余种，传统中学之书三百七十余种。除却直接购阅外，夏曾佑也会去书铺现场阅览，向书铺、教会、出版机构或友人借阅。故而，书目未必包括数量不少的阅而未藏以及阅后赠人的书籍。

同时，正如夏曾佑曾对门人言及：“吾壮岁读书，但事涉猎，以观大要；中年而后，一书之章节，靡不潜心细绎，即一字一句，未敢忽诸。”[②] 不同于第一个十年科举阶段的泛览诸书、日读十数册的阅读方式，这一时期的夏曾佑不可避免地需要面对新学阅读对象的陌生化，在阅读中一度捉襟见肘，出现停顿不解。如花费了十来个月学习算学，却只能略略了解四则运算，似乎难以深入代数、微积分。[③] 对此，夏曾佑也有心理准备。在看到建部遁吾《哲学大观》一书对汉学不伦不类的认知部分，夏氏便意识到，“日人之谈汉学尚如此，况支那之谈西学乎”[④]？新学阅读本身的难度也促成他摸索出一些“读法”，如“友朋切磋法”“文本对校法”等，虽无书目提要指引，依然走出一条相对有效的自学通路。

古人读书讲究同道间疑义相析、切磋琢磨，知识概念和思考体系与古不同的新学的阅读可能更需要系统讲授。夏曾佑年齿已长，不太可能

---

① 关于《谈天》的基本内容，见张晓编著《近代汉译西学书目提要　明末至1919》，北京大学出版社2012年版，第505—506页。

② 夏元瑮：《夏曾佑传略》，杨琥编：《夏曾佑集》下册，第1146页。

③ 光绪二十六年（1900）闰八月初五日日记至光绪二十七年（1901）五月初八日日记，杨琥编：《夏曾佑集》下册，第735—744页。

④ 光绪二十二年（1896）九月十五日日记，杨琥编：《夏曾佑集》下册，第724页。

再回学堂，与友人的交游谈宴、新学讨论便成为他突破新学修习困境的方法之一。《国闻报》时期，夏曾佑与严复"夜辄过谈，谈辄竟夜，微言妙旨，往往而遇"，颇满足于与友人的聚谭，"能屏绝尘氛，学思并进，则生平亦难遇此境也"。[①] 与梁启超、谭嗣同同住北京时，"没有一天不见面。见面就谈学问，常常对吵，每天总大吵一两场"[②]。此间，无论亲密的夜谈抑或激烈的争论，增进的自不单是夏曾佑与诸友的情谊，更有学问的深度。

不过，就新学阅读而言，夏曾佑"古为今用"，别具意义的"读法"大约是文本对校。文本对校是几乎强制要求读者一字一句进行阅读的方法，读古书时，是校勘版本，明晰古史本义的必要手段，夏曾佑曾用之读史籍[③]，识地理[④]。当用该法对读不同新学书籍时，因涉及相似内容和不同国别的译者，版本校勘或不是夏曾佑的主要目的，却体现了他"移士夫治经学、小学之心"[⑤] 以治新学的决心。不同文本内部的张力，又能给专注阅读的夏曾佑提示不同层次的意涵。

如 1893 年，夏曾佑以《地学指略》校《地学浅释》，发现"其石层次弟与译者皆相等，特繁简小异耳"[⑥]，尚只是字面上的比较。同年夏氏以丁韪良（William Alexander Parsons Martin）《罗马记》校冈千仞《罗马记》，则不仅发现"无不同"，更评论"丁书远不及冈书之完整。丁书一册之中，彼此互异，此由各就（旧）本钞出，未及会通也"，[⑦] 发现丁书中不能自洽之处。两种《罗马记》皆不见于晚清目录学著作，也未列在夏氏藏书目中。不过夏曾佑藏有日本原刻本《万国史记二十卷十册》[⑧]，当为冈本监辅出版于 1879 年的著作，中有《罗马记》。夏曾佑可能因人名接近而记混。所谓"丁韪良《罗马记》"也许是艾约瑟（Joseph Edkins）编译的《西学启蒙十六种》中的《罗马志略》之误。彼时丁韪良

① 《致汪康年书》之 13，杨琥编：《夏曾佑集》上册，第 452 页。
② 梁启超：《亡友夏穗卿先生》，《晨报副镌》1924 年 4 月 29 日。
③ 光绪十九年（1893）十二月十二日日记，杨琥编：《夏曾佑集》下册，第 658—659 页。
④ 光绪十九年（1893）十二月十四日日记，杨琥编：《夏曾佑集》下册，第 659 页。
⑤ 《致杨仁山居士书》，杨琥编：《夏曾佑集》上册，第 493 页。
⑥ 光绪十九年（1893）九月初九日日记，杨琥编：《夏曾佑集》下册，第 656 页。
⑦ 光绪十九年（1893）十二月十三日日记，杨琥编：《夏曾佑集》下册，第 659 页。
⑧ 《手钞藏书目二》，杨琥编：《夏曾佑集》下册，第 1135 页。

的《格物入门》和艾约瑟的《西学启蒙》同为重要的西学译介丛书,[①]夏曾佑或因此误艾为丁。无论何者，徐维则提要《罗马志略》时曾言及，该书具载欧洲治乱兴替之枢纽，“读西史者先希腊、罗马二志，以次及于专史，方知其自强开化之成迹”[②]。从中还是略能管窥夏曾佑如此精读《罗马记》的意旨所在。

综上可知，夏曾佑严肃阅读行为变化的诱因，除去年龄增长、心智与心态的日渐成熟，也不可忽略阅读对象陌生化的影响。其中不仅牵涉夏曾佑在不同时期的读书目的、态度等内在因素，亦涉及其生活出处、社会时局和人际交往等外部缘由。夏曾佑知识体系的组成要素、知识仓库建构的基本轨辙，因此值得细究。

二　夏氏阅读与晚清新学书目的互见

夏曾佑的新学书目存稿时间较早，纯是夏氏从个人资料角度进行的整理。内容很简略，除书名外，最多附加简要版本信息。欲探其究竟，如新学书籍的具体分类、著译者与出版时间等重要内容，有必要引入信息更为全面丰富的晚清新学书目提要。

晚清新学书目提要林林总总，傅兰雅《江南制造总局翻译西书事略》(《格致汇编》1880 年第 5 期至第 8 期连载，简称《译书事略》)、梁启超《西学书目表》(时务报馆 1896 年刊)、康有为的《日本书目志》(大同译书局 1898 年版)、赵惟熙《西学书目答问》(1901 年版)、通雅斋同人编《新学书目提要》(上海通雅书局 1903、1904 年出版) 等皆是一时之选。[③]

尽管同为书目提要，编辑者的目的却不尽相同。如傅兰雅意在传播江南制造局译书，其书目兼具广告功能；康有为意在强调翻译日文书籍

① 王慧斌:《晚清“西学启蒙十六种”的“即物察理”认识论》,《自然辩证法研究》2019 年第 8 期。

② 徐维则辑，顾燮光补:《增版东西学书录》，熊月之编:《晚清新学书目提要》，第 14 页。

③ 熊月之编:《晚清新学书目提要》，上海书店 2014 年版，第 1—8 页。

是通晓西学的捷径；梁启超是为了点拨读者西书阅读先后缓急之法；[①] 赵惟熙是作为学政，应学生之请提供引介书目；通雅斋同人则“自为其难而予人以易”，通过评价同类书籍的价值，为读者导读。[②]

夏曾佑的同省文人也撰写有几种提要。绍兴沈桐生的《东西学书录提要总叙》（读有用书斋1897年版）“区分门类，识群书之流别”[③]，交代了西学与中国相关学问的关系，是彼时浙江学子对新学认识程度的代表作之一。温州黄庆澄的《中西普通书目表》（上海算学报馆1898年刻）在《书目答问》和《西学书目表》基础上，将中西学书籍细分八类，并做简评。

收录新学书籍更全、影响更大的是绍兴藏书世家子徐维则编辑的《东西学书录》（1899年出版）。徐氏认为：“不精其学，不明其义，虽善译者理终隔阂，则有书如无书”，“日本讲求西学年精一年”，[④] 故日本翻译西学书籍颇值得阅读。[⑤] 因此，该书的一大特点是重视东学。顾燮光增补此书，出版了《增版东西学书录》（1902年石印本），两年后，顾氏又编就《译书经眼录》（1904年编成，杭州金佳石好楼1934年石印）。

就书目彼此关系而言，《西学书目表》涵盖了《江南制造总局翻译西书事略》，《东西学书录》涵盖了《西学书目表》，又部分纳入沈桐生的西书提要。[⑥] 故徐、顾三书通过接续增补，内容上基本笼括了1904年前的西学书籍。[⑦]

故此，夏曾佑研读新学著作，抄录所藏书目之际，也正是晚清新学

---

① 夏晓虹：《“西学东渐”的如实记录》，张晓编著：《近代汉译西学书目提要　明末至1919》，第1页。

② 熊月之编：《晚清新学书目提要》，第8页。

③ 熊月之编：《晚清新学书目提要》，第5页。

④ 徐维则：《东西学书录叙例》，熊月之编：《晚清新学书目提要》，第4页。

⑤ 甲午战争后，中国社会表现出向日本学习的强烈意愿，不过日文书籍（包括日译西书）的大规模翻译引进，则是在“庚子事变”以后。甲午前，国内出版汉译日文书籍共56种，其后各年出版数为1895年5种，1896年8种，1897年12种，1898年22种，1899年15种。但1900年跃升为43种，1901年83种，1902年184种。田雁主编：《汉译日文图书总目录1719—2011》（第一卷1719—1949.9），社会科学文献出版社2015年版，第1—10页。

⑥ 徐维则：《东西学书录》识语，徐维则：《增版东西学书录》，熊月之编：《晚清新学书目提要》，第6页。

⑦ 熊月之编：《晚清新学书目提要》，第8页。

书目提要从无到有、层见叠出的时段。考虑到夏曾佑新学读书日记基本止于1901年，则1899年出版的《东西学书录》与1902年刊印的《增版东西学书录》是追踪夏氏简要著录的新学书籍的最合适线索。更何况，徐、顾亦是浙江文人，书目既为启人新学门径，也是编者自身新学阅读的阶段性总结。将夏曾佑作为读者的阅读与前述书目提要两相对照，不仅有助于揭示其新学阅读路径，也能形成浙籍文人新学阅读与著述的多方参证。

徐维则出自绍兴望族，其父徐友兰、伯父徐树兰均为晚清知名藏书家，分别筑有铸学斋与古越藏书楼，前者藏书10万余册，后者号称近代中国第一家具有公共图书馆特征的藏书楼。早在1883年左右徐维则便创办了书坊“墨润堂”，销售新旧参半的书籍，[①] 并自设木刻作坊。因此，由他编写东西学书目，条件得天独厚。加上之前有傅兰雅、梁启超、康有为、沈桐生等人书目可做参考，同时又有胡道南、蔡元培等学友“纠正例类，疏补书义”[②]，故《东西学书录》与《增版东西学书录》后出转精。体例更为完备，书名、卷数、册数、版本、撰人、译人、提要等均尽可能详细；提要内容更有条理地细化为“全书之宗旨”“作书之原因”“全书之目录”“书中之精美”“书中之舛误”“学之深浅”“说之详略”“与他书之同异”“书之全否”“译笔之善否”“提要者之决说”等十余条；还对书中存在的“改换名目”“错乱次第”“剿袭舛讹”“增删书报”等问题进行检察，[③] 为彼时读者了解各新学著作的大体情况与学术价值，提供了更精准有效的资讯。

《增版东西学书录》共4卷，附录“东西人旧译著书”1卷，“中国人辑注书”2卷。所收书目依次分为史志、政治法律、学校、交涉、兵制、农政、矿务、工艺、商务、船政、格致、算学、重学、电学、化学、声学、光学、气学、天学、地学、全体学、动植物学、医学、图学、理学、幼学、宗教、游记、报章、议论、杂著31大类。大类之下又区分若干小类，如史志类下有通史、编年、古史、专史等8小类，兵制类下有

---

① 《绍兴府城书铺一览表》，《浙江潮》1903年第8期。

② 徐维则：《东西学书录》识语，熊月之编：《晚清新学书目提要》，第6页。

③ 徐维则：《广问新书之概则》，熊月之编：《晚清新学书目提要》，第9—10页。

陆军、营垒、海军、船舰等6小类，算学下有数学、形学、代数、微积等7小类，医学下有内科、外科、药品、方书、卫生学等5小类。检点夏曾佑所藏新学书籍，参酌《增版东西学书录》著录，并结合夏氏日记与师友书札，大致可为其藏书在彼时新书出版的历史图景中找到坐标。

总体而言，夏曾佑列出的130多种新学书籍有如下特点：其一，所涉新学门类齐全，涵盖了《增版东西学书录》开列的所有31类，以兵制（15种）、医学（14种）、史志（12种）和算学（9种）书最多，并有《格致汇编》《时务报》《蒙学报》《尚贤堂报》《国闻报》《清议报》6种报章。此外，从夏氏日记与书札可知，其经常阅读《中外日报》《申报》《知新报》，不时检阅上海的《昌言报》《新闻报》《游戏报》《同文沪报》，日本的《横滨报》《精神社报》等报刊。[①]

其二，多为彼时新学书刊的通行本，版本情况与新学书目出版版图基本吻合。医学书籍以博济医局刊本为主要来源，余者以江南制造局与益智书会出版为最，各有三十多种和近二十种。前者多出兵制、史志著作，后者则偏重光声电理动植物等格致之学。[②] 藏书中并有广学会本、日本原刻本与著译者自刻本等，但数量有限。

其三，书刊获取渠道广泛，却未见明确的已刊书目系统指引的痕迹。夏曾佑所藏书目提要著作仅张之洞《书目答问》一种，且其藏书书目多半在康有为、梁启超等人的新学书目出版前已整理完毕。最可能影响其西书购阅的应是傅兰雅在《格致汇编》上连载过的《译书事略》，夏氏也确实藏有《格致汇编》24册，但并无阅读该刊物的文字记录，故存而不论。

其四，部分日刻本新学书可补时人目录提要之缺。不难发现，夏氏所藏新学之书（尤其是甲午以前的“生平所学”书目），以西人口译、国人笔述、国内书局刊刻居多，间有国人自撰者。这些书籍基本能从徐维则、顾燮光等人的书目提要中找到出处。至于《声论》《视学简法》《南北方音五卷》《音学绪余》等书，则为夏父夏鸾翔所藏或所刻。如夏曾佑

---

① 杨琥编：《夏曾佑集》上册，第454、458、466、473、480页。

② 江南制造局本书籍数依据《增版东西学书录》统计，夏曾佑多自注为“上海方言馆本”，因上海方言馆于1869年并入江南制造局但保留了原名称。

致汪康年信里曾提及，《光论》《声论》是其父友人张福僖（字南坪）所译，不知原作者何人。并通过书中内容的比较，判断二书在彼时虽不如田大里（John Tyndall，1820—1893，今译丁铎尔）的名著《声学》（1874）、《光学》（1876）（两书夏曾佑皆有藏）详备，但因出版在前，有独特价值，故也托人将两书手抄送与汪康年。① 另有如日人译述的《宗教哲学》《印度宗教史》《印度宗教史考》《印度哲学纲要》《哲学大观》，日本刊刻的《万国史记》《法兰西志》《米利坚志》《尊攘纪事补遗》《日本新政考》《日本尊攘纪闻》之类目录和提要书未收或所收版本不同的，基本可以判断为夏曾佑从日本直接获得的新学著作。

约言之，夏曾佑对不同类别新学书籍兴趣的偏重，固然与他自身经历密不可分，更与晚清新学书目翻译的次第——从器物兵制之书到思想史志之书的过程有关，并在他后续不同时段的著述中有所体现。

洋务运动中，时人已认识到数学对发展先进科学技术的意义。所谓“一切西学皆从算学出。……今欲采西学，自不可不学算”②。而“西书中以算学书为最佳”③。夏曾佑同样相信中外学术“莫不以算数为权舆”④。何况夏鸾翔为“杭州算学三大家”之一，刊刻了数种算学书籍，虽然在夏曾佑襁褓之时夏鸾翔即见背，算学一门，夏曾佑仍可谓有深厚家学。只不过，其用功算学，主要在涉足西学多年后、1900 年任职安徽祁门期间。因为该处信息闭塞，“外间之事消息眇然，真足令人闷损”⑤。因此，作为新学入门的算学或许并未在夏曾佑的著作中有直接明显的反映，却是他的精神寄托和排遣生活苦闷的手段。这对夏曾佑之类常年写作，与内心对话的文人而言，意义仍不容忽视。

至于藏阅的《植物学》《植物图说》《动物新编》《动物浅说》《生物始原》《天演论》《进化新论》等书中的物种、人种知识，对于 1897 年夏

---

① 上海图书馆编：《汪康年师友书札（三）》，上海古籍出版社 1986 年版，第 1313 页。经后人考察，两书为艾约瑟口译，张福僖笔述，黎难秋：《中国科技翻译史》，中国科技大学出版社 2006 年版，第 138—139 页。

② （清）冯桂芬：《采西学议》，载《校邠庐抗议》，文海出版社 1973 年版，第 149 页。

③ 《叙例》，《增版东西学书录》，熊月之编：《晚清新学书目提要》，第 4 页。

④ 《治国经权说》，杨琥编：《夏曾佑集》上册，第 26 页。

⑤ 杨琥编：《夏曾佑集》上册，第 742—743 页。

曾佑在《本馆附印说部缘起》中洋洋洒洒畅谈动植物之雌雄公母与人类之男女性情，想来不无裨益；[①] 其购阅过不少兵制军事类书籍，20 世纪初，在《中外日报》《外交报》的报章文便以外交政论文，尤其是涉及中国与外国战端的军事论文为主；早年史传著作的阅读加上对大量国外史志的重视，则成为其写作专著《中国古代史》的底气和论述资源（下详）。

前揭足证，夏曾佑之所以“平素不习西文，未履欧美之地，而各邦之政治兴衰与其学术变迁，咸洞悉其本原”[②]；之所以与梁启超等交游时，对“从前所学生极大的反动”，抱持“中国自汉以后的学问全要不得的，外来的学问都是好的”的激进想法，写作包含诸多旁人不解的新名词的“新学之诗”；之所以成为梁启超很长时间的思想导师和“讲学最契之友”,[③] 背后因由或正在于他对待新学书籍的态度。他在晚清新学书籍渐盛之初，便以相当开放的姿态，进入知识储备更新、新学知识仓库的建构，通过尽可能多地涉足新学的不同门类，形成了较为完整的新学知识统系，并自觉地以之接替以举业、考据为核心的旧学。

三　入世指向：书籍藏阅与东学、佛学西传的参证

夏曾佑的新知识仓库中，有一个耐人寻味的门类是宗教学。佛学典籍在其藏书中一直占比很高。他的“生平所学”书单最先开列了 77 种佛学书籍，包括经书，《华严指归》等经解论著，以及《五灯会元》等佛学传记，《龙藏目录》等佛学目录类著作。恰如夏氏后辈回忆的，夏曾佑“于古今中外学术、宗教、文艺之渊源派别，窥其微奥，得其会通，尤遂于佛典。时内典由日本东渡”，“中土久佚之书，先生皆尽见之”。[④]

比夏曾佑小二十余岁的浙江吴兴藏书家周越然一度收藏西书善本

① 《本馆附印说部缘起》，杨琥编：《夏曾佑集》上册，第 20—22 页。

② 夏元瑮：《夏曾佑传略》，杨琥编：《夏曾佑集》下册，第 1146 页。

③ 梁启超：《亡友夏穗卿先生》，《晨报副镌》1924 年 4 月 29 日。

④ 夏循垍：《夏先生穗卿传略》，杨琥编：《夏曾佑集》下册，第 1147 页。

3000余册，曾总结数条购买西书的经验，如托人代购的“代理法”，向出版机构或藏书人购买的“电报法”“写信法”，以及面对面的“直购法”等。[①] 夏曾佑的经历与之类似，在此主要阐述其托人代购的经历，如他多次拜托表兄汪康年为其购买报刊、书籍。[②] 其东学书籍（以及日本佛学典籍）的置备，则多倚赖身在日本的友人推荐或代购。

夏曾佑开始有意识成规模地订购佛学书籍，应在1893年结识“谈内典极精深”的杨文会（仁山），并托其买书后。[③] 1899年，夏曾佑集中阅读了姉崎正治的《印度宗教史》《印度宗教史考》《宗教哲学》等多种著译。[④] 夏氏藏书中，这几种著作皆为日刻本，不在国人前述书目提要之列。

姉崎正治占据日本近代宗教学第一人的位置，与康有为、梁启超等皆有交往，其宗教学思想更对章太炎产生重要影响。[⑤] 夏曾佑所藏《宗教哲学》等书乃得自梁启超。[⑥] 夏与梁1894年开始深交，彼此服膺对方学识。梁氏东渡前四五年间，两人过从尤密，在诗、文、史诸方面皆有较深学术因缘。逃亡日本后，梁氏与夏曾佑仍时有通信。《宗教哲学》原作者为德国哲学家哈特曼（（Eduard Von Hartmann），姉崎正治于1898年出日译本，国内有上海会文学社1903年范迪吉重译本。[⑦] 庚子之后，中国学界对姉崎正治才有所了解，像章太炎对姉崎思想的接受即主要在1902年以后。[⑧] 故夏曾佑可谓比国内他人更早阅读到《宗教哲学》。他对姉崎正治的著作颇为上心，不但在阅读当时指出，《印度宗教史》与《印度宗

---

① 周越然：《购买西书的回忆》，载《言言斋书话》，陕西师范大学出版社1998年版，第10—12页。

② 《致汪康年书》，杨琥编：《夏曾佑集》上册，第454—483页。

③ 光绪十九年（1893）二月初九日、十八日日记，杨琥编：《夏曾佑集》下册，第648—649页。

④ 夏曾佑光绪二十五年（1899）九月十三日、十五日、二十七日日记，不过在日记中，夏曾佑把姉崎正治的《印度宗教史》误作《印度史》，本文据其藏书目录纠正。杨琥编：《夏曾佑集》下册，第724—725页。

⑤ 彭春凌：《章太炎对姉崎正治宗教学思想的扬弃》，《历史研究》2012年第4期。

⑥ 梁启超致夏曾佑信，《夏曾佑私人信件稿》20，编号6422，北京大学图书馆藏。

⑦ 张晓：《近代汉译西学书目提要　明末至1919》，第17页。

⑧ 彭春凌：《章太炎对姉崎正治宗教学思想的扬弃》，《历史研究》2012年第4期。

教史考》“材皆取之英文书，足补支那内典之缺”;[①] 数年后，应还向在日本的蒋智由咨询相关事项。[②]

由于中国佛学源流久远，基础深厚，故时人新学目录中基本不包含佛学书籍。夏曾佑重视新学中的宗教学著作阅读，固然可能是为了充分利用其旧学知识,[③] 但也应有借力从中华传向日本的佛学典籍“东力西渐”的反哺意图。

夏曾佑自认为“深观宗教，流略而外，金头五顶之书，基督、天方之学”能粗通大意;[④] 直到深入佛法，发现“慈恩诸论，辰夕肆力，其旨幽深，其例繁密，其文奥衍，欲辄（辍）业者屡”[⑤]，也依旧坚持研读。故其佛学造诣向为同道推许。1894 年梁启超入京后，与夏曾佑往来频繁。夏曾向梁启超分享自己理解的佛学知识。此时，梁启超亦结识了汪康年和谭嗣同，交流佛学。随后，这个“佛学圈”不断扩大，孙宝瑄、吴嘉瑞、沈曾植、严复等人也加入进来。[⑥] 考虑到黄遵宪有诗赞夏曾佑“兼综九流能说佛，旁通四部善谈天”[⑦]；梁启超评价他是“近世第一位认识唯识学价值的人”[⑧]；宋恕认为他“最善谈佛”，宗教空理为杭州新起学人之最,[⑨] 故不妨认为，前述圈子最初大约也是以夏曾佑向梁启超介绍佛学为圆心荡开的。

然而，夏曾佑又并不是杨仁山一类专研佛学的学者。正如晚清时人多数看到佛法与科学哲学的互通性，即对佛教的科学哲学化解释和对科学哲学的佛教化理解。[⑩] 夏曾佑虽自号“碎佛”“大田居士”，他进行的

---

① 光绪二十四年（1898）九月十三日日记，杨琥编《夏曾佑集》下册，第 724 页。

② 蒋智由致夏曾佑信，《夏曾佑私人信件稿》15，编号 6207，北京大学图书馆藏。

③ 光绪九年、十七年（1883、1891），夏曾佑即有购买佛学书籍的记录，杨琥编：《夏曾佑集》下册，第 727、730 页。

④ 《致杨仁山居士书》，杨琥编：《夏曾佑集》上册，第 493 页。

⑤ 《致汪康年信》，杨琥编：《夏曾佑集》上册，第 452 页。

⑥ 丁文江、赵丰田编：《梁启超年谱长编》，上海人民出版社 2009 年版，第 57 页。

⑦ 黄遵宪：《己亥续怀人诗》，钱仲联笺注：《人境庐诗草笺注》，上海古籍出版社 1981 年版，第 857 页。

⑧ 梁启超：《亡友夏穗卿先生》，《晨报副镌》1924 年 4 月 29 日。

⑨ 宋恕：《致王六潭书》，胡珠生编：《宋恕集》上册，第 567 页。

⑩ 葛兆光：《西潮却自东瀛来——日本东本愿寺与中国近代佛学的因缘》，载《葛兆光自选集》，广西师范大学出版社 1997 年版，第 140—141 页。

也是哲学思考而非宗教的皈依。

其间，来自近代日本的佛学书籍又在传统佛学典籍之外，成为夏曾佑的重点研读对象。这其中，或许有彼时士人在中国近代转型初期对东洋佛教的美好想象。他们并不注意佛教在日本所受其他宗教与思潮的夹击，在看到强大的西方有宗教维系人心，就以为地球各国皆如此；看到兴旺发达的东瀛有佛学来华，就以为佛教具有兴国安邦的思想资源。所以晚清思想界泰半喜欢研究佛学，不约而同地鼓吹宗教特别是佛教的意义。①

杨文会、宋恕、梁启超等夏曾佑的友人都是晚清时期重宏唯识论和因明学的主要人物。东瀛佛典中，夏曾佑同样特重唯识宗和因明学书籍。正如他的同省好友蒋智由在日本时观察到的，“我国佛教遗书（含译著两种）古有今亡，而日本尚有者多”②；夏曾佑也认为，原产中国的唯识宗“衰于支那而盛于日本”③，“因明之学盛于日本，而支那几乎绝响，亦存亡之因”④。同时，基于自身研读因明学知识数月方有解悟，读《俱舍论》因有因明知识而解悟的经历，⑤ 夏曾佑还建议杨仁山将日本人现存因明学各家的七十余种书籍广泛发行十数种，“使人衍熟其法”。⑥ 其中原因或与 19 世纪 20 年代的佛教新运动之兴起相似。是从日本传回来的唯识佚籍的新鲜刺激了夏曾佑的兴趣；也是因为唯识理论中对意识分析的细密思路和对世界理解的因明方法，在他心中成了对应西方科学哲学逻辑的知识资源。⑦

同时，夏曾佑究心唯识、因明之书的留存、阅读、出版与传播，又颇以国族进步为念。不仅将之作为重要参照物，考察日本国民励精图治

---

① 葛兆光：《西潮却自东瀛来——日本东本愿寺与中国近代佛学的因缘》，《葛兆光自选集》，第 143 页。

② 蒋智由函其二十四，《夏曾佑私人信件稿》15，编码 6221—6222，北京大学图书馆藏。

③ 《致杨仁山居士书》，杨琥编：《夏曾佑集》上册，第 493 页。

④ 光绪二十六年（1900）二月二十日日记，杨琥编：《夏曾佑集》下册，第 730 页。

⑤ 光绪十九年（1893）十月十一日日记，光绪二十年（1894）正月十二日日记，光绪二十六年（1900）七月初六日日记，杨琥编：《夏曾佑集》下册，第 657、659、734 页。

⑥ 《致杨仁山居士书》，杨琥编：《夏曾佑集》上册，第 493 页。

⑦ 葛兆光：《十年海潮音——20 年代中国佛教新运动的内在理路与外在走向》，《葛兆光自选集》，第 174—175 页。

的缘由。也反求诸己，思考日本流入的佛学典籍对本国国民图强的意义。发现《因明基大师疏》“与欧人辨学正同，于是益信欧、印之为同族”①，在佛学与西学之间找到相似的族群思辨习惯外，他更意识到“近来国家之祸，实由全国民人太不明宗教之理之故所致。非宗教之理大明，必不足以图治也”②。故夏曾佑坚持佛学阅读，又不满足于形而上的思考，除了求出世的学问外，更有其入世关怀。也就是说，添加了“明宗教之理以图治”的现实政治考量，夏曾佑的佛学研读与新学揣摩便有了一致的入世指向，可以在“为政治的学问”的层面上被整体性理解。

夏曾佑之尊崇佛学并不是为了在统治阶层广泛推行佛教，而是为了明理“图治”。这种态度，也有助于我们理解在民元后，他为何热衷推行孔教，并在1913年与康有为、陈焕章等共同向国会递交《孔教会请定孔教为国教请愿书》。更因“祭孔”当日带头跪拜，被故友鲁迅在日记中责为“阴鸷可畏”③，被后世研究者扣上不小的悲观颓废老派人物的帽子。

包括夏曾佑的挚友梁启超在内的新学家曾对孔教的宗教属性多有质疑：“孔子……所教者，专在世界国家之事，伦理道德之原，无迷信，无礼拜，不禁怀疑，不仇外道，孔教所以特异于群教者在是。”“孔子立教之根柢，全与西方教主不同。”“孔子者，哲学家、经世家、教育家，而非宗教家也。”④ 夏曾佑未必不知此等道理，只是其之所以赞同将孔子神圣化，自有其坚执的“政教”理念。

基于对政治现实的观察，夏曾佑对宗教在中国思想界的角色有清醒认识。夏曾佑曾从政教关系的角度系统阐述了中国思想史，认为先秦前本无国史，传于后世者不过教门之书，是教书者各以己之教旨寄迹古人以自重。战国后，教门之书有出世之教，有经世之教，前者为老子，后者分为孔墨两途，墨学不行，儒教大昌。儒教又有全闻孔子之教，与半闻孔子之教之别。前者道性善，而言必称尧舜；后者言性恶而法后王，宗派繁多。教门宗子，所学为帝王之术。“中国之各教尽亡，惟存儒教，

① 光绪二十六年（1900）五月初九日日记，杨琥编：《夏曾佑集》下册，第732页。

② 《致杨仁山居士书》，杨琥编：《夏曾佑集》上册，第493页。

③ 1913年9月28日日记，鲁迅著，鲁迅先生纪念委员会编纂：《鲁迅全集》第15卷，人民文学出版社2005年版，第80页。

④ 梁启超：《保教非所以尊孔论》，《新民丛报》第2号，1902年2月。

儒教大宗亦亡，惟存谬种”，流传两千余年。① 1898 年发表的《论近代政教之原》一文称：“今日之教宗，秦人之教宗，非先王之教宗也。”提出中国政教之源皆出于秦，固守秦人之法是中国在与西方民权科学对抗中亡种亡教的原因，故只有变秦人之法，才能保种保教。② 1903 年出版的《最新中学中国历史教科书》中，夏曾佑念兹在兹的依旧是如何以“政教”“种族”“风俗”为核心，探究民族国家兴衰的因由，为现实政治变革提供历史依据。“改教”正为“革政”。③ 此书还特别设置了“佛之事略”与“佛以前印度之宗教”两节。此两节的文法并不见于该书其他章节，且就国史主题而言，内容也有偏离。但若结合夏曾佑的政教观，则完全可以理解其“以资参照”之用意。也就是说，政治、宗教有别，但“政治与宗教必相附丽”方可长久。④

1905 年 3 月在与严复的私信中，夏曾佑更尖锐却直白地从另一角度表达了看法：

> 试观今日教旨，皆借政体而存，一旦不做八股，则《四书》可以不读矣。其有作宗教之论者，亦均从自保其身起见，无专为宗教者，此非吾族种性质独劣，因其教之宗旨无上帝、无灵魂、无天堂地狱、无清净涅槃，毕生所希望皆富贵，外无他物。富贵者，形器之事，不能不受制于政体，而宗教亦遂不期然而然，而受制于政体矣。故今日但患不得政权，既得政权，则天下之民犹群羊然，视牧人之鞭影而动，不能知牧人将率我以遵何道也。此为中国政教与他国相异之故，而因果之位置与前例反。⑤

对政治和宗教关系的群体认知，夏曾佑的态度不算乐观，评价也非正面，却与前述“附丽”说殊途同归。

---

① （清）夏曾佑：《答宋燕生书》，载胡珠生编《宋恕集》上册，中华书局 1993 年版，第 529—531 页。

② 《论近代政教之原》，杨琥编：《夏曾佑集》上册，第 30 页。

③ 杨琥：《前言》，杨琥编：《夏曾佑集》上册，第 9 页。

④ 《社会通诠序》，杨琥编：《夏曾佑集》上册，第 127 页。

⑤ 王栻主编：《严复集》，中华书局 1989 年版，第 1576 页。

由前揭不难看到，夏曾佑辈潜研佛学的关怀所在，即意欲通过建立自身旧学外的“心灵秩序”，进而向外寻求可能的“政治秩序”。佛学义理成为他们政治思想的参考坐标、理论基础和语料武库。既然“宗教”是西方富强背后的重要人文动源，那么反观中华文明，也有必要从“宗教”维度挖掘传统佛典和中华固有思想的价值。① 可惜夏曾佑未曾将佛学体悟系统成文。或许因为佛学在知识谱系上终究是旧学，在中国传统社会肌理中的嵌入又不如儒学来得深入，如何使之裨益新时代，实为难事。夏氏这番阅读也便最终止于阅读。

四 “新眼”作新书：夏氏的新学之于“新史学”写作举隅

恰如《增版东西学书录》识语中蔡元培指出的，“图书之丰欠，与学术之竞让为比例”②；《西学书目表序例》里梁启超强调的，“国家欲自强，以多译西书为本；学者欲自立，以多读西书为功”③。新学阅读之外，夏曾佑其实也有译述的志愿。1897 年在天津时，他曾与严复、王修植等计划“建一学会，专译西人新学之书”④，只因众人志向不同而作罢。⑤ 其后，夏曾佑又对汪康年剖白：“徐（光启）、利（玛窦）以来，始明算术，咸同之际，乃言格致，洎乎近岁，政术始萌，而彼中积学之人，孤识宏寰，心通来物，盖吾人自言西学以来所从不及此者。但理赜例繁，旦夕之间，难于笔述，拟尽通其义，然后追想成书，不知生平有此福否。”⑥ 可见对于“西人新学之书”，夏氏已由先前的有意翻译，转向志在融会贯通后的自家撰著。

戊戌变法前，夏曾佑再度向汪康年表明心迹：“念人生于世，有无限

---

① 蒋海怒：《佛学与戊戌前后知识人精神世界的重构——以〈忘山庐日记〉为个案的分析》，《华东师范大学学报》（哲学社会科学版）2015 年第 1 期。

② 熊月之编：《晚清新学书目提要》，第 6 页。

③ 梁启超：《饮冰室合集·文集之一》，中华书局 1989 年版，第 123 页。

④ 《致汪康年信》，杨琥编：《夏曾佑集》上册，第 452 页。

⑤ 《致汪康年信》，杨琥编：《夏曾佑集》上册，第 453 页。

⑥ 杨琥编：《夏曾佑集》上册，第 452 页。

当为之事，此事以内学与世运为界说，而俱不为，则读书何用也？故近日大动起行之念，聪明所到，受命于天，遭际之来，听之外物，其中无我，如转风帆。"① 明确表达了要由坐而言向起而行转变，用世之心殊为迫切。即使变法的政治主张受挫，张元济劝说夏曾佑为商务印书馆编写历史教科书或写作小说，重要理由依然是"二者皆为转移风化要事"②。显示了新风化以新民之于夏曾佑写作的意义。1903 年之后数年，夏曾佑因为母守制，无职无俸。在此期间，他不仅为《中外日报》《外交报》《东方杂志》等亲友主持的报刊写作获取稿费，也应张元济之约，为商务印书馆编纂《最新中学中国历史教科书》。该书原计划作成通史 5 册，实际出版 3 册，止于隋代。是书序言中，夏曾佑曾申明旨在写作"文简于古人，理富于往籍"，足以鉴往知来，"供社会之需"的史书。③

其中，"文简于古人"的写作目标，和"供社会之需"的现实目标的达成与否相对容易考见。如前者见于该书的章节体例、分期策略以及按历史阶段择要论列，辅以图表、化繁为简的写作方式等。④ 后者则可揆诸当时出版界与读者的反应。《最新中学中国历史教科书》（第一册上古史）初版于 1904 年 6 月，至 1918 年初，三册各已发行七万九千多册到十二万余册不等，销量颇可观。1933 年，商务印书馆将其改题《中国古代史》，移入"大学丛书"重印，得到出版界高度评价："（该书）宗旨则在发明今日社会之本原，故于宗教、政治、学术、风俗古今嬗变之所以然志之独详。此为从前编中国历史教科书所未有，而为本篇之特色也。""此书虽著于清季，而其引证审断之处，有至今为人所不能及者。"⑤ 作为最早的一批读者，顾颉刚晚年回忆初读夏著的感受是"耳目顿为一新"，"脑筋为之一洗"，并坦承自己壮年推翻古代传说，作古史之辨，实是夏书导

---

① 《夏曾佑信》，上海图书馆编：《汪康年师友书札》（二），第 1327 页。

② 栾伟平：《夏曾佑、张元济与商务印书馆的小说因缘拾遗——〈绣像小说〉创办前后张元济致夏曾佑信札八封》，《中国现代文学研究丛刊》2014 年第 1 期。

③ （清）夏曾佑：《中国古代史》，商务印书馆 1933 年版，第 1 页。

④ 关爱和：《夏曾佑与晚清文坛》，《苏州大学学报》（哲学社会科学版）2020 年第 3 期。

⑤ 《出版周刊》第 102 期，1934 年 11 月 10 日。

夫先路。[1] 钱穆也表示从夏书获知今古文之别，得到史著应重视诸年表的启示，欣赏夏氏“仅标几要点，抄录史籍原文”的不背考据精神的笔法。[2] 正如钱基博、周予同等观察到的，《中国古代史》“衡榷政学，一以今文学为张本，而杂糅以欧儒之说”，以达尔文进化论解读中国古代史，[3] 不乏创见新解，“使转变期的新史学普及到一般青年们”[4]。凡此读者认可固可证明夏书之成功影响时人，至于其“理富于往籍”的撰述意图实现与否，则尚需缀合夏曾佑的史书文字与其写作背景，尤其是阅读资源以追踪。

1903 年，夏曾佑撰写的《中国社会之原》开始在《新民丛报》第 34、35、36 号连载。虽然报章文字转为专著时进行了调整与润色，但《中国社会之原》的观点不仅多处与《中国古代史》相同，论述文字重出者也不在少数，可看作《中国古代史》的部分初稿，是其史学观的初步呈现。该文甫经面世，即以观点“精湛绝伦”，“不独古人梦想不到，就令近世贤者借助西学利器亦不能到”，[5] 颇为梁启超、严复、蒋智由等同辈人赏识。

当然，夏曾佑的史学思考并非孤立进行。他的阅读书单中，除了传统史学经典外，《万国史记》《万国通鉴》《法兰西志》《米利坚志》等新学史籍也同样在列。夏氏史学阅读的趋新，一方面，有浙江史学阅读与著述氛围之濡染。浙江传统史学历来发达，夏曾佑之前有万斯同、全祖望、章学诚、邵晋涵等享誉一代的史学大家。与之同时，浙籍趋新学者又是西方史学著作的拥趸，绍兴樊炳清、杭州张相以及夏氏好友叶瀚都有西方史著翻译出版，从内容到形式令读者耳目一新。[6] 此外，1900 年章

---

① 顾颉刚：《枫林村杂记 · 夏曾佑》，载《顾颉刚读书笔记》，台北：联经出版公司 1990 年版，第 7294 页。有关夏曾佑史著与“古史辨运动”的更详细研究可参见李长银《夏曾佑的“新史学”与“古史辨运动”》，《史学月刊》2020 年第 2 期。

② 钱穆：《八十忆双亲 · 师友杂忆》，生活 · 读书 · 新知三联书店 1998 年版，第 89 页。

③ 钱基博编著：《国学必读》下册，广西师范大学出版社 2010 年版，第 282 页。

④ 周予同：《五十年来中国之新史学》，载周予同著，朱维铮编校《经学和经学史》，上海人民出版社 2012 年版，第 181 页。

⑤ 严复信，《夏曾佑私人信件稿》手稿本 11，北京大学图书馆藏，编号 7978。

⑥ 汪林茂：《从传统到现代：晚清浙江学术的转型》，中国社会科学出版社 2011 年版，第 338—339 页。

太炎撰《中国通史略例》，提出编写中国通史的目的之一是“扬榷大端，令知古今进化之轨”，并在与梁启超信中，重申编写通史主旨是“发明社会政治进化衰微之原理为主”。① 陈黻宸强调，“史者天下之公史，而非一人一家之私史”②。马叙伦则以为，“史者，群籍之总称，凡天下之籍，不问其为政治为宗教为教育，莫不可隶于史”③。夏曾佑固然研读过严复翻译的赫胥黎名著《天演论》，对进化论有自己的理解，④ 而以进化论为史著撰写旨要，否定王朝正统史观，注重社会整体历史的“新史学”思潮，在彼时浙籍学者中也已形成风气。

另一方面，落实到具体的史学理论、研究思想与书写内容，夏曾佑受梁启超《中国史叙论》《新史学》等论著影响更有迹可循。早在1896年至1897年撰写的《西学书目表后序》《续译列国岁计政要叙》等文中，梁启超已经注意到中国历史“不过为一代之主作谱牒”，“二十四史则只能谓之廿四家谱”。⑤ 1901年写作《中国史叙论》时，梁启超更明确近世史著重视“事实之关系与其原因结果”，故与“一人一家谱牒”的前世史著⑥形成重要区别。1902年，梁氏自《新民丛报》第一期起陆续连载《新史学》，又对《中国史叙论》已经涉及的历史进化论、因果论的著史理念进行了补充与深入探究。如讨论中国旧史学弊端之一为“知有朝廷而不知有国家”，故“二十四史非史也，二十四姓之家谱而已”；另一弊为“知有陈迹而不知有今务”，故著书宗旨不是“使今世之人，鉴之裁之，以为经世之用”等等，明确树起“史界革命”的大旗。⑦ 翻检夏曾佑《中国古代史》可见：其撰述目的为“供社会之需”⑧，着眼点正是梁

① （清）章太炎：《中国通史略例》，载《章太炎全集》第3卷，上海人民出版社1984年版，第329页。

② 陈黻宸：《京师大学堂中国史讲义·读史总论》，载陈德溥编《陈黻宸集》下册，中华书局1995年版，第676页。

③ 马叙伦：《史界大同说》，《政艺通报》1903年第15号。

④ 光绪二十二年（1896）十二月二十七日日记，杨琥编：《夏曾佑集》下册，第693页。

⑤ 梁启超：《续译列国岁计政要叙》，《时务报》第33册，1897年7月20日。

⑥ 梁启超：《中国史叙论》，载《饮冰室合集·文集之六》，中华书局1989年版，第1页。

⑦ 中国之新民：《新史学》第一章《中国之旧史学》，《新民丛报》第1号，1902年2月8日。

⑧ （清）夏曾佑：《中国古代史》，第1页。

启超认为旧史学有不足的“经世之用”。而书中宣说“历史因果论”，由今文经学而入新史学，又与康有为区隔，[①] 与梁启超合辙。当然，非家谱说并不仅是对传统史学理论与作法的反思，其背后更有通过强调国族高于种族的意义来呼应变法立宪的政治需求。[②]

《中国古代史》采用章节体史书体例，该书也因之被视作第一种新体历史教科书。其体例或受上海东文学社出版的那珂通世《支那通史》和桑原骘藏《东洋史要》的影响。[③] 其观念上的“新史学”则更多借助文字中的新学知识得以呈现。最为典型的便是第一篇“上古史”第一章“传疑时代”的前三节，分别题作“世界之初”“地之各洲人之各种”“中国种族之原”，从世界上古史入手论述。论说“世界之初”又陈述宗教家与生物学家两种观点，“由古之说，则人之生为神造；由今之说，则人之生为天演，其学如水火之不相容”。夏曾佑并不否定前者，但明确提及达尔文的“种源论”：本于考察当世之生物，与地层之化石，条分缕析，观其会通，而得物与物相嬗之故。[④] 后续论说也将之作为分析工具。

旧学之中虽然也有地志、地图，但夏曾佑参阅各国史记，对各国地图学发生兴趣，藏有《西文地球图》《中俄交界图》等地图，[⑤] 早已养成世界眼光，故能将中国史置于全球史地视域中考察。在“地之各洲人之各种”一节，夏氏罗列了五大洲的地理和人口变迁，最后聚焦在“亚洲之东”的中国，[⑥] 中国显然也不再是世界中心。

下一节“中国种族之原”，夏曾佑说明中国种族之名难以确定，“支那”“蒙古”“汉族”“唐族”“诸夏”等俱不合适，不如直接称作“华”，但否定了华族从巴比伦迁来的说法，提供了一个篇幅颇长的附录，

---

① 周予同：《五十年来中国之新史学》，周予同著，朱维铮编校：《经学和经学史》，第183页。

② 姜萌：《族群意识与历史书写 中国现代历史叙述模式的形成及其在清末的实践》，商务印书馆2015年版，第172页。

③ 邹振环：《晚清史书编纂体例从传统到近代的转变——以汉译西史〈万国通鉴〉和东史〈支那通史〉、〈东洋史要〉为中心》，《河北学刊》2010年第2期。

④ （清）夏曾佑：《中国古代史》，第2页。

⑤ （清）夏曾佑：《生平所学》，杨琥编：《夏曾佑集》下册，第1123—1124页。

⑥ （清）夏曾佑：《中国古代史》，第2页。

介绍巴比伦古事，自注："译英文《图书集成》巴比伦古事。"① 而在论及周朝建立之于中华文明意义时，夏曾佑也将其比附希腊文明之于泰西，呼唤中华文明的复兴。虽无中西"轴心时代"比较之名，却已有相似的意蕴。这种借助西方现代国家建立的经验确认中国的国名、族名，重估中国历史价值的做法，自然是对新史学倡导者以"中国"名国、以"中华"名族观点的呼应和支持。② 其底色却是夏曾佑对西方史地著作的阅读和对百科全书知识的汲取。

夏曾佑生前，报章文并不少见，亦有为数可观的诗歌写作和零散的小说创作与小说论说。其作品和论说具有相当影响，形成了对晚清"诗界革命""小说界革命""文界革命"等运动的介入与呼应。③ 他借由新学实现了从"新"阅读到"新"小说、"新"文体的跨越，甚至他的"新诗"也可视作"新学"的另一种文本记录。④ 但通过上述例子，我们能更直观看到夏曾佑"新史学"理念如何在"新"阅读中产生与完善。夏氏《中国古代史》的写作对象或许是"古"的，但其"理富于往籍"的撰述目标是其中外新学书籍阅读经验的集中展示。夏曾佑终究在一定程度上实现了自家"新"书撰述的志愿。

小　结

19 世纪 90 年代以前，西方文化尚未对科举制度下的士大夫产生广泛影响，大多数中国士人思想上与外部隔绝，译书销路有限，西学在新学

---

① （清）夏曾佑：《中国古代史》，第 3—4 页。

② 关爱和：《夏曾佑与晚清文坛》，《苏州大学学报》（哲学社会科学版）2020 年第 3 期。

③ 光绪二十九年（1903），夏曾佑被张元济推荐给李提摩太，并确实担任了山西大学堂译书院译员。目前所见，他为山西大学堂译书院的《二十世纪最新天文图志》《二十世纪最新地文图志》《迈尔通史》《俄国近史》四部书润辞，并署名，但考虑到难以进行原稿与校对后稿件的对照，即难以考见夏氏的具体贡献，故在此存而不论。栾伟平：《夏曾佑〈中国历史教科书〉编写与出版考实——以张元济致夏曾佑信札为中心》，《商务印书馆与中国现代文化的生成国际研讨会论文集》下，第 413 页。

④ 郭延礼：《"诗界革命"的起点、发展及其评价》，《文史哲》2000 年第 2 期。

堂缺乏地位。[①] 晚清新学书刊的大量出版印刷还是在甲午战后，而东学西传则差不多在庚子以后才趋于繁盛。面对与同辈、后辈共享的新学环境，夏曾佑可谓较早便产生了从丰厚扎实且以之安身立命的旧学中向新世界探索的自觉意识，并逐步建构起自身的新学阅读世界。“以新眼读旧书，旧书皆新书也；以旧眼读新书，新书亦旧书也。”[②] 夏氏阅读关乎新旧书目选择的眼界，关乎具体的读法，更将落实于面向社会现实的写作。

夏曾佑个人丰富的阅读记录是一个清晰的时代阅读样本。通过清理夏氏的阅读世界，可发现其阅读从制艺文向新学书倾斜的清晰线索，读书法的创新和读书眼光的时新。而他对书籍的搜寻、读书方法的创新和读书眼光的进化，亦有力促进了他的“新史学”写作和他身边的浙籍新学阅读与知识共同体（如张元济、汪康年、宋恕、蔡元培等）的形成。

尤其值得一提的是，在19世纪末20世纪初的数年中，类似的可与徐维则、顾燮光等越人所编新学书目形成某种互见或互补的知识系统更新在孙宝瑄、蔡元培等近代浙江文人身上也渐次发生。

孙宝瑄是晚清文人中较早集中阅读生殖学、卫生学书籍的。其日记中提及的《男女交合新论》《普通妊娠法》《男女造化机新论》《生殖器》《男女交合无上快乐》等书，不仅可以在徐、顾书录的“全体学”“卫生学”等类目中找到，且孙氏日记中对养生、优生等问题的看法，也能与徐、顾从东西方生理学比较中产生的“强种关怀”产生呼应。[③]

举例而言，顾燮光《译书经眼录》评《妊娠论》《胎内教育》《生殖器新书前后新论》等书时特别说明这些著作是“改良国民之基础，东西学者列为专门”“有教育进步之效”“诚卫生强种之秘笈……足与《交合新论》参观”，因此都不应该将它们视作诲淫诲盗之书粗暴对待。[④] 孙宝瑄在1904年阅读《男女交合新论》时也肯定该书在介绍生殖原理之外的胎教意义：“凡交媾结胎时，其父母偶怀一不善之念，则所生必凶恶之

---

① ［美］费正清、刘广京编，中国社会科学院历史研究所编译室译：《剑桥中国晚清史（1800—1911）》下卷，中国社会科学出版社2007年版，第273页。

② （清）孙宝瑄：《忘山庐日记》上，上海人民出版社2015年版，第526页。

③ 参见徐雁平《新学书籍的涌入与“脑界不能复闭”——孙宝瑄〈忘山庐日记〉研究》，《清华大学学报》（哲学社会科学版）2019年第3期。

④ （清）顾燮光：《译书经眼录》，熊月之编：《晚清新学书目提要》，第316页。

子”，所以如果希望子女聪明纯善，父母的脑思心术也应该过于常人。而且，如果父母为自由恋爱，有“精神之爱”，则更有利于生出聪慧的子女。[①]

蔡元培既然能帮助徐维则校正提要条目，其对徐氏目录中书籍多半是较熟悉的，难得的是，其新学著作阅读范围又极大突破乡人徐、顾的书目，与之形成互补。蔡元培东学储备中，既有日人所作的绍介西学的书籍，如冈本监辅编次的《西学探源》（北京商务印书馆1901年版），中村正直译自英人斯马洛兹（Samnel Smiles）《自助论》的《西国立志编》[②]，石川千代松的《进化新论》等[③]，也有直接讨论日本历史文化、语言文字的东学书单，如《东洋史要》《日清战史》《战法学》《日本警察新法》《日本文体文字新论》《日本风俗》《日本国鹿门观光纪游》《东京游学案内》等。其留学德国的经历，更令其穿过西文中译或日文转译的新学迷雾，而直接触摸到西方学术的时代脉搏。

同时，相对夏曾佑、孙宝瑄等人以新学吸收为主更进一步的是，蔡元培的新学汲取因其先觉意识，往往可以较快地成为其新学输出的武库。譬如1898年他与友人设立东文学社“学读和文书”，短暂学习十来天后，即动手译成《俄土战史》。该次翻译经历给蔡元培颇为愉快的体验，其后一发不可收。如1903年，蔡氏翻译了日人下田次郎记录的德国人科培尔氏教材的《哲学要领》，成为中国哲学教科书的先驱。1906年，翻译井上园了的《妖怪学讲义（总论）》，1909年参考蟹将一丸日译本译成德国包尔生的《伦理学原理》，1910年在木村鹰太郎和久保得研究基础上编著成《中国伦理学史》等。[④] 而这些著作，又被后人收录进新学书目，实际上成为徐、顾等人书目的有益补充。

从徐维则、顾燮光等人编著新学目录书籍导引新学阅读门径，到夏

---

① （清）孙宝瑄：《忘山庐日记》，第351、370—371页。

② 该书情况可参见盛邦和《中村正直及其所译〈西国立志编〉》，载王金林、汤重南主编《走向国际化的日本　国际学术研讨会论文集》，天津人民出版社1995年版，第369—372页。1910年，商务印书馆出版了上海通社据日译本转译的本子。

③ 石川千代松的《进化新论》是日本首部系统介绍生物进化论的著作。参见葛奇蹊《明治时期日本进化论思想研究》，东方出版社2016年版，第64页。

④ 蔡元培阅读概况，参见蔡建国《在传统与近现代之间——蔡元培文化思想再论》，《史林》1996年第3期。

曾佑、孙宝瑄等人以新学阅读指导新学观念更新，以至蔡元培相对成功的新学输出，也大致呈现了一条近代浙人的新学萃取到转化应用的线索。由此可见，夏曾佑与孙宝瑄、蔡元培等人的新学阅读背后有不同的问题意识，导向不同的实践效果，但路径存在一定的相通性，并有前后浪互相激发之力。这一话题，值得进一步探究。

（作者为绍兴文理学院人文学院讲师、博士）

晚清朱正元与《江浙闽沿海图说》

白　斌　夏　攀　黄佳仪

【摘　要】中国的地图测绘在明代中西文化交流中就受到西方地图测绘方法的影响。晚清时期，作为深受传统文化熏陶，并系统接受西方科学技术学习的朱正元，在融合中西地图测绘理念的基础上，编纂与《御览江浙闽沿海图》相配套的《江浙闽沿海图说》。朱正元的《江浙闽沿海图说》是对19世纪末期中国江苏、浙江和福建三省沿海的总体描述，分成三本单独刊行，体例一致。每本均有正文和附海岛表组成，其中正文分冲要、钤辖等15个条目，附海岛表分岛名、偏度等11个条目。本书在文字、单位、内容、译名四个方面受到西方地图编纂体例的影响，其丰富的海防、海洋经济和海洋地理数据和说明具有极高的文献价值，是近代中国海洋史研究的重要文献。

【关键词】《江浙闽沿海图说》　朱正元　海防　晚清

近代中国的地图测绘经历了从传统、吸收到变革的过程。与传统地方志书和官方文献对海洋地理的描绘相比，朱正元所编纂的《江浙闽沿海图说》在使用传统描述语言的同时，采用西方测绘方式统计出来的数据，其中西合璧的方式正是这一变革的产物。晚清地图测绘事业中，以朱正元为代表的沿海测量和地图编纂者尽管仍未脱离西方测绘的已有成果，但利用西方测绘的科学方法、结合本国需求进行了大量实测和考证，为维护海疆安全做出了巨大贡献，也成为此后以科学方法进行自主测绘的先声，使得晚清成为中国海洋测绘和海图编制由传统走向近代的一个重要阶段。目前学术界涉及朱正元的研究主要有两篇，分别是汪家君的

《19世纪浙江海区历史海图初考》[①] 和伍伶飞的《朱正元与〈御览图〉：晚清地图史的视角》[②]。前者通过论述《盛京七省洋图与七省沿海全图》《英版实测航海图》《八省沿海全图》《御览江浙闽沿海图》等历史海图的历史沿革、时空分布、基本特征和初步评估等，指出晚清朱正元编纂的《御览江浙闽沿海图》努力试图摆脱英版图的影响，力求自成体系，自立规范，比同一世纪的其他历史海图高出一筹，达到了在前人成果的基础上有所提高和创新，堪称19世纪我国编纂的一部海图集佳作。后者在考案《御览江浙闽沿海图》及《江浙闽沿海图说》产生背景和经过后认为，正是在西方测绘技术的进步和清政府面临海上威胁背景下，洋务运动中兴起的西学教育培养了朱正元等测绘人才。而朱正元基于英版海图测绘和编纂的《御览江浙闽沿海图》融科学性和实用性于一体，是晚清作为中国海图由传统转向近代重要阶段的标志之一。总体而言，目前学术界还没有对朱正元《江浙闽沿海图说》的系统研究成果出现。因此，本文将从该书的作者背景、志书内容、编撰体例、志书特征和文献价值五个方面来展示本书的学术意义。

一　作者生平与写作背景

朱正元，字吉臣，号镜湖钓徒，浙江山阴（今绍兴）人，大致出生于1867年（同治六年）。1879年（光绪五年），12岁的朱正元被选入广方言馆就读。1884年底，通过选拔，朱正元继续在广方言馆进行下一阶段的学习。1888年6月，朱正元因成绩优异被派往总理衙门考取一体乡试。同年9月，朱正元通过了总理衙门的考核，并随后参加顺天乡试，相关经历登记在案。1890年，因清政府重修《大清会典》需要所有舆图地志都重加修订，朱正元辑出《海道图说》中的相关资料。1891年，朱正元进入格致书院继续学习，直到1894年。在格致书院学习期间，朱正元成绩较为优异，所作《俄国西伯利亚造铁路道里经费时日论》一文获

① 汪家君：《19世纪浙江海区历史海图初考》，《杭州大学学报》1989年第2期。

② 伍伶飞：《朱正元与〈御览图〉：晚清地图史的视角》，《中国历史地理论丛》2018年第33卷第1辑。

得格致书院山长王韬的高度认可，并在《申报》头版发表。1897 年，朱正元通过两江总督刘坤一考核，投入到江浙两省测绘事业当中。1899 年夏秋完成，形成《浙江沿海图说》（附海岛表）、《江苏沿海图说》（附海岛表）等内容。1900 年（光绪二十五年）十二月，朱正元经总理衙门呈送江浙两省沿海图说。又经过两年左右完成对福建沿海的实际测量和地图绘制。此后，大约在 1902 年到 1903 年冬春之际，朱正元在直隶总督袁世凯的支持下，从事山东、直隶和奉天三省的沿海测绘工作。1905 年病故于天津。

从朱正元的生平来看，他刚好经历了中国从传统向现代转型的阶段。一方面，作为集传统与现代为一身的知识分子的代表，朱正元仍接受传统的私塾教育，到少年时期开始进入与传统科举体系截然不同的广方言馆中学习英法语言及西方现代科学技术，其知识体系为后来洞察时事，从事专业技术工作奠定了基础。另一方面，西方国家在中国沿海沿江开展航道测量工作，并出版更新海图，更为科学和标准化的航线测量和海图制作方法逐渐为中国所接受和应用。以上的求学经历和技术发展方向成为朱正元决定重新测绘中国沿海航道的重要基础。在主持沿海测绘前，朱正元已经完成了《周髀经与西法平弧三角相近说》《西法测量绘图即晋裴秀制图六体解》等论著。同时，在对测绘知识的系统学习和相关实践中，朱正元也逐渐意识到，中国需要有中国人以科学方法自主测绘且符合本国需要的地图以全面掌握，并据此更好地维护海疆安全。此外，朱正元是在晚清洋务运动和外患严重的背景下成长起来的。沿海的生活与学习，以及中法战争和中日甲午战争的经历，使得他更为关心中国的海防事业。在他撰写的《江浙闽沿海图说》中对光绪年间沿海各区域的海战路线与炮台分布，均有详细的记录。

二 志书内容与编撰体例

朱正元的《江浙闽沿海图说》是对 19 世纪末期中国江苏、浙江和福建三省沿海的总体描述。由于朱正元曾编纂有《御览江浙闽沿海图》，该书应为《御览江浙闽沿海图》的文字说明。全书分为《江苏沿海图说》《浙江沿海图说》和《福建沿海图说》3 卷并单独排印出版，每卷由正文和附表组成，其中正文中每省则按照沿海行政边界、海防卫所、岛屿与港口等做进一步划分。如《江苏沿海图说》正文部分分为：吴淞、上海、宝山（附小沙背）、狮子林、崇明、川沙（附南汇）、金山卫（附柘林、奉贤）、海门（附塘芦港）、吕四、掘港（附东凌港、河北汀、环港）、新洋港口（附斗龙港）、射阳湖口、老黄河口、灌河口、高公岛、墟沟（附西墅）、青口、朱篷口、刘河（一下系长江）、白茆口、浒浦、福山、通州、江阴（附靖江）、圌山关、镇江（附象山、瓜洲）、十二圩、金陵及海岛表29个区域。《浙江沿海图说》正文部分分为乍浦、澉浦、蟹浦、镇海、宁波、三山浦、穿山、象山港、舟山、沈家门、爵溪所、石浦、健跳所、海门卫、松门卫、玉环、靴锹埠、温州、飞云江、大渔口、南北关（附沙埕港）、岱山、长涂、衢山及海岛表25个区域。《福建沿海图说》正文部分分为长门（附馆头）、闽安、马尾、崖石、梅花江、连江（附东岱）、北茭（附黄岐、定海、小埕）、东冲（附可门）、三都、松山口、三沙、秦屿、沙埕港、松下口、镇东、海坛、万安、三江口（附江口）、南日、平海、湄洲、崇武、永宁、深沪、围头、金门、厦门、陆鳌（附将军澳、镇海）、铜山（附古雷头）、宫口、南澳及海岛表32个区域。

江浙闽各省沿海区域的编写分成15个部分，分别是：（1）冲要：将每个沿海区域的海防重要性分为“极冲、次冲、又次冲”三等，如福建长门为“极冲”；浙江穿山为“次冲”；江苏掘港为“又次冲”。（2）钤辖：记录该区域海防属于哪支部队管辖，如江苏金山卫“属松江府金山华亭两县提标金山营管辖，水路归外海水师六营轮巡”。（3）里距：指距离周围城镇的水路和陆路距离，如福建三江口“北距涵头镇陆路五里；西距府治二十五里，水路较纡；东距江口镇二十里；东北距省会约二百里；东南距南日岛水路六十余里；东距海坛岛平潭厅治水路一百五十里；东北距长门水路二百八十里”。（4）水道：记录区域航线的深浅（为大潮退后的数据）、宽窄及可以通行的船只种类，其中大号船吃水超过二丈，中号吃水在超过一丈，小号船吃水为一丈内。计量单位为拓，每拓合六尺。如浙江象山港“港长约九十里，宽五六里至十余里不等，深约四拓，入内深七八拓至十拓不等；港内南岸蛤蚆嘴有通象山县小河，北岸有通大嵩城小河，西面有通宁海县小河”。（5）潮汐：记录区域朔望日大潮上涨时间及高度。如江苏墟沟“朔望日潮涨于六点一刻钟，大潮高一丈四尺”。(6）沙礁：记录区域航道上的浅沙滩和礁石。如浙江镇海“口外北面一片浅沙，东与游山相连，虽民船亦不敢于虎蹲、游山外直向北行。又，虎蹲西北有虎尾石（潮半即隐，上有黑色铁杆）。大游山东有夏太老婆礁（宜昌轮船坏于此处，上有红色木杆）。笠山炮台前有游山江礁（朔望潮落时，礁上水深七尺七寸，礁东面水深六拓处设有红黑色浮筒，筒上有黑色圆球)”。(7）岛屿：记录区域不同方向的岛屿分布，可以与书后附海岛表相互佐证。如福建马尾“东面有罗星塔，其东北面与之相连者，曰：‘青洲’，有村二，民居颇盛。东北面洋屿前有大屿、小屿（两屿均有孤树，最易识别)”。(8）城镇：指区域沿海城镇，如江苏崇明“县城因海岸逐年崩坍，西南隅距海仅四十余丈，全城岌岌可危，近经筑堤障护，赖以无恙”。(9）形势：指区域地形、交通在军事上的防御“大凡地势，有前路必有后路，有正路必有旁路。由前路入犯者十一，袭后路者十九。由正路入犯者十一，抄旁路者十九。盖前路、正路必有坚台重兵扼其冲，后路、旁路则随处乘虚可入。道光二十二年，英人之犯乍浦，也不于天后宫前，而于东面金家湾之花鱼嘴；其犯镇海，也不于招宝山，而于南面之钳口斗”。如浙江蟹浦“镇海西北一带，浅沙至蟹浦而尽。由此登岸，可从海塘大道直扑县治，是为镇防。北面间道，密迩口门，须防抄袭”。(10）船只：记录往来商船和渔船数量及活动，为大致估算。如福建围头“大渔船八号，小渔船八九十号；东石商船十号，余小船二十余号；安海水道，浅船只寥寥”。(11）炮台：记录区域炮台位置、建立与改建时间、安装火炮数量和炮兵人数。如江苏灌河口“光绪二十一年办防。蛏架港筑土炮台二所，置土炮六尊；响水口东面老庄湖口土炮台一所，置土炮二尊；复林庄土炮台一所，置土炮二尊；响水口东街土炮台二所，置土炮八尊”。(12）勇营：晚清时期的中国的主要军事力量，本书中记录光绪二十一年（1895）清政府办理海防时期的沿海勇营数量和分布。如浙江舟山勇营“光绪二十一年办防，兵力较薄，不敷分布。十年，法防共八营二旗又小队一哨，分驻镇鳌山、东港浦、西溪岭、东岳宫、长春岭、大校场、西管庙、小竹山、獭山、虹桥、乌石庙等处”。(13）绿营：清政府建国初期的军事单位，晚清逐渐被勇营取代。如福建海坛“额设副将一员，左营都司一员，守备一员，千总二员，把总二员，外委六员，兵裁存三百零五名；右营都司一员，千总二员，把总二员，外委六员，兵裁存二百四十五名。每营船两号”。（14）异名：指“一地数名者”。如浙江石浦“南辉山或名‘东门山’，西南面西图名‘三门湾’”。（15）杂识：指区域一些情形没有列出的。如江苏吴淞杂识记录的有，“道光二十二年，英人由浙洋移寇吴淞，攻西炮台破之，遂进犯上海；光绪二十四年，患他族之逼，处议自辟西岸为通商场，任各国聚居，新旧两炮台皆划入界内，于是议弃旧而留新，以新台能兼顾长江口门也，然既重门洞启则指顾环台尽属市廛，岂尚用武之地；崇、宝、沙因介崇明、宝山两县之间得名，近年西面渐坍，民皆徙避，海关因设检疫所于此，凡船自疫处来，者须停泊候验，以免传染内地；大小石头及鸭窝诸沙各有居民数百，而以再东之横沙为尤盛，有小市可得鱼蔬”。

除正文外，各卷书末尾还附有海岛表，用于记录江苏、浙江和福建沿海各岛屿的情况。江苏的海岛表格有 2 个，分别是长江口附近海岛表（自崇明东南角起计）、海州附近海岛表（自青口起计）。浙江的海岛表格有 16 个，分别是舟山东面附近海岛表（自舟山本岛起计算）、舟山北面附近海岛表（自舟山本岛起计算）、岱山附近海岛表（自岱山本岛起计）、长涂附近海岛表（自长涂本岛起计）、衢山附近海岛表（自衢山本岛起计）、乍浦附近海岛表（自天后宫起计）、澉浦附近海岛表（自长墙山起计）、象山港内外海岛表（自港口裹门山起计）、爵溪附近海岛表（自爵溪城起计）、石浦附近海岛表（自石浦城起计）、健跳附近海岛表（自健跳东面山角起计）、海门附近海岛表（自海门卫起计）、松门附近海岛表（自松门东面山角起计）、玉环附近海岛表（自玉环本岛起计）、温州附近海岛表（自黄华关起计）、南北关附近海岛表（自镇下关东面山角起计）。福建的海岛表格有 23 个，分别是长门附近海岛表（自长门炮台起计）、东冲口附近海岛表（自东冲角起计）、三都附近海岛表（自三都本岛起计）、松山口附近海岛表（自松山起计）、秦屿附近海岛表（自本处起计）、海坛西面附近海岛表（自海坛本岛起计）、海坛东面附近海岛表（自海坛本岛起计）、海坛北面附近海岛表（自海坛本岛起计）、海坛内港各岛表（自平潭大王庙炮台起计）、万安附近海岛表（自万安城起计）、三江口附近海岛表（自江口塔子山起计）、南日附近海岛表（自南日本岛起计）、湄洲附近海岛表（自湄洲本岛起计）、崇武附近海岛表（自崇武城起计）、永宁附近海岛表（自永宁城起计）、金门附近海岛表（自金门本岛起计）、厦门西面附近海岛表（自厦门本岛起计）、厦门南面附近海岛表（自厦门本岛起计）、厦门东面附近海岛表（自厦门本岛起计）、厦门北面附近海岛表（自厦门本岛起计）、古雷头附近海岛表（自古雷头南面山角起计）、铜山附近海岛表（自铜山本岛起计）、南澳附近海岛表（自南澳本岛起计）。各表格中又分为岛名、偏度、直距、长、阔、居民、船只、锚地、土产、异名、译名11个类别。如温州附近海岛表中的一条，岛名“黄大奥”，偏度“东”，直距“二十里”，长“十九里半”，阔“九里半”，居民“千余户”，船只“百余号”，锚地“南面”，土产“山芋”，异名“大门山”，译名“何到岛”，基本涵盖了三省沿海岛屿的基本数据。

三　志书特征与文献价值

（一）志书特征

《江浙闽沿海图说》成书于晚清末期，其文本受中西方地图编撰体例的影响，具有明显的时代特征，具体表现在以下几个方面。

1. 文字

本书用繁体排版，但书中有个别文字已经采用简体印刷，比较有代表性的为“里”，其繁体字应为“裏”。此外。在对专有名字的使用当中，很多火炮名称的翻译具有明显的时代特征，如大量岸防火炮名字“阿姆斯脱郎前膛炮”即“阿姆斯特朗前膛炮”，“瓦瓦司前膛炮”为“Josiah Vavasseur”的音译，“阜物士后膛炮”即“克虏伯后膛炮”。① 这种对早期外来语言的音译一直到20世纪初期都大量存在。同样地，汉字的简化到20世纪初期开始逐渐被知识分子提倡，以降低汉字的学习难度。

2. 单位

本书中的计量单位既有传统的丈、尺、寸、尊、号等，也有比较西

---

① 成书较晚的《福建沿海图说》中闽安炮台记录中已将“阜物士后膛炮”改为“克虏卜后膛炮”，即我们今天翻译的“克虏伯后膛炮”。

化的点、磅、拓[①]等。具体表现在对水道、潮汐、船只、炮台等表述内容的描述中。如《浙江沿海图说》中，“沈家门港，宽约半里，深三四拓至五六拓不等”，“朔望日潮涨于十点钟，大潮高一丈四尺”；舟山“定海大小渔船二百余号，沈家门百余号”，“西面竹山炮台一所，曰：‘定远’，光绪十年建”。之所以会出现这种中西混杂的计量方式，与朱正元当时的求学经历有关。晚清时期，中国一方面吸收西方先进的科学技术知识，另一方面传统的文化体系仍在维持运转，中西合璧的表现方式在晚清时期的大量文献中都存在。

3. 内容

在本书正文中，不少内容有中西对比的论述。如《浙江沿海图说》乍浦“异名”条目中，“西图则以水道可通杭州，也名杭州湾”；石浦“异名”条目中，“南辉山或名‘东门山’，西南面西图名‘三门湾’”；玉环“沙礁”条目中，“行过大青约三四里，当路有一暗礁，潮退尚没水下二三尺，西图未载”；健跳所“水道”条目中，“大狗头与陆岸间，曰：‘靖虹门’。西图作浅沙，并无水道，实则中小轮尽可出入”。这种表述在之前的志书编纂中基本没有，从中也可以看出朱正元对西方国家在中国所测地图的熟悉。

4. 译名

本书所附海岛表中在各岛屿的描述中有“译名”条目，即该岛屿的外文翻译名称。如《福建沿海图说》长门附近海岛表中熨斗山的译名为“划介”，川石山的译名为“尖峰岛”，五虎山的译名为“五指岛”，虎囚山的译名为“条纹岛”，东犬的译名为“东沙”。“译名”条目在近代以前的方志文献中基本是不存在的。到晚清时期，中国沿海海图大多为外国人绘制，以外文标注。因此，在本书中出现了中外对照的译名。

（二）文献价值

作为一部沿海区域的实地测绘资料集成，朱正元的《江浙闽沿海图说》具有极高的文献价值。本书完成后，朱正元获得清政府的赞赏，并在其后继续主持山东及其他北方沿海区域的测绘工作。从今天的眼光来

---

① “拓”是英文 Fathom 的中文翻译，也译作“英寻”，为英制水深单位。1 拓 = 2 码 = 6 英尺 = 1.8288 米。见喻沧、廖克编著《中国地图学史》，测绘出版社 2010 年版，第 329 页。

看，本书的文献价值集中在以下几个方面。

1. 丰富的海防文献是本书最重要的价值

《江浙闽沿海图说》书中有许多对于海防和沿海防御等方面的记载，集中在“形势”“炮台”“勇营”和“绿营”条目中，此外“杂识”等条目也涉及海防的内容。这些关于海防活动的记载，对于研究晚清海防力量及海防体系有着非常重要的意义。

“大凡地势，有前路必有后路，有正路必有旁路。由前路入犯者十一，袭后路者十九。由正路入犯者十一，抄旁路者十九。盖前路、正路必有坚台重兵扼其冲，后路、旁路则随处乘虚可入。”从中可以看出朱正元在凡例中对“形势”的解释具有明显的海防倾向。《福建沿海图说》中，连江“在闽江之北，自县城至馆头不过十余里，议者防其在东岱等处偷登，越馆头岭而南抄长门各炮台后路；或沿连江而西，由汤岭直犯省垣，建台置戍，亦具有深谋。惟此江虽宽而浅，近口处即小船亦须乘潮出入，防务似较梅花江稍松”。《浙江沿海图说》中，海门“为台州全郡门户，口门牛头颈与小圆山隔岸对峙，天然关键。今于南岸之外沙牛头颈，北岸之沙湾小圆山，分建炮台四所，颇得地势。能更置新炮，辅以防营，足以自固。惟遍地伏莽，须防乘发”。《江苏沿海图说》中，川沙“左江右海为松沪之外屏，由白龙港一带登岸，西至浦滨皆数十里而遥。从前建台置戍防其抄袭固属过虑，然所筑炮台正对南水道来路，若能排列巨炮迎头截击，亦足淞防之先声也”。从具体内容可以体会到朱正元应对海上军事战略有过深入的调查与思考，有自身对海上攻防的思考，继而做出评论，印证撰者希望本书发挥的军事性作用。

而在“炮台”“勇营”和“绿营”条目中也可以看到作者对海防设施与防御重点的考虑。江苏、浙江和福建沿海炮台建立时间、数量和形制均有详细的记载，这些都成为当代了解近代海防区域分布和历史变迁的重要文献。《江苏沿海图说》中，崇明“当沙头港西岸砖炮台一所，康熙三年建历次办防均加修筑，见置土炮六尊又土炮台一所，光绪十年建已圮”。《福建沿海图说》中，闽安“北岸暗炮台系旧设，光绪十年为法船所毁，十二年重修置八十磅弹阿姆司脱郎后膛炮一尊，一百二十磅弹阿姆司脱郎前膛炮二尊，十二生的克虏卜后膛炮二尊，二十年复于东面添建一所，置二十一生的克虏卜后膛炮一尊，铜铁土炮共十五尊”。《浙江沿海图说》中，飞云江“北岸东山埠炮台系旧设，置土炮七尊，兵五十名，光绪二十一年办防；南岸亦筑一台，与北台相望，台成而事平，未及置炮”。

此外，该书在个别地方的“杂识”中也有当地相关战事记载。如《江苏沿海图说》吴淞“杂识”条目：“道光二十二年，英人由浙洋移寇吴淞，攻西炮台破之，遂进犯上海”；《浙江沿海图说》舟山“杂识”条目：“道光二十年，英人在广东战，不利，率兵船来犯，陷之。明年，又来犯，又陷之。又明年，江宁和议成，各处解严。惟泊定海。英兵船逗留至二十五年，始扬帆去。自是定之民，晏然无西人之扰者十余年。咸丰十年，英法两国兵船，自天津败归，复入踞。未几，寻自去。”如此丰富的战争细节记载有利于还原当年战争的真实面貌。

2. 沿海经济与地理文献的价值不可忽视

该书虽然并不是一本专门介绍沿海社会经济的文献，但书中“城镇”“船只”条目中记录的内容给我们展示了近代江苏、浙江和福建沿海城市与海上活动的历史风貌。“城镇”条目内容的梳理有助于我们了解 19 世纪末期东南沿海区域经济的发展程度，为晚清经济的相关研究提供例证。如在《江苏沿海图说》中，上海“城镇”条目描述为“自通商以来，城北一隅之地各国于此驻领事、设洋行，南北船货如水归壑，地方繁盛，甲于各省，骎骎乎与香港并驾齐驱矣”。此外，在“船只”条目中就商船、渔船数量也可推知当地海上贸易、渔业经济发展状况。如在《浙江沿海图说》中，宁波“船只”条目数量记录为“商船数百号，各村落大小渔船约多至四千号”，而对比《江苏沿海图说》上海“船只”条目数量记录“本处沙船三十余号，渔船一百余号，杂船四百十号，此外中西船之停泊者轮帆蔽江不可数计”。船只的数量在一定程度上是当地航运需求和商业往来的实物表现，本书的相关记载可以窥伺区域经济发展程度。此外，“船只”条目中对于了解近代东南沿海渔业经济发展有着非常重要的数据价值，其各区域渔船数量分布及不同时间渔船的跨区域流动是了解近代沿海渔业捕捞的重要文献支撑，其他同时期的文献鲜有如此完整而准确的数据。

本书中“水道”“潮汐”和“沙礁”及所附海岛表具有极强的实用性和完整性，为海洋经济地理研究提供了丰富的历史数据。水道使“何等船只可到与否不待言而自现”，潮汐配合水道信息，沙礁则“详晰注载俾知趋避”。《福建沿海图说》所附海岛表中，有某岛形为“布袋澳”，“遇飓风时泊民船最稳”的相关记载。就当时而言，这些关于水道、潮汐、沙礁和相关地形的信息极大地为船只的往来航行提供了便利。此外，在该书所附海岛表有利于对岛屿开发的研究。海岛表居民信息充实，就岛屿的现有居民数量做了明确的定量调查，并且就其中多个海岛有明确的开发经历记载详细，如表中对福建海岛鼓浪屿的描述为“鼓浪屿与厦门隔岸相望，木石清奇，为诸国所绝称。厦门通商，举丸领事公署洋商住宅以及旅馆学堂医院等皆分建于此，遍山洋楼，华民则缩处西北一隅”。简短的华民偏安一隅便已经展露了我国人民当时生活之艰辛，但就描述中鼓浪屿数量众多的房屋和功能齐全的设施来看，当时鼓浪屿的开发便已达到了较高的水平。而在居民信息之外，船只的记录也能够看出当时人民对岛屿的开发利用程度。如浙江省所附海岛表中对于朱家尖的描述为“居民数千户，船只百数号”。

四　结语

朱正元的《江浙闽沿海图说》是晚清时期中国海洋文献的代表作。与传统海洋文献专门志书所不同的是，受西方测绘理论与实践的影响，本书是在运用西方测绘方法通过数年实地测绘和走访调研基础上撰写的文本，在近代地图史和方志编撰史上均有重要的参考价值。从地图史沿革来看，尽管自明代开始中国的地图编绘受到西方制图方法的影响，但从事地图测绘的人员并没有接受系统的相关科学知识学习。而到了晚清时期，以朱正元为代表的一批学子，在国门洞开和洋务运动的背景下，在少年时期就接受标位系统的西方语言和科学知识的学习与训练，熟知西方地图测绘与编纂方法。这些成长与知识背景都在《江浙闽沿海图说》的编纂中得以体现。同时，中国传统制图的优秀传统仍得以保留下来，这就是图、文分开的绘制方式。这种绘制地图的方式在中国古代已经非常成熟，比较有代表性的有《元和郡县图志》和《乾道四明图经》。从地图测绘来看，本书即为《御览江浙闽沿海图》的文字说明与补充。另外，在方志编纂领域，本书是近代少有的对中国东南海防与沿海区域编纂的专门志书，尽管全书为地图的说明，但仍保留了大量的海洋地理、海防、沿海城市与贸易活动等第一手的文献数据。总体而言，本书作为《御览江浙闽沿海图》的文字说明和补充，在研究近代地图测绘和海洋地理中具有非常重要的参考价值。

（作者白斌为宁波大学人文学院讲师、博士；
夏攀为杭州西湖世界文化遗产监测管理中心研究人员；
黄佳仪为宁波大学阳明学院研究生）

评陶成章与孙中山的恩怨是非

谢一彪

【摘　要】 光复会领导人陶成章与同盟会领导人曾经产生过严重的意见分歧，由此引发了第一次“倒孙风潮”以及第二次“倒孙风潮”，并导致民国初年的“刺陶事件”。孙中山是个毕生为资产阶级民主革命而奋斗的志士，陶成章也是一个杰出的资产阶级民主革命实干家，双方根本分歧在于对三民主义的不同解读，属于政友而非政敌。

【关键词】 第一次倒孙风潮　第二次倒孙风潮　陶案　孙中山绍兴之行

同盟会成立后，华兴会和兴中会不复存在。光复会会员陶成章、章太炎等人均以个人身份加入同盟会，但光复会的组织仍然独立存在。光复会领导人陶成章等人与同盟会领导人孙中山之间曾有过严重的矛盾和冲突，并最终导致陶成章被杀的惨案发生。作为中国资产阶级政党的领导孙中山面对内部分歧，处置欠妥，以至于矛盾日益扩大，裂痕越来越深，负有主要责任。而处于弱势地位的光复会领导人陶成章也有不可推卸的责任。以陶成章为代表的光复会领导人和以孙中山为首的同盟会领导人之间的分歧，属于革命党人内部不同政见的分歧。

经费风波陡起

1907 年初，同盟会内部围绕经费问题，在同盟会领导人孙中山与光复会领导人陶成章之间产生矛盾，并进而引发了第一次“倒孙风潮”。萍浏醴起义被镇压后，清政府声称起义与孙中山有关，并指使驻日公使杨枢向日本政府转达了逮捕并引渡孙中山的要求。日本政府接受了中国驻日公使的要求，并采取了两全其美的政策，一方面，向清政府表示同意驱逐孙中山出境；另一方面，考虑到中国革命取得胜利后，希望继续与中国保持友好关系，力争不得罪革命党人。于是，日本政府通过黑龙会首脑内田良平和日本志士宫崎寅藏等人转告孙中山，清政府要逮捕孙中山，日本政府考虑不抓，但孙中山必须迅速离开日本。否则，不能保障其安全，并允诺三年后可以重返日本。日本政府送给孙中山 5000 元，日本股票商人铃木久五郎也赠送旅费 10000 元。“孙总理受之，同人未喻其意，故颇不以为然。”[①] 孙中山因经济拮据，急需现款发动南方武装起义，故接受了两笔赠款。由于孙中山没有来得及在同盟会本部讨论接受赠款问题，引起了陶成章等人的误解和愤怒。

章太炎和陶成章只知道孙中山接受了铃木久五郎的 10000 元赠款，并不知道孙中山也接受了日本政府的 5000 元赠款。“孙先生为顾念《民报》，所以从 10000 元中分出 2000 元来放在《民报》社。这件事给章太炎晓得，以为铃木送 10000 元要全交给《民报》，而孙先生过手只交出 2000 元，自己落用了 8000 元。”[②] 章太炎要求孙中山将铃木久五郎的 10000 元赠款全部留给《民报》作为出版费，但孙中山只留下 2000 元，另有一说只留下 500 元。

孙中山接受赠款后，偕胡汉民及日本人萱野长知等人离日南下。日本政府通知清政府应中方的要求，已驱逐孙中山出境。清政府不知底细，肆意吹嘘。孙中山对日本政府的做法，表示满意。孙中山体谅日本政府的难处，对于日本政府的款待，认为已经仁至义尽了。然而，章太炎和陶成章对此却有另外的看法，“以孙君英美化之超国家观视之，当其被逐时，日本政府赠予之数千金，未尝不可视为对亡命客所给予之国际怜悯，然以太炎之国粹主义之自尊心视之，则深以孙君率留学生离去而不示威

---

① 刘揆一：《黄兴传记》，载《辛亥革命》第 4 册，上海人民出版社 1957 年版，第 289 页。

② 冯自由：《革命逸史》第 5 集，中华书局 1981 年版，第 191 页。

为憾，且认为孙君实不应密收金钱，如丧家狗之被逐”①。章太炎和陶成章认为孙中山应向日本政府提出抗议，而不应该像丧家犬一样，灰溜溜地离去。

孙中山离日不久，同盟会内部因经费问题掀起了一场轩然大波。孙中山接受日本政府赠款的事，首先被加入同盟会的日本人平山周、北一辉、和田三郎等人探知，并与中介人宫崎寅藏等人吵了起来。接着，章太炎、陶成章、张继、谭人凤、刘师培等人也获悉，认为孙中山接受了日本政府的“贿赂”，被日本政府“收买”，有损同盟会的威信。章太炎和陶成章本来就对孙中山只给《民报》社仅留2000元不满，要求将铃木久五郎赠送的1万元全部留下，对其私受日本政府的“贿赂”更是怒不可遏。“章太炎以《民报》为世界，就大发其书呆式的牢骚，摸不着头脑的大闹大吵。他竟胆敢把挂在《民报》社的孙先生的照片撕下来，下面批下几个字，叫做：‘卖《民报》之孙文应即撤去。’”② 章太炎以为孙中山还在香港，将照片连同批语也寄往香港，以羞辱孙中山。此时，传来潮州、惠州起义失败的消息，无异于火上加油，反对孙中山的同盟会员越来越多。章太炎“与陶成章乘着潮惠起义失败，鼓动张继、宋教仁、谭人凤、白逾桓等主张召集大会，罢免中山先生的总理职务，另举黄克强继任”③。章太炎、陶成章等人要求代理庶务刘揆一召开同盟会本部大会，讨论罢免孙中山的总理，选举黄兴继任。

刘揆一却认为“孙总理受此款时，留给《民报》社维持费2000元，余悉供潮惠党军急需，诚非得已。又深知公（即黄兴）素以实行革命为务，绝不居此空虚总理之名，且方与孙总理共谋粤东首义，万一因总理二字而有误会，使党军前途，顿生阻力，非独陷害孙黄二公，实不啻全体党员之自杀，故力排众议。”④ 刘揆一考虑到孙中山接受赠款是为了筹备武装起义，此时革除孙中山的总理职务，可能使起义军陷入困境，因

---

① 北一辉：《支那革命外史》，载杨天石《从帝制走向共和——辛亥前后史事发微》，社会科学文献出版社2002年版，第126页。

② 冯自由：《革命逸史》第5集，第191页。

③ 仇鳌：《辛亥革命杂忆》，载《辛亥革命回忆录》第1集，文史资料出版社1981年版，第443页。

④ 刘揆一：《黄兴传记》，《辛亥革命》第4册，第289页。

此，拒绝召开改选总理大会。刘揆一考虑到东京很多同盟会员对孙中山意见很大，给冯自由和胡汉民写信，“引万方有罪罪在一人之比语，请劝孙总理向东京本部引咎”。刘揆一要求孙中山主动向东京同盟会本部承担经费问题的责任。孙中山回信表示：“党内纠纷，惟事实足以解决，无引咎之理由可言。”[①] 孙中山予以断然拒绝。孙中山表示可以辞去同盟会的总理一职，但前提是同盟会本部及章太炎和陶成章等人承认错误。黄兴也复信声称：“革命为党众生死问题，而非个人名位问题，孙总理德高望重，诸君如求革命得有成功，乞勿误会，而倾心拥护，且免陷兴于不义。”[②] 黄兴来函说服东京同盟会同人消除误会，以革命事业为重，继续拥护孙中山的领导，并拒绝出任总理。

尽管经费风波“幸同人调停解释，表面尚得曲全，惟同志之精神，则由此稍形涣散矣”[③]，章太炎和陶成章等人希望有充足的经费办好革命党人的“喉舌”《民报》，并非自私自利，用心良好，无可非议，但章太炎和陶成章等人对经费的来源产生误会，对孙中山也缺乏足够的了解，以致引起纷争。而孙中山作为同盟会的总理，缺乏民主作风，未能在同盟会本部就接受日本政府赠款问题进行讨论，而事后也未做耐心的解释和说服工作，未能及时化解双方的矛盾，以致愈积愈深。

吴玉章对此做过中肯的评论：“《民报》正遭遇到极大的困难，由于经费不继，章太炎等人几乎有断炊之虞。他派陶成章到南洋去募捐，也无结果，因南洋华侨与兴中会关系较深，而与光复会素少联系。因此，章（太炎）大骂孙中山先生不支持他办《民报》。其实，孙中山先生这时到处搞武装起义都失败，也很困难。章（太炎）的埋怨徒然暴露了同盟会内部派系之间的裂痕。看到这种情形，我觉得孙中山先生既无过错，而章太炎也可以原谅，于是便极力设法弥补。”[④] 吴玉章获悉《民报》的艰难处境后，立即在四川留日学生中进行募捐，将募捐得到的钱款交与章太炎维持生活。平心而论，同盟会领导人在分歧面前，缺乏冷静和理

---

① 刘揆一：《黄兴传记》，《辛亥革命》第 4 册，第 289 页。
② 刘揆一：《黄兴传记》，《辛亥革命》第 4 册，第 289 页。
③ 谭人凤：《石叟牌词》，上海书店 2000 年版，第 36 页。
④ 《吴玉章回忆录》，中国青年出版社 1978 年版，第 48 页。

智，未能正确化解内部矛盾。

三民主义的分歧

章太炎与陶成章等光复会领导人在民族主义、民权主义和民生主义等一系列问题上，与孙中山存在严重的分歧。在民族主义问题上，就反对清政府的民族压迫而言，双方意见一致。孙中山提出要“驱逐鞑虏”。“今之满洲，本塞外东胡。昔在明朝，屡为边患。后乘中国多事，长驱入关，灭我中国，据我政府，迫我汉人为其奴隶，有不从者，杀戮亿万。我汉人为亡国之民者二百六十年于斯。满政府穷凶极恶，今已贯盈。义师所指，覆彼政府。还我主权。”[①] 陶成章也提出要“报我们兄弟家祖上的大仇，并现在种种暴虐待我们的新仇；赶去了满洲鞑子皇家，收回了大明江山”[②]。资产阶级革命派就反对清政府的民族压迫，建立汉族的一统天下，没有异议。

然而，同盟会领导人和光复会领导人在对帝国主义的态度上，双方分歧较大。孙中山长期在海外从事反清革命，对帝国主义列强抱有较多的幻想，寄希望于帝国主义列强对中国革命的援助。孙中山制定了同盟会的对外政策：“一、所有中国前此与各国缔结之条约，皆继续有效；二、偿款外债照旧担认，仍由各省洋关如数摊还；三、所有外人之既得权利，一体保护；四、保护外国居留军政府占领之域内人民财产；五、所有清政府与各国所立条约，所许各国权利及与各国所借国债，其事件成立于此宣言之后者，军政府概不承认；六、外人有加助清政府以妨害国民军政府者，概以敌视；七、外人如有接济清政府以可为战争用之物品者，一概搜获没收。”[③] 孙中山承认帝国主义强迫清政府签订的所有不平等条约继续有效，庚子赔款照旧支付，寄希望帝国主义列强赞成中国革命不过是痴心妄想而已。

---

① 孙中山：《中国同盟会革命方略》，载《孙中山全集》第1卷，中华书局1981年版，第297页。

② 陶成章：《龙华会章程》，载《辛亥革命》第1册，上海人民出版社1957年版，第540页。

③ 孙中山：《中国同盟会革命方略》，《孙中山全集》第1卷，第311页。

陶成章对帝国主义的态度旗帜鲜明。明确表示："我们动手革命的时候，外国人不来帮扶满洲，我们一概客礼相待。兵力所到的地方，无论他是传教的，做商人的，来中国游历的，都要好好保护；或是不愿在我们交战的地方久居，我们就送他出境。等我们平定了满洲，立格外优待的条约，无论何国，都是利益均沾。若是有人帮助满洲，不要说是外国人，越是汉人的奸细，越要杀他尽绝，外国是不用说了。但我们所杀的，是和我们打仗的外国人，比如在我国境内的外国人生命财产，即使与某国失和，也万万不肯违背公理，杀戮无辜的。所以就是革命的时节，就立定了两个主意：满洲是我仇人，各国是我朋友，万万不会误会的。"① 凡是支援中国革命的外国人，一律以礼相待；凡是站在清政府一边，助纣为虐者，无论是中国人，还是外国人，一律严惩不贷。章太炎和陶成章对帝国主义的本质认识较深，但在不丧失原则的情况下，利用帝国主义之间的矛盾，争取某些帝国主义国家对中国革命表示同情或提供某种形式的援助，减少革命道路上的阻力，也不失为明智之举。

在民权主义问题上，孙中山谴责中国数千年的封建专制政体，主张通过"政治革命"，建立"民主立宪政体"。"由平民革命以建国民政府，凡为国民皆平等以有参政权。大总统由国民公举。议会以国民公举之议员构成之。制定中华民国宪法，人人共守。敢有帝制自为者，天下共击之。"② 孙中山认为"民主立宪政体"最适宜中国。

陶成章对君主立宪和民主立宪持则否定态度。立宪"外面看看像是照各国的样子，实在是把权柄集在皇帝同几个大官身上，却好借着'宪法'二字，用出种种的苛法，来压制我们。无论各国立宪，是因为离着封建时代不远，一时不能到平民执政的时代，就把这'立宪'做上下过渡的用法。我们已是平民做了皇帝宰相千百余年，那里还要用着'立宪'过渡呢。况且立宪实在是有弊病，无论什么君主立宪、共和立宪，总不免于少数人的私意，平民依旧吃苦，将来天下各国，定归还要革命。况且我们又添着一个异种的政府，来替我们立宪，哪里立得好呢？所以我们今日就是同种人来立宪，还要再起革命。虽然，成功以后，或是因为

---

① 陶成章：《龙华会章程》，《辛亥革命》第 1 册，第 539 页。

② 孙中山：《中国同盟会革命方略》，《孙中山全集》第 1 卷，第 297 页。

万不得已，暂时设立一总统，由大家公举；或五年一任，或八年一任，年限虽不定，然而不能传子传孙呢。或者用市民政体，或者竟定为无政府，不设总统，也未可知。然而必须看那时候我国国民程度了。但无论如何，皇位是永远不能霸占的，列位有大本领的出来，替大家办事，余外百姓也便万万不至于像今日的样子，苦的苦到万分，穷的穷到万分，他们做皇帝大官的，依旧快活到一万二千分”①。陶成章等光复会领导人虽然看到了西方资本主义国家的议会选举制度固然弊端百出，但他们不了解资本主义民主制度相对于封建专制统治而言，仍然较为进步。

在民生主义问题上，核心是土地问题。孙中山鉴于欧美资本主义的贫富悬殊的现象，建议实行核定地价的办法，来解决中国的民生主义问题。因此，孙中山提出：“文明之福祉，国民平等以享之。当改良社会经济组织，核定天下地价。其现有之地价，仍属原主所有；其革命后社会改良进步之增价，则归于国家，为国民所共享。肇造社会的国家，俾家给人足，四海之内无一夫不获其所。敢有垄断以制国民之生命者，与众弃之。”② 孙中山希望通过核定地价的办法，来解决中国资本主义发展后带来的贫富分化问题。光复会领导人对此却有不同的看法。陶成章则提出：“要把田地改作大家公有财产，也不准富豪们霸占；使得我们四万万同胞，并四万万同胞的子孙，不生出贫富的阶级，大家安安稳稳，享福有饭吃呢。”③ 颇具浓厚的平均主义色彩。

在革命策略上，双方也有较大的分歧。从兴中会创建伊始，孙中山就致力于发动会党和新军进行武装起义，以武力推翻清政府的封建专制统治。“以民主之说为例，不但光复、同盟两会有分歧，而且光复会内部，彼此之间，意见也是有出入的。主要分歧，反映在光复会方面的是，光复会主张宣传革命之外，主要在于革命的力行和实践；认为用暴力取得政权后，才能实行民主政治。因此，光复会自始至终，从领导人陶成章起，深入各地，打进基层，实行武装革命，从不少懈。而同盟会员虽也重视武装革命，但领导人居国外时间多，宣传也就多于力行。光复会

① 陶成章：《龙华会章程》，《辛亥革命》第1册，第538页。

② 孙中山：《中国同盟会革命方略》，《孙中山全集》第1卷，第297页。

③ 陶成章：《龙华会章程》，《辛亥革命》第1册，第540页。

对这点意见较深，两者分歧点在此。”① 同盟会不仅对武装起义的宣传，多于行动，而且将武装起义的地点，长期局限于华南地区。

陶成章则主张发动武装起义，进行武装斗争，但在起义的地区上，与孙中山有分歧。“尤其在辛亥革命的前夕，光复会主张不要打河口、打广州——像黄花岗起义那样，不要在边疆起兵，主张‘中央革命’——就是在中央地区来一个革命。”② 孙中山无论是在兴中会时期，还是同盟会时期，都将武装起义的重点放在清朝统治势力薄弱的边缘地区，主要是华南地区，集中在沿海一带，从1895年广州起义至1911年黄花岗起义，孙中山亲自组织的十次起义全部在两广、云南，而其中六次又在广东。而光复会则将起义的重心集中在中部地区。陶成章向来主张实行“中央革命”，在内地开展斗争，致力于以浙江、江苏、安徽、福建、江西为中心的武装起义。陶成章认为“现在我们的人，凡21行省内，及新疆、西藏、蒙古、满洲等地方都有的。然因中国的地方太大，所以不得不分头办事，江苏、安徽、江西、浙江、福建五省为一大部，然这五省的地面亦不是小的，所以又要分开来办理的，现在我们将这个五省的地方，分为十路，每省二路。第一，江苏省：江南路，江北路；第二，安徽省：皖南路，皖北路；第三，江西省：江左路，江右路；第四，浙江省：浙东路，浙西路；第五，福建省：八闽上路，八闽下路”③。同盟会成立前，各资产阶级革命团体大都以所在的地域作为武装起义的中心，如兴中会在华南地区，华兴会在湘赣地区，光复会在江浙皖赣闽地区，科学补习所和日知会在湖北地区。同盟会成立以后，形成了全国性的资产阶级革命组织，革命形势迅速发展，长江流域的革命浪潮风起云涌，而作为同盟会的领导人孙中山应集思广益，审时度势，跳出原先地域性的小圈子，从全国革命的高度来确定军事重心。毫无疑问，所有资产阶级革命团体发起的武装起义，都推动了全国性的反清形势的发展。但是，很难肯定，究竟是孙中山的“华南中心论”，还是陶成章的“中央革命

① 沈瓞民：《记光复会二三事》，载《辛亥革命回忆录》第4辑，文史资料出版社1981年版，第138页。

② 王仲荦：《太炎先生二三事》，载《追忆章太炎》，中国广播电视出版社2003年版，第73页。

③ 平山周：《中国秘密社会史》，河北人民出版社1990年版，第146页。

论”正确？从辛亥革命首义不是在华南的广州，而是在长江流域中部的武昌来看，不能不说孙中山拘泥于在华南地区发动武装起义没有商榷的余地。而中华民国得已最后成立，也要得益于光复会和中部同盟会光复东南地区。

南洋筹款受挫

中国同盟会的机关报《民报》因经费短缺，难乎为继。而皖浙起义受挫后，光复会的元气大伤，大批光复会员被逮捕入狱。为了维持《民报》正常出版发行，营救入狱的光复会员，建立“五省革命协会”，筹备新的武装起义，陶成章踏上了曲折的南洋筹款之路。由于南洋经济恐慌，华侨大都不富有，光复会在南洋的影响也有限，加上没有得到孙中山的支持，陶成章的南洋筹款举步维艰，成效不大。

陶成章从上海前往南洋，在新加坡找到华侨总会投宿，并打听孙中山、胡汉民和汪精卫等人的行踪。华侨总会的林会长获悉前来投宿的是著名的革命家陶成章，遂介绍陶成章到《中兴日报》社，并与孙中山见了面。陶成章南洋之行的主要目的是筹款，陶成章要求孙中山给经济窘迫的《民报》拨款3000元作为印刷费，并增加股款和维持费。孙中山“四处张罗，无法筹措，乃出其手表等物，嘱往变款，以救燃眉之急”，这与陶成章的要求相距甚远，因此两人曾“争持不休”。[①] 陶成章还要求孙中山为即将筹建的“五省革命协会”“筹款5万元，回浙办事”。孙中山却“推以近日南洋经济恐慌，自顾不暇，断难办到”。[②] 陶成章的筹款要求，被孙中山断然拒绝。

陶成章极为失望，不得不自行筹款。然而，孙中山在南洋的影响较大，而光复会对于南洋华侨还比较陌生。陶成章不得不请孙中山介绍同志，分赴各地筹款。孙中山对章太炎和陶成章等人在东京掀起第一次“倒孙风潮”还记忆犹新，对陶成章不听劝阻执意要来南洋筹款更是怀有

---

① 郑螺生：《华侨革命之前因后果》，载杨天石《从帝制走向共和——辛亥前后史事发微》，社会科学文献出版社2002年版，第145页。

② 孙中山：《致王子匡书》，《孙中山全集》第1卷，第418页。

戒心。孙中山对于陶成章要求写介绍信的要求，起初并不答应，思忖良久，最后才勉强应允。

陶成章在缅甸的筹款不多。“陶成章亦以江、浙、皖、赣、闽五省革命军费名义筹饷，银安等亦助以千元。”① 陶成章以江浙皖赣闽五省“革命军”及“布置决行团”名义进行筹款，并向捐款者颁发凭单。缅甸同盟会员大都不富裕，会员也不多，而捐助革命事业，却不遗余力，但心有余而力不足。陶成章在槟榔屿因所筹款过少，怀疑孙中山暗中进行破坏。陶成章认为孙中山表面上对其筹款不便反对，却在暗中进行破坏。陶成章来到马来西亚北部的佐治市筹款时，受到当地同盟会员的阻挠。槟榔同盟会员提出：“按照同盟会章程规定，只有孙中山派来的人才能筹款。”陶成章对此极为愤怒，据理与同盟会槟榔屿分会会长吴世荣力争，吴世荣不为所动。陶成章与吴世荣形成僵局。经旅居吧城的同盟会会员李天麟的调解，吴世荣才不得不同意陶成章在槟榔屿筹款。但吴世荣并不召开槟榔屿同盟会员会议，只召集三四个会员赞助 300 元，予以搪塞。同盟会坝罗分会虽然为陶成章筹款召开了大会，可是，同盟会坝罗分会会长汤伯令到会发表演讲时，对陶成章筹款的事只字不提。陶成章本来能在坝罗筹集至少千元，但只筹得 300 多元。陶成章不得不到各地游说同盟会员，多花路费，多费口舌。

陶成章在荷属群岛的筹款，同样举步维艰。陶成章曾“遍游荷属群岛，大倡光复会，用江、浙、皖、赣、闽五省革命军名义募款，不受同盟会本部节制。李柱中、曾连庆、王文庆、许雪秋、陈芸生等助之”②。陶成章在荷属群岛筹款得到李燮和和魏兰等光复会员的大力支持，但由于孙中山的阻挠，并没有像冯自由所说的那样顺利。

由于陶成章筹款得不到当地同盟会分会的支持，阻力重重，收效甚微。陶成章在致李燮和的信中，认为这是孙中山在设置障碍，对孙中山颇有怨言。“（孙）中山面子上不便反对，而暗中设法播弄，槟榔先受其

---

① 冯自由：《缅甸华侨与中国革命》，载《革命逸史》第 2 集，中华书局 1981 年版，第 236 页。

② 冯自由：《华侨革命开国史》，载《华侨与辛亥革命》，中国社会科学出版社 1981 年版，第 72 页。

难。该地办事人云：必须中山之人来运动方可，盖章程如是故也。弟大愤，与会长吴世荣力争，旋由嘉应人先赞成，吴世荣乃不得已而从之。又不肯开会，仅邀三四人会议赞助，仅得三百金。不料弟去之后，又遇一难，邓慕韩踪弟而往，不知用了何种手段，并此而亦不寄。弟自槟榔到坝罗，该地同志甚为赞成。因届年底，弟去而之他。正月二日，该埠特为弟事开一会议，中山私人汤伯令出场演说，言《中兴报》事紧要，而不及弟事，旋由他会员提议。汤宣言曰：陶君来此，不过来游历而已，并非筹款而来。于是会友疑且信，本可筹至千金，于是遂仅三百数十元。而弟乃不得不再往，多用川费，多滞时日，多费口舌，始由诸同志允再为开会提议。弟本不说（孙）中山坏事，盖犹为团体起见，不得不稍留余地，至是逼弟至无可奈何，不得不略陈一二而已。诸如此类，不一而足，真正苦恼万分。”[①] 陶成章在南洋的筹款，受到同盟会的阻挠，陶成章对此极为苦恼。

由于缺乏资金，陶成章想做的许多事都无法进行。陶成章在荷属群岛的筹款，与英属各埠一样，很不顺利。陶成章在给李燮和的信中抱怨："弟自去岁南来，迄今为已历九月，所希望之目的，全然未达。”已筹款项“不足三千元，且多未寄出，暗杀暴动，两无可办。内地同志，均坐而待毙，牵连者竟及八府之多，肝脑涂地，徒死无益，曷胜悼哉！现欲往吻里洞，旋即来贵埠，一切仰仗斡旋，或者于文岛得集数千金，则事尚有可为”。[②] 因资金短缺，无论是实行暗杀，还是发动武装起义，都无从谈起。特别是皖浙起义失败后，清政府肆意逮捕光复会员，仅浙江受到此案牵连就涉及严州、衢州、处州、温州、台州、金华、宁波、绍兴浙东八府，营救被捕入狱的光复会员，也急需大量资金。陶成章计划赴李燮和所在的榜加，寄希望于在榜加岛上的城市文岛能筹集更多资金。

陶成章在南洋的筹款，使“忌者益切，散布谣言，诬为保皇党，遣人暗杀，幸得李燮和等力为辩解，得免于难”。[③] 孙中山先是对陶成章的

---

① 陶成章：《致李燮和信》，载《陶成章信札》（修订本），岳麓书社 1985 年版，第 3 页。

② 陶成章：《致李燮和信》，《陶成章信札》（修订本），第 3 页。

③ 樊光：《辛亥革命光复会领袖陶成章传》，载《陶成章集》，中华书局 1986 年版，第 441 页。

筹款设置重重阻力，继而“指控”陶成章是“保皇党”，最后发展到像对付革命的敌人一样，要“暗杀”陶成章。陶成章与李燮和“谈到同盟会党务、人事和经济上的许多问题，对孙中山极为不满”。[①] 陶成章与李燮和、沈钧业、王文庆等光复会会员再三商议，觉得非重组光复会不可。陶成章与李燮和决定“整顿会务，上书东京总部论孙文，请易黄兴为会长”[②]。酿成了第二次“倒孙风潮”。

第二次“倒孙风潮”

陶成章认为南洋筹款之所以受挫，乃是孙中山从中作梗，于是，联合李燮和等南洋革命党人，起草了《七省同志致同盟总会书》，揭露孙中山在南洋的部分“罪状”。陶成章将《七省同志致同盟总会书》提交中国同盟会本部，提出罢免孙中山的中国同盟会总理等九条善后办法，将第二次“倒孙风潮”推向高潮。陶成章的所作所为，遭到以黄兴为首的同盟会领导的抵制，陶成章遂重组光复会。长期以来，陶成章与孙中山的这次分歧，史家认为陶成章所提孙中山的“罪状”，均系无中生有，此举乃是“分裂革命”，应承担主要责任。

陶成章所提孙中山的五条“残贼同志之罪状”，有些无从查证，有些属于误信谣言。孙中山第一条“残贼同志之罪状”，仅提及何某，未指出名字，今天已难以考证。至于曾直卿，似应为曾仪卿，为三点会的骨干分子，曾与孙中山产生隔阂，参加了陶成章在南洋组建的光复会。陶成章等人在公函中提及的孙中山第二条“残贼同志之罪状”，是关于参加边境武装起义的革命军人被驱逐出越南，押往南洋，孙中山置之不理。陶成章在游历英属和荷属南洋群岛时，正是革命军人刚移居南洋之时，听到许多有关革命军人在南洋的传闻，其中也有谣言，加上与孙中山原本就有隔阂，以致误信谣言，形成对孙中山漠视革命军人的困境而置之不理的不正确的看法。陶成章等人在公函中提及的孙中山第三条“残害同

---

① 李兴潇、李兴藻：《追忆先父李燮和》，湖南人民出版社 2004 年版，第 17 页。

② 李燮和：《光复军事略》，载《近代史资料》第 57 辑，中国社会科学出版社 1985 年版，第 97 页。

志大罪”，涉及梁秀春“罪恶累累”，孙中山提请新加坡的革命党人对此保持高度的警惕，慎防梁秀春的破坏，确有其事。陶成章等人在公函中提到的孙中山第四条“残贼同志之罪状”，孙中山要借新加坡殖民当局之手，进行暗害的许雪秋，曾与陶成章相交，关系密切，并加入了光复会，也确有其事。陶成章等人在公函中提及孙中山的第五条“残贼同志之罪状”，乃是指控与其意见不一致的革命党人为“保皇党”，或清政府的“侦探”，必欲除之而后快。此乃特指陶成章赴南洋筹款，先是受到孙中山的百般阻挠，继而指控陶成章为“保皇党”，最后则欲置陶成章以死地。陶成章等人谈到的孙中山“残贼同志之罪状”，大都是在国内进行革命斗争，特别是在华南地区发动武装起义失败后，流落南洋，因经济问题，对孙中山有意见，而孙中山或“指责”他们为“保皇党”人，或“指控”为清政府的“侦探”，欲加以暗杀；或向南洋的殖民当局“诬告”为“刑事犯”，以借刀杀人，大部分属于误信谣言所致，叙事中也有某些失实之处。

陶成章等人提及的孙中山“蒙蔽同志之罪状”，前两条陈述的事实基本属实，孙中山负有一定的领导责任。陶成章等人揭露孙中山第一条“蒙蔽同志之罪状”，涉及孙中山离开日本之后，不再过问《民报》事宜，而支持同盟会新加坡分会创办《中兴日报》，亲自过问编辑、财务和招股事宜。《中兴日报》也一度取代了东京同盟会本部的机关报《民报》的主导地位。当《民报》陷于经济困境，难以支撑，请求孙中山拨款支持时，孙中山仅仅发电进行搪塞，后来仅仅寄过300元给《民报》社。陶成章等人在公函中揭发孙中山第二条“蒙蔽同志之罪状”为另立同盟会南洋支部，也是实有其事。作为同盟会的总理，未与东京同盟会总部商量，就另立组织，实际上是一种无组织的行为，引起陶成章等人的不满。陶成章等人提及的孙中山“蒙蔽同志”的第三条罪状，提到的越南同志和东京同志将官费质子抵押银行，借款支持孙中山发动华南边境武装起义，基本符合事实。至于谈到孙中山将所筹款项供其兄“造屋”，与事实出入较大。南洋华侨曾就陶成章等人关于孙中山将筹来的款项资助孙眉在九龙建房一事进行了专门的调查，发现不存在孙中山假公济私，汇款资助孙眉在九龙盖豪宅之事，便焚毁了陶成章和章太炎散发的传单。孙中山的家境并不好，但孙中山和光复会的章太炎和陶成章缺乏应有的沟通，以致产生许多误会，尤其是在经济上的误会。

陶成章等人在公函中还提及四条孙中山“败坏全体名誉之罪状”，有的专家认为“绝大多数内容属诬蔑不实之词”。[①] 实际上，不能一概而论，应具体问题具体分析，也有些符合事实。陶成章等人罗列的第一条孙中山“败坏全体名誉之罪状”，主要提到孙中山接受日本政府和日本资本家的赠款，损害了革命党人的声誉。而孙中山则抱怨自己责任重大，既要筹款准备华南边境的武装起义，又要汇款维持《民报》正常出版，还要受到东京同志的批评。至于孙中山第二条“败坏全体名誉之罪状”，关于孙中山通过潮州同志，向新加坡的华侨资本家劝募，因语焉不详，无法考证，似属“不实之词”。陶成章等人提到的第三条孙中山“败坏全体名誉之罪状”，涉及会底金问题。“去年九月，孙文复发布南洋支部，其规条无一而非可恶之事。而其著者莫若会底金一条。其例凡入会者，须收会底金三元，而主盟人分给半元，介绍人分给半元，以分利之举诱人，遂致流食之徒，借此名义，以为各地棍骗之计，引坏人心，可恨莫甚。”[②] 孙中山组建南洋支部，要求会员缴纳会底金确有其事。由于南洋支部游离于东京同盟会以外，致使陶成章等人对其收取会底金产生看法。陶成章等人揭露第四条孙中山“败坏全体名誉之罪状”，提及孙中山以革命党人名义，发行军债票以及保护票，也确有其事。至于陶成章等人提及的秘密会社“三点会”“三合会”所“不屑为”和“不敢为”的保护票，孙中山也在南洋秘密发行。孙中山后来在反驳陶成章等人的信中，认为在南洋颁发保护票，只是荷属殖民地的同盟会会员发起，属于自由行动，自己并不知道其成效如何，与事实出入较大。

陶成章将《七省同志致同盟总会书》提交中国同盟会本部，提出罢免孙中山的中国同盟会总理等九条善后办法。因《民报》复刊问题，又引起章太炎和陶成章的不满，章太炎发表了《伪〈民报〉检举状》，也提出罢免孙中山的总理的要求，加入了“倒孙”行列。陶成章和章太炎的言行，遭到以黄兴为首的同盟会领导的抵制。陶成章和章太炎等人便以传单的形式，向南洋和美洲的华侨和华人报社散发，公开了革命党人的

---

① 饶怀民：《李燮和与沪宁光复》，湖南师范大学出版社 1998 年版，第 62 页。

② 《南洋革命党人宣布孙文罪状传单》，《陶成章集》，第 175 页。

内部分歧。黄兴和孙中山利用所掌握的同盟会的报纸，组织系列文章进行反驳，进而指控陶成章和章太炎是“保皇党”和清政府的“间谍”，革命党人内部的分歧愈演愈烈。

1907 年孙中山离开东京以后，同盟会内部不断出现内部分歧，而且愈演愈烈，导致二次“倒孙风潮”的发生，同盟会内部以陶成章为首的一部分会员，对于软弱涣散的同盟会总部极为不满，强烈要求罢免孙中山的总理职务，选举黄兴出任总理。而同盟会总部领导在同盟会内部的分歧过程中，存在着严重的缺陷与不足。作为中国资产阶级政党的领导孙中山面对内部分歧，处置欠妥，以致矛盾日益扩大，裂痕越来越深，负有主要责任。资产阶级革命团体的这场内讧，处于弱势地位的光复会领导人陶成章同样负有不可推卸的责任。光复会会员大都是浙江人，多数领导人还是绍兴人，心胸不够开阔，对人对事易感情用事。“光复会人，浙籍多数，而浙人局量狭隘，不能容人，固少雄奇伟大的风度，亦缺大公忘我的精神。”① 陶成章对孙中山有怨言，要求罢免孙中山同盟会总理的职务，当他们的意见得不到黄兴等同盟会本部领导的支持时，擅自将不同意见公布，不但无助于解决双方的分歧，反而扩大了双方的分歧，不利于革命党的团结和统一，容易被人利用，作为分裂革命队伍的致命武器，他们对此同样负有重要的责任，犯了严重的错误。

陶案迷雾

1912 年 2 月 14 日凌晨 2 时左右，2 个黑影翻过上海法租界广慈医院低矮的围墙，径直来到二楼西面的 6 号病房，朝熟睡的陶成章开枪，著名的资产阶级革命家、辛亥革命的元勋、光复会的巨擘陶成章遭刺殉难，年仅 35 岁。枪声划破了黎明前的黑暗，也敲响了辛亥革命失败的丧钟。中华民国成立不到 1 个月，就在离民国首都南京近在咫尺的上海发生暗杀创立民国元勋的惊天大案。凶手就是后来任国民党“总裁”的蒋介石和光复会的叛徒王竹卿，而操纵者就是沪军都督陈其美。1 月 15 日，临

---

① 陶冶公：《光复会与同盟会的分歧与合作》，载《浙江辛亥革命回忆录》，浙江人民出版社 1981 年版，第 256 页。

时大总统孙中山致电沪军都督陈其美，对陶成章遇刺“不胜骇异”，肯定“陶君抱革命宗旨十有余年，奔走运动，不遗余力。光复之际，陶君实有巨功，猝遭惨祸，可为我民国前途痛悼”。[①] 指示迅缉凶手，严惩不贷。1月16日，孙中山致电浙江都督蒋尊簋，通报陶成章遇刺情况，肯定陶成章为革命做出的贡献，指示做好烈士家属的抚恤工作，详细查明陶成章的革命事迹，上报南京临时政府，以备将来国史馆为陶成章树碑立传。

光复会领导人章太炎将“陶案”的“幕后策划人”指向同盟会的总理孙中山。章太炎获悉陶成章遇难的噩耗后，痛不欲生，怒不可遏。1月15日，即陶成章遇难的第二天，章太炎就向《神州日报》记者寂照发表讲话，详细地介绍了陶成章的革命业绩，以及与同盟会的恩恩怨怨，特别提到陶成章前往南洋时，对孙中山将河口起义退入新加坡的义士置之不理，并向华民事务司告密，致使河口起义的义士被捕入狱一事，极为不满，公布了孙中山残害革命党人的“罪行”。孙中山出任大总统后，又致书陶成章，责问陶成章当年何以要散布《孙文罪状》，并声明非以大总统身份，而是以个人身份与陶成章交涉。而陶成章收到孙中山的“问罪书”不到三天，就被人暗杀于广慈医院。章太炎认为谋害陶成章的凶手，就是同盟会总理孙中山以及黄兴和沪军都督陈其美。《神州日报》全文刊登了章太炎的讲话记录。

光复会另一骨干魏兰也将孙中山列为策划刺杀陶成章的“幕后元凶”。陶成章被害后，魏兰悲痛万分，愤愤不平。魏兰四处奔走，调查事件的真相，并奋笔疾书，写下了《陶焕卿先生行述》，控诉同盟会残杀光复会的“罪行”，并将“陶案”的来龙去脉做了翔实的披露，重点谈到孙中山与陶成章在南洋的分歧。“先生在英、荷各属运动，孙文、胡汉民皆作函阻止之。先生至网甲岛之槟港，孙文诬指先生为保皇党，运动人暗杀先生，幸赖李燮和力为剖白，始免于难。时李燮和等在网甲，为学堂教员，亦屡忿孙文以诈术待人，遂联络江、浙、湘、楚、闽、广、蜀七省在南洋办事人，罗列孙文罪状十二条，善后办法九条，并将孙文往来信札，交先生手，托其带至日本东京同盟会总会，不欲戴孙文为会长。燮和恐先生遭暗杀，并托人护送至新加坡。孙文随命汪精卫尾随先生而

---

① 孙中山：《致陈其美电》，载《孙中山全集》第2卷，中华书局1982年版，第23页。

至东京，与同盟会书记黄兴联络，黄兴偏袒孙文，不肯发布，并作书复李燮和等，为孙文辩护，洋洋千余言。善后办法中，有言兴复《民报》之举，精卫遂作《民报》续刊之。由是，章太炎作《伪民报检举状》，痛斥孙文借革命为新骗术。当其时，陈威涛客爪哇魏兰处，将孙文罪状，用药水印刷百余纸，邮寄中外各报馆登之。孙文大怒，命各机关报攻击先生与章太炎、陈威涛不遗余力。先生因作《布告同志书》一册，直言孙文种种之非，并略述自己生平所经历，此己酉年事也。"① 陶成章与孙中山在南洋的重大分歧，早就埋下了双方难以填充的鸿沟。

魏兰在详细地讲述陶成章重组光复会的事宜后，又谈到辛亥革命时光复东南的丰功伟绩，以及光复会与同盟会的分歧，特别是孙中山出任南京临时政府大总统后，新仇加上旧恨，要与陶成章"算账"。"迨先生等抵沪时，杭城已经光复，督浙者暂推汤寿潜。及先生抵杭，即由革命党人举先生为总参谋。先生以张勋负固，金陵未下，不敢稍安，又奔走各处，联络同志，助浙军攻取南京，设筹饷局于上海，竭精尽虑，寝食未安，而旧病加剧。及江南恢复，革命党中之败类，皆有争功夸能、帝制自为之心，先生恐北虏未破，不能自安，强病而起，与朱瑞、吕公望、屈映光诸友人，谋北伐之举，以尽吾浙人之义务。时孙文沟通《民立报》，谓孙文携有美金巨款，及兵舰若干艘回华。孙党并有兵舰之照相，在南洋群岛发卖，骗取总统，在南京组织临时政府。先生因南洋筹款事，致书孙文，旋得其复书，略谓先生与彼反对，当筹如何对待。"② 陶成章旋被刺于广慈医院。魏兰直到临终，仍念念不忘"陶案"，要求惩办凶手，并住宅门上贴有联语"陶案不清，不出此门"。"陶案"未破，魏兰死不瞑目。

辛亥革命后，各地不断发生同盟会员屠杀光复会员事件。武昌起义前，光复会曾派许雪秋到广东的潮汕地区开展革命活动，然而，同盟会员广东都督陈炯明任命刚刚反正的清总兵吴祥达为潮汕绥靖主任，将在潮汕光复中功勋卓著的光复会员许雪秋、陈芸生、陈涌波等部民军包围

---

① 魏兰：《陶焕卿先生行述》，载《辛亥革命浙江史料选辑》，浙江人民出版社 1981 年版，第 343 页。

② 魏兰：《陶焕卿先生行述》，载《辛亥革命浙江史料选辑》，第 346 页。

缴械，并将许雪秋、陈芸生和陈涌波三人就地枪决。许雪秋等人在重组光复会时，曾与陶成章等人站在一起，对孙中山意见很大。现在，资产阶级革命刚刚取得胜利，就不断发生同室操戈，兄弟相残事件，怎不让光复会会长章太炎焦虑不安？章太炎立即给孙中山写信。章太炎要求孙中山不应因为同盟会和光复会上层领导人之间有些意见分歧，同盟会就大开杀戒，剪除异己，必须迅速予以制止。孙中山对章太炎的提醒非常重视，立即发出《致陈炯明及中国同盟会电》：“同盟、光复二会会员，尤宜共知此义。虽或有少数人之冲突，亦不可不慎其微渐，以免党见横生，而负一般社会之期许。”[①] 孙中山肯定了光复会为革命所做的贡献，也不隐晦光复会和同盟会领导人之间存在的一些分歧，要求同盟会会员以大局为重，停止残杀光复会会员。然而，陈炯明对孙中山的指示置若罔闻，依然我行我素，甚至否认有与光复会发生“轧轹之事情”，也否认有残杀保皇党人的事件发生。

或许孙中山事先并未参与刺杀陶成章的策划，但事后也应知道“陶案”真相，但孙中山听之任之。邓文仪在《蒋主席》中，提及蒋介石“打死陶成章以后，主席并不掩饰这件事，反向党中表明心迹，自承其罪。党中自然没有加以深究，只有感觉到他的识见宏远”。蒋介石刺杀陶成章之前，陈其美曾撰一副对联，由孙中山亲笔书写送给蒋介石：“安危他日终须仗；甘苦来时要共尝。”[②] 孙中山发布缉凶通告，可明知刺陶凶手乃蒋介石，却不予追究，还将其视作“安危他日终须仗”的接班人，却是意味深长。

中华民国建立以后，尽管中国政治舞台风云变幻莫测，“二次革命”及护国战争接踵而至，上海滩上曾发生的重大的刺杀革命党人的大案要案，如“刺杀宋教仁案”和“刺杀陈其美案”等，均已告破，但让人感到不可思议的是，何以民国成立不到 1 月孙中山就任临时大总统时发生的刺杀光复会巨擘陶成章的特大案件，至今仍是一个谜。

---

① 孙中山：《致陈炯明及中国同盟会电》，《孙中山全集》第 2 卷，第 47 页。

② 邓文仪：《蒋主席》，胜利出版社 1945 年版，第 16 页。

孙中山绍兴之行

1916 年，孙中山应浙江督军吕公望的邀请，以中华革命党总理身份，抵达浙江进行访问。8 月 19 日，孙中山一行到达绍兴，下榻于花巷布业会馆，由陶成章的族侄、绍兴县商会会长兼布业总董陶荫轩负责接待。陶荫轩在《天放楼戊辰年日记中》中，详细地记录了与孙中山夜访咸欢河寓所的对话，经陶氏后人陶维墀整理，详述如下。①

先生曰："仆此番不去嘉兴而来贵县者，正为焕卿之死，深为痛心耳！仆与焕卿邂逅于海外，一见同心，为驱除鞑虏，恢复中华而共滂勃于海内外者已十余年，其志则何尝一日不相同，不意革命甫成，焕卿猝然遇刺，举国为之酸心。仆此次来绍之目的，正为吊元勋，祭陶社，慰烈属，抚老幼，以表仆之哀思。君为陶氏族中巨绅，请君善为仆安排之。"先大父曰："荫轩藉焕卿叔之绍介，得识先生于革命之中，深以为荣，敢不直言以告者，荫轩一介粗人，言有不当处，乞勿见罪。焕卿叔之死，人皆知为陈其美使人暗杀，未知先生知其情否?"

先生曰："仆于辛亥年末匆匆返国，方就总统之任，国事倥偬，猝闻噩耗，惊惶万分。时盛传满清派间谍南下，谋刺杀民国要人，不意竟加之于焕卿，后虽有英士所为之传闻，仆亦未讯得其实。"先大父曰："先生谅已见魏兰之行述，辛亥后，陈其美出手枪于上海会场，声言欲击焕卿叔，秋间焕卿叔刚回国至沪，沪上即盛传陈欲刺陶之说，其后刺客潜入广济医院枪杀焕卿叔，各节谅先生亦有所知。"先生默然。

先大父继曰："传此一切皆为清室宗社党所为，岂陈等受清室之派遣乎！无怪乎焕卿叔遇刺后，旋即停止北伐之师，倡南北和议之说，不一月即迫先生让位于袁氏，共和几危，使焕卿叔在，必不出此着。"此时，先生不慎失箸，先大父忙唤仆人换箸，举杯致敬。先生徐曰："仆亦尝闻其美云焕卿欲杀他，曾于仆前振臂欲扑杀焕卿之意。焕卿死后，仆遭袁氏之忌避诸海外，其后二次革命，护国战争相继兴起。陈、陶间之龃龉，

① 陶维墀：《孙中山先生访绍第一夜》，载《绍兴文史资料选辑》第 12 辑，1992 年内部印行，第 15 页。

仆不及细察，此诚仆之过失。今仆初返国，其美已遇刺，袁氏在举国声讨中下世，共和重建，思焕卿之勋绩与旧情，特来祭吊其灵，以表仆之哀思。”

先大父曰：“光复上海之役，陈其美轻敌遭擒，使光复会人真欲杀其美，何必从溷厕中救其命。光复会人决不出此。李燮和舍身陷阵，陶冶公敢冒矢石，正因与同盟会休戚相关，同舟共济，从民国之大局着眼耳！上海军政府一建立，其美即撇开光复会于不顾，争都督之位，不惜以枪弹威胁，继则阴谋杀害焕卿叔，何负恩一至于此耶！”先生默然。

先大父又曰：“焕卿叔莅沪后，其美向其索取自南洋募得之巨款。其美挟妓使酒，自以为革命成功，大局已定，抢地盘，树势力，图一己之利，北伐之志淡薄，内讧之局已成，自以为即使进不能一统天下，退亦可以备安于江左。后果如此，先生亦有此同感观乎？”先大父继曰：“焕卿叔一怒之下，另在吴淞建根据地，练兵屯粮，旨在扬戈河朔，直捣燕京。岂欲与先生分庭抗礼耶？”先生颔之。又曰：“汤寿潜离浙，浙人欲推戴焕卿叔为都督，又为其美所妒，然焕卿叔以身许国，早怀功成身退之志。其举为光复汉族还我河山耳”先生曰：“不意焕卿防范未严致遭暗算，遂成千古之恨，使仆亦难以自明。”

先大父曰：“焕卿叔为人性偏急，谗人间之，致先生疑焕卿为保皇派，而焕卿叔亦媒孽先生之短，此皆为亲痛仇快之事，而在总统人选上，先生或有所不怿，而革命成功之日，清廷遗老改弘更张仍居要位，国人何尝悦服，岂独焕卿叔一人耶！以先生之勋德位望，推为国之元首，为全国人民所共戴，自不待言。”先生曰：“仆与焕卿，早年同心革命，共经患难，虽间有龃龉，然其志则一，皆为恢复中华也。昔文文山自北归江南，几为宋之地方宋臣所杀，历尽艰险，然此皆宋室忠良之臣，总之谗人弄舌，以致焕卿疑我，我歉焕卿，焕卿一死，光复会星散，北伐受挫，遂成袁氏攫权，国步艰难之局面，仆至今思之，亦追悔无及。”

先大父曰：“焕卿叔死，光复会群龙无首，名存实亡，实其美一人之过耳。光复会同志于黄花岗，于武昌，于上海，于江宁诸役，躬冒矢镝，舍生取义，此皆焕卿叔十年经营之死士也。革命方成，严令解散，甚至下令缉捕，使天下志士寒心，为清室快意。昔洪杨内讧，天国云亡，焕卿遇刺，民国几殆，真千古令人痛心疾首者也。”先生曰：“解散光复会之事，时仆已辞职，亦无能为力，且仆亦曾遭缉捕，夫复何言。”先大父徐曰：“使光复会不散，焕卿叔不死，以夹辅先生，共成大业，国步何至艰险如此。先生既能让位于袁氏，奈何不能容焕卿叔一席之地，同仇敌忾，齐心北伐，驱逐鞑虏耶？今袁氏虽死，遗部尚在，后事尚未可知，其美为一己之利，造成今日之局势，其于民国之罪亦大矣！”先生颔之。

先生曰：“焕卿十年跋涉，一生革命，固民国之元勋，其功永垂史册。仆闻噩耗后，即电令江浙、上海督属严缉，务令凶徒就缚，明正其罪，以慰焕卿之灵，泄天下之忿。克强亦电令严缉，以慰死友，并设法保护太炎君安全。凶犯王竹卿今已伏诛，亦可稍慰焕卿于九泉矣。”

先大父曰：“先生之电，人疑先生知情，甚至默认；克强之电，人指黄、陈朋比为奸。人谓如此大事，英士不先请示先生，亦可谓跋扈将军矣！今王竹卿虽诛，何足以塞天下之口舌，荫轩尝闻陈泰有言：‘惟有斩贾充可广谢天下’，今凶徒亦为陈所纵逃，众口如何能掩，焕卿叔一生革命，竟为革命者所害，陶案迄今未清，千古成疑，此诚越之人与陶氏之族所共痛心疾首者也。”先生默然。移时，孙公微醉，先大父亦有醉意，遂并肩缓步庭园。

先生谓：“陶案未得水落石出，仆亦长恨，今其美亦遭暗杀，无法审察。果尔，亦已冥冥相报，可解恨乎？英士虽为仆股肱，意见亦时有相左。仆不能救焕卿之死，诚有负良友。此行正为祭陶社，隆礼仪，重恤典，吊元勋，抚遗属，以表仆之心，务请代向越中父老、陶氏族人，致仆之诚意。尚期同心协力，同建共和，以成焕卿之遗愿。”又叮嘱曰：“烈士遗属务必邀请，彼或有所遗憾，亦世之常情，事在君之善为安排耳！”

先大父心知其然，徐又言曰：“公为民国之元勋，首倡革命，建立共和，光复华夏，国人皆翘首望公，荫轩敢不效犬马之劳。焕卿叔死后，老父子幼，孤儿寡妇，生计维艰。宋知事虽已邀请品三公，恐其不来，已嘱荫轩再请，今晨已专人备函赴陶堰邀请，送信人已返，云品三公明晨来城。”旋商谈抚恤金额，商定每年给恤金七百元。

8 月 20 日，孙中山会见了陶成章父亲陶品三。孙中山了解陶成章遇难后烈士家境清寒，立即对陪同的浙江省民政厅主任秘书陈去病说：“焕卿先生抱革命宗旨十有余年，奔走运动不遗余力，光复之际，陶君实有巨大功劳，请代写条子给浙江省都督府，建议从民国五年开始，追加故陆军上将陶成章烈士年抚恤金七百元。”[①] 此项抚恤金直到1927年蒋介石发动“四一二”反革命政变，建立南京政府，才下令取消。绍兴各界在布业会馆举行欢迎大会，孙中山发表演讲，称赞“绍兴乃越王勾践卧薪尝胆之地，报仇雪耻之邦。继承越王勾践发奋图强之精神，为推翻专制，建立共和，绍兴有徐锡麟、秋瑾、陶成章三烈士，功莫大焉”[②]。孙中山还到成章女校，在陶成章遗像前默哀致敬。8月21日，孙中山前往东湖“陶社”致祭陶成章，在“陶社”前合影留念，并亲撰“气壮河山”的横匾。1916年孙中山的绍兴之行，使陶氏族人对孙中山给予了更多的谅解。

以陶成章为代表的光复会领导人和以孙中山为首的同盟会领导人之间的分歧，属于革命党人内部不同的政见分歧，双方属于政友而不是政敌。当双方头脑冷静下来，都停止了互相攻讦，共同致力于推翻专制统治的反清大业。陶成章对自己的错误也有所认识，自动停止了对孙中山的批评。人无完人，后人更不能苛责前人。陶成章在革命党人的内部纷争中，尽管犯有这样那样的错误，但丝毫也无损于其著名的资产阶级革命家的称号。

（作者为绍兴文理学院越文化研究院教授）

① 甘禾、张蔼林：《“愧我今招侠女魂”——记孙中山先生三吊秋瑾》，载《孙中山研究》第1辑，1993年内部印行，第135页。

② 陈德禾：《孙中山越游纪实》，载《绍兴文史资料选辑》第6辑，1987年内部印行，第6页。

明清越地名人文化融入高校思想政治教育的时代价值研究

曾军建

【摘　要】新时代背景下，党中央对大学生思想政治教育给予了高度重视，大学生思想政治教育应当响应新时代召唤、助力新时代发展。绍兴辈有俊贤、代出人杰，形成特色的越地名人文化，其中明清是越地文化名人“井喷”的辉煌时期。本文以越地名人文化对象，深入分析其蕴含的思想政治教育内涵，讨论其在思想政治教育中的价值和功能，利用越地名人文化这一丰富的教育资源，汲取地方名人高尚的思想品格、道德情操，结合思想政治教育元素融入到大学生思想道德建设中，以此为社会培养出有理想、有道德、有文化、有纪律的“四有”新人。本文进一步结合当前绍兴大学生思想政治教育中的现状，提出新时代下越地名人文化融入大学生思想政治教育的可行途径。本课题旨在弘扬越地名人文化，加强大学生的思想政治建设，引导大学生见贤思齐，践行社会主义核心价值观，为新时代绍兴建设做出贡献。

【关键词】明清　越地名人文化　思想政治教育　时代价值

随着改革开放程度日益扩大，我国的主流价值意识形态也不断受到西方思想文化的冲击，新时代的大学生思想政治教育面临诸多困境。[①] 党的十九大做出了中国特色社会主义进入新时代的重大政治论断，指出新时期的高校思想政治教育工作必须传承和延拓中国传统文化的精华，大

① 靳诺、郑永廷、张澍军：《新时期高校思想政治工作理论与实践》，高等教育出版社2003年版。

学生思想政治教育要培养勇做走在时代前面的奋进者、开拓者、奉献者，要培养符合新的时代要求的青年人才。[①] 名人文化是地方长期积累的成果，它塑造了地方独特的精神和内在气质，在引导大学生向上向善、育才树人方面有着潜移默化的作用，这为名人文化融入大学生思想政治教育提供了可行性。

绍兴市是首批中国历史文化名城之一，被称为“名士之乡”，[②] 名人辈出，积累形成了具有绍兴特色的名人文化。作为绍兴文化的核心部分，越地名人文化蕴含着很多教化育人的道理，不断推动着绍兴教育事业和文化产业的发展。改革开放以来，绍兴地区高等教育蓬勃发展，锻造和培养了一代又一代具有不同特征的大学生。新时代背景下，坚定文化自信是必然要求。同时绍兴要加快发展步伐，也必须形成文化产业人才集聚效应，必须依托绍兴地方高校的人才思政教育和专业技能培养，努力为文化产业发展提供智力支持。因此，将越地名人文化融入大学生思想政治教育，进一步弘扬名人文化，培养新一代名人，已成为新时代的召唤和要求。

一　越地名人文化的内涵概述

名人文化是一个地区的精神文化标志，是一个地区历代贤者积淀下来的榜样文化，是该地区有激励作用的一种文化形态。越地文化名人在中国传统文化中的举足轻重地位，足证毛泽东主席所称“鉴湖越台名士乡”之不虚。[③] 越地名人是绍兴区域优秀文化的创造者和继承者，是古越的历史文化延续。历史上绍兴市曾出过 27 名文武状元，2238 名进士。而明清是越地文化名人“井喷”的辉煌时期，涌现出了一大批以王守仁、徐渭、刘宗周、章学诚、李慈铭等为代表的杰出的思想家、文学艺术家、史学家和学者，构成了越地文化名人队伍的基干。清以前的历史人物中，

---

① 习近平：《决胜全面建成小康社会　夺取新时代中国特色社会主义伟大胜利——在中国共产党第十九次全国代表大会上的报告》，人民出版社 2017 年版，第 10 页。

② 瞿葆：《浅谈绍兴名人旅游资源的开发》，《中国市场》2012 年第 48 期。

③ 壮海：《思想政治教育的文化视野》，人民出版社 2005 年版。

仅《中国人名大辞典》（商务印书馆 1921 年版）就收录绍籍名人 500 人以上。《中国近现代人名大辞典》（中国国际广播出版社 1989 年版）收录绍籍名人 163 人，绍兴被称为中国人文历史的“没有围墙的博物馆”[①]。

越地名人多刚正不阿，傲然于世：“无神论”王充、“心学”王阳明、“早期民主思想”黄宗羲、“人性国民性的反思”鲁迅，都是对当时社会主流思想的批判者与反省者。越地名人热忱爱国，投身国家建设。竺可桢，地理学和气象学的奠基人；钱三强，中国“原子能之父”；陈鹤琴，现代幼儿教育创始人；范文澜，历史学马克思主义开国一代大师；胡愈之，“文化战线上少有的全才”，新中国新闻出版事业大师。[②] 越地名人重人事，推动教育事业的发展。范爱农、鲁迅从教山会师范，担任监学；赵景琛担任在省立五师国文教员；郑管秋任职绍兴，延揽名师；董秋芳出任绍兴师范学校校长；绍兴初级师范，校长钱希乃、教导主任黄明宗，都是才德高尚的教育家。越地名人为绍兴当地和国家做出了不朽贡献，为绍兴和社会培养了一批又一批，例如孙越崎“致用”之才。[③]

越地名人文化历经从“剑名人文化”到“书名人文化”的转型，其内涵目前公认的主要有四个方面：一是励志图强的拼搏精神，二是具有尚武自强的爱国精神，三是务实重人事的实践精神，四是进取创新的奋斗精神，简而言之，可以概括成“尚武爱国、创新进取、奉献自强”12 个字。[④] 由此可见，以爱国主义、集体主义、社会主义和艰苦创业精神教育，培养“四有青年”的新时代大学生思想政治教育主题和越地名人文化的思想内涵是不谋而合的。

二　越地名人文化融入思想政治教育的价值分析

越地名人文化作为绍兴优秀传统文化的组成部分，承载了越地名人

① 潘起造：《浙东学术的地域文化渊源及其文化精神》，《浙江社会科学》2006 年第 4 期。
② 陈越：《剑与书：越文化模式新探》，《学术月刊》2006 年第 10 期。
③ 苏莉莉、徐嘉恩：《蔡元培与近代绍兴人才群》，《绍兴文理学院学报》2001 年第 1 期。
④ 张兵：《越文化特征新论》，《云南大学学报》（社会科学版）2004 年第 2 期。

身上所凝练的人格品质和思想精神，其对高校思想政治教育中的价值主要体现在以下几个方面。

探索中国特色马克思主义方向。大学生思想政治教育的主要内容是马克思主义教育，其根本任务和目的就是以马克思主义的基本观点为指导，培养有理想、有道德、有文化、有纪律的社会主义新人。马克思主义作为政治思想引入中国，势必在形式和内容上要与中国基本国情和具体实践相结合。越地名人文化，既批判和继承传统文化又能够体现时代精神，既立足于本国本地实践又面向世界迎向未来。它不是固守传统，也不是照搬照抄，而是一种与时俱进、历久弥新的文化。将越地名人文化融入大学生思想政治教育必然反映出中国特色马克思主义发展方向。只有马克思主义与名人文化有机结合，形成互补，才能最大限度地发挥地方名人文化的价值，这既符合马克思主义实践的观点，又赋予了马克思主义新的时代特征。

提升绍兴高校的思政教育内涵。“思想政治教育资源，是指在思想政治教育活动中，能够被教育者开发利用、有利于实现思想政治教育目的的各种要素的总和。”① 传统的高校思想政治教育活动存在着教育理论抽象、教育内容较缺乏、教育手段较单一、教育形式较泛化的发展困境。越地名人文化与中国优秀传统文化一脉相承，是中国特色先进社会主义文化的重要组成部分，其孕育着丰富的思想内涵和精神力量。大学生思想政治建设的发展，离不开继承和弘扬中国优秀传统文化。融入越地名人文化资源，绍兴高校大学生思想政治建设才能获取源源不断的思想源泉和教育素材，极大地丰富高校思想政治教育内容，为高校提供思想政治教育载体，从而健全绍兴大学生思政教育课程资源的理论体系。如果绍兴高校大学生思想政治的发展能够借助越地名人文化这个载体，定能进一步提升大学生主体的内驱力、认知力、理解力。

促进绍兴地域的社会文明建设。党的十八大明确提出“建设优秀传统文化传承体系，弘扬中华优秀传统文化”的重大任务。与器物仅限应用于当时的传承不同，地方名人文化不仅仅在当时能够为人所用，而且

① 郝南、赵建娇、郝晨捷：《推进高校大学生思想政治教育的载体创新》，《河北工程大学学报》（社会科学版）2018 年第 1 期。

还能恩泽后人，延续不断。名人文化作为一定社会价值体系和行为规范体系的总和，能为社会提供好与坏、善与恶、是与非等一系列的判断标准，具有规范人的行为作用。其不仅仅能够约束个人行为，指导个体参与社会活动，还能够建构和谐的社会秩序，凝聚社会力量。只有当绍兴大学生真正认识到越地名人文化存在的魅力和意义，了解名人们的历史成就和文化特色，才能树立自尊、自信和自豪感，从而产生文化归属感和认同感。推进越地名人文化融入高校思想政治教育，一方面发挥越地名人文化育人、树人、传递文明的作用，另一方面充分展现越地名人文化的真正价值，扩大在绍兴乃至全国的影响力。

三 越地名人文化融入大学生思想政治教育路径

地方高校大学生思想政治教育作为培育和增强学生文化自信的主渠道，理应在新时代持续发力，将地方优秀传统文化、革命文化和社会主义先进文化有机地融入人才培养的全过程中。新时代下要将越地名人文化精髓融入大学生思政教育中，必须挖掘和整理越地名人文化的教育价值，把握和坚持思想政治教育的地域性、文化性和特色性，积极探索出具有绍兴地域特色的有效途径。

（1）培育具有绍兴地域特色的大学精神与文化。地方性大学的办学特色不只体现在某些具有地域特色的学科和专业建设上，还体现在对具有地域文化特色的大学人文精神的培育上。大学之大，不在于其外在物质建设高大上，而在于其有大师，有特色鲜明的大学精神与大学文化。大学人文精神是大学文化教育的核心，也是一所大学的灵魂。它的实质是该大学特有的人文追求和科学探索方式的体现，实现以文化人的目标。有了这种精神，大学才能走向成熟。① 当一所大学的人文精神与众不同时，这一所大学的办学就取得了成功，也便形成了独特的大学文化。独特的大学文化只能从地域文化和办学传统中去寻找和挖掘。越地名人文

① 张延梅：《地域文化与大学特色文化的培育》，《海南师范大学学报》（社会科学版）2009 年第 5 期。

化，本质就是绍兴名贤们素质、知识、意志、品格和情操的高度集中，是绍兴优秀地域文化的高度聚合。因此，绍兴高校必须深入研究绍兴地域名人文化，汲取地域其中的精华。经世致用、注重实效的价值取向；奋发有为、勇敢进取的文化精神；忧时济世、舍身为国的爱国情操；这些文化与绍兴高校实际有机结合形成陶冶化育的办学理念，奋进向上的大学文化，凝聚人心的校园精神。再通过一届又一届师生传承，潜移默化成为大学生共同的人生与价值追求，以名人文化育名人，以培养出一代又一代的新名人。当然，特色文化也需要随着时代的发展而发展，科学精神与人文精神继承与创新相结合，使办学特色不断丰富和发展。

（2）构建具有绍兴地域特色的思政教育方向。利用名人对大学生进行情感教育，对大学生情感态度的影响及对价值观念的引导，能有效达到大学生思想政治教育的目的。将越地名人文化融入大学生思想政治教育，打造具有绍兴文化特色的学科方向，以促进思想政治教育学科的地方特色建设，充实思想政治教育理论内容、扩展理论范畴。近年来，高校普遍重视认知教育而忽视情感教育，绍兴大学生思想政治教育不尽如人意。① 名人文化是思政教育的一种隐性教育资源，与传统课堂思想政治教学相比，更多的是通过熏陶、认同、模仿等形式，促使大学生在不知不觉中受到影响，从而提高思想道德素质。提升越地名人的文化精神内涵，将越地名人文化“尚武爱国、创新进取、奉献自强”融入绍兴高校思政教育。名人文化的底蕴朴实贴切，大学生近距离体会到名人的成长历程，将有利于大学生产生自豪感，增强凝聚力，树立正确的价值观，将名人精神内化为自励与自警，从而激发爱校爱国的情感及投身学习的热情。

（3）优化富有绍兴地域特色的思政教育路径。思想政治教育是一个复杂的动态过程，教育路径是联系教育主客体之间的纽带，选择好的教育路径是提高德育效果的根本保障。习近平总书记指出：“做好高校思想政治工作，要更加注重以文化人以文育人，广泛开展文明校园创建，开展形式多样、健康向上、格调高雅的校园文化活动，广泛开展各类社会

---

① 俞雅芳、苏志富：《当代高校大学生党员政治观状况调查——以绍兴文理学院为例》，《绍兴文理学院学报》（教育教学版）2011 年第 1 期。

实践。”① 新时代的高校思想政治教育，不能再是过去单一的内容和方式，而是需要理论与实践、现实与虚拟、学校与社会、课堂与课外高度融合。要发挥越地名人文化的思政载体作用，必须优化大学生思政教育路径，多路径共同作用于大学生的思政教育，才能最大限度地发挥名人文化的育人功能，新时代下应充分发挥大学生思想活跃，活动组织能力强，学习热情高等优势。利用绍兴的名人文化史料，开发名人文化的德育课程，积极推广与名人有关的必修和选修课程；广泛开展知名人、爱名人、学名人主题教育活动；推进地方名人文化研究基地和学生社团建设，打造多样的绍兴文化学生社团格局；组织学生参观名人故居和纪念堂，阅读名人事迹和名人传记，收录区域名人名言等实践活动。通过一系列多样化的教育途径，进一步挖掘越地名人文化，有序合理地推动教育主客体积极参与越地名人文化事业建设，提高新一代大学生传承意识，让绍兴本土名人孕育而成的名人文化走进大学生活，从而提高大学生的文化素质、文明程度和人格品位，达到名人文化育人的功能，名人培养新一代名人，也以此来推动绍兴高校思想政治教育与绍兴文化事业的共同发展。

（作者为绍兴文理学院上虞分院讲师）

① 吴晶、胡浩：《习近平在全国高校思想政治工作会议上强调把思想政治工作贯穿教育教学全过程　开创我国高等教育事业发展新局面》，《中国高等教育》2016 年第 24 期。

明清越地名人学术思想研讨会综述

钱汝平　诸凤娟

2021年10月22—24日，由绍兴文理学院越文化研究院（浙江省越文化传承与创新研究中心）主办的“明清越地名人学术思想研讨会”在绍兴隆重召开。来自上海、天津、山东、广东、湖北等省份以及浙江省内的专家学者、校内师生代表60余人参加了会议。

会议分主题报告和分组讨论两种方式进行。八位专家做了主题报告。

复旦大学哲学学院吴震教授做了《谈谈阳明文化研究》的报告。报告详细梳理了阳明学的演变脉络。他指出，阳明学既是一种哲学，又是一套广泛涉及政治、社会、道德、文化甚至宗教的理论学说；另外，我们也有理由从哲学史及多元的角度将阳明学置入哲学史、政治史、文化史的研究领域加以立体性、全方位的考察和审视，甚至有必要从文化东亚的视域出发，对阳明学展开跨文化的考察。由此我们可以发现，阳明学作为一种思想文化系统，也具有相应的独立的意义和当代的价值。

浙江大学人文学院彭国翔教授做了《阳明学的政治取向、困境和分析》的报告。报告从政治取向这一角度，将中晚明的阳明学作为一个整体加以观察，深入分析“得君行道”与“觉民行道”这两种不同政治取向的各自含义及其关系，进而对于阳明学所蕴含的“民众政治主体”观念以及儒家传统的政治理想，从一个现代的角度予以分析和评价。他认为，在一个民主的政治框架下，阳明学中蕴含的儒家“民众政治主体”以及“以民为本”“天下为公”的政治社会理想会更容易实现。

山东大学儒学高等研究院翟奎凤教授做了《阳明学良知说与朱熹之“虚灵不昧”明德论》的报告。他指出，朱子的“虚灵不昧”说将虚灵不昧与生生之仁浑融一体，展现了晚年朱子思想世界的活泼气象。在逻辑上，阳明接续了朱子晚年的思想，其“虚灵不昧，众理具，万事出，心外无理，心外无事”之说是对朱子的刻意翻转和出新。从阳明弟子开始，不少学者通过虚灵不昧与致良知把阳明学与朱子学融合起来。透过“虚灵不昧”说的历史诠释，可以发现朱子阳明融合论的一个有趣视角。

宁波大学人文学院钱茂伟教授做了《晚清民初章学诚作品传播与接受研究》的报告。报告梳理了章学诚著述在晚清的流播情况，指出自《文史通义》刊刻后，学界对章学诚的了解在增多，章学诚的知名度也不断在上升。进入光绪时代，对章学诚的推崇也达到高峰。正是因为有了晚清的基础，才有20世纪初年学者对章氏的重视。从近代史学的演变来看，推崇章氏，正是为了寻找传统因子，为新史学建设服务。可以说，中国传统史学的近代化，正是从乾隆时期开始的。

浙江省社科院哲学所钱明研究员做了《王华迁居与山阴王府——兼述阳明学之创设》的报告。他指出，如果说余姚是王阳明的出生地和讲学地，那么山阴便可以说是阳明学的发端地和成熟地。总的来说，山阴不仅是阳明思想的晚期“熟化”之地，也是阳明思想的早期“发端”之地。与所有王阳明居住过的地方相比，包括山阴在内的绍兴地区与王阳明的关系最为密切，也最为重要。今天我们要讨论的其实并不是阳明的籍贯问题，而是阳明何时迁居山阴以及在此地开展过怎样的学术活动之类的问题。

复旦大学哲学学院何俊教授做了《陆象山的解经法》的报告。他指出，陆象山解经法中的把握主旨、还原语境、质疑拣择三个环节，构成了自成一体的方法。其中细分，把握主旨又可谓是目标，还原语境与质疑拣择则是更具体的方法。总体而言，陆氏的解经法虽也沿用汉唐经注的训诂章句，但也只是作为初级手段，他的解经根本上是做义理的阐明，这也是他以把握主旨为目标的根本原因。从这个意义上说，陆氏的解经法已完全跳出经学的窠臼，进入了分析的批判的理学形态。

中山大学中文系何诗海教授做了《李宣〈东皋诗史〉考论》的报告。报告对清初浙江余杭诗人李宣《东皋诗史》的编著缘起、主要内容、版刻年代等做了详细介绍。他指出，《东皋诗史》是明清之际以诗体形式演绎历史的史学著作。其“诗史”含义，既非一般的咏史诗，又不同于世人赞誉杜甫诗歌时所蕴含的诗学观念，体现了李宣对经史关系、程朱理学的独特认识。其史学性质，可以从其所录诗歌的题材、内容、命题方式和平实叙事的表现手法等方面得到全面的揭示。

绍兴文理学院越文化传承与研究中心潘承玉教授做了《陶望龄诗文别集版本及其源流考》的报告。报告梳理了明代思想家陶望龄诗文集的刊刻流传情况。他指出，经过对所有存世刊本实物的考察，可知陶望龄辞世之后其弟子、亲友和书坊刊刻的诗文别集有十一种之多。而真如斋刻本《歇庵集》10 卷一种和 16 卷三种，王应遴刻本《歇庵集》16 卷三种，聚奎楼刻本《歇庵集》16 卷和乔时敏本衙藏版《歇庵集》20 卷各一种，共同构成一个以《歇庵集》为书名的陶望龄诗文别集版本系统。

分组讨论主要就阳明学、阳明后学、浙东学术等专题展开，契合会议主题。

在阳明学主题讨论中，北京大学张学智教授梳理了陆九渊心学到王阳明心学的全过程，指出王阳明对陆九渊的全面超越是心学发展历程中的重要关节点。绍兴文理学院徐国明博士以朱熹和王阳明为例，探讨了理学中的“仁恕之别”。上海财经大学浙江学院陈伟良博士分析了王阳明、湛若水对“气”的不同理解以及由此导致的对“气”的不同的对治方法。绍兴市委党校刘孟达教授挖掘了王阳明教育思想中的心学元素，揭示了其当代价值。绍兴文理学院诸凤娟教授探讨了王阳明的民族思想以及阳明心学在少数民族地区传播的具体情况。绍兴职业技术学院汪柏江教授从交游角度，考证了王阳明与山阴逸民王文辕的交往过程，认为王文辕是阳明学的思想源头之一。绍兴文理学院杨薏冉女史从文学创作角度，探讨了王阳明诗歌中的“风”的意象。绍兴文理学院崔冶指出创作才能的高超和人生境界的高尚是铸就王阳明诗歌“秀逸有致”的主要因素。宁波大学陈昊博士则论证了当代哲学家唐君毅在发展王阳明良知学说中的新贡献。

在阳明后学主题讨论中，武汉大学张昭炜教授以王畿诠释的《中庸》为对象，说明了龙溪以良知之“无”为学旨，亦有以“无”兼“有”，“几”贯“有”“无”的两个思想发展方向。武汉大学刘丽莎博士对许孚远《大学述》一书中有意分别宗旨和工夫一事做了分析。武汉大学肖宴红指出，许孚远的格物说经历两变，可分三期，其中万历十四年（1586）关中格物说体现在《大学述》一书中。绍兴文理学院钱汝平副研究员对张元忭的家世、人品、科名、学术、事功等做了简要梳理。天津社会科学院李会富博士以《宗镜广枢》一书为例，探讨了陶望龄的佛学思想，并指出，良知之学与禅悦之趣的会通是阳明后学演化发展的一条重要路径，也是明代后期社会思潮的明显表征。湖北大学姚才刚教授对刘宗周强调“慎独”“诚意”说的具体背景做了说明，并对刘宗周在整合心学、气学、理学中的贡献做了揭示。杭州师范大学张天杰教授以今人张瑞涛所著《蕺山后学研究》一书为例，指出在哲学史、思想史与学术史的研究中，以地域学派为中心是值得重视的中观的研究视角。

在浙东学术专题讨论中，宁波大学邹建锋副教授对明代越中理学大儒潘府的生平及其文集的整理情况做了介绍。浙江省社会科学院张宏敏研究员论述了明末浙东理学家潘平格的仁学思想，并涉及了黄宗羲对潘平格的批评。绍兴文理学院黄宁宁博士对万斯大《春秋》学思想中的君臣观做了揭示，认为万氏的君臣观激于明清鼎革形势，有着深湛的思考与鲜明的时代特征。同济大学胡游杭博士则从考察万斯同的学术“异变”出发，指出万氏经史之学的成就依然可被看作黄宗羲学术的某种延续。绍兴文理学院张栩凤女史从辞章学角度考察了章学诚的“六经皆史”说，揭示了章氏以辞章为桥梁，破除文史壁垒，通过文道关系实现以史明道的治学途径。北京大学干春松教授从学科化背景的角度，对马一浮拒绝进入现代教育机构，创办复性书院的问题提出了自己的思考，并就探索符合时代的儒家教育模式提供了自己的思路。

此外，尚有多篇虽与会议主题无直接关系但仍有较密切的间接关联的论文进入了研讨交流环节。绍兴文理学院吕夙婉女史对元末明初会稽著名诗人兼儒者钱宰《临安集》各版本的异文进行了梳理，得出就文本准确性来说，文渊阁《四库全书》本最好的结论。绍兴文理学院邢蕊杰副教授于明末才女商景兰对山阴祁氏家族文学的影响做了翔实的阐释，认为在其夫祁彪佳自沉殉国后，商景兰实际上已成为祁氏家族精神的主导者。绍兴市台办原主任何有基回顾了清代越地与台湾人文交流的历史，指出越地名士对台湾的开发、建设和安全做出了巨大的贡献。绍兴文理学院梁苍泱博士以近代著名学者夏曾佑日记中的阅读记载为典型个案，考察了近代浙江文人新知识统系之建构。柯桥区博物馆周燕儿研究馆员介绍了晚清绍兴名幕范濂的《世守拙斋印存》一书，对此书在篆刻艺术上的价值做了揭示。浙江大学博士生马明宗对清代浙江钱币学的成就进行了总结，认为在清代钱币学丰厚积淀基础上，浙江地区成为了清末民国时期钱币学的重镇。宁波大学白斌博士对晚清绍籍学者朱正元《江浙闽沿海图说》一书中丰富的海洋经济和海洋地理数据及其相关说明的文献价值做了论定。绍兴文理学院谢一彪教授对光复会领导人陶成章与同盟会领导人孙中山之间的恩怨是非重新做了解读。绍兴文理学院上虞分院曾军建讲师就将明清越地名人文化融入高校思想政治教育的可能性进行了探索。另外，绍兴文理学院莫尚葭博士对晚明四六选本的编纂在骈文文体论建构中所起的作用做了考索。

明清时期是越地文化名人“井喷”的辉煌时期，涌现出了一大批以王守仁、徐渭、刘宗周、章学诚、李慈铭等为代表的杰出的思想家、文学艺术家、史学家和学者，构成了越地文化名人队伍的基干。举办“明清越地文化名人学术思想研讨会”，无疑是进一步梳理明清越地名人学术思想成就，弘扬越地名人文化，体认越文化在当代中国“文化自信”建设中的重要地位的一次有益尝试。

本次研讨会收到论文近 50 篇，量多而质高，涉及哲学史、思想史、文学史、古代史、近现代史、古籍版本考证等各个学科和门类，而又主要集中在阳明学、阳明后学及浙东学术的范畴内。研讨会提出了不少新观点、新材料，一定程度上展示了明清越地名人文化研究的新成果，也为今后深化越文化研究提供了新思路、新方法。大会取得了圆满成功。

（作者钱汝平为绍兴文理学院越文化研究院副研究员；
诸凤娟为绍兴文理学院越文化研究院执行院长、教授）